U0930098

黑龙江经济普查年鉴

Heilongjiang Economic Census Yearbook

2013

第二产业卷

黑龙江省人民政府第三次全国经济普查领导小组办公室
黑龙江省统计局
编

中国统计出版社
China Statistics Press

图书在版编目（CIP）数据

黑龙江经济普查年鉴. 2013 / 黑龙江省人民政府第三次全国经济普查领导小组办公室, 黑龙江省统计局编. -- 北京 : 中国统计出版社, 2016.1
ISBN 978-7-5037-7740-0

Ⅰ. ①黑… Ⅱ. ①黑… ②黑… Ⅲ. ①经济－普查－黑龙江省－2013－年鉴 Ⅳ. ①F127.35-54

中国版本图书馆 CIP 数据核字(2016)第 004968 号

黑龙江经济普查年鉴—2013/第二产业卷

作　　者/黑龙江省人民政府第三次全国经济普查领导小组办公室
　　　　　黑龙江省统计局
责任编辑/赵淑焕
封面设计/黄俊杰　李雪燕
出版发行/中国统计出版社
通信地址/北京市丰台区西三环南路甲 6 号　邮政编码/100073
电　　话/邮购（010）63376909　书店（010）68783171
网　　址/http://www.zgtjcbs.com/
印　　刷/河北天普润印刷厂
经　　销/新华书店
开　　本/880mm×1230mm　1/16
字　　数/990 千字
印　　张/32
版　　别/2016 年 1 月第 1 版
版　　次/2016 年 1 月第 1 次印刷
定　　价/680.00 元（全三册附光盘）

本书附同版本 CD-ROM 一张，光盘内容以书面文字为准。
如有印装差错，由本社发行部调换。

指导委员会

主　　任　李玉涛

副 主 任　葛　新

委　　员　（以姓氏笔画为序）

卜一民　及顺来　马玉洁　王　磊　吕学山　任志国　杜国喜
张辉斌　陈　君　陈凯东　苑国武　郑慧勇　荣道平　胡　萍
徐晓松

编辑委员会

主　　编：葛　新

副 主 编：荣道平　崔永毅　王尊旭　周　琦

编辑人员（以姓氏笔画为序）

王　姝　王占先　王佳妮　王新雷　冯　瑞　刘　妍　刘志伟
孙　冰　李明武　李京伦　李莹莹　杨　阳　杨　卓　张　超
张跃文　陆　阳　陈　宇　林　利　孟珊珊　赵　军　袁兴艳
栾　超　高　健　高松凡　高晓杰　陶百兴　戚　萍　常　乐
韩　笑　韩　颖　韩翠英　翟　雪

数据处理：曾祥莉　王文鹏　代莉莉　刘明宇　邱驿茜

编者说明

为便于社会各界共同分享第三次全国经济普查的成果，更方便地开发利用普查资料，我们将经济普查资料编辑整理，汇编成《黑龙江经济普查年鉴—2013》一书。全书共三卷，即综合卷、第二产业卷和第三产业卷，并随书配送同版本光盘一张。《综合卷》分三篇：第一篇为“综合篇”，第二篇为“小微企业篇”，第三篇为“文化及相关产业篇”。《第二产业卷》分四篇：第一篇为“工业企业生产经营及财务状况”，第二篇为“主要工业产品产量”，第三篇为“规模以上工业企业科技情况”，第四篇为“建筑业企业生产经营及财务状况”。《第三产业卷》分六篇：第一篇为“批发和零售业基本情况及财务状况”，第二篇为“住宿和餐饮业基本情况及财务状况”，第三篇为“房地产开发经营业生产经营及财务状况”，第四篇为“重点服务业企业财务状况”，第五篇为“行政事业、社团及其他单位财务状况”，第六篇为“企业信息化和电子商务交易情况”。为使读者能够更好地使用本资料，现对有关问题做如下说明：

一、第三次全国经济普查的标准时点为2013年12月31日，时期资料为2013年度；

二、每卷后附有该卷详细的指标解释，使用时请仔细阅读；

三、综合卷中综合篇和小微企业篇汇总表，均不包括金融业和一些无分组标识的数据；

四、本资料建筑业按法人单位注册地，其他行业按法人单位经营地进行汇总；

五、本资料对部分数据由于单位取舍不同或四舍五入而产生的差数均未作调整；

六、表中空格表示该项统计指标数值为零、数据不详或无该项数据，“#”表示其中的主要项。

我们希望此书的面世，能使社会各界对黑龙江省第三次全国经济普查有一个全面概括的了解，更愿本书的内容，能为社会经济研究工作者提供有价值的参考。

黑龙江省第三次全国经济普查资料是全省普查工作者共同辛勤工作的成果，也是广大普查对象积极支持配合的结果。在此，我们向全省所有普查工作者、普查对象和所有参与和支持普查工作的人员致以崇高的敬意和衷心的感谢！

第二产业卷　目录

第一篇　工业企业生产经营及财务状况

A 行业部分

B.地区部分

第二篇 主要工业产品产量

第三篇 规模以上工业企业科技情况

第四篇 建筑业企业生产经营及财务状况

A.全社会建筑业企业

B.总承包和专业承包建筑业企业

D.专业承包建筑业企业

E.劳务分包建筑业企业

附录

第1篇

工业企业生产经营及财务状况

A.行业部分

1-A-1　全部工业企业主要经济指标

单位：亿元

行　　业	企业单位数（个）	资产总计	从业人员（人）
总　计	**27603**	**18417.6**	**2187111**
煤炭开采和洗选业	872	1733.4	427159
石油和天然气开采业	26	2977.4	121458
黑色金属矿采选业	57	47.3	5267
有色金属矿采选业	59	108.3	5314
非金属矿采选业	699	61.6	21055
开采辅助活动	126	223.9	14175
其他采矿业	27	0.8	545
农副食品加工业	4807	1710.7	229097
食品制造业	914	408.0	62832
酒、饮料和精制茶制造业	937	336.3	56505
烟草制品业	14	91.3	8422
纺织业	333	133.3	41594
纺织服装、服饰业	241	22.7	10806
皮革、毛皮、羽毛及其制品和制鞋业	156	18.8	6154
木材加工和木、竹、藤、棕、草制品业	2443	308.8	116104
家具制造业	453	81.6	26852
造纸和纸制品业	362	124.7	20821
印刷和记录媒介复制业	724	49.8	17466
文教、工美、体育和娱乐用品制造业	296	25.8	15895
石油加工、炼焦和核燃料加工业	189	759.1	56773
化学原料和化学制品制造业	1221	466.7	63044
医药制造业	338	491.3	61714
化学纤维制造业	29	37.7	1239
橡胶和塑料制品业	970	218.3	37030
非金属矿物制品业	2885	748.7	127526
黑色金属冶炼和压延加工业	254	517.7	36773
有色金属冶炼和压延加工业	99	98.1	11538
金属制品业	1277	206.8	46360
通用设备制造业	1890	872.8	89538
专用设备制造业	1594	910.2	77900
汽车制造业	261	347.4	29050
铁路、船舶、航空航天和其他运输设备制造业	110	365.1	44683
电气机械和器材制造业	740	1081.1	70935
计算机、通信和其他电子设备制造业	148	50.8	6836
仪器仪表制造业	201	47.4	9510
其他制造业	223	48.3	9942
废弃资源综合利用业	83	7.8	2327
金属制品、机械和设备修理业	238	19.6	5882
电力、热力生产和供应业	892	2443.8	161247
燃气生产和供应业	154	67.9	10814
水的生产和供应业	261	147.0	18929

注：“全部工业企业”指规模以上工业企业和规模以下工业企业的总和。“规模以上工业企业”指年主营业务收入在2000万元及以上的工业企业。“规模以下工业企业”指年主营业务收入在2000万元以下的工业企业。

1-A-2 按注册类型分组的规模

分组	企业单位数(个)	亏损企业	工业总产值(当年价格)	工业销售产值(当年价格)	出口交货值	资产总计
总计	**4398**	**698**	**137193029**	**134158911**	**1546201**	**142157738**
一、按登记注册类型分组						
内资企业	4168	648	125106462	122392259	1247825	127584603
国有企业	153	75	6985258	6878016	92318	10054020
中央企业	27	10	4691245	4621788	86481	6709721
地方企业	126	65	2294013	2256228	5838	3344299
集体企业	80	26	936029	938028		803278
股份合作企业	23		126262	120312	2105	163295
联营企业	3		180176	175679		43078
国有联营企业						
集体联营企业	1		18831	14573		1090
国有与集体联营企业	1		3330	2991		920
其他联营企业	1		158015	158115		41069
有限责任公司	1530	292	66328047	65186502	802424	83727600
国有独资公司	55	16	7552404	7422532	38918	13574326
其他有限责任公司	1475	276	58775643	57763970	763506	70153274
股份有限公司	223	43	16280037	16072257	75837	16123959
私营企业	2126	210	34027259	32784441	261528	16238374
私营独资企业	125	11	1442649	1384006		565800
私营合伙企业	10		58210	57773	41	30892
私营有限责任公司	1866	187	30254998	29124435	260266	14214353
私营股份有限公司	125	12	2271402	2218227	1221	1427330
其他企业	30	2	243394	237025	13613	430999
港、澳、台商投资企业	70	18	3234658	3142074	43996	4443438
合资经营企业(港或澳、台资)	35	9	1089652	999753	31322	2105173
合作经营企业(港或澳、台资)	5	1	1045075	1031565		819265
港澳台商独资经营企业	26	7	949467	961460	6474	1350744
港澳台商投资股份有限公司	3	1	132068	130901		165312
其他港澳台商投资企业	1		18396	18396	6200	2945
外商投资企业	160	32	8851910	8624577	254380	10129697
中外合资经营企业	75	16	3894376	3695336	164524	5729803
中外合作经营企业	5		145186	144888		165388
外资企业	72	15	4143876	4097673	89856	3273307
外商投资股份有限公司	8	1	668472	686681		961198
其他外商投资企业						
二、其他分组						
在总计中:亏损企业	698	698	28525278	27549366	287951	39160386
在总计中:国有控股企业	460	169	64707912	63871568	965347	90956939
在总计中:农村工业	32	5	830149	833132		534795
在总计中:轻工业	1903	201	47245736	46356078	509458	31410256
重工业	2495	497	89947293	87802833	1036743	110747482
在总计中:大型企业	134	43	64047571	63001407	988605	86394308
中型企业	514	122	21033155	20556770	161760	21887206
小型企业	3406	457	50541760	49103417	384985	31259090
微型企业	344	76	1570544	1497316	10852	2617133

以上工业企业主要经济指标

单位：万元

流动资产合　计	应收账款	存货	产成品	固定资产合　计	固定资产原　价	累计折旧	负债合计	流动负债合　计	所有者权益合计
59161644	**11753611**	**16624048**	**5595221**	**65315274**	**112150469**	**51799268**	**82129564**	**60539858**	**59742532**
52226734	10442902	14589829	4870744	58891577	102231863	47651337	73045282	52946829	54287988
4246848	901053	1104017	295164	5112295	8105568	4651218	6512173	4350940	3530084
3330332	701505	976294	253258	2767421	4907137	3685249	4203177	3084954	2504931
916516	199548	127723	41906	2344874	3198430	965968	2308996	1265986	1025154
565493	227565	102072	33968	185897	350752	175974	641805	590045	158779
126619	53799	23483	8987	28578	38698	18421	87827	83234	75259
21372	7666	792	272	21589	26608	5019	8190	8189	34467
366	65	286	66	607	607		537	537	532
824	276	296	206	95	101	6	1		518
20182	7325	210		20887	25900	5013	7652	7652	33417
31274044	5193033	8180527	2660982	40932516	72907503	33577620	48412821	34807290	35248342
3051146	481028	623160	172068	6242128	11282015	5262989	10422258	6476220	3064999
28222898	4712004	7557367	2488913	34690389	61625488	28314632	37990563	28331071	32183342
7404588	1866540	2535262	763211	6340371	11479544	5474401	8570283	5873029	7521145
8467390	2162422	2617684	1103218	6090856	9115476	3713675	8679214	7151183	7421989
284708	84038	62342	28849	222209	387904	176947	295879	233399	259202
15196	7112	4326	1195	9454	13181	3861	13184	12676	15191
7527302	1871293	2367186	988001	5287189	7911947	3219228	7710340	6357690	6406925
640184	199979	183830	85173	572004	802444	313639	659811	547418	740671
120381	30825	25993	4943	179474	207715	35009	132970	82919	297924
1944049	303654	546011	145838	2251821	2940242	1156421	2562770	2135724	1880667
1120892	134628	327796	63982	882711	807463	267766	1501866	1175174	603307
28491	10554	7388	4082	777997	1451426	674132	46662	22450	772603
713159	151043	186878	75736	517100	618488	192187	925575	860185	425169
81168	7429	23630	2013	72768	61621	21548	86511	75759	78800
339	1	319	26	1245	1245	788	2156	2156	788
4990861	1007055	1488208	578639	4171876	6978364	2991510	6521512	5457304	3573877
2899452	603176	754354	244351	2216001	3626384	1407784	3548079	2782758	2153142
62783	7961	16455	2892	88884	128488	41433	76866	54876	88522
1801960	371714	615557	280265	1181319	1920414	883254	2046957	1822917	1220624
226665	24205	101843	51131	685672	1303078	659039	849610	796754	111588
14163903	2922253	4668122	1558888	19164426	33121062	15275059	30603923	23886382	8523950
33314228	5889768	8752372	2523118	46201384	84476679	40819015	52740809	36062304	38106959
363785	114208	93333	19336	125841	122845	35796	236981	225473	286964
17908467	2738349	5986594	2268365	10423268	16144120	8277744	18061814	15855067	13267180
41253177	9015262	10637454	3326857	54892006	96006349	43521524	64067750	44684791	46475351
33305675	5483210	9139423	2719042	41674712	78472979	39445386	49891104	36896135	36437315
10024255	2357615	2889623	1105968	9343848	14420145	5868909	12989153	9824097	8847517
14668266	3591788	4281580	1632844	13372179	18192007	6279350	17489887	12919787	13713131
1163447	320999	313423	137368	924535	1065338	205623	1759420	899838	744569

1-A-2 续表

分组	实收资本	国家资本	港澳台资本	外商资本	主营业务收入	主营业务成本
总计	**23260307**	**4625999**	**450123**	**1412154**	**137010647**	**107693689**
一、按登记注册类型分组						
内资企业	20507442	4327859	47013	46739	123961301	97328865
国有企业	935462	754193	300	101	7454072	6199394
中央企业	534054	468582			5146237	4130285
地方企业	401408	285611	300	101	2307835	2069110
集体企业	108964	484	1278	239	890517	790238
股份合作企业	30108				150685	132629
联营企业	20959	170			176918	108191
国有联营企业						
集体联营企业	552				14873	11779
国有与集体联营企业	225	170			2526	2296
其他联营企业	20182				159518	94116
有限责任公司	13560648	2515836	21532	29882	66300498	47913143
国有独资公司	1752106	839986			7626813	7198381
其他有限责任公司	11808542	1675850	21532	29882	58673685	40714762
股份有限公司	2043476	806711	22930	8920	16276397	13576842
私营企业	3564995	24548	973	7597	32451859	28372067
私营独资企业	119161				1340538	1175762
私营合伙企业	5494				57165	47780
私营有限责任公司	3148358	23055	973	7597	28822146	25251996
私营股份有限公司	291982	1493			2232010	1896529
其他企业	242831	225917			260356	236361
港、澳、台商投资企业	677753	57358	367157	96734	3126266	2476655
合资经营企业(港或澳、台资)	358711	39157	184546	12385	1028542	808063
合作经营企业(港或澳、台资)	21861	3297	15914	150	1030928	776357
港澳台商独资经营企业	254875		160050	77787	919962	798996
港澳台商投资股份有限公司	41807	14905	6147	6412	131146	77933
其他港澳台商投资企业	500		500		15688	15307
外商投资企业	2075111	240782	35954	1268681	9923081	7888168
中外合资经营企业	1113949	235261	35954	542018	4587694	3453316
中外合作经营企业	32450	5521		20379	139407	122289
外资企业	837457			641510	4341083	3577283
外商投资股份有限公司	91255			64773	854897	735281
其他外商投资企业						
二、其他分组						
在总计中:亏损企业	5450612	1828126	113280	278016	28683491	26696892
在总计中:国有控股企业	13018983	4499798	44248	260998	67081951	47592928
在总计中:农村工业	101349		6147		813905	689883
在总计中:轻工业	6233414	857428	288036	1044703	48002284	40790077
重工业	17026893	3768571	162087	367452	89008363	66903612
在总计中:大型企业	11425731	2851147	62348	547494	66090411	46556110
中型企业	4450232	1098757	229526	475337	20663618	16958234
小型企业	6872793	621817	114452	368032	48834373	42942189
微型企业	511550	54277	43798	21291	1422246	1237156

单位：万元

主营业务税金及附加	管理费用	销售费用	财务费用		营业利润	利润总额	亏损企业亏损总额	本年应交增值税	从业人员平均人数（人）
				利息支出					
6734573	**6356665**	**3032544**	**1524873**	**1693017**	**11801592**	**11854868**	**1781047**	**6002370**	**1382219**
6620446	5653909	1984514	1390648	1509634	11162798	11131475	1643957	5575201	1258827
558428	328062	58271	99653	95241	204927	261062	105468	320592	94349
533670	217457	39099	43520	47634	164958	172146	60633	256337	47655
24758	110605	19172	56133	47607	39968	88916	44835	64255	46694
12596	55364	5843	1801	1896	60691	28015	6026	38538	24054
757	7369	3353	717	425	4636	5122		4429	1925
1406	1240	11804	164	205	34383	34383		3963	1810
20	1079	1926	41	41	28	28			55
	31	23	5		66	66		20	100
1386	130	9855	118	164	34289	34289		3943	1655
4721770	3376380	950937	803576	963070	8720789	8765803	823977	3758222	708541
40032	454068	51626	193465	184680	-246705	-153179	260906	316444	184405
4681738	2922312	899311	610111	778390	8967494	8918982	563071	3441778	524136
1090358	961642	374129	237800	239375	59160	60615	568535	534700	162432
234402	915644	575251	244050	206834	2072132	1970102	138284	912034	262748
8764	36754	21167	7944	6858	88018	82256	4510	51667	14147
728	1745	1344	644	619	6216	6217		2204	1221
209460	790005	502334	215656	181125	1814817	1717016	116290	773901	226784
15450	87140	50406	19805	18232	163082	164613	17485	84262	20596
729	8209	4926	2887	2587	6081	6373	1667	2722	2968
25275	239792	144846	31391	45775	216905	230104	33819	79810	31541
3197	53481	82551	10466	19650	75595	83853	18043	31620	20475
14275	135836	3197	2474	2588	98813	98020	1638	22545	1479
2749	38466	34950	17557	22139	31045	36789	14127	21405	8336
5054	11902	23969	893	1398	11359	11349	11	4240	1142
	108	179	1		94	94			109
88851	462964	903184	102834	137609	421888	493289	103271	347359	91851
26260	283522	581888	41648	69651	182695	208433	46913	193836	48583
461	4138	1067	2616	2577	9100	10680		4264	1697
50327	152358	253746	29072	34822	233906	269670	45755	113348	31787
11803	22946	66485	29498	30560	-3813	4506	10604	35911	9784
1180074	1707847	357705	640736	628469	-1836160	-1781047	1781047	948376	503329
6240254	3991270	1073122	845508	1058994	7535489	7574071	1327490	3990101	733208
3149	13523	11931	3547	2385	108421	84022	352	22485	6566
909121	1467783	1912566	371312	368400	2795567	2760514	249051	1297322	388699
5825451	4888882	1119977	1153560	1324618	9006025	9094354	1531996	4705048	993520
6233160	3827442	1234896	754926	964312	7559082	7518029	1201054	3950423	712241
199135	1054144	872750	302978	311145	1332625	1428337	260728	739112	304170
296855	1401177	898488	432847	389234	2860684	2846595	294181	1284225	356485
5424	73902	26409	34122	28327	49201	61908	25085	28609	9323

1-A-3 按行业分组的规模以上

行业	企业单位数(个)	亏损企业	工业总产值(当年价格)	工业销售产值(当年价格)	出口交货值	资产总计
总计	**4398**	**698**	**137193029**	**134158911**	**1546201**	**142157738**
采矿业	**364**	**93**	**27539787**	**27188411**	**550**	**39511777**
煤炭开采和洗选业	**267**	**82**	**5667963**	**5338384**	**550**	**8546015**
烟煤和无烟煤开采洗选	262	82	5492146	5163336	41	8285407
褐煤开采洗选	4		83511	84565		49900
其他煤炭采选	1		92306	90482	509	210707
石油和天然气开采业	**4**	**2**	**18931796**	**18926699**		**27695252**
石油开采	4	2	18931796	18926699		27695252
天然气开采						
黑色金属矿采选业	**18**	**2**	**495985**	**488745**		**342757**
铁矿采选	18	2	495985	488745		342757
锰矿、铬矿采选						
其他黑色金属矿采选						
有色金属矿采选业	**14**	**3**	**302741**	**306581**		**554561**
常用有色金属矿采选	8	1	207147	211959		373392
贵金属矿采选	4	1	80076	79105		62182
稀有稀土金属矿采选	2	1	15517	15517		118987
非金属矿采选业	**46**	**3**	**463241**	**449411**		**252265**
土砂石开采	22		177471	177930		48839
化学矿开采						
采盐						
石棉及其他非金属矿采选	24	3	285770	271481		203426
开采辅助活动	**15**	**1**	**1678061**	**1678591**		**2120926**
煤炭开采和洗选辅助活动						
石油和天然气开采辅助活动	15	1	1678061	1678591		2120926
其他开采辅助活动						
其他采矿业						
制造业	**3741**	**493**	**96679465**	**94106656**	**1495549**	**78996919**
农副食品加工业	**1003**	**80**	**27920661**	**27551173**	**176926**	**14105076**
谷物磨制	552	28	10336307	10245660	10400	4501473
饲料加工	83	10	1204836	1193581		525737
植物油加工	100	12	7957682	7783242	7041	4544174
制糖业	12	5	189861	214211		247098
屠宰及肉类加工	100	17	4465272	4415992	45098	1846863
水产品加工						
蔬菜、水果和坚果加工	71	2	1377575	1377292	99692	599246
其他农副食品加工	85	6	2389128	2321194	14695	1840484
食品制造业	**169**	**20**	**5262496**	**5255457**	**60382**	**3423500**
焙烤食品制造	13	2	287743	286338		250556
糖果、巧克力及蜜饯制造	1		17493	15708		14774

工业企业主要经济指标(大、中类行业)

单位：万元

流动资产合计	应收账款	存货	产成品	固定资产合计	固定资产原价	累计折旧	负债合计	流动负债合计	所有者权益合计
59161644	**11753611**	**16624048**	**5595221**	**65315274**	**112150469**	**51799268**	**82129564**	**60539858**	**59742532**
9608623	**770317**	**1008921**	**612688**	**25038005**	**48347691**	**23545766**	**15571939**	**9491258**	**23895452**
2957110	**551901**	**571498**	**327750**	**3575015**	**6551893**	**3165143**	**6616543**	**5409165**	**1897758**
2807230	540405	560608	324380	3464564	6441373	3154675	6358967	5151589	1894727
43395	5603	6780	3370	6229	11485	5281	36972	36972	12929
106485	5894	4110		104222	99035	5187	220605	220605	-9898
5839664	**54985**	**340297**	**251020**	**19399568**	**38619200**	**19220321**	**7842581**	**3238524**	**19852672**
5839664	54985	340297	251020	19399568	38619200	19220321	7842581	3238524	19852672
59809	**19313**	**12774**	**4351**	**235558**	**339124**	**106881**	**165101**	**82691**	**177357**
59809	19313	12774	4351	235558	339124	106881	165101	82691	177357
199597	**4740**	**46679**	**14764**	**135284**	**186419**	**69647**	**271356**	**152876**	**283205**
87269	2247	38480	13081	82499	95792	27016	228008	116962	145384
18560	2223	3679	1683	28855	41416	13277	31423	31165	30759
93769	270	4519		23929	49211	29355	11924	4748	107063
124867	**33592**	**24991**	**14059**	**106184**	**119246**	**32295**	**132727**	**106671**	**115460**
22239	5234	5310	2816	22993	35367	12374	22232	14129	26024
102627	28357	19681	11243	83191	83880	19921	110495	92543	89436
427576	**105786**	**12682**	**745**	**1586397**	**2531810**	**951479**	**543632**	**501330**	**1569000**
427576	105786	12682	745	1586397	2531810	951479	543632	501330	1569000
44084174	**9931857**	**14690573**	**4745149**	**25452876**	**40612584**	**19017839**	**49419874**	**41517998**	**29355345**
8780904	**846533**	**3350280**	**1379581**	**4231679**	**6323185**	**2552360**	**9288023**	**8203732**	**4805189**
2752319	371089	1371348	419161	1430786	2481556	1222354	2605990	2324879	1852440
240669	48239	73976	23562	202187	236998	58846	240706	194563	277836
3651821	94308	1104397	504648	656430	890659	243532	3726351	3572441	800549
92072	5017	49567	38121	114421	178880	66162	231900	176919	9266
963409	142386	302536	149734	675943	926996	326888	1065252	913816	771388
266621	63548	110208	47036	263920	373438	128688	372733	198155	316473
813994	121947	338248	197320	887992	1234656	505891	1045091	822959	777237
1772136	**447947**	**447575**	**186094**	**1354485**	**2146089**	**953845**	**1775266**	**1577698**	**1645051**
162005	31071	19878	1841	76134	113057	36988	53055	33555	197501
6584	4264	1014	228	3657	3657	439	7387	7387	7388

1-A-3 续表 1

行业	企业单位数(个)	亏损企业	工业总产值(当年价格)	工业销售产值(当年价格)	出口交货值	资产总计
方便食品制造	34	3	506077	511468		339094
乳制品制造	59	8	3491211	3514466	4377	2030753
罐头食品制造	4		75099	75089		45151
调味品、发酵制品制造	22	2	362895	338110		327512
其他食品制造	36	5	521979	514277	56005	415661
酒、饮料和精制茶制造业	**164**	**26**	**3269078**	**3125309**	**131**	**2673593**
酒的制造	113	20	2363316	2234551	24	1873132
饮料制造	50	6	889965	874949	107	791304
精制茶加工	1		15797	15810		9157
烟草制品业	**4**		**1144290**	**1141638**		**901820**
烟叶复烤	2		99398	98719		33067
卷烟制造	2		1044892	1042919		868753
其他烟草制品制造						
纺织业	**57**	**7**	**868994**	**813990**	**33783**	**585761**
棉纺织及印染精加工	9	2	103669	100365		52636
毛纺织及染整精加工	2	1	16966	16831	1781	7733
麻纺织及染整精加工	35	3	623277	572873	18389	445161
丝绢纺织及印染精加工						
化纤织造及印染精加工						
针织或钩针编织物及其制品制造	1		732	692		6200
家用纺织制成品制造	4	1	57016	56063	13613	46789
非家用纺织制成品制造	6		67334	67166		27242
纺织服装、服饰业	**19**	**1**	**294287**	**292547**	**2969**	**152299**
机织服装制造	14	1	224143	222457	2969	129520
针织或钩针编织服装制造	3		65176	65125		18762
服饰制造	2		4968	4965		4018
皮革、毛皮、羽毛及其制品和制鞋业	**22**	**3**	**541163**	**533877**		**129074**
皮革鞣制加工	11		334513	328399		78407
皮革制品制造	1		3733	3733		2285
毛皮鞣制及制品加工	9	3	156019	155262		45864
羽毛(绒)加工及制品制造	1		46898	46483		2518
制鞋业						
木材加工和木、竹、藤、棕、草制品业	**275**	**24**	**4517914**	**4358523**	**50991**	**1798997**
木材加工	103	11	1412654	1370966	23093	432455
人造板制造	95	7	2103410	2030952		788953
木制品制造	75	6	967725	923449	27897	547805
竹、藤、棕、草等制品制造	2		34125	33156		29784
家具制造业	**68**	**9**	**725737**	**704421**	**78779**	**649529**
木质家具制造	61	7	643627	627033	78779	609901
竹、藤家具制造						
金属家具制造	3	1	36529	35382		21612
塑料家具制造						
其他家具制造	4	1	45581	42006		18016

单位：万元

流动资产合计	应收账款	存货	产成品	固定资产合计	固定资产原价	累计折旧	负债合计	流动负债合计	所有者权益合计
178828	16848	50316	28702	124028	175157	56491	183641	178413	154730
1102713	337842	249770	119012	743495	1201771	553204	1159262	1076146	869197
8708	2728	4966	1409	30259	42893	12636	28399	28399	16751
138075	15687	60556	12394	157256	177732	47543	183589	152696	143694
175222	39507	61074	22507	219657	431822	246544	159933	101102	255790
1069384	**143822**	**447054**	**151237**	**1369599**	**1941327**	**722159**	**1579067**	**1385852**	**1092202**
785254	84540	385388	122343	938947	1379669	560953	1160479	1057195	711830
277614	59078	57333	26104	428308	557534	159427	414433	325919	375369
6517	204	4333	2790	2344	4123	1779	4154	2739	5003
558856	**64178**	**245789**	**13925**	**124320**	**285595**	**1488461**	**170790**	**168773**	**731031**
10801	1505	1189	164	7269	10166	5075	828	490	32239
548055	62673	244600	13760	117051	275429	1483387	169962	168284	698791
295106	**62395**	**132999**	**71305**	**203622**	**312221**	**140323**	**285644**	**236591**	**298532**
21103	2959	9805	5943	26291	31827	11493	36212	30457	16423
4202	1648	1627	381	2243	4472	2230	15423	15061	-7690
242484	51587	109773	61569	124654	174061	68784	205809	165641	238061
281	69	49	1	4414	2386	91	3084	1239	3112
16117	1231	7659	839	29717	32209	6710	17843	17843	28946
10918	4901	4087	2574	16304	67266	51016	7274	6350	19680
58380	**16690**	**13161**	**1823**	**58945**	**133999**	**75795**	**41539**	**37267**	**110690**
46036	15409	10652	1193	52163	90643	39220	30454	26320	98995
10597	1159	1370	130	4511	40863	36352	7865	7726	10897
1747	121	1139	501	2270	2493	223	3220	3220	797
109990	**46211**	**31802**	**8455**	**14438**	**27514**	**13088**	**71902**	**53941**	**54172**
68575	23337	19973	6586	6602	14728	8139	40731	22770	34676
1599	88	123		685	685		1188	1188	1097
38800	22531	11226	1390	5681	9599	3918	29961	29961	15903
1016	255	480	480	1470	2502	1031	22	22	2496
836036	**163102**	**306109**	**176639**	**860827**	**1767800**	**956961**	**839719**	**671882**	**946342**
245404	52141	109210	58661	135703	363518	231262	248896	210987	181488
296193	48539	102633	70715	469132	930749	484816	326421	237653	452527
279642	56303	89132	44136	243668	460068	239730	238810	197662	308134
14797	6119	5134	3126	12323	13465	1153	25592	25580	4192
390870	**53721**	**201792**	**107557**	**219590**	**411128**	**219771**	**412152**	**371706**	**236434**
365871	45788	193841	104212	207446	334184	152458	390979	351887	217209
15636	5865	3965	1054	5406	5937	3044	10581	10581	11031
9362	2068	3986	2291	6738	71007	64269	10593	9238	8193

1-A-3 续表 2

行　　业	企业单位数(个)	亏损企业	工业总产值(当年价格)	工业销售产值(当年价格)	出口交货值	资产总计
造纸和纸制品业	**56**	**15**	**886277**	**828935**	**9235**	**938880**
纸浆制造						
造纸	26	7	562335	519562	9196	738980
纸制品制造	30	8	323942	309373	39	199900
印刷和记录媒介复制业	**36**	**11**	**244319**	**242351**		**252371**
印刷	36	11	244319	242351		252371
装订及印刷相关服务						
记录媒介复制						
文教、工美、体育和娱乐用品制造业	**43**		**568246**	**540302**	**4889**	**138548**
文教办公用品制造	21		270839	253792	214	30922
乐器制造	4		23739	21960	2347	4472
工艺美术品制造	14		224698	218408	2328	79704
体育用品制造	2		23218	23218		4263
玩具制造	2		25751	22924		19188
游艺器材及娱乐用品制造						
石油加工、炼焦和核燃料加工业	**56**	**19**	**14486192**	**14038936**	**3486**	**7187154**
精炼石油产品制造	35	5	13193466	12948428		4661304
炼焦	21	14	1292726	1090508	3486	2525850
核燃料加工						
化学原料和化学制品制造业	**226**	**34**	**5502003**	**5312457**	**26043**	**3761071**
基础化学原料制造	52	13	1913777	1819452	1530	1594890
肥料制造	71	8	1524745	1460228		727392
农药制造	15	3	159132	156847		102516
涂料、油墨、颜料及类似产品制造	16	1	138213	137003	2983	75285
合成材料制造	8	1	271388	263341	3695	358711
专用化学产品制造	53	7	1140073	1128495	204	550924
炸药、火工及焰火产品制造	8	1	250606	243023	17631	311575
日用化学产品制造	3		104069	104069		39779
医药制造业	**117**	**9**	**3371624**	**3200344**	**70317**	**4441792**
化学药品原料药制造	9		186988	187662		89138
化学药品制剂制造	30	2	1768900	1616731	66284	2685333
中药饮片加工	6		83082	82842		109977
中成药生产	50	5	944703	935894	3697	1153812
兽用药品制造	7		140662	139638	337	65878
生物药品制造	12	2	185725	176183		309574
卫生材料及医药用品制造	3		61564	61394		28080
化学纤维制造业	**4**	**2**	**11080**	**8939**		**340480**
纤维素纤维原料及纤维制造	1		3013	3007		2643
合成纤维制造	3	2	8067	5932		337837

单位：万元

流动资产合计				固定资产合计	固定资产原价	累计折旧	负债合计		所有者权益合计
	应收账款	存货						流动负债合计	
			产成品						
399785	**111617**	**119046**	**49013**	**442440**	**708438**	**345181**	**481715**	**378801**	**442449**
292340	82476	94622	41351	361106	495209	211943	381099	285134	357869
107445	29141	24424	7662	81333	213229	133238	100616	93667	84580
148586	**38579**	**29271**	**8851**	**71965**	**142566**	**73618**	**120916**	**108057**	**128847**
148586	38579	29271	8851	71965	142566	73618	120916	108057	128847
53298	**10614**	**22063**	**11343**	**75433**	**171798**	**98265**	**53642**	**40998**	**84734**
19783	2710	9567	5851	8090	12110	4220	14907	12937	15843
2848	1479	571	116	1624	3636	2012	1167	1167	3305
28366	5885	10932	4758	48758	125362	78280	35761	25413	43942
1391	355	548	260	2393	3182	792	1131	1131	3132
910	186	444	357	14569	27509	12960	675	350	18512
2519012	**204032**	**1368431**	**544503**	**4078422**	**7629527**	**3790247**	**4611391**	**3631676**	**2576666**
1349461	63141	964783	358645	3156350	6520893	3399010	2707899	2082701	1954308
1169551	140891	403648	185858	922073	1108634	391237	1903492	1548976	622358
1808040	**414232**	**447407**	**197520**	**1528253**	**2268206**	**856716**	**2221545**	**1887332**	**1520875**
727886	122629	129812	62289	605971	962199	393841	792923	659197	798981
362550	76642	151670	78991	297337	468565	185863	463058	435574	256544
46931	3277	19196	8008	38677	122121	88323	45786	44735	56730
44376	11025	11025	7798	24838	28618	5601	34718	26601	40367
91217	16087	27706	15489	241223	297561	56421	341388	223035	15363
340385	145637	54302	18026	170019	240379	78304	327055	295561	218153
182777	35191	52791	6029	122330	133451	46281	190656	182542	120920
11919	3745	907	890	27860	15313	2083	25961	20087	13818
2673504	**611589**	**691828**	**201564**	**1238547**	**2105121**	**996723**	**2002696**	**1805412**	**2434185**
29402	7540	12476	3323	52521	52958	11904	34692	19260	54446
1674557	367908	429079	136261	664043	1176007	528952	1350728	1285232	1333294
58281	15934	11290	4856	23776	24561	1232	31458	1084	74919
700032	166085	202119	42481	335939	716205	409042	477880	407816	675932
40563	17762	12650	7224	23641	29924	7082	13403	12196	52475
167051	35369	23090	6738	115751	70186	26108	81503	69393	228071
3619	991	1125	681	22877	35281	12404	13032	10432	15047
163379	**11278**	**4185**	**1564**	**125846**	**4856**	**464**	**202217**	**197392**	**138191**
1377	670	480	145	898	1245	347	1457	1133	1186
162002	10608	3705	1419	124948	3611	117	200759	196259	137005

1-A-3 续表 3

行业	企业单位数(个)	亏损企业	工业总产值(当年价格)	工业销售产值(当年价格)	出口交货值	资产总计
橡胶和塑料制品业	**138**	**13**	**1922516**	**1894281**	**16870**	**1276762**
橡胶制品业	15	2	233611	236838	6866	192404
塑料制品业	123	11	1688904	1657443	10004	1084357
非金属矿物制品业	**395**	**71**	**5590811**	**5355214**	**46249**	**5745471**
水泥、石灰和石膏制造	95	35	1977429	1879830		3311893
石膏、水泥制品及类似制品制造	106	19	984938	964619		685568
砖瓦、石材等建筑材料制造	122	6	1510860	1477781		800005
玻璃制造	2		40692	40473		60471
玻璃制品制造	16	2	339159	327578	31924	153742
玻璃纤维和玻璃纤维增强塑料制品制造	14	2	116990	116021	13515	166606
陶瓷制品制造	5	1	29586	28818		20461
耐火材料制品制造	4		32551	31864		12452
石墨及其他非金属矿物制品制造	31	6	558609	488232	809	534273
黑色金属冶炼和压延加工业	**58**	**16**	**3523541**	**3275147**	**111041**	**5057544**
炼铁	5	1	277908	274387		130438
炼钢	2	1	736338	735916		898790
黑色金属铸造	18	5	424111	411023	1770	99741
钢压延加工	32	9	2078200	1846839	109271	3924121
铁合金冶炼	1		6982	6982		4454
有色金属冶炼和压延加工业	**14**	**3**	**414803**	**420885**	**9698**	**738291**
常用有色金属冶炼	1		38991	47150		39741
贵金属冶炼	1	1	19949	19949		28016
稀有稀土金属冶炼	3		66037	65916		15817
有色金属合金制造	2		45298	44800	4034	37814
有色金属铸造						
有色金属压延加工	7	2	244530	243070	5664	616903
金属制品业	**139**	**20**	**1847951**	**1826158**	**22900**	**1132867**
结构性金属制品制造	70	9	724705	714662		311750
金属工具制造	11	2	83191	82367	3191	114874
集装箱及金属包装容器制造	15	4	200811	201154	357	85819
金属丝绳及其制品制造	2		55265	55265		9857
建筑、安全用金属制品制造	12	1	105441	102555		52075
金属表面处理及热处理加工	9	2	144798	145630		92894
搪瓷制品制造	1		22729	19195		22804
金属制日用品制造	3		9803	9759		8823
其他金属制品制造	16	2	501208	495572	19353	433973
通用设备制造业	**203**	**36**	**3488928**	**3411258**	**230485**	**6909833**
锅炉及原动设备制造	60	7	1853045	1813162	204926	4818661
金属加工机械制造	26	4	497372	484062	5771	876772
物料搬运设备制造	17	3	131835	127662		140207
泵、阀门、压缩机及类似机械制造	22	7	199170	207950	3737	213903

单位：万元

流动资产合计	应收账款	存货	产成品	固定资产合计	固定资产原价	累计折旧	负债合计	流动负债合计	所有者权益合计
752132	**198975**	**208011**	**66220**	**445484**	**733833**	**324093**	**733036**	**649468**	**540766**
73581	16200	28810	14048	92819	176067	90801	129876	108617	61170
678551	182775	179202	52173	352665	557766	233292	603160	540851	479596
2698393	**765634**	**577052**	**166030**	**2049516**	**2379601**	**755283**	**3694773**	**2754601**	**1952190**
1423682	324832	293027	62187	1168490	1241349	415269	2404975	1668179	836725
414775	189820	68228	17877	202890	326775	135972	436747	392126	245776
378282	121923	88415	34484	312006	351541	75374	351919	261140	424783
25634	876	9552	5231	14013	31446	17485	31813	31813	28658
58513	13104	21595	14173	85072	112974	31804	67232	57515	86304
114370	50231	20390	10528	22165	41114	20718	54162	41427	112291
11707	4347	2757	1251	8682	8401	1836	12495	11427	7966
2908	629	812	590	9534	9987	2246	1996	1887	10456
268520	59872	72277	19711	226666	256015	54579	333435	289087	199232
2291859	**302613**	**976595**	**386909**	**1617308**	**2192303**	**709200**	**4142037**	**3551938**	**912954**
56749	19479	9375	3885	60028	71795	16509	56307	47496	74130
333424	64227	97105	50001	322763	448876	168641	806172	695867	92618
55018	11822	22463	6754	32000	42122	15788	50878	48017	46776
1845084	206930	847653	326269	1199647	1626640	508159	3226624	2758503	697032
1584	154			2870	2870	104	2056	2056	2399
241047	**66974**	**95415**	**18767**	**103499**	**219402**	**117964**	**497967**	**293906**	**236302**
13215	4856	8359	2870	24855	26962	2107	32441	25186	7300
15717	8749	3295	8	6431	22339	15907	7072	7072	20945
4278	1669	2165	1955	9901	18434	8533	9192	5503	6624
33161	11708	11599	887	4336	7318	2981	22202	21994	15612
174676	39993	69998	13047	57975	144350	88436	427061	234151	185821
615300	**206217**	**162342**	**57526**	**448329**	**767058**	**368842**	**660238**	**581375**	**467306**
173966	63943	44818	16327	104621	153524	53801	187194	164807	122091
66105	22662	27258	14889	38278	62316	25967	64209	52815	50565
40843	13207	18924	3189	40231	125340	85589	40458	38476	45361
2063	1045	814	738	7761	14853	7092	6416	4648	3441
30937	10975	6687	2808	16689	19768	6417	28844	27025	23231
69792	40903	15504	5791	22849	33572	12211	57355	54415	33209
19973	11769	4377	2228	2413	2890	476	13806	13806	8997
4709	937	2032	406	3581	4426	956	3590	3590	5202
206911	40778	41928	11150	211905	350370	176333	258366	221793	175210
5099854	**1891112**	**1497687**	**232448**	**1058676**	**1637217**	**674683**	**4924507**	**4514228**	**1989167**
3883495	1445827	1030887	57622	487482	800963	367460	3686356	3429680	1133096
460526	173182	233689	83180	325573	447932	184541	456388	403822	419840
79107	34429	25836	4307	52362	61197	10399	77260	67122	62866
160054	62855	47207	23058	33129	72172	39053	109933	91732	102129

1-A-3 续表 4

行　业	企业单位数(个)	亏损企业	工业总产值(当年价格)	工业销售产值(当年价格)	出口交货值	资产总计
轴承、齿轮和传动部件制造	24	7	396219	370990	14988	493119
烘炉、风机、衡器、包装等设备制造	14	3	69230	70798	685	111141
文化、办公用机械制造	2		42578	44749	378	72154
通用零部件制造	28	4	251893	244719		142703
其他通用设备制造业	10	1	47586	47167		41174
专用设备制造业	**221**	**23**	**3900588**	**3687838**	**135070**	**6978856**
采矿、冶金、建筑专用设备制造	87	8	2174946	2078683	130037	5228735
化工、木材、非金属加工专用设备制造	10	5	176100	163365	121	398491
食品、饮料、烟草及饲料生产专用设备制造	19		187917	186418		72026
印刷、制药、日化及日用品生产专用设备制造	4		18103	18103	1776	21304
纺织、服装和皮革加工专用设备制造	1		2505	2505		1616
电子和电工机械专用设备制造	11	1	110613	109287		112974
农、林、牧、渔专用机械制造	69	5	984613	899866	1385	774663
医疗仪器设备及器械制造	4	1	43787	42412	117	25488
环保、社会公共服务及其他专用设备制造	16	3	202004	187200	1634	343559
汽车制造业	**57**	**17**	**1247832**	**1233205**	**58779**	**1924276**
汽车整车制造	4	3	688367	684533	35223	1170137
改装汽车制造	6	1	171754	169151	1104	380459
低速载货汽车制造						
电车制造						
汽车车身、挂车制造	2		59154	48585		13409
汽车零部件及配件制造	45	13	328556	330936	22452	360271
铁路、船舶、航空航天和其他运输设备制造业	**31**	**7**	**2174783**	**2136968**	**177272**	**3061444**
铁路运输设备制造	19	4	972624	970860	170697	980009
城市轨道交通设备制造						
船舶及相关装置制造	3		25455	25989		27212
航空、航天器及设备制造	9	3	1176704	1140119	6576	2054223
摩托车制造						
自行车制造						
非公路休闲车及零配件制造						
潜水救捞及其他未列明运输设备制造						
电气机械和器材制造业	**99**	**16**	**2221988**	**2187916**	**131917**	**3389753**
电机制造	20	7	939138	942047	88491	2082386
输配电及控制设备制造	38	3	555136	533183	4839	469178
电线、电缆、光缆及电工器材制造	28	4	524211	503953		265378
电池制造	4	1	147210	152703	38588	488483
家用电力器具制造	1		2105	2105		1550
非电力家用器具制造	1	1	256	256		3281
照明器具制造	5		30995	30790		50489
其他电气机械及器材制造	2		22938	22880		29008

单位：万元

流动资产合计	应收账款	存货		固定资产合计	固定资产原价	累计折旧	负债合计	流动负债合计	所有者权益合计
			产成品						
284055	91020	88016	47787	61519	134582	31625	368233	326275	131504
80663	25523	33058	2185	12350	19466	7463	78487	63321	31555
60222	18239	15187	5933	7435	14804	7369	42290	41566	29864
68885	29642	17482	5224	63815	79521	24363	83456	69315	59247
22848	10395	6325	3153	15011	6581	2410	22105	21395	19068
4693693	**1813217**	**1429481**	**385260**	**1458621**	**2132506**	**744930**	**3753068**	**2709610**	**3230098**
3544810	1442875	1040565	221252	1081037	1672023	620873	2665597	1694282	2573185
254920	119048	89340	19314	93005	137299	51016	303774	294629	94717
37591	12334	10553	1253	30074	31150	4089	35379	33140	36061
10648	1831	3067	807	8135	8446	1724	14198	13711	7106
1019	300	630		483	1304	822	453	453	1163
80827	37497	17630	3276	22962	27859	8736	59611	54883	53363
468752	109101	201049	136892	188862	208004	41866	536544	486546	237527
18026	6576	4820	2246	3553	3456	1430	13249	12556	7680
277099	83655	61829	221	30511	42966	14375	124264	119410	219295
1075557	**260594**	**159938**	**71753**	**599486**	**1499246**	**851991**	**1927958**	**1659929**	**-3774**
676718	113961	74033	45967	273681	1002543	620383	1414519	1230570	-244382
201310	80471	32353	3481	178704	181878	53432	303735	248631	76723
5479	1068	3798	393	7754	11070	3316	6853	4167	6556
192051	65094	49755	21912	139347	303755	174860	202851	176562	157328
1918588	**338650**	**823009**	**47695**	**619821**	**1067059**	**505752**	**2184758**	**1769146**	**876685**
552452	192571	136806	11573	272067	459592	187555	602581	537990	377427
20713	262	4280	16	6316	10804	4488	9508	9165	17705
1345423	145817	681923	36107	341439	596663	313709	1572669	1221991	481553
2349126	**629016**	**729088**	**133305**	**576394**	**907663**	**414861**	**1932162**	**1751885**	**1424401**
1574346	405322	576622	66072	307905	502020	236832	1200377	1075801	877668
307620	119755	62400	30320	123583	167624	62693	279866	265582	187890
160957	60942	41972	20070	64011	97446	34569	147052	117274	118201
264152	28409	40890	12654	44799	86231	43587	253658	253658	207525
550	245	170	101	1000	1030	31	963	963	587
3233	248	175					2100		1182
31582	13090	6134	3974	14358	8755	1861	31200	22205	19289
6686	1006	725	115	20738	44557	35290	16947	16403	12061

1-A-3 续表 5

行业	企业单位数(个)	亏损企业	工业总产值(当年价格)	工业销售产值(当年价格)	出口交货值	资产总计
计算机、通信和其他电子设备制造业	**20**		**212383**	**209709**	**17446**	**387879**
计算机制造	5		46694	44760	8636	72527
通信设备制造	1		9634	9983		27015
广播电视设备制造						
雷达及配套设备制造						
视听设备制造						
电子器件制造	4		49178	49094	6007	124390
电子元件制造	2		51449	50442	2803	75227
其他电子设备制造	8		55429	55430		88720
仪器仪表制造业	**23**	**5**	**197824**	**200355**	**1480**	**396967**
通用仪器仪表制造	20	5	164942	167984	1287	354352
专用仪器仪表制造	1		12380	12380	171	11103
钟表与计时仪器制造						
光学仪器及眼镜制造	1		2050	1540	21	2440
其他仪器仪表制造业	1		18452	18452		29072
其他制造业	**15**	**4**	**229008**	**225929**	**18411**	**400354**
日用杂品制造	3		13363	13264		8626
煤制品制造	3	1	106039	105869		185544
核辐射加工						
其他未列明制造业	9	3	109606	106796	18411	206184
废弃资源综合利用业	**4**		**41496**	**42067**		**38426**
金属废料和碎屑加工处理	1		20216	20216		33510
非金属废料和碎屑加工处理	3		21280	21851		4917
金属制品、机械和设备修理业	**5**	**2**	**50656**	**50530**		**78253**
金属制品修理	1		2655	2529		3572
通用设备修理						
专用设备修理	2	1	11470	11471		21575
铁路、船舶、航空航天等运输设备修理						
电气设备修理	2	1	36531	36531		53106
仪器仪表修理						
其他机械和设备修理业						
电力、燃气及水的生产和供应业	**293**	**112**	**12973777**	**12863843**	**50102**	**23649042**
电力、热力生产和供应业	**261**	**104**	**11711372**	**11601843**	**50102**	**22242475**
电力生产	96	23	5820882	5762901	50102	12334968
电力供应	70	47	4754224	4720860		6482596
热力生产和供应	95	34	1136267	1118082		3424911
燃气生产和供应业	**17**	**3**	**1110055**	**1109663**		**422095**
水的生产和供应业	**15**	**5**	**152350**	**152337**		**984472**
自来水生产和供应	12	5	104143	104131		635585
污水处理及其再生利用	3		48207	48207		348887
其他水的处理、利用与分配						

单位：万元

流动资产合计				固定资产合计	固定资产原价	累计折旧	负债合计		所有者权益合计
	应收账款	存货						流动负债合计	
			产成品						
245577	**66326**	**34841**	**10318**	**72055**	**79290**	**27133**	**185176**	**122206**	**199703**
39812	4249	7814	590	20376	11930	2378	30653	28272	41874
22856	11811	5149	654	4021	6339	2318	10431	9931	16584
85810	22729	6679	966	24351	26873	11577	53641	49138	70749
50609	6107	7539	6167	13487	16335	2848	50399	12249	21828
46491	21431	7660	1941	9820	17813	8012	40054	22617	48667
257149	**71099**	**86696**	**38964**	**79975**	**133724**	**57448**	**219957**	**167326**	**177006**
222411	61277	80780	38573	73891	123909	53716	205769	153822	148579
6484	4734	325	4	3575	5392	1818	7240	7240	3863
1612	222	684	387	574	1607	1033	464	350	1977
26643	4866	4907		1935	2816	881	6484	5914	22588
132261	**53844**	**35697**	**13366**	**295058**	**442404**	**163418**	**325586**	**163578**	**71688**
4335	1329	350	350	4242	6		2955	660	5672
16403	1589	8048	2186	233991	369680	135689	202050	92147	-16506
111523	50926	27300	10831	56825	72718	27729	120581	70771	82523
27533	**3409**	**7503**	**2816**	**9103**	**10571**	**1747**	**21917**	**17079**	**15525**
25809	3336	7382	2784	6286	6631	502	20191	15691	13318
1724	73	121	31	2817	3940	1245	1725	1388	2207
48840	**17639**	**8428**	**2799**	**21144**	**31338**	**16517**	**58511**	**54613**	**19741**
2559	1553	470		857	1681	823	1652	1652	1919
9815	3309	5779	1988	5378	7024	1646	16963	13550	4612
36466	12778	2180	811	14908	22633	14047	39897	39411	13209
5468847	**1051437**	**924554**	**237384**	**14824393**	**23190194**	**9235663**	**17137750**	**9530601**	**6491735**
4856546	**1008672**	**888438**	**231695**	**14214987**	**22500469**	**8887415**	**16239767**	**8930079**	**5983162**
3114733	762875	718759	227757	8474611	13508572	5320223	8676269	4941841	3641935
497693	88315	6415	112	3959369	6875545	2935505	4895264	2140090	1587317
1244120	157482	163264	3826	1781007	2116352	631686	2668234	1848147	753910
160590	**26578**	**27671**	**5690**	**233032**	**311356**	**138475**	**263824**	**211170**	**158261**
451710	**16187**	**8445**		**376373**	**378369**	**209773**	**634159**	**389353**	**350312**
324094	9484	3460		170362	376428	209244	359125	275697	276460
127617	6702	4986		206011	1942	530	275035	113657	73852

1-A-3 续表 6

行　　业	实收资本				主营业务收　　入	主营业务成　　本
		国家资本	港澳台资本	外商资本		
总　计	**23260307**	**4625999**	**450123**	**1412154**	**137010647**	**107693689**
采矿业	**5918928**	**457365**	**15650**	**3493**	**27319195**	**12420681**
煤炭开采和洗选业	**884321**	**440553**	**736**	**3253**	**5324334**	**4634362**
烟煤和无烟煤开采洗选	872646	432503	736	3253	5165009	4513539
褐煤开采洗选	3675	50			86979	60512
其他煤炭采选	8000	8000			72346	60311
石油和天然气开采业	**4765808**	**397**	**5412**		**19041423**	**5607245**
石油开采	4765808	397	5412		19041423	5607245
天然气开采						
黑色金属矿采选业	**57561**	**100**			**525878**	**418043**
铁矿采选	57561	100			525878	418043
锰矿、铬矿采选						
其他黑色金属矿采选						
有色金属矿采选业	**126185**	**8841**			**301899**	**207296**
常用有色金属矿采选	96819				206678	134444
贵金属矿采选	15488	8841			79105	58569
稀有稀土金属矿采选	13878				16115	14282
非金属矿采选业	**47632**	**3653**	**9002**		**436579**	**353622**
土砂石开采	11786	2583			184984	153523
化学矿开采						
采盐						
石棉及其他非金属矿采选	35846	1070	9002		251595	200099
开采辅助活动	**37421**	**3821**	**500**	**240**	**1689082**	**1200114**
煤炭开采和洗选辅助活动						
石油和天然气开采辅助活动	37421	3821	500	240	1689082	1200114
其他开采辅助活动						
其他采矿业						
制造业	**14129476**	**3008291**	**378707**	**1295698**	**96133529**	**82437069**
农副食品加工业	**2634418**	**269505**	**54213**	**291505**	**28347356**	**25837254**
谷物磨制	951680	23214	24261	44496	10719990	9661805
饲料加工	139130	8454	1212	16488	1193128	1049330
植物油加工	452684	129400			8222684	7840666
制糖业	80235			35122	226568	214032
屠宰及肉类加工	408733	3290	5785	35172	4284260	3877021
水产品加工						
蔬菜、水果和坚果加工	168038	5270	2004	52019	1374200	1160183
其他农副食品加工	433919	99878	20951	108209	2326526	2034218
食品制造业	**860207**	**57245**	**85602**	**194304**	**5130903**	**3988158**
焙烤食品制造	90118		64753	7065	248157	168725
糖果、巧克力及蜜饯制造	6000				16264	15308

单位：万元

主营业务税金及附加	管理费用	销售费用	财务费用	利息支出	营业利润	利润总额	亏损企业亏损总额	本年应交增值税	从业人员平均人数（人）
6734573	**6356665**	**3032544**	**1524873**	**1693017**	**11801592**	**11854868**	**1781047**	**6002370**	**1382219**
4204760	**2184169**	**219939**	**100371**	**284851**	**8031086**	**7894793**	**294093**	**3008360**	**407171**
79469	**603986**	**63268**	**119710**	**114574**	**-57942**	**-50926**	**289069**	**463099**	**268460**
76079	586470	58038	118636	113402	-76171	-68800	289069	448839	262905
1821	8386	3048	806	914	16119	15837		6925	1025
1569	9130	2182	268	258	2110	2037		7335	4530
4055262	**1345690**	**115921**	**-44238**	**146458**	**7749262**	**7611666**	**2025**	**2404523**	**114303**
4055262	1345690	115921	-44238	146458	7749262	7611666	2025	2404523	114303
3235	**23040**	**16316**	**5764**	**5445**	**51202**	**51193**	**526**	**33986**	**3890**
3235	23040	16316	5764	5445	51202	51193	526	33986	3890
7672	**21937**	**2362**	**11517**	**10645**	**52817**	**53153**	**1758**	**19005**	**3646**
6828	13298	2174	10372	9510	41322	42092	359	18221	2057
527	7134	188	990	976	11670	11315	888	176	1037
317	1506		155	159	-175	-255	511	608	552
4291	**21388**	**20914**	**1366**	**1441**	**35997**	**32093**	**477**	**18803**	**5582**
958	7200	6262	849	828	16821	13477		6894	1797
3333	14188	14653	517	614	19176	18615	477	11909	3785
54832	**168127**	**1158**	**6252**	**6287**	**199749**	**197615**	**240**	**68944**	**11290**
54832	168127	1158	6252	6287	199749	197615	240	68944	11290
2479069	**3850075**	**2731727**	**986484**	**962093**	**3790902**	**3872601**	**1273173**	**2568384**	**830419**
207892	**506168**	**483275**	**245461**	**227515**	**1366813**	**1233463**	**117193**	**516068**	**141842**
74465	217457	198823	104863	97550	466886	461546	56892	180037	54840
1611	34762	38071	5221	4116	54823	58299	2824	11569	8321
105353	62946	61978	53832	47948	377253	263008	8880	153271	14603
491	15379	2294	9171	8103	-11217	-12577	24962	5553	3305
8786	81490	71871	24026	23110	238547	225381	10949	73673	32191
10499	40729	50579	9420	8911	105650	107428	453	38756	10006
6687	53407	59659	38928	37777	134870	130378	12235	53210	18576
25252	**144977**	**512438**	**22075**	**28061**	**413945**	**466025**	**19188**	**165677**	**43873**
1445	9435	20849	1094	1619	47027	47195	383	7006	4241
3092	213	167	112	112	89	89		26	97

1-A-3 续表 7

行业	实收资本	国家资本	港澳台资本	外商资本	主营业务收入	主营业务成本
方便食品制造	88252	32696	19255	9267	544919	425990
乳制品制造	452484	23110	1000	169814	3406575	2604268
罐头食品制造	10985				91314	73757
调味品、发酵制品制造	58160		427		303402	256238
其他食品制造	154208	1440	168	8158	520272	443872
酒、饮料和精制茶制造业	**707317**	**35196**	**23612**	**245695**	**3087641**	**2476061**
酒的制造	455843	22277		166105	2209739	1786199
饮料制造	250964	12786	23612	79462	862092	675757
精制茶加工	509	133		128	15810	14106
烟草制品业	**161616**	**150818**			**1142961**	**396872**
烟叶复烤	8998				95441	79721
卷烟制造	152618	150818			1047520	317151
其他烟草制品制造						
纺织业	**91340**		**15407**	**2749**	**788720**	**703466**
棉纺织及印染精加工	11521				98545	91575
毛纺织及染整精加工	1500				16621	15623
麻纺织及染整精加工	62870		15407	2302	549379	486472
丝绢纺织及印染精加工						
化纤织造及印染精加工						
针织或钩针编织物及其制品制造	1000				801	472
家用纺织制成品制造	4678			447	54802	50953
非家用纺织制成品制造	9771				68573	58370
纺织服装、服饰业	**22755**	**200**		**169**	**291851**	**251415**
机织服装制造	20200	200		169	213777	183677
针织或钩针编织服装制造	2055				72979	63467
服饰制造	500				5095	4271
皮革、毛皮、羽毛及其制品和制鞋业	**6570**			**3990**	**571310**	**515062**
皮革鞣制加工	1360				357547	322257
皮革制品制造	100				4392	3733
毛皮鞣制及制品加工	1120				163509	146043
羽毛(绒)加工及制品制造	3990			3990	45862	43029
制鞋业						
木材加工和木、竹、藤、棕、草制品业	**492079**	**24750**	**1966**	**950**	**4254269**	**3750936**
木材加工	111746	2945		650	1317889	1152665
人造板制造	250749	13756			2015900	1792432
木制品制造	126584	8049	1966	300	886656	782016
竹、藤、棕、草等制品制造	3000				33823	23824
家具制造业	**121705**	**5012**	**2446**	**1330**	**708775**	**602193**
木质家具制造	109438	5012	2446	1003	633623	540789
竹、藤家具制造						
金属家具制造	5032				35508	31365
塑料家具制造						
其他家具制造	7236			328	39643	30039

单位：万元

主营业务税金及附加	管理费用	销售费用	财务费用	利息支出	营业利润	利润总额	亏损企业亏损总额	本年应交增值税	从业人员平均人数（人）
934	26167	50837	394	3596	41053	42047	3740	15588	7766
13324	77233	414659	10004	12509	261631	311007	4270	127119	22944
104	800	1460	56	57	15142	15123			591
1463	14590	8951	6062	5961	15416	17790	4369	7641	4215
4892	16541	15515	4353	4206	33587	32774	6426	8297	4019
105862	**152615**	**186227**	**21931**	**21648**	**123855**	**136338**	**66207**	**112141**	**34093**
103142	113863	99439	15728	15734	72216	82830	62001	88269	24183
2719	38446	86328	6156	5866	50717	52586	4205	23733	9670
	307	461	48	48	921	921		139	240
514280	**73187**	**12550**	**-949**	**623**	**147898**	**150060**		**126478**	**5880**
79	772	535	105	105	14230	13155		5769	776
514201	72415	12016	-1054	518	133669	136905		120709	5104
1903	**23981**	**12980**	**6502**	**5720**	**37058**	**37905**	**4529**	**21284**	**31864**
278	1871	1541	451	343	1171	1493	1900	2880	3991
28	714	384	283	300	-285	-285	866	30	247
1251	15790	8507	4557	3885	31547	31921	593	15235	24609
10	138	14			157	157			50
35	2142	798	629	622	231	382	1171	1444	2109
301	3326	1737	582	569	4238	4238		1696	858
483	**4648**	**3133**	**845**	**735**	**31278**	**30608**	**43**	**4938**	**2966**
307	3452	2570	587	476	23143	22474	43	3533	2232
170	850	434	90	90	7967	7967		1368	578
6	347	129	169	169	168	168		38	156
2542	**3802**	**984**	**138**	**103**	**47700**	**47694**	**219**	**11984**	**1879**
1689	1232	434	23	18	31831	31829		7483	1005
	329	111			219	219			96
741	1626	368	112	82	13619	13615	219	3928	718
112	616	71	3	3	2031	2031		573	60
16160	**90521**	**90498**	**22948**	**21054**	**258856**	**217798**	**20160**	**139894**	**40100**
6363	20104	37297	4532	3844	78479	79072	6900	35158	13246
6860	42190	34307	11753	11312	124319	91039	11304	78726	15203
2897	20964	17123	6642	5877	55050	46676	1955	25013	11272
40	7263	1771	21	21	1009	1012		998	379
2735	**34604**	**29031**	**9270**	**5997**	**32510**	**31039**	**2766**	**17882**	**16987**
2358	29046	23635	8639	5453	30665	29052	2484	14592	15619
137	2829	169	195	99	922	926		1144	1028
240	2728	5228	436	446	924	1061	281	2146	340

1-A-3 续表 8

行业	实收资本				主营业务收入	主营业务成本
		国家资本	港澳台资本	外商资本		
造纸和纸制品业	**237144**	**21700**	**49895**	**26940**	**902870**	**767493**
纸浆制造						
造纸	190498	21350	49895	26582	585159	501644
纸制品制造	46645	350		358	317711	265850
印刷和记录媒介复制业	**65582**	**29943**		**1942**	**250795**	**216805**
印刷	65582	29943		1942	250795	216805
装订及印刷相关服务						
记录媒介复制						
文教、工美、体育和娱乐用品制造业	**49989**	**2105**		**4685**	**527225**	**471256**
文教办公用品制造	9343	2105			245735	226851
乐器制造	5185			4685	18693	17390
工艺美术品制造	19298				222930	193044
体育用品制造	1280				23922	20274
玩具制造	14882				15945	13696
游艺器材及娱乐用品制造						
石油加工、炼焦和核燃料加工业	**1228131**	**459825**	**7797**		**14522590**	**12688472**
精炼石油产品制造	875497	395825			13306322	11489875
炼焦	352634	64000	7797		1216268	1198597
核燃料加工						
化学原料和化学制品制造业	**954954**	**315232**	**1080**	**27719**	**5238789**	**4469865**
基础化学原料制造	509765	256492	180	13749	1766615	1456602
肥料制造	124527	34304		4765	1530413	1336979
农药制造	27990	1088	900		157225	133962
涂料、油墨、颜料及类似产品制造	13024				128589	102626
合成材料制造	68746	5000			258072	248224
专用化学产品制造	147055			9205	1052451	906648
炸药、火工及焰火产品制造	49772	18348			242919	212479
日用化学产品制造	14075				102506	72345
医药制造业	**824146**	**170206**	**31199**	**197123**	**4141355**	**2795035**
化学药品原料药制造	9468				186122	155283
化学药品制剂制造	496763	166500	22930	173080	2590318	1792352
中药饮片加工	21572				84373	65720
中成药生产	235353	300	1122	24044	932439	570678
兽用药品制造	8363	3000			116863	72546
生物药品制造	47132	406	7147		169846	82311
卫生材料及医药用品制造	5497				61394	56145
化学纤维制造业	**23519**				**8779**	**7008**
纤维素纤维原料及纤维制造	500				2943	2166
合成纤维制造	23019				5835	4842

单位：万元

主营业务税金及附加	管理费用	销售费用	财务费用	利息支出	营业利润	利润总额	亏损企业亏损总额	本年应交增值税	从业人员平均人数（人）
3533	**37464**	**30814**	**18639**	**18107**	**45975**	**43509**	**14667**	**27001**	**11554**
2158	21717	22437	12331	12420	23746	19920	13925	19609	6873
1375	15747	8377	6307	5687	22229	23590	742	7392	4681
851	**16606**	**3308**	**2630**	**1477**	**11188**	**12178**	**4949**	**8772**	**4838**
851	16606	3308	2630	1477	11188	12178	4949	8772	4838
1539	**10255**	**8772**	**2502**	**2112**	**27237**	**27707**		**11751**	**7316**
130	1820	475	189	198	10756	11072		2897	2233
35	163	133	64	26	803	804		72	171
1225	6357	7091	2117	1756	13124	13271		7215	4391
55	1652	672	58	58	1212	1212		693	259
94	264	402	75	75	1342	1348		875	262
1395771	**571246**	**73000**	**145566**	**138144**	**-412733**	**-461847**	**549448**	**342449**	**55181**
1393353	528344	61895	92125	91723	-324277	-382365	455723	316724	39054
2418	42902	11106	53441	46422	-88456	-79482	93726	25725	16127
32371	**187508**	**74865**	**45030**	**42880**	**352579**	**348202**	**63678**	**109323**	**41451**
15464	56251	19266	17195	16482	145232	141482	13535	53548	11821
3350	52999	26599	7038	5774	88705	89493	16939	14946	7909
449	5745	2576	1093	1024	12852	13451	552	3239	1874
901	2879	1366	838	445	19910	19811	49	6315	1252
520	16856	5363	14513	14443	-25446	-24943	31090	4735	3554
8134	31972	13500	2518	2491	91244	87543	1508	18472	8683
633	18946	2053	1485	1872	11658	12941	5	6017	5922
2920	1860	4142	350	350	8425	8425		2050	436
28241	**335152**	**571703**	**14026**	**25377**	**385141**	**404773**	**4430**	**219081**	**54140**
974	4320	2767	820	662	21870	23163		10295	1507
17554	232063	421199	-1623	9193	115521	125769	1231	129645	31127
147	2559	3590	1359	1381	10822	8685		438	677
7567	54354	120270	11547	12492	169842	175117	2734	64673	16359
658	20179	10856	385	438	12288	13468		4573	1093
1242	21080	12083	1294	1120	51428	55991	465	8920	2941
100	597	938	244	93	3371	2580		538	436
51	**1267**	**486**	**193**	**192**	**116**	**121**	**207**	**158**	**685**
44	329	123	32	32	251	256		153	77
8	938	363	161	160	-135	-135	207	5	608

1-A-3 续表 9

行业	实收资本	国家资本	港澳台资本	外商资本	主营业务收入	主营业务成本
橡胶和塑料制品业	**219384**	**17763**	**5178**	**42752**	**1901697**	**1673269**
橡胶制品业	57235		88	40902	241171	213767
塑料制品业	162149	17763	5090	1850	1660527	1459502
非金属矿物制品业	**973452**	**98479**	**4450**	**49175**	**5315851**	**4418940**
水泥、石灰和石膏制造	501409	61510	300	25000	1867957	1508120
石膏、水泥制品及类似制品制造	141428	6000	1000		931441	805623
砖瓦、石材等建筑材料制造	156677	2810	500	1846	1494014	1259289
玻璃制造	24436	23801			38370	32971
玻璃制品制造	11578				325760	261449
玻璃纤维和玻璃纤维增强塑料制品制造	36478			22079	124360	94866
陶瓷制品制造	3558	262			29586	23255
耐火材料制品制造	3138				31397	25576
石墨及其他非金属矿物制品制造	94751	4097	2650	250	472965	407791
黑色金属冶炼和压延加工业	**537198**	**91170**		**1900**	**3226764**	**2948564**
炼铁	26522	322			264847	193111
炼钢	101001				737332	670125
黑色金属铸造	9620				402251	360945
钢压延加工	399755	90848		1900	1819348	1722281
铁合金冶炼	300				2986	2103
有色金属冶炼和压延加工业	**194891**	**161000**		**5100**	**424306**	**367927**
常用有色金属冶炼	10000			5100	49827	48442
贵金属冶炼	9462				19949	16576
稀有稀土金属冶炼	4158				68288	61626
有色金属合金制造	4024				43650	37460
有色金属铸造						
有色金属压延加工	167248	161000			242593	203823
金属制品业	**252047**	**67448**	**7377**	**4372**	**1788270**	**1587701**
结构性金属制品制造	90508	500			714058	660247
金属工具制造	34319	14000		4372	81958	70372
集装箱及金属包装容器制造	30651	1012	7377		199588	175806
金属丝绳及其制品制造	3267				55265	49837
建筑、安全用金属制品制造	6559				105678	90395
金属表面处理及热处理加工	10747				147104	122227
搪瓷制品制造	5000				19195	14784
金属制日用品制造	4000				9469	7094
其他金属制品制造	66997	51936			455955	396939
通用设备制造业	**906003**	**358765**		**4198**	**3362149**	**2805438**
锅炉及原动设备制造	433209	182463			1725513	1399091
金属加工机械制造	182539	70980		3728	511096	448437
物料搬运设备制造	38931	10633			132874	115810
泵、阀门、压缩机及类似机械制造	52597	1000			212470	177985

单位：万元

主营业务税金及附加	管理费用	销售费用	财务费用		营业利润	利润总额	亏损企业亏损总额	本年应交增值税	从业人员平均人数（人）
				利息支出					
7840	**53641**	**32386**	**12658**	**16338**	**117431**	**115960**	**4310**	**51381**	**19580**
1109	8616	7554	865	1244	5485	6194	310	6055	4232
6730	45025	24833	11793	15094	111946	109766	4000	45325	15348
34991	**260387**	**129591**	**96261**	**73668**	**367518**	**408832**	**56508**	**195659**	**54208**
13322	127834	53371	70582	53705	102555	137445	47618	96565	20609
7767	28321	18913	4939	4021	56099	58247	2951	24121	8610
9993	47858	27191	8611	7145	130379	127331	3258	50593	12410
144	2703	1115	372	380	1516	1456		1119	828
1116	16772	4860	3181	3150	37342	38037	880	5975	2906
1079	9368	6223	1444	1230	7423	10123	257	3928	1610
172	2812	1054	324	285	1809	1796	110	1039	664
108	399	236	8	12	4374	4395		893	597
1289	24319	16630	6801	3739	26022	30002	1435	11427	5974
6794	**86744**	**68120**	**111874**	**107011**	**15171**	**67564**	**35243**	**87223**	**32706**
1693	2065	10403	880	912	36872	37147	1065	5130	2878
129	16160	6594	44320	44157	11865	12898	34	25382	7208
846	7471	4112	1044	700	27511	27707	803	10251	2829
4109	61021	46942	65584	61196	-64246	-10884	33341	46460	19713
17	27	70	45	45	3170	695			78
3377	**31903**	**7187**	**9634**	**9452**	**5826**	**11330**	**2788**	**7188**	**8410**
	601	52	635	604	97	106		1035	362
172	5720		-23		-2438	-2394	2394		1220
1904	259	149	83	83	4268	4268		3590	271
116	3246	486	779	710	1536	1761		461	357
1185	22078	6500	8159	8055	2364	7589	393	2102	6200
7861	**84906**	**18740**	**11859**	**9000**	**80014**	**93299**	**10106**	**38351**	**23794**
3626	16069	5398	3340	2457	22740	22743	1797	7246	5265
626	6033	2225	1367	1244	317	1096	509	3286	2200
599	9543	3614	1038	1003	8913	9063	1140	3761	2371
351	217	293	88	88	4495	4495		2511	185
1101	4283	1130	78	63	8483	8483	13	1886	799
1031	10616	843	253	254	12217	11982	362	4635	1971
45	1400	901	62	55	2003	2002		444	140
50	764	597	14	14	719	722		429	118
432	35982	3738	5619	3822	20127	32714	6285	14153	10745
17925	**286716**	**98073**	**23959**	**28986**	**115051**	**124922**	**90661**	**97018**	**51565**
5880	174874	52792	3834	11478	60390	64050	43212	35137	21373
7706	38169	16665	9030	8625	-4445	-556	33662	21739	10562
532	8468	3206	573	524	4436	5191	1038	3760	2599
772	15553	7806	764	669	10831	9954	1843	6153	3104

1-A-3 续表 10

行业	实收资本				主营业务收入	主营业务成本
		国家资本	港澳台资本	外商资本		
轴承、齿轮和传动部件制造	118136	89974		470	367361	322171
烘炉、风机、衡器、包装等设备制造	20946				69747	58822
文化、办公用机械制造	6940	1940			45727	29410
通用零部件制造	42732	1774			253593	217959
其他通用设备制造业	9974				43767	35753
专用设备制造业	**894329**	**302347**	**61131**	**61345**	**3691297**	**3122542**
采矿、冶金、建筑专用设备制造	513440	217629	59840	16050	2042633	1712226
化工、木材、非金属加工专用设备制造	86863	63823			142003	129546
食品、饮料、烟草及饲料生产专用设备制造	10092			83	192345	164234
印刷、制药、日化及日用品生产专用设备制造	2200				16825	12002
纺织、服装和皮革加工专用设备制造	335				2499	1699
电子和电工机械专用设备制造	37982				112771	101998
农、林、牧、渔专用机械制造	152671	10815		43624	951891	832691
医疗仪器设备及器械制造	6877				39389	35216
环保、社会公共服务及其他专用设备制造	83869	10080	1291	1588	190943	132929
汽车制造业	**371037**	**67153**		**51453**	**1251156**	**1147953**
汽车整车制造	212536	50000		40332	694587	666848
改装汽车制造	42953	7711			169033	146355
低速载货汽车制造						
电车制造						
汽车车身、挂车制造	3010				57240	46291
汽车零部件及配件制造	112538	9442		11121	330297	288458
铁路、船舶、航空航天和其他运输设备制造业	**519628**	**224208**		**10906**	**2332235**	**2005910**
铁路运输设备制造	211412	59627			1068686	887603
城市轨道交通设备制造						
船舶及相关装置制造	3169	1179			23198	18771
航空、航天器及设备制造	305048	163403		10906	1240351	1099536
摩托车制造						
自行车制造						
非公路休闲车及零配件制造						
潜水救捞及其他未列明运输设备制造						
电气机械和器材制造业	**563756**	**49861**	**20163**	**64019**	**2173856**	**1809686**
电机制造	245643	32396			923983	713693
输配电及控制设备制造	112723	16380			526547	458738
电线、电缆、光缆及电工器材制造	76886	1085			514868	472721
电池制造	107429		20163	64019	152066	118548
家用电力器具制造	100				2105	1877
非电力家用器具制造	1100				259	166
照明器具制造	14715				28866	22793
其他电气机械及器材制造	5159				25163	21152

单位：万元

主营业务税金及附加	管理费用	销售费用	财务费用	利息支出	营业利润	利润总额	亏损企业亏损总额	本年应交增值税	从业人员平均人数（人）
1442	25686	5703	5311	4211	14323	14632	7144	14515	7925
333	5207	2418	1874	1684	1127	1118	1108	1839	1310
319	9220	5797	-53		1802	3314		2603	1327
839	7487	2241	1983	1217	22785	23278	2636	10404	2692
101	2053	1445	644	579	3802	3943	19	869	673
20122	**269241**	**99270**	**84216**	**86670**	**134589**	**165001**	**43702**	**93624**	**48187**
14942	172704	53014	71078	71439	59149	77067	12697	60976	31056
535	14562	6579	6917	6953	-16979	-16317	19261	3501	2712
479	6520	2094	696	621	17351	17536		7331	1782
41	1874	1164	26		1719	1713		390	329
17	281				502	504		141	119
432	3253	1893	296	234	4997	5214	3	2874	817
2286	48690	25799	4148	6064	35674	44186	10064	10331	8302
162	2277	575	150	112	1056	1031	54	575	609
1228	19080	8153	904	1248	31121	34068	1623	7505	2461
14333	**124958**	**43762**	**25530**	**32972**	**-84196**	**-80913**	**121213**	**25217**	**20502**
11809	76007	28961	19166	27557	-84900	-93590	110702	12998	11052
384	23807	2213	1635	1679	-6304	4336	922	3196	3246
417	5209	2113	1005	1008	1884	1884		1972	544
1723	19935	10475	3724	2728	5125	6457	9589	7051	5660
2911	**233466**	**45572**	**26078**	**29122**	**29898**	**64482**	**13173**	**38743**	**30831**
1536	100793	31315	11613	10085	42836	46769	9726	32012	16352
91	2317	235	-31	-31	1922	1840		873	509
1284	130357	14023	14495	19068	-14860	15874	3448	5858	13970
14572	**138394**	**66761**	**16290**	**18482**	**126276**	**137394**	**13319**	**73532**	**28254**
5599	89767	40498	1743	4709	62567	67497	7645	43137	13242
5417	24505	12523	2579	2927	22909	23368	5111	17581	7095
2866	12822	4874	1945	1785	19474	19390	472	8577	3327
383	8790	7868	8537	7866	16386	22113	28	2534	3447
4	90	56	20	20	56	56		63	98
4	37		119	67	-62	-62	62		50
165	1637	481	824	625	3026	3026		753	349
134	746	462	524	483	1921	2006		887	646

1-A-3 续表 11

行 业	实收资本				主营业务收入	主营业务成本
		国家资本	港澳台资本	外商资本		
计算机、通信和其他电子设备制造业	**65018**	**18081**	**4250**	**1376**	**227639**	**164579**
计算机制造	25767	13227		776	63765	41505
通信设备制造	8520	4560			8480	3982
广播电视设备制造						
雷达及配套设备制造						
视听设备制造						
电子器件制造	12480	294			49477	39549
电子元件制造	2250				50638	37142
其他电子设备制造	16001		4250	600	55278	42402
仪器仪表制造业	**96094**				**196522**	**155487**
通用仪器仪表制造	87414				163650	134400
专用仪器仪表制造	1600				12380	11392
钟表与计时仪器制造						
光学仪器及眼镜制造	1080				2040	1430
其他仪器仪表制造业	6000				18452	8265
其他制造业	**27952**	**10279**			**229770**	**204527**
日用杂品制造	1209				15547	13631
煤制品制造	4030				107871	99826
核辐射加工						
其他未列明制造业	22713	10279			106353	91071
废弃资源综合利用业	**9142**		**2942**		**45462**	**42538**
金属废料和碎屑加工处理	6000				20112	19217
非金属废料和碎屑加工处理	3142		2942		25350	23322
金属制品、机械和设备修理业	**18074**				**50368**	**44660**
金属制品修理	1500				2529	2339
通用设备修理						
专用设备修理	1831				13130	11848
铁路、船舶、航空航天等运输设备修理						
电气设备修理	14743				34709	30474
仪器仪表修理						
其他机械和设备修理业						
电力、燃气及水的生产和供应业	**3211903**	**1160343**	**55767**	**112964**	**13557922**	**12835939**
电力、热力生产和供应业	**2897689**	**1028684**	**15497**	**98814**	**12237989**	**11646277**
电力生产	1633912	795642	9497	39335	6269564	5771841
电力供应	750279	59517			4803246	4758420
热力生产和供应	513498	173524	6000	59479	1165179	1116016
燃气生产和供应业	**116275**	**30213**	**34894**	**250**	**1159281**	**1085362**
水的生产和供应业	**197940**	**101446**	**5375**	**13900**	**160653**	**104300**
自来水生产和供应	158440	101446		10000	112446	78225
污水处理及其再生利用	39500		5375	3900	48207	26074
其他水的处理、利用与分配						

单位：万元

主营业务税金及附加	管理费用	销售费用	财务费用	利息支出	营业利润	利润总额	亏损企业亏损总额	本年应交增值税	从业人员平均人数（人）
2216	**26763**	**9775**	**3974**	**3822**	**23750**	**26801**		**7444**	**3997**
1119	9002	5596	611	763	5981	6168		1720	642
66	3251	249	229	225	1675	2408		603	234
564	4725	1099	562	476	5997	6521		536	1429
224	4860	672	1634	1408	5699	5717		2712	1046
243	4925	2160	939	950	4399	5988		1874	646
1147	**25122**	**10506**	**4106**	**3781**	**3965**	**9517**	**4579**	**8185**	**5990**
918	22146	8738	4153	3781	-2962	1145	4579	6281	5342
15	357	513	10		94	94		129	189
21	343	103	-8		151	153		176	186
192	2276	1153	-50		6682	8127		1600	273
4782	**24880**	**7129**	**1847**	**1674**	**-5406**	**-1639**	**8381**	**6515**	**6194**
117	430	487	64	3	818	818		406	156
4046	9853	3453	104	92	-2170	-1995	6522	3915	3529
619	14598	3188	1680	1580	-4054	-462	1860	2195	2509
260	**1891**	**338**	**1166**	**1158**	**-6349**	**5507**		**1803**	**388**
255	611	277	1017	1010	-6885	4956		1790	294
4	1279	61	149	148	535	551		13	94
476	**7060**	**455**	**226**	**213**	**-2049**	**-1029**	**1507**	**1622**	**1164**
9	171	12	8	8	22	64		73	24
45	1554	360	180	174	-833	-834	943	324	543
423	5336	83	39	32	-1239	-259	564	1224	597
50743	**322422**	**80878**	**438018**	**446074**	**-20396**	**87475**	**213781**	**425625**	**144629**
47573	**262120**	**32263**	**431331**	**425428**	**-36050**	**57226**	**205687**	**409413**	**131941**
29886	110028	16530	309695	305359	9286	42314	129941	266494	59854
13601	74657	5774	86986	79428	-26560	-22049	33361	132022	47614
4086	77435	9959	34650	40641	-18776	36961	42386	10897	24473
2004	**25518**	**40489**	**-2276**	**1855**	**20760**	**29525**	**2974**	**10420**	**5527**
1166	**34784**	**8126**	**8963**	**18790**	**-5106**	**723**	**5120**	**5792**	**7161**
1052	29398	7583	6535	6808	-6735	-983	5120	5792	6853
114	5386	543	2428	11983	1629	1706			308

1-A-4 按行业分组的规模以上国有控股

行业	企业单位数(个)	亏损企业	工业总产值(当年价格)	工业销售产值(当年价格)	出口交货值	资产总计
总 计	**460**	**169**	**64707912**	**63871568**	**965347**	**90956939**
采矿业	**26**	**9**	**22481777**	**22327271**	**509**	**34443476**
煤炭开采和洗选业	**14**	**9**	**2979681**	**2830162**	**509**	**5729129**
烟煤和无烟煤开采洗选	12	9	2864876	2712520		5496034
褐煤开采洗选	1		22500	27159		22388
其他煤炭采选	1		92306	90482	509	210707
石油和天然气开采业	**2**		**18927671**	**18923311**		**27669656**
石油开采	2		18927671	18923311		27669656
天然气开采						
黑色金属矿采选业						
铁矿采选						
锰矿、铬矿采选						
其他黑色金属矿采选						
有色金属矿采选业	**3**		**75240**	**74027**		**56924**
常用有色金属矿采选						
贵金属矿采选	3		75240	74027		56924
稀有稀土金属矿采选						
非金属矿采选业	**3**		**9238**	**9261**		**8377**
土砂石开采	3		9238	9261		8377
化学矿开采						
采盐						
石棉及其他非金属矿采选						
开采辅助活动	**4**		**489948**	**490510**		**979390**
煤炭开采和洗选辅助活动						
石油和天然气开采辅助活动	4		489948	490510		979390
其他开采辅助活动						
其他采矿业						
制造业	**260**	**84**	**30830333**	**30249902**	**914736**	**36075131**
农副食品加工业	**25**	**5**	**4716468**	**4774445**	**28540**	**4975720**
谷物磨制	12	4	626056	623390	10400	935133
饲料加工	3		33159	36234		24955
植物油加工	2		3575769	3622904	1262	3573177
制糖业						
屠宰及肉类加工	5		416274	426005	16789	243647
水产品加工						
蔬菜、水果和坚果加工	1		3715	3319		7906
其他农副食品加工	2	1	61496	62594	89	190902
食品制造业	**13**	**3**	**843412**	**862046**		**682088**
焙烤食品制造	1		7639	7639		3644
糖果、巧克力及蜜饯制造						
方便食品制造	2		95180	105952		79028

工业企业主要经济指标(大、中类行业)

单位：万元

流动资产合计	应收账款	存货	产成品	固定资产合计	固定资产原价	累计折旧	负债合计	流动负债合计	所有者权益合计
33314228	**5889768**	**8752372**	**2523118**	**46201384**	**84476679**	**40819015**	**52740809**	**36062304**	**38106959**
7383237	**301512**	**593025**	**371063**	**22931323**	**45012566**	**22231620**	**12879503**	**7335466**	**21555692**
1369484	**212892**	**246876**	**117485**	**2784361**	**5516223**	**2872767**	**4811362**	**3885074**	**917766**
1240690	205823	237888	115082	2680061	5417109	2867554	4570347	3644059	925686
22309	1175	4878	2403	79	79	26	20410	20410	1978
106485	5894	4110		104222	99035	5187	220605	220605	-9898
5831342	**54847**	**339430**	**250636**	**19382419**	**38596256**	**19213837**	**7825803**	**3229634**	**19843853**
5831342	54847	339430	250636	19382419	38596256	19213837	7825803	3229634	19843853
16942	**2194**	**3679**	**1683**	**26500**	**37604**	**11108**	**28042**	**27784**	**28882**
16942	2194	3679	1683	26500	37604	11108	28042	27784	28882
5884	**3242**	**1625**	**829**	**1914**	**3571**	**1657**	**5584**	**5483**	**2793**
5884	3242	1625	829	1914	3571	1657	5584	5483	2793
159585	**28338**	**1414**	**429**	**736128**	**858912**	**132252**	**208712**	**187492**	**762399**
159585	28338	1414	429	736128	858912	132252	208712	187492	762399
21545247	**4706016**	**7370610**	**1924706**	**10216727**	**18507744**	**10018449**	**25050959**	**20679257**	**10941611**
3974147	**91926**	**1326174**	**633367**	**805126**	**1269734**	**563052**	**4360060**	**4171303**	**610317**
603528	50095	360542	156217	288986	592188	377931	856197	785544	78936
15619	2358	6644	1406	8582	5806	1637	7921	7171	11692
3114864	22539	883641	429223	325871	466845	140974	3316809	3219110	256368
164333	8132	40908	15857	59027	74136	15118	90991	79878	152655
1267	70	971	396	6342	8264	1922	3510	2556	4396
74537	8732	33468	30268	116318	122496	25470	84633	77045	106269
324523	**99968**	**112420**	**58084**	**320380**	**563619**	**286013**	**488295**	**472674**	**193792**
2906	2089	288		729	1055	326	949	949	2696
30375	2650	17044	9577	34053	39035	4982	44480	44480	34548

1-A-4 续表 1

行业	企业单位数(个)	亏损企业	工业总产值(当年价格)	工业销售产值(当年价格)	出口交货值	资产总计
乳制品制造	8	2	721965	732847		563107
罐头食品制造						
调味品、发酵制品制造	1	1	9728	6707		31192
其他食品制造	1		8900	8900		5116
酒、饮料和精制茶制造业	**5**	**3**	**79176**	**86039**		**173013**
酒的制造	4	3	63379	70229		163856
饮料制造						
精制茶加工	1		15797	15810		9157
烟草制品业	**2**		**1049708**	**1040808**		**841202**
烟叶复烤	1		70103	70103		29867
卷烟制造	1		979605	970705		811335
其他烟草制品制造						
纺织业	**1**	**1**	**2321**	**2659**		**3479**
棉纺织及印染精加工						
毛纺织及染整精加工						
麻纺织及染整精加工	1	1	2321	2659		3479
丝绢纺织及印染精加工						
化纤织造及印染精加工						
针织或钩针编织物及其制品制造						
家用纺织制成品制造						
非家用纺织制成品制造						
纺织服装、服饰业						
机织服装制造						
针织或钩针编织服装制造						
服饰制造						
皮革、毛皮、羽毛及其制品和制鞋业	**1**	**1**	**2037**	**2037**		**839**
皮革鞣制加工						
皮革制品制造						
毛皮鞣制及制品加工	1	1	2037	2037		839
羽毛(绒)加工及制品制造						
制鞋业						
木材加工和木、竹、藤、棕、草制品业	**11**	**4**	**103404**	**85419**	**915**	**109113**
木材加工	3		24804	25234		10432
人造板制造	5	3	45730	40450		64401
木制品制造	3	1	32869	19736	915	34280
竹、藤、棕、草等制品制造						
家具制造业	**2**		**17026**	**17867**	**16010**	**20737**
木质家具制造	2		17026	17867	16010	20737
竹、藤家具制造						
金属家具制造						
塑料家具制造						
其他家具制造						

单位：万元

流动资产合计	应收账款	存货	产成品	固定资产合计	固定资产原价	累计折旧	负债合计	流动负债合计	所有者权益合计
283513	95064	91467	46071	263063	494981	274692	408635	396916	154473
5338	155	3621	2436	19811	22960	3149	30204	26302	988
2391	11			2725	5590	2865	4028	4028	1088
63065	**3271**	**31684**	**20489**	**101020**	**139930**	**38972**	**185944**	**171547**	**-12930**
56549	3067	27351	17699	98675	135807	37194	181789	168808	-17933
6517	204	4333	2790	2344	4123	1779	4154	2739	5003
508363	**56023**	**223897**	**4347**	**114539**	**264021**	**1476667**	**153421**	**151743**	**687782**
9368	1134	1081	98	5503	7762	4436	490	490	29378
498995	54889	222816	4249	109036	256259	1472231	152931	151253	658404
3361	**526**	**2836**	**1627**	**118**	**496**	**378**	**3539**	**3539**	**-59**
3361	526	2836	1627	118	496	378	3539	3539	-59
838	**373**	**426**		**2**	**2**	**1**	**822**	**822**	**17**
838	373	426		2	2	1	822	822	17
43493	**10427**	**20480**	**17025**	**63338**	**66481**	**19523**	**74973**	**63897**	**34140**
3123	875	898	498	7309	8113	804	6307	2094	4125
23343	3646	11310	9689	40103	40876	14750	40207	33445	24194
17027	5906	8272	6838	15926	17493	3968	28459	28359	5821
12468	**4037**	**6195**	**1607**	**6190**	**8413**	**2899**	**10033**	**10033**	**10704**
12468	4037	6195	1607	6190	8413	2899	10033	10033	10704

1-A-4 续表 2

行业	企业单位数(个)	亏损企业	工业总产值(当年价格)	工业销售产值(当年价格)	出口交货值	资产总计
造纸和纸制品业	**2**		**155850**	**157819**	**9196**	**316826**
纸浆制造						
造纸	1		152992	154881	9196	314269
纸制品制造	1		2858	2937		2558
印刷和记录媒介复制业	**9**	**3**	**66718**	**64484**		**109409**
印刷	9	3	66718	64484		109409
装订及印刷相关服务						
记录媒介复制						
文教、工美、体育和娱乐用品制造业	**1**		**5064**	**4759**	**214**	**14306**
文教办公用品制造	1		5064	4759	214	14306
乐器制造						
工艺美术品制造						
体育用品制造						
玩具制造						
游艺器材及娱乐用品制造						
石油加工、炼焦和核燃料加工业	**9**	**4**	**12508157**	**12166626**	**3486**	**4441475**
精炼石油产品制造	7	2	12236789	12007849		4061384
炼焦	2	2	271369	158777	3486	380091
核燃料加工						
化学原料和化学制品制造业	**20**	**7**	**1601324**	**1581514**	**21326**	**1697236**
基础化学原料制造	4	2	478742	475763		797841
肥料制造	6	3	102452	99690		186702
农药制造	1	1	2122	2000		2142
涂料、油墨、颜料及类似产品制造						
合成材料制造	4	1	228013	221198	3695	348140
专用化学产品制造	2		570231	571093		96109
炸药、火工及焰火产品制造	3		219763	211769	17631	266302
日用化学产品制造						
医药制造业	**11**	**1**	**1364655**	**1229252**	**69371**	**2079953**
化学药品原料药制造	1		105913	106135		41655
化学药品制剂制造	4		1133888	998979	66021	1914331
中药饮片加工						
中成药生产	4		55675	55662	3014	84352
兽用药品制造	1		66755	66755	337	34729
生物药品制造	1	1	2424	1720		4885
卫生材料及医药用品制造						
化学纤维制造业						
纤维素纤维原料及纤维制造						
合成纤维制造						

单位：万元

流动资产合计	应收账款	存货	产成品	固定资产合计	固定资产原价	累计折旧	负债合计	流动负债合计	所有者权益合计
156416	**42534**	**32563**	**15373**	**132776**	**256440**	**124666**	**140658**	**95220**	**176169**
154804	42362	32292	15339	131831	254225	123396	140517	95079	173752
1612	172	271	35	945	2215	1270	141	141	2417
75405	**16913**	**10196**	**3995**	**26684**	**75239**	**48589**	**54964**	**53288**	**54445**
75405	16913	10196	3995	26684	75239	48589	54964	53288	54445
8797	**1536**	**2821**	**1607**	**3318**	**4760**	**1441**	**5802**	**5464**	**8504**
8797	1536	2821	1607	3318	4760	1441	5802	5464	8504
1093681	**36651**	**852999**	**262428**	**3309926**	**6677711**	**3483150**	**2753105**	**2051577**	**1688369**
960383	9355	800892	230567	3038548	6354216	3327335	2337094	1714414	1724290
133298	27296	52107	31861	271378	323495	155815	416012	337163	-35921
692160	**111123**	**126773**	**36274**	**842107**	**1323686**	**515208**	**1007260**	**834295**	**688251**
357220	42534	32409	10926	312717	609181	296464	288987	245889	508854
62852	26059	18133	6130	113355	222645	108974	181147	180987	5397
1618	470	740	196	470	1234	764	1245	1245	897
84153	10994	26343	15027	239798	295958	56180	335565	218358	11142
23441	4222	2174	1101	72667	86580	13913	23594	17809	72380
162875	26844	46974	2894	103101	108089	38913	176721	170007	89581
1394862	**346325**	**397436**	**121469**	**492757**	**944096**	**458875**	**1066213**	**1005577**	**1013739**
14036	2696	7935	1692	27619	36275	8656	7465	7465	34190
1301528	314238	365734	110046	436170	854087	425410	1023125	964847	891206
48898	15102	15430	3569	22029	42468	20439	29643	27364	54710
28523	13800	7552	5543	4672	8456	3784	4102	4023	30627
1877	490	786	619	2266	2810	586	1878	1878	3007

1-A-4 续表 3

行　业	企业单位数(个)	亏损企业	工业总产值(当年价格)	工业销售产值(当年价格)	出口交货值	资产总计
橡胶和塑料制品业	**7**	**2**	**59924**	**60271**		**62369**
橡胶制品业						
塑料制品业	7	2	59924	60271		62369
非金属矿物制品业	**39**	**10**	**894969**	**864619**		**2033506**
水泥、石灰和石膏制造	25	9	787784	762743		1781170
石膏、水泥制品及类似制品制造	4	1	19614	18953		28003
砖瓦、石材等建筑材料制造	5		30210	29351		74203
玻璃制造	1		27011	24783		58457
玻璃制品制造	1		8671	7905		18514
玻璃纤维和玻璃纤维增强塑料制品制造	1		9517	8724		34793
陶瓷制品制造	1		4661	4661		7426
耐火材料制品制造						
石墨及其他非金属矿物制品制造	1		7500	7500		30939
黑色金属冶炼和压延加工业	**3**	**1**	**377591**	**351246**	**109271**	**1224838**
炼铁	1	1	24944	21421		18329
炼钢						
黑色金属铸造						
钢压延加工	2		352647	329824	109271	1206509
铁合金冶炼						
有色金属冶炼和压延加工业	**4**	**1**	**215081**	**215057**	**9698**	**594635**
常用有色金属冶炼						
贵金属冶炼	1	1	19949	19949		28016
稀有稀土金属冶炼						
有色金属合金制造	1		11946	11448	4034	12649
有色金属铸造						
有色金属压延加工	2		183186	183660	5664	553970
金属制品业	**8**	**3**	**242894**	**243401**	**15359**	**447933**
结构性金属制品制造	1		14175	14175		6051
金属工具制造	1	1	19260	18494	78	76959
集装箱及金属包装容器制造	2	1	13479	14369	357	20889
金属丝绳及其制品制造						
建筑、安全用金属制品制造						
金属表面处理及热处理加工						
搪瓷制品制造						
金属制日用品制造						
其他金属制品制造	4	1	195980	196363	14925	344034
通用设备制造业	**27**	**11**	**1602321**	**1589962**	**208223**	**5044258**
锅炉及原动设备制造	9	2	1367784	1359845	204926	4226512
金属加工机械制造	3	2	40320	40726	263	320288
物料搬运设备制造	1	1	9800	7292		35806
泵、阀门、压缩机及类似机械制造	4	2	32112	40179		81962
轴承、齿轮和传动部件制造	6	3	138682	126993	2656	356818

单位：万元

流动资产合计	应收账款	存货	产成品	固定资产合计	固定资产原价	累计折旧	负债合计	流动负债合计	所有者权益合计
40071	**13489**	**19273**	**13877**	**14312**	**35685**	**20508**	**36093**	**23071**	**26275**
40071	13489	19273	13877	14312	35685	20508	36093	23071	26275
876387	**207700**	**195551**	**57623**	**567724**	**774759**	**240097**	**1479366**	**842813**	**484106**
745775	176511	154608	37735	497965	664829	194974	1334618	725072	376524
20761	10608	5229	4110	6306	13524	7232	14464	5873	13532
52588	13635	11164	1722	13079	16719	5263	43350	33532	30854
23675		9471	5150	13959	31430	17483	30563	30563	27894
4990	9	4638	2988	8619	10938	2420	16897	16897	1617
15656	2887	6950	3850	2375	8385	5952	10598	3701	24194
4384	1595	342	99	3042	2422	617	4727	3706	2700
8559	2457	3150	1969	22380	26512	6156	24149	23470	6790
521481	**65357**	**297229**	**168331**	**281780**	**407602**	**125822**	**1060355**	**873470**	**164484**
12437	3152	2939	1330	3604	6831	3227	15805	15805	2524
509044	62205	294290	167001	278176	400771	122595	1044549	857665	161960
165186	**27291**	**72762**	**11709**	**49840**	**151708**	**101868**	**415665**	**223452**	**178970**
15717	8749	3295	8	6431	22339	15907	7072	7072	20945
12169	8547	2682	887	481	2405	1924	9316	9288	3333
137300	9995	66784	10814	42928	126964	84036	399278	207093	154692
205850	**48412**	**60049**	**19148**	**226170**	**322078**	**133692**	**260313**	**221456**	**187222**
3393	0	72		1902	1948	64	2435	2435	3615
42609	12417	18789	11977	22969	42827	19858	45469	39294	31490
14834	2722	9409	1814	5563	8855	3291	11455	10778	9434
145014	33274	31779	5357	195736	268448	110479	200955	168949	142683
4001008	**1509522**	**1097764**	**91531**	**454046**	**848204**	**387976**	**3901576**	**3634038**	**1141587**
3526358	1354114	908553	2297	307168	583650	287448	3327426	3118168	899086
174489	73760	92468	33354	99713	136733	66203	221694	210309	98595
24694	12631	1489		8143	10229	2086	16560	14360	19246
62890	25333	20372	10174	10064	21315	11254	55390	47934	24959
197551	41570	66586	42262	23722	86614	16558	257991	221476	99344

1-A-4 续表 4

行　业	企业单位数(个)	亏损企业	工业总产值(当年价格)	工业销售产值(当年价格)	出口交货值	资产总计
烘炉、风机、衡器、包装等设备制造	2	1	4605	4807		5869
文化、办公用机械制造	1		7247	8350	378	15017
通用零部件制造	1		1771	1771		1987
其他通用设备制造业						
专用设备制造业	**15**	**7**	**1157386**	**1085591**	**96727**	**4342490**
采矿、冶金、建筑专用设备制造	8	3	1034966	966072	96606	3965457
化工、木材、非金属加工专用设备制造	2	2	109675	108715	121	332729
食品、饮料、烟草及饲料生产专用设备制造						
印刷、制药、日化及日用品生产专用设备制造						
纺织、服装和皮革加工专用设备制造						
电子和电工机械专用设备制造						
农、林、牧、渔专用机械制造	5	2	12744	10803		44305
医疗仪器设备及器械制造						
环保、社会公共服务及其他专用设备制造						
汽车制造业	**10**	**5**	**797941**	**796662**	**36327**	**1422707**
汽车整车制造	4	3	688367	684533	35223	1170137
改装汽车制造	1		82307	85444	1104	192886
低速载货汽车制造						
电车制造						
汽车车身、挂车制造						
汽车零部件及配件制造	5	2	27266	26684		59685
铁路、船舶、航空航天和其他运输设备制造业	**15**	**4**	**1888128**	**1880668**	**177272**	**2808000**
铁路运输设备制造	10	4	803843	803017	170697	931683
城市轨道交通设备制造						
船舶及相关装置制造	2		18373	18907		26162
航空、航天器及设备制造	3		1065912	1058744	6576	1850154
摩托车制造						
自行车制造						
非公路休闲车及零配件制造						
潜水救捞及其他未列明运输设备制造						
电气机械和器材制造业	**12**	**3**	**830696**	**840652**	**93161**	**2005783**
电机制造	6	2	759474	769830	88491	1866605
输配电及控制设备制造	4	1	43441	43385	4670	109986
电线、电缆、光缆及电工器材制造	2		27781	27438		29192
电池制造						
家用电力器具制造						
非电力家用器具制造						
照明器具制造						
其他电气机械及器材制造						

单位：万元

流动资产合计	应收账款	存货	产成品	固定资产合计	固定资产原价	累计折旧	负债合计	流动负债合计	所有者权益合计
2884	462	1120	336	2464	3117	653	4987	4987	882
10632	1009	6388	2685	2296	5476	3180	16101	15377	-1084
1510	643	788	422	477	1070	594	1427	1427	560
2997719	**1102241**	**955778**	**181484**	**850301**	**1257096**	**413501**	**2289901**	**1415936**	**2051630**
2745597	984577	881267	166606	775410	1151424	377862	2014775	1144532	1949721
219586	115675	65047	10768	67970	103549	34352	251973	248252	80755
32536	1989	9464	4111	6921	2124	1287	23152	23152	21153
797504	**134720**	**100804**	**52819**	**399314**	**1161331**	**686354**	**1595310**	**1363868**	**-172603**
676718	113961	74033	45967	273681	1002543	620383	1414519	1230570	-244382
92335	15170	17972	3452	100550	113391	43330	146634	110687	46252
28452	5589	8800	3400	25083	45397	22642	34157	22611	25528
1740082	**301106**	**761961**	**39327**	**565915**	**975273**	**460629**	**2038372**	**1628627**	**769628**
522365	179389	130582	11276	257905	425573	167668	577276	513824	354407
20150	262	3811	16	5829	10156	4327	9195	9165	16968
1197567	121456	627567	28036	302180	539544	288634	1451901	1105639	398253
1578443	**404128**	**569483**	**67217**	**250403**	**456958**	**236443**	**1234561**	**1130033**	**771222**
1460142	358721	549491	56570	230692	412934	209276	1115521	1013264	751084
90330	35320	10090	3881	18500	39200	23427	100827	98556	9159
27971	10087	9903	6767	1212	4824	3740	18213	18213	10978

1-A-4 续表 5

行业	企业单位数(个)	亏损企业	工业总产值(当年价格)	工业销售产值(当年价格)	出口交货值	资产总计
计算机、通信和其他电子设备制造业	**2**		**23517**	**23866**		**43899**
计算机制造	1		13883	13883		16884
通信设备制造	1		9634	9983		27015
广播电视设备制造						
雷达及配套设备制造						
视听设备制造						
电子器件制造						
电子元件制造						
其他电子设备制造						
仪器仪表制造业	**2**	**2**	**71723**	**72234**	**1228**	**206992**
通用仪器仪表制造	2	2	71723	72234	1228	206992
专用仪器仪表制造						
钟表与计时仪器制造						
光学仪器及眼镜制造						
其他仪器仪表制造业						
其他制造业	**3**	**3**	**132628**	**129686**	**18411**	**338814**
日用杂品制造						
煤制品制造	1	1	61605	61435		178171
核辐射加工						
其他未列明制造业	2	2	71023	68251	18411	160643
废弃资源综合利用业	**1**		**20216**	**20216**		**33510**
金属废料和碎屑加工处理	1		20216	20216		33510
非金属废料和碎屑加工处理						
金属制品、机械和设备修理业						
金属制品修理						
通用设备修理						
专用设备修理						
铁路、船舶、航空航天等运输设备修理						
电气设备修理						
仪器仪表修理						
其他机械和设备修理业						
电力、燃气及水的生产和供应业	**174**	**76**	**11395803**	**11294396**	**50102**	**20438332**
电力、热力生产和供应业	**162**	**71**	**10402631**	**10301224**	**50102**	**19368606**
电力生产	66	15	5214380	5162103	50102	11242492
电力供应	69	47	4741426	4708062		6473005
热力生产和供应	27	9	446825	431059		1653108
燃气生产和供应业	**2**		**880491**	**880491**		**190225**
水的生产和供应业	**10**	**5**	**112681**	**112681**		**879502**
自来水生产和供应	9	5	89690	89690		566813
污水处理及其再生利用	1		22991	22991		312688
其他水的处理、利用与分配						

单位：万元

流动资产合计	应收账款	存货		固定资产合计	固定资产原价	累计折旧	负债合计	流动负债合计	所有者权益合计
			产成品						
27086	**12123**	**6466**	**654**	**9877**	**12617**	**2740**	**10805**	**9931**	**33095**
4230	312	1316		5856	6278	423	374		16510
22856	11811	5149	654	4021	6339	2318	10431	9931	16584
120133	**13915**	**52286**	**32689**	**45378**	**87708**	**44582**	**109190**	**68105**	**97799**
120133	13915	52286	32689	45378	87708	44582	109190	68105	97799
96910	**41046**	**26923**	**7822**	**277101**	**415468**	**144303**	**294173**	**137787**	**41641**
13836	629	7210	1617	229535	349567	120032	199096	89193	-20925
83075	40417	19713	6205	47566	65901	24271	95077	48594	62566
25809	**3336**	**7382**	**2784**	**6286**	**6631**	**502**	**20191**	**15691**	**13318**
25809	3336	7382	2784	6286	6631	502	20191	15691	13318
4385744	**882240**	**788738**	**227348**	**13053334**	**20956368**	**8568946**	**14810348**	**8047581**	**5609655**
3888129	**869768**	**769049**	**227348**	**12569807**	**20409306**	**8274131**	**14095171**	**7568624**	**5255105**
2866542	713386	683619	227222	7759474	12558071	5046543	7969686	4592320	3256346
496113	87666	6415	112	3951975	6863661	2931016	4885689	2138244	1587300
525474	68716	79015	15	858358	987575	296573	1239795	838060	411459
64948	**3217**	**16992**		**125277**	**181591**	**92008**	**120985**	**105674**	**69240**
432666	**9255**	**2697**		**358251**	**365471**	**202807**	**594192**	**373283**	**285309**
315622	7449	2672		162606	363812	202457	334044	265050	232769
117044	1806	25		195644	1659	349	260148	108233	52540

1-A-4 续表 6

行业					主营业务收入	主营业务成本
	实收资本	国家资本	港澳台资本	外商资本		
总　计	**13018983**	**4499798**	**44248**	**260998**	**67081951**	**47592928**
采矿业	**5224261**	**454610**		**101**	**22519716**	**8579129**
煤炭开采和洗选业	**449698**	**439430**			**2904231**	**2616393**
烟煤和无烟煤开采洗选	441648	431380			2804725	2533449
褐煤开采洗选	50	50			27159	22633
其他煤炭采选	8000	8000			72346	60311
石油和天然气开采业	**4750100**	**100**			**19038787**	**5603848**
石油开采	4750100	100			19038787	5603848
天然气开采						
黑色金属矿采选业						
铁矿采选						
锰矿、铬矿采选						
其他黑色金属矿采选						
有色金属矿采选业	**14376**	**8676**			**74027**	**53706**
常用有色金属矿采选						
贵金属矿采选	14376	8676			74027	53706
稀有稀土金属矿采选						
非金属矿采选业	**3083**	**2583**			**9562**	**8003**
土砂石开采	3083	2583			9562	8003
化学矿开采						
采盐						
石棉及其他非金属矿采选						
开采辅助活动	**7004**	**3821**		**101**	**493110**	**297178**
煤炭开采和洗选辅助活动						
石油和天然气开采辅助活动	7004	3821		101	493110	297178
其他开采辅助活动						
其他采矿业						
制造业	**5244692**	**2900479**	**2782**	**227344**	**32594253**	**27628215**
农副食品加工业	**494702**	**238467**		**1261**	**5613180**	**5464649**
谷物磨制	164047	8132			983369	928551
饲料加工	940	200			45481	35696
植物油加工	123867	123867			4042511	4026694
制糖业						
屠宰及肉类加工	102870	3290		1261	425950	364524
水产品加工						
蔬菜、水果和坚果加工	5100	5100			3319	2651
其他农副食品加工	97878	97878			112550	106534
食品制造业	**150897**	**54506**		**13128**	**1012845**	**861324**
焙烤食品制造					7639	3788
糖果、巧克力及蜜饯制造						
方便食品制造	33844	32696			82319	70925

单位：万元

主营业务税金及附加	管理费用	销售费用	财务费用		营业利润	利润总额	亏损企业亏损总额	本年应交增值税	从业人员平均人数（人）
				利息支出					
6240254	**3991270**	**1073122**	**845508**	**1058994**	**7535489**	**7574071**	**1327490**	**3990101**	**733208**
4141485	**1848064**	**132084**	**45702**	**235658**	**7594483**	**7501282**	**247104**	**2734896**	**339011**
51239	**479585**	**15606**	**88932**	**88178**	**-254509**	**-209356**	**247104**	**288481**	**218340**
48958	469617	12375	88665	87920	-258547	-213321	247104	279681	213326
712	838	1048	-1		1928	1928		1465	484
1569	9130	2182	268	258	2110	2037		7335	4530
4055173	**1344966**	**115891**	**-44685**	**145983**	**7751279**	**7613691**		**2404294**	**114114**
4055173	1344966	115891	-44685	145983	7751279	7613691		2404294	114114
506	**6053**	**187**	**991**	**976**	**12558**	**12203**		**176**	**545**
506	6053	187	991	976	12558	12203		176	545
218	**568**	**30**	**46**	**47**	**902**	**906**		**650**	**369**
218	568	30	46	47	902	906		650	369
34349	**16892**	**371**	**418**	**474**	**84252**	**83838**		**41296**	**5643**
34349	16892	371	418	474	84252	83838		41296	5643
2053666	**1903803**	**878853**	**400689**	**420703**	**-29074**	**26701**	**891081**	**867838**	**272535**
94839	**72543**	**80066**	**84293**	**83970**	**89051**	**14787**	**53698**	**17579**	**14175**
735	26875	27561	39506	40794	-30199	-34875	44067	3288	4792
	1247	2634	257	256	1107	2329		1187	294
92978	27549	28446	41540	38755	92440	18954		1308	3900
1005	12051	14990	1066	1286	35586	37659		9401	4119
	193	196	9		350	350			154
121	4628	6240	1914	2879	-10234	-9631	9632	2395	916
3161	**25714**	**93115**	**7675**	**8644**	**19734**	**27712**	**5652**	**32922**	**11024**
73	742	1730	-2		1283	1295		626	333
11	2728	6546	1569	2353	539	566			536

1-A-4 续表 7

行 业	实收资本	国家资本	港澳台资本	外商资本	主营业务收入	主营业务成本
乳制品制造	109965	21810		13128	909226	772661
罐头食品制造						
调味品、发酵制品制造	6000				4761	5820
其他食品制造	1088				8900	8130
酒、饮料和精制茶制造业	**59309**	**13133**		**128**	**85985**	**78539**
酒的制造	58800	13000			70175	64433
饮料制造						
精制茶加工	509	133		128	15810	14106
烟草制品业	**159051**	**150818**			**1044946**	**324031**
烟叶复烤	8233				70103	57527
卷烟制造	150818	150818			974843	266504
其他烟草制品制造						
纺织业	**150**				**3037**	**3130**
棉纺织及印染精加工						
毛纺织及染整精加工						
麻纺织及染整精加工	150				3037	3130
丝绢纺织及印染精加工						
化纤织造及印染精加工						
针织或钩针编织物及其制品制造						
家用纺织制成品制造						
非家用纺织制成品制造						
纺织服装、服饰业						
机织服装制造						
针织或钩针编织服装制造						
服饰制造						
皮革、毛皮、羽毛及其制品和制鞋业	**50**				**2037**	**2025**
皮革鞣制加工						
皮革制品制造						
毛皮鞣制及制品加工	50				2037	2025
羽毛(绒)加工及制品制造						
制鞋业						
木材加工和木、竹、藤、棕、草制品业	**26654**	**20343**			**84613**	**78668**
木材加工	3200	2745			25157	24425
人造板制造	18036	13756			41017	39330
木制品制造	5418	3842			18439	14913
竹、藤、棕、草等制品制造						
家具制造业	**5983**	**4500**	**1482**		**17900**	**14040**
木质家具制造	5983	4500	1482		17900	14040
竹、藤家具制造						
金属家具制造						
塑料家具制造						
其他家具制造						

单位：万元

主营业务税金及附加	管理费用	销售费用	财务费用	利息支出	营业利润	利润总额	亏损企业亏损总额	本年应交增值税	从业人员平均人数（人）
2975	18884	84265	5083	5266	24315	29639	1734	32271	9751
	3159	265	1024	1025	-6533	-3918	3918		238
101	200	309	1	1	130	130		25	166
2595	**10920**	**3142**	**1281**	**1407**	**-19034**	**-18373**	**20282**	**2931**	**1485**
2595	10613	2681	1233	1360	-19956	-19294	20282	2792	1245
	307	461	48	48	921	921		139	240
513929	**67807**	**8459**	**-1578**		**132955**	**136190**		**120542**	**5296**
79	321	126			12049	12049		4662	569
513850	67486	8333	-1578		120906	124141		115880	4727
14	**261**	**29**			**-397**	**-354**	**354**	**114**	**406**
14	261	29			-397	-354	354	114	406
1	**11**	**5**			**-6**	**-6**	**6**	**14**	**51**
1	11	5			-6	-6	6	14	51
51	**4522**	**1229**	**514**	**100**	**-119**	**598**	**3317**	**957**	**2259**
9	112	127	19	9	465	465		126	459
36	3633	998	95	91	-2629	-1803	2383	118	1160
6	777	104	399		2046	1937	934	713	640
158	**1348**	**389**	**469**	**258**	**1494**	**1543**			**1030**
158	1348	389	469	258	1494	1543			1030

1-A-4 续表 8

行业	实收资本				主营业务收入	主营业务成本
		国家资本	港澳台资本	外商资本		
造纸和纸制品业	**21650**	**21650**			**162378**	**111332**
纸浆制造						
造纸	21350	21350			159447	109948
纸制品制造	300	300			2931	1384
印刷和记录媒介复制业	**30995**	**29943**			**73666**	**61284**
印刷	30995	29943			73666	61284
装订及印刷相关服务						
记录媒介复制						
文教、工美、体育和娱乐用品制造业	**1105**	**1105**			**3845**	**2876**
文教办公用品制造	1105	1105			3845	2876
乐器制造						
工艺美术品制造						
体育用品制造						
玩具制造						
游艺器材及娱乐用品制造						
石油加工、炼焦和核燃料加工业	**801222**	**459825**			**12423560**	**10695145**
精炼石油产品制造	737222	395825			12167984	10433076
炼焦	64000	64000			255575	262069
核燃料加工						
化学原料和化学制品制造业	**551767**	**315187**			**1558044**	**1358941**
基础化学原料制造	336492	256492			492505	399197
肥料制造	40891	34259			105726	99907
农药制造	1088	1088			2000	550
涂料、油墨、颜料及类似产品制造						
合成材料制造	65364	5000			221184	214985
专用化学产品制造	70851				526673	455115
炸药、火工及焰火产品制造	37081	18348			209956	189188
日用化学产品制造						
医药制造业	**402846**	**169800**		**166500**	**2193876**	**1554060**
化学药品原料药制造	500				105993	85526
化学药品制剂制造	377200	166500		166500	1981729	1408027
中药饮片加工						
中成药生产	17146	300			58277	44780
兽用药品制造	3000	3000			44997	12968
生物药品制造	5000				2880	2759
卫生材料及医药用品制造						
化学纤维制造业						
纤维素纤维原料及纤维制造						
合成纤维制造						

单位：万元

主营业务税金及附加	管理费用	销售费用	财务费用	利息支出	营业利润	利润总额	亏损企业亏损总额	本年应交增值税	从业人员平均人数（人）
1401	**11635**	**13716**	**6887**	**6848**	**16845**	**17290**		**13677**	**2520**
1361	11388	13571	6888	6848	15689	16154		13340	2448
40	248	145	-2		1156	1136		337	72
456	**8663**	**725**	**435**	**366**	**2139**	**2792**	**2784**	**2079**	**2690**
456	8663	725	435	366	2139	2792	2784	2079	2690
42	**870**	**134**	**100**	**107**	**242**	**480**		**292**	**188**
42	870	134	100	107	242	480		292	188
1364944	**524752**	**50179**	**87222**	**87111**	**-375544**	**-430288**	**481787**	**309270**	**40013**
1364864	513639	48164	82587	82707	-344932	-403149	454649	307861	35114
81	11113	2015	4636	4405	-30611	-27138	27138	1409	4899
10989	**74021**	**19851**	**27123**	**27611**	**69238**	**52236**	**58642**	**32501**	**16190**
9633	25786	5687	11199	11363	41897	22526	11029	23862	4907
4	14130	4549	304	319	-16858	-15075	16171	137	2650
	435	164	39		-362	-352	352		93
419	16451	4980	14445	14407	-27900	-27397	31090	3886	3243
502	2208	2893	101	101	65923	65923		615	373
431	15011	1578	1035	1420	6537	6610		4001	4924
12443	**206221**	**334930**	**-2505**	**6582**	**76405**	**82727**	**214**	**107526**	**26876**
748	1506		228	228	17985	17985		8100	725
10852	180777	321682	-3179	5811	49577	53907		93450	23455
519	5759	5040	503	544	3335	4275		3281	2105
322	17896	8192	-56		5723	6774		2679	531
2	283	16			-214	-214	214	16	60

1-A-4 续表 9

行业	实收资本	国家资本	港澳台资本	外商资本	主营业务收入	主营业务成本
橡胶和塑料制品业	**19262**	**13609**		**550**	**60275**	**51205**
橡胶制品业						
塑料制品业	19262	13609		550	60275	51205
非金属矿物制品业	**250020**	**72730**	**1300**	**1846**	**875901**	**652407**
水泥、石灰和石膏制造	196671	38761	300		774724	575778
石膏、水泥制品及类似制品制造	8635	3000	1000		18409	15216
砖瓦、石材等建筑材料制造	13106	2810		1846	32157	23916
玻璃制造	23836	23801			24690	20280
玻璃制品制造	2200				6756	5814
玻璃纤维和玻璃纤维增强塑料制品制造	1016				8724	3939
陶瓷制品制造	460	262			5172	3282
耐火材料制品制造						
石墨及其他非金属矿物制品制造	4097	4097			5270	4182
黑色金属冶炼和压延加工业	**91888**	**91170**			**346482**	**332631**
炼铁	640	322			15827	15918
炼钢						
黑色金属铸造						
钢压延加工	91248	90848			330655	316713
铁合金冶炼						
有色金属冶炼和压延加工业	**172262**	**161000**			**207165**	**173339**
常用有色金属冶炼						
贵金属冶炼	9462				19949	16576
稀有稀土金属冶炼						
有色金属合金制造	1800				10298	8467
有色金属铸造						
有色金属压延加工	161000	161000			176918	148295
金属制品业	**87111**	**66948**		**3000**	**244999**	**215576**
结构性金属制品制造	300				14175	12019
金属工具制造	27722	14000		3000	18030	14350
集装箱及金属包装容器制造	4520	1012			13525	10966
金属丝绳及其制品制造						
建筑、安全用金属制品制造						
金属表面处理及热处理加工						
搪瓷制品制造						
金属制日用品制造						
其他金属制品制造	54569	51936			199270	178242
通用设备制造业	**514616**	**356565**			**1543773**	**1265952**
锅炉及原动设备制造	302476	182463			1335976	1083147
金属加工机械制造	82456	70710			39609	45202
物料搬运设备制造	10423	10323			7285	6694
泵、阀门、压缩机及类似机械制造	17842	1000			39902	31710
轴承、齿轮和传动部件制造	98136	89406			107241	88766

单位：万元

主营业务税金及附加	管理费用	销售费用	财务费用		营业利润	利润总额	亏损企业亏损总额	本年应交增值税	从业人员平均人数(人)
				利息支出					
466	**6363**	**2752**	**484**	**455**	**920**	**884**	**2641**	**3411**	**2339**
466	6363	2752	484	455	920	884	2641	3411	2339
8986	**83831**	**30269**	**27937**	**19604**	**81716**	**120809**	**12827**	**56953**	**11304**
8391	69369	26557	27057	18592	76111	110675	12097	52223	7775
150	2462	657	210	207	184	198	730	1238	805
104	2814	797	276	335	3922	5489		1370	465
136	2621	1109	370	378	621	562		1088	729
51	1153	146			-408	59		422	465
107	3999	369	-51	17	577	2819		323	457
42	697	116	75	76	959	955		289	118
4	717	518	-1		-251	51			490
438	**17020**	**16157**	**20246**	**19996**	**-29284**	**1830**	**1065**	**1817**	**6436**
30	776	270	172	158	-1340	-1065	1065	296	693
409	16243	15887	20074	19838	-27944	2895		1521	5743
1111	**27667**	**6112**	**7472**	**7389**	**-7069**	**-1793**	**2394**	**170**	**7222**
172	5720		-23		-2438	-2394	2394		1220
18	962	163	231	230	431	441		140	157
921	20985	5949	7264	7158	-5062	160		30	5845
545	**37457**	**3971**	**5302**	**3448**	**-18066**	**2195**	**6840**	**4445**	**11590**
179	786	490	13	13	690	690		324	50
175	2887	834	514	436	-643	-461	461	1482	1405
121	1755	457	165	121	136	295	192	333	874
71	32029	2190	4611	2879	-18249	1672	6186	2307	9261
5129	**171371**	**54689**	**8820**	**16756**	**6211**	**14018**	**72020**	**32753**	**26638**
4193	127909	39169	-437	7743	41168	41836	40251	25532	14371
227	12868	7265	5215	5173	-29754	-23795	23848	1216	4362
61	1130	222	208	181	-947	-668	668	552	415
265	5857	2070	379	383	-266	-146	1654	1992	1210
281	21512	4644	3433	3275	-3955	-3449	5549	2997	5713

1-A-4 续表 10

行业	实收资本				主营业务收入	主营业务成本
		国家资本	港澳台资本	外商资本		
烘炉、风机、衡器、包装等设备制造	620				4843	4341
文化、办公用机械制造	1940	1940			7146	4516
通用零部件制造	723	723			1771	1577
其他通用设备制造业						
专用设备制造业	**373353**	**291908**		**600**	**1068114**	**912426**
采矿、冶金、建筑专用设备制造	274419	217379			972355	824956
化工、木材、非金属加工专用设备制造	76759	63714			82935	76211
食品、饮料、烟草及饲料生产专用设备制造						
印刷、制药、日化及日用品生产专用设备制造						
纺织、服装和皮革加工专用设备制造						
电子和电工机械专用设备制造						
农、林、牧、渔专用机械制造	22175	10815		600	12825	11259
医疗仪器设备及器械制造						
环保、社会公共服务及其他专用设备制造						
汽车制造业	**239915**	**65307**		**40332**	**805350**	**760202**
汽车整车制造	212536	50000		40332	694587	666848
改装汽车制造	7665	7665			85326	69440
低速载货汽车制造						
电车制造						
汽车车身、挂车制造						
汽车零部件及配件制造	19714	7642			25437	23914
铁路、船舶、航空航天和其他运输设备制造业	**470576**	**224208**			**2089411**	**1798651**
铁路运输设备制造	204205	59627			909866	742674
城市轨道交通设备制造						
船舶及相关装置制造	2969	1179			16116	12820
航空、航天器及设备制造	263403	163403			1163430	1043158
摩托车制造						
自行车制造						
非公路休闲车及零配件制造						
潜水救捞及其他未列明运输设备制造						
电气机械和器材制造业	**225612**	**49761**			**826441**	**643755**
电机制造	201157	32396			754860	582867
输配电及控制设备制造	16280	16280			42667	35921
电线、电缆、光缆及电工器材制造	8175	1085			28914	24967
电池制造						
家用电力器具制造						
非电力家用器具制造						
照明器具制造						
其他电气机械及器材制造						

单位：万元

主营业务税金及附加	管理费用	销售费用	财务费用	利息支出	营业利润	利润总额	亏损企业亏损总额	本年应交增值税	从业人员平均人数（人）
54	242	203		1	60	59	50	58	67
43	1668	1117	21		-98	177		364	390
5	185				3	3		44	110
8266	**115726**	**31177**	**64797**	**63960**	**-15060**	**786**	**19967**	**34683**	**19957**
7839	102611	24557	58091	57381	4210	19435	1148	32318	17848
403	11839	6161	6055	6289	-18704	-18130	18130	2213	1687
24	1276	459	652	290	-566	-519	689	151	422
12083	**99265**	**30797**	**21083**	**29534**	**-95231**	**-92116**	**113113**	**15651**	**14224**
11809	76007	28961	19166	27557	-84900	-93590	110702	12998	11052
188	20417	1165	1186	1247	-7575	3375		2214	2350
87	2841	671	730	730	-2755	-1902	2411	439	822
1707	**205123**	**42601**	**26141**	**27107**	**21552**	**56414**	**9726**	**29513**	**24814**
859	87229	30466	11476	9947	37456	41085	9726	26287	12421
72	2091	5	-108	-108	1272	1259		689	473
777	115803	12130	14773	17268	-17176	14070		2536	11920
4922	**89452**	**41976**	**902**	**4000**	**37492**	**40982**	**11349**	**37256**	**14016**
4496	79154	38205	531	3530	41066	43918	6463	33841	10413
234	8412	2890	476	575	-4698	-4107	4886	1822	2884
191	1886	882	-105	-105	1123	1171		1592	719

1-A-4 续表 11

行业	实收资本				主营业务收入	主营业务成本
		国家资本	港澳台资本	外商资本		
计算机、通信和其他电子设备制造业	**21747**	**17787**			**23068**	**15203**
计算机制造	13227	13227			14588	11221
通信设备制造	8520	4560			8480	3982
广播电视设备制造						
雷达及配套设备制造						
视听设备制造						
电子器件制造						
电子元件制造						
其他电子设备制造						
仪器仪表制造业	**55239**				**71941**	**57288**
通用仪器仪表制造	55239				71941	57288
专用仪器仪表制造						
钟表与计时仪器制造						
光学仪器及眼镜制造						
其他仪器仪表制造业						
其他制造业	**10709**	**10209**			**131313**	**120321**
日用杂品制造						
煤制品制造	500				63437	61547
核辐射加工						
其他未列明制造业	10209	10209			67876	58773
废弃资源综合利用业	**6000**				**20112**	**19217**
金属废料和碎屑加工处理	6000				20112	19217
非金属废料和碎屑加工处理						
金属制品、机械和设备修理业						
金属制品修理						
通用设备修理						
专用设备修理						
铁路、船舶、航空航天等运输设备修理						
电气设备修理						
仪器仪表修理						
其他机械和设备修理业						
电力、燃气及水的生产和供应业	**2550030**	**1144709**	**41466**	**33553**	**11967981**	**11385585**
电力、热力生产和供应业	**2341311**	**1015050**	**9125**	**29653**	**10918261**	**10423624**
电力生产	1368652	788763	9125	29653	5667756	5228317
电力供应	750045	59283			4790876	4747490
热力生产和供应	222614	167003			459629	447818
燃气生产和供应业	**56079**	**29213**	**26966**		**928774**	**883637**
水的生产和供应业	**152640**	**100446**	**5375**	**3900**	**120947**	**78323**
自来水生产和供应	120640	100446			97956	67873
污水处理及其再生利用	32000		5375	3900	22991	10450
其他水的处理、利用与分配						

单位：万元

主营业务税金及附加	管理费用	销售费用	财务费用	利息支出	营业利润	利润总额	亏损企业亏损总额	本年应交增值税	从业人员平均人数(人)
87	**5466**	**978**	**232**	**225**	**2073**	**2807**		**815**	**282**
21	2215	729	3		399	399		212	48
66	3251	249	229	225	1675	2408		603	234
505	**14202**	**5825**	**3051**	**2905**	**-8335**	**-4027**	**4027**	**3456**	**3849**
505	14202	5825	3051	2905	-8335	-4027	4027	3456	3849
4143	**20966**	**5303**	**1291**	**1309**	**-12114**	**-8377**	**8377**	**4725**	**5367**
4026	9351	3206	13		-6696	-6522	6522	3708	3287
117	11615	2097	1278	1309	-5417	-1856	1856	1017	2080
255	**611**	**277**	**1017**	**1010**	**-6885**	**4956**		**1790**	**294**
255	611	277	1017	1010	-6885	4956		1790	294
45103	**239403**	**62185**	**399117**	**402633**	**-29920**	**46088**	**189306**	**387367**	**121662**
43433	**196681**	**23490**	**397914**	**387347**	**-37172**	**27427**	**184186**	**376256**	**112768**
28084	91608	15957	288692	285045	-9779	17833	123329	240816	54385
13538	71516	5774	86607	79049	-26728	-22238	33361	131502	47406
1811	33557	1759	22615	23253	-665	31832	27496	3938	10977
726	**13142**	**32752**	**-3672**	**599**	**13822**	**20721**		**6192**	**2790**
943	**29580**	**5943**	**4875**	**14687**	**-6570**	**-2060**	**5120**	**4919**	**6104**
943	26728	5943	4875	5132	-6788	-2355	5120	4919	5883
	2852			9555	218	296			221

1－A－5　按行业分组的规模以上私营

行　业	企业单位数（个）	亏损企业	工业总产值（当年价格）	工业销售产值（当年价格）	出口交货值	资产总计
总　计	**2126**	**210**	**34027259**	**32784441**	**261528**	**16238374**
采矿业	**195**	**43**	**1959145**	**1854142**	**41**	**1800863**
煤炭开采和洗选业	**149**	**39**	**1304399**	**1201481**	**41**	**1421880**
烟煤和无烟煤开采洗选	147	39	1266110	1166796	41	1412821
褐煤开采洗选	2		38290	34684		9059
其他煤炭采选						
石油和天然气开采业	**1**	**1**	**2174**	**1522**		**16100**
石油开采	1	1	2174	1522		16100
天然气开采						
黑色金属矿采选业	**11**		**275975**	**274756**		**124372**
铁矿采选	11		275975	274756		124372
锰矿、铬矿采选						
其他黑色金属矿采选						
有色金属矿采选业	**4**	**1**	**44115**	**44065**		**43073**
常用有色金属矿采选	3	1	31079	31028		36146
贵金属矿采选						
稀有稀土金属矿采选	1		13037	13037		6927
非金属矿采选业	**26**	**2**	**250162**	**250031**		**105771**
土砂石开采	12		110108	111269		24393
化学矿开采						
采盐						
石棉及其他非金属矿采选	14	2	140054	138762		81378
开采辅助活动	**4**		**82320**	**82287**		**89668**
煤炭开采和洗选辅助活动						
石油和天然气开采辅助活动	4		82320	82287		89668
其他开采辅助活动						
其他采矿业						
制造业	**1887**	**157**	**31681809**	**30547941**	**261487**	**13671496**
农副食品加工业	**579**	**23**	**13380757**	**13001291**	**106690**	**3859346**
谷物磨制	370	6	7182584	7003560		2044182
饲料加工	33	2	436821	425556		189399
植物油加工	52	5	2987048	2818693		517056
制糖业	5	2	43275	59800		111264
屠宰及肉类加工	43	6	1372313	1368885	1765	393633
水产品加工						
蔬菜、水果和坚果加工	41	1	901593	877394	96804	266148
其他农副食品加工	35	1	457121	447403	8121	337665
食品制造业	**69**	**7**	**829088**	**810620**	**4238**	**515453**
焙烤食品制造	6	1	36807	36739		29121
糖果、巧克力及蜜饯制造	1		17493	15708		14774
方便食品制造	17	1	157605	155082		64475

工业企业主要经济指标(大、中类行业)

单位：万元

流动资产合计	应收账款	存货		固定资产合计	固定资产原价	累计折旧	负债合计	流动负债合计	所有者权益合计
			产成品						
8467390	**2162422**	**2617684**	**1103218**	**6090856**	**9115476**	**3713675**	**8679214**	**7151183**	**7421989**
991115	**265863**	**196937**	**125549**	**516365**	**781392**	**290583**	**1101539**	**899473**	**671928**
828912	**207187**	**169049**	**114854**	**316158**	**448126**	**142817**	**934014**	**759347**	**461094**
824299	206839	167454	114194	311988	442467	141329	931925	757258	454124
4612	348	1595	660	4170	5658	1488	2089	2089	6970
6776		**402**	**201**	**9199**	**11933**	**2734**	**6808**	**6808**	**9291**
6776		402	201	9199	11933	2734	6808	6808	9291
27627	**11194**	**3403**	**919**	**94474**	**159113**	**64679**	**29759**	**26504**	**94613**
27627	11194	3403	919	94474	159113	64679	29759	26504	94613
25164	**661**	**7775**	**5550**	**13052**	**47015**	**33993**	**31791**	**29821**	**11282**
23343	391	7337	5550	7946	19820	11904	27461	25491	8685
1821	270	438		5106	27195	22089	4331	4331	2596
45301	**11923**	**7821**	**4025**	**54109**	**57215**	**17726**	**50480**	**28305**	**54682**
13113	1142	2360	1407	10479	17526	7048	11096	6544	12805
32188	10781	5461	2618	43631	39689	10678	39384	21761	41877
57336	**34898**	**8487**		**29374**	**57991**	**28635**	**48687**	**48687**	**40966**
57336	34898	8487		29374	57991	28635	48687	48687	40966
7159257	**1851917**	**2385797**	**975672**	**5226470**	**7916472**	**3293000**	**7022202**	**5873207**	**6539524**
2186723	**402762**	**889435**	**317146**	**1319744**	**2182831**	**1013831**	**1739396**	**1426343**	**2046418**
1351889	249859	587378	168702	573123	1167901	647761	919337	831509	1101936
75596	24550	20412	7619	97878	118724	21621	79172	53817	109430
283204	37795	114243	29925	165183	202796	42348	191159	148764	316555
54311	982	25247	20696	48273	64700	18364	135683	92473	-29890
162554	25782	50464	35505	174641	282428	139050	178858	145400	207649
134942	32813	51703	32059	84242	92721	20545	95204	58730	159530
124228	30982	39989	22640	176404	253561	124142	139983	95650	181209
242764	**45918**	**83620**	**18415**	**224847**	**318135**	**129773**	**246765**	**206288**	**267866**
14161	3257	1655	334	10585	15611	5090	12135	12135	16986
6584	4264	1014	228	3657	3657	439	7387	7387	7388
27096	5857	10136	6120	34790	51172	18293	32658	28222	31095

1-A-5 续表 1

行 业	企业单位数(个)	亏损企业	工业总产值(当年价格)	工业销售产值(当年价格)	出口交货值	资产总计
乳制品制造	14	2	163107	165040	3000	98489
罐头食品制造						
调味品、发酵制品制造	12		195071	184514		180251
其他食品制造	19	3	259005	253537	1238	128343
酒、饮料和精制茶制造业	**62**	**7**	**1049399**	**962524**	**117**	**465908**
酒的制造	46	6	828124	743985	10	366669
饮料制造	16	1	221275	218539	107	99239
精制茶加工						
烟草制品业						
烟叶复烤						
卷烟制造						
其他烟草制品制造						
纺织业	**27**		**410227**	**404414**	**11071**	**233977**
棉纺织及印染精加工	3		41498	40005		17701
毛纺织及染整精加工	1		14891	14891		1885
麻纺织及染整精加工	17		260280	256835	11071	184093
丝绢纺织及印染精加工						
化纤织造及印染精加工						
针织或钩针编织物及其制品制造						
家用纺织制成品制造	2		32957	32124		7137
非家用纺织制成品制造	4		60600	60559		23161
纺织服装、服饰业	**10**	**1**	**71140**	**71706**	**2969**	**41915**
机织服装制造	7	1	50012	50631	2969	35073
针织或钩针编织服装制造	1		16160	16110		2825
服饰制造	2		4968	4965		4018
皮革、毛皮、羽毛及其制品和制鞋业	**3**		**190320**	**186892**		**39686**
皮革鞣制加工	1		59339	56574		12812
皮革制品制造						
毛皮鞣制及制品加工	2		130981	130319		26874
羽毛(绒)加工及制品制造						
制鞋业						
木材加工和木、竹、藤、棕、草制品业	**160**	**6**	**2587717**	**2495046**	**11008**	**786460**
木材加工	65	3	809918	776900	6251	167854
人造板制造	53	1	1202626	1164110		304864
木制品制造	42	2	575173	554036	4756	313742
竹、藤、棕、草等制品制造						
家具制造业	**39**	**3**	**459420**	**449636**	**30175**	**345925**
木质家具制造	37	2	443575	433792	30175	340075
竹、藤家具制造						
金属家具制造	2	1	15844	15844		5850
塑料家具制造						
其他家具制造						

单位：万元

流动资产合计	应收账款	存货	产成品	固定资产合计	固定资产原价	累计折旧	负债合计	流动负债合计	所有者权益合计
58147	11268	19105	2792	30590	39738	14428	51826	47701	46663
79834	9733	39687	5868	79042	98337	26101	87544	64888	92479
56941	11540	12023	3073	66183	109620	65423	55215	45956	73256
160994	**20462**	**75220**	**26908**	**277501**	**382696**	**121498**	**236382**	**180208**	**227491**
130010	16577	66500	22690	217760	309292	103180	194728	148555	170993
30984	3885	8719	4218	59741	73404	18318	41654	31652	56498
132340	**35207**	**57775**	**38602**	**91275**	**161664**	**81661**	**84040**	**77774**	**149639**
5138	890	2837	2481	11729	14198	3548	4571	3469	13131
1448	896						362		1523
114326	29629	50474	33493	61653	77229	25769	72470	68593	111613
3132	297	1099	543	3049	4431	1382	1211	1211	5926
8296	3495	3364	2085	14845	65806	50962	5426	4502	17446
27074	**3178**	**9263**	**992**	**9619**	**47803**	**38439**	**23134**	**22995**	**18782**
25043	3010	7886	362	4808	6580	2027	19220	19220	15853
284	46	238	130	2540	38729	36189	693	555	2132
1747	121	1139	501	2270	2493	223	3220	3220	797
34650	**25472**	**9166**	**1477**	**5036**	**10312**	**5276**	**20193**	**20193**	**19493**
11562	7658	3892	278	1250	2618	1368	5560	5560	7252
23088	17815	5274	1199	3786	7695	3909	14633	14633	12241
353642	**77982**	**123413**	**69715**	**395200**	**759296**	**384149**	**289048**	**203975**	**494771**
92779	24606	35015	18528	58846	163548	106464	76800	64249	89063
132557	22544	36498	21961	169206	229532	63815	96947	49607	208069
128306	30832	51900	29226	167148	366217	213870	115300	90119	197639
201129	**37902**	**113783**	**79364**	**130678**	**179856**	**57477**	**216055**	**187615**	**128157**
196988	35486	112656	79235	129052	178575	57087	211477	183036	126886
4141	2416	1127	129	1626	1280	390	4579	4579	1271

1-A-5 续表 2

行业	企业单位数(个)	亏损企业	工业总产值(当年价格)	工业销售产值(当年价格)	出口交货值	资产总计
造纸和纸制品业	**28**	**8**	**413680**	**369742**	**39**	**189081**
纸浆制造						
造纸	13	3	238675	194859		115193
纸制品制造	15	5	175006	174883	39	73889
印刷和记录媒介复制业	**14**	**4**	**58019**	**57619**		**57662**
印刷	14	4	58019	57619		57662
装订及印刷相关服务						
记录媒介复制						
文教、工美、体育和娱乐用品制造业	**26**		**385836**	**359712**	**905**	**62196**
文教办公用品制造	16		223043	205904		10081
乐器制造	2		18076	16529		1186
工艺美术品制造	6		118966	114354	905	31742
体育用品制造						
玩具制造	2		25751	22924		19188
游艺器材及娱乐用品制造						
石油加工、炼焦和核燃料加工业	**31**	**10**	**876630**	**814730**		**1061733**
精炼石油产品制造	19	2	499753	487394		273486
炼焦	12	8	376877	327337		788247
核燃料加工						
化学原料和化学制品制造业	**109**	**14**	**1887985**	**1745723**	**216**	**995606**
基础化学原料制造	25	4	1036861	943382	12	518051
肥料制造	31	1	335786	304289		178061
农药制造	6	2	48847	46252		22177
涂料、油墨、颜料及类似产品制造	8	1	85808	85547		32705
合成材料制造	2		6225	6078		2516
专用化学产品制造	34	6	270388	256107	204	202317
炸药、火工及焰火产品制造						
日用化学产品制造	3		104069	104069		39779
医药制造业	**39**	**4**	**451082**	**433346**		**376137**
化学药品原料药制造	5		41231	40362		25493
化学药品制剂制造	7	1	88890	86007		32342
中药饮片加工	1		4018	4018		5973
中成药生产	15	2	199712	187145		213462
兽用药品制造	5		56226	55202		29462
生物药品制造	5	1	53681	53287		60437
卫生材料及医药用品制造	1		7325	7325		8969
化学纤维制造业	**3**	**1**	**8718**	**8212**		**28606**
纤维素纤维原料及纤维制造	1		3013	3007		2643
合成纤维制造	2	1	5705	5205		25963

单位：万元

流动资产合计	应收账款	存货	产成品	固定资产合计	固定资产原价	累计折旧	负债合计	流动负债合计	所有者权益合计
84456	**16672**	**31844**	**12565**	**75983**	**98576**	**23819**	**107245**	**78371**	**81824**
45932	5839	22255	9525	43934	53670	10135	66405	39092	48776
38523	10833	9589	3039	32050	44906	13684	40840	39279	33048
31468	**8589**	**6409**	**1338**	**20199**	**28623**	**11090**	**31199**	**27864**	**25055**
31468	8589	6409	1338	20199	28623	11090	31199	27864	25055
19826	**4337**	**8003**	**4702**	**37461**	**54146**	**17411**	**21678**	**12210**	**40519**
6367	841	3632	2621	3496	4554	1059	5793	4889	4288
296	125	123	59	890	944	54	437	437	749
12252	3185	3803	1665	18507	21139	3338	14773	6533	16969
910	186	444	357	14569	27509	12960	675	350	18512
566229	**79168**	**197861**	**112270**	**359530**	**416447**	**124345**	**881820**	**801393**	**181023**
157142	34800	66295	40161	71062	91139	31343	192190	190424	82405
409087	44368	131566	72109	288467	325308	93002	689629	610969	98618
475725	**110559**	**134577**	**68878**	**367194**	**422611**	**116708**	**564316**	**458085**	**418110**
213774	10453	65064	40741	182510	196135	48068	314781	250260	203083
86757	22117	31568	13470	86286	117078	40754	82304	72408	88402
11204	902	4447	2317	7953	13359	5484	14804	14398	7373
9109	2487	4465	3134	18669	20758	2479	16784	9662	15921
1890	815	731	266	129	157	91	1394	1394	1066
141072	70040	27396	8061	43788	59812	17749	108288	89876	88448
11919	3745	907	890	27860	15313	2083	25961	20087	13818
144351	**32852**	**55407**	**19706**	**194593**	**365308**	**197488**	**176005**	**137764**	**198821**
7130	460	3152	1086	11743	14131	2707	12066	6280	13428
17751	893	9429	2896	13149	16478	5853	23186	22240	7845
3750	446	2879	186	2124	2190	114	425	425	5548
84635	21093	30643	12323	106333	271238	174102	99900	79006	113562
11528	3921	5048	1682	17793	20230	3234	8382	8173	21080
19016	5761	4044	1432	35024	25135	3999	30698	21640	29739
541	279	213	102	8428	15907	7479	1350		7619
7874	**1296**	**2520**	**302**	**4392**	**4856**	**464**	**10243**	**5419**	**18290**
1377	670	480	145	898	1245	347	1457	1133	1186
6496	627	2039	158	3494	3611	117	8786	4286	17105

1-A-5 续表 3

行业	企业单位数(个)	亏损企业	工业总产值(当年价格)	工业销售产值(当年价格)	出口交货值	资产总计
橡胶和塑料制品业	**72**	**4**	**792340**	**778345**	**7928**	**358449**
橡胶制品业	6	1	47464	46980		40725
塑料制品业	66	3	744876	731365	7928	317724
非金属矿物制品业	**194**	**27**	**2816810**	**2707932**	**32734**	**1351437**
水泥、石灰和石膏制造	29	9	412306	385389		245538
石膏、水泥制品及类似制品制造	58	9	605730	594104		338333
砖瓦、石材等建筑材料制造	76	3	1196274	1167471		447387
玻璃制造	1		13680	15690		2013
玻璃制品制造	10		289719	280162	31924	113339
玻璃纤维和玻璃纤维增强塑料制品制造	6	1	25995	25005		28442
陶瓷制品制造	1		8215	8215		1751
耐火材料制品制造	1		10705	10705		7489
石墨及其他非金属矿物制品制造	12	5	254185	221192	809	167146
黑色金属冶炼和压延加工业	**29**	**8**	**499872**	**497275**	**1770**	**165080**
炼铁	1		76350	76350		16813
炼钢	1	1	3026	3026		3204
黑色金属铸造	11	2	302405	293989	1770	48172
钢压延加工	16	5	118091	123910		96891
铁合金冶炼						
有色金属冶炼和压延加工业	**5**	**1**	**133234**	**133234**		**84627**
常用有色金属冶炼						
贵金属冶炼						
稀有稀土金属冶炼	1		59158	59158		11025
有色金属合金制造	1		33352	33352		25164
有色金属铸造						
有色金属压延加工	3	1	40724	40724		48438
金属制品业	**74**	**6**	**880629**	**868261**	**4428**	**350487**
结构性金属制品制造	40	3	452232	446333		184406
金属工具制造	4		18642	18476		8056
集装箱及金属包装容器制造	5		116498	116498		40456
金属丝绳及其制品制造	2		55265	55265		9857
建筑、安全用金属制品制造	8	1	55917	53031		33509
金属表面处理及热处理加工	5	1	39675	39675		18110
搪瓷制品制造						
金属制日用品制造	2		7288	7288		4782
其他金属制品制造	8	1	135112	131695	4428	51311
通用设备制造业	**91**	**8**	**1034201**	**968980**	**11461**	**572349**
锅炉及原动设备制造	20		184467	157339		145010
金属加工机械制造	11		352584	330014		156848
物料搬运设备制造	11	2	90413	90375		48875
泵、阀门、压缩机及类似机械制造	9	3	66084	66383		32599
轴承、齿轮和传动部件制造	10	1	148138	140283	10776	66630

单位：万元

流动资产合计	应收账款	存货	产成品	固定资产合计	固定资产原价	累计折旧	负债合计	流动负债合计	所有者权益合计
159023	**48019**	**52544**	**20507**	**173362**	**243359**	**88398**	**161995**	**136446**	**195393**
17010	5751	6208	3136	13606	12786	1148	18667	13160	21111
142013	42268	46335	17371	159756	230572	87250	143328	123287	174282
625891	**229596**	**159976**	**57579**	**592695**	**784628**	**231387**	**718642**	**620736**	**617835**
114196	28186	37487	8161	118018	158446	49940	184093	171102	61279
190387	98417	33693	10064	111138	187609	83437	188448	176406	148596
173840	65305	47676	19500	207467	235844	47163	180798	136291	254689
1960	876	81	81	54	16	2	1250	1250	763
42951	10711	13343	9206	66614	92347	25833	36960	27477	76378
15969	7088	2349	1074	3717	5098	1381	17108	13985	11334
1021	268	445	187	722	814	97	1015	1015	736
1441	72	82		6049	7161	1112	566	566	6923
84127	18675	24819	9307	78915	97293	22424	108405	92644	57135
102395	**23621**	**44278**	**14165**	**33921**	**43432**	**13088**	**85921**	**78125**	**79036**
3613	1767	1831	666	2163	2163	70	1535	1535	15277
2958	1208	756	756	246	627	381	2116	2116	1089
27762	5080	8312	2340	13021	13562	2592	18470	15819	29615
68062	15566	33380	10403	18492	27081	10046	63800	58656	33054
52783	**33206**	**10583**	**646**	**21018**	**28757**	**9745**	**40884**	**37061**	**39721**
2016	1306	702	646	9009	14597	5588	7718	4798	3308
20992	3161	8916		3856	4913	1057	12886	12706	12279
29775	28740	965		8153	9247	3100	20281	19556	24135
194482	**65855**	**43413**	**12012**	**131462**	**257299**	**131461**	**217165**	**193022**	**131729**
104105	39633	22622	4818	66255	98020	33311	121579	105971	61335
5109	3063	732		2400	3345	1198	2831	2781	5125
13364	4512	4889	612	27092	103763	77001	13841	13511	26615
2063	1045	814	738	7761	14853	7092	6416	4648	3441
20909	8182	4947	2542	8870	8939	3286	22158	20339	11351
12368	5532	2355		5713	9866	4262	10742	10742	7368
2741	641	1809	182	1515	2353	950	2680	2680	2102
33824	3248	5245	3120	11856	16160	4361	36919	32351	14392
281975	**117340**	**84686**	**31598**	**260344**	**289611**	**85026**	**307813**	**238938**	**271003**
73794	25522	28784	12646	57616	82778	32884	82037	55733	64013
60515	29238	20037	7880	94383	86044	22833	73316	52746	83168
22659	8045	10462	3326	23334	26782	4637	21319	16579	27475
23333	10747	4878	76	7127	12005	4880	13497	12033	18874
35890	16813	8272	2563	27392	34313	9189	56442	54343	16289

1-A-5 续表 4

行　　业	企业单位数(个)	亏损企业	工业总产值(当年价格)	工业销售产值(当年价格)	出口交货值	资产总计
烘炉、风机、衡器、包装等设备制造	6		38682	36608	685	24528
文化、办公用机械制造						
通用零部件制造	17	1	113427	107991		66525
其他通用设备制造业	7	1	40406	39988		31334
专用设备制造业	**127**	**5**	**1429327**	**1396298**	**26831**	**793749**
采矿、冶金、建筑专用设备制造	55	1	722380	700814	26831	451895
化工、木材、非金属加工专用设备制造	3	2	30762	26913		8823
食品、饮料、烟草及饲料生产专用设备制造	17		179522	178022		64341
印刷、制药、日化及日用品生产专用设备制造	3		15022	15022		13737
纺织、服装和皮革加工专用设备制造	1		2505	2505		1616
电子和电工机械专用设备制造	5	1	65447	65616		53186
农、林、牧、渔专用机械制造	34		346502	341710		129784
医疗仪器设备及器械制造	2		30806	29417		10272
环保、社会公共服务及其他专用设备制造	7	1	36381	36279		60095
汽车制造业	**14**	**1**	**110505**	**110247**	**40**	**96598**
汽车整车制造						
改装汽车制造	1		9382	9382		14125
低速载货汽车制造						
电车制造						
汽车车身、挂车制造	1		22724	22724		8451
汽车零部件及配件制造	12	1	78399	78141	40	74022
铁路、船舶、航空航天和其他运输设备制造业	**8**	**1**	**101968**	**102026**		**149747**
铁路运输设备制造	4		26594	25921		18506
城市轨道交通设备制造						
船舶及相关装置制造						
航空、航天器及设备制造	4	1	75374	76105		131241
摩托车制造						
自行车制造						
非公路休闲车及零配件制造						
潜水救捞及其他未列明运输设备制造						
电气机械和器材制造业	**47**	**7**	**595508**	**590807**		**386854**
电机制造	6	2	41737	39844		83023
输配电及控制设备制造	19	1	357747	355704		149768
电线、电缆、光缆及电工器材制造	15	2	146315	146055		76839
电池制造	1	1	5997	5706		36945
家用电力器具制造	1		2105	2105		1550
非电力家用器具制造	1	1	256	256		3281
照明器具制造	3		22005	21849		27528
其他电气机械及器材制造	1		19347	19289		7920

单位：万元

流动资产合计	应收账款	存货	产成品	固定资产合计	固定资产原价	累计折旧	负债合计	流动负债合计	所有者权益合计
21075	7968	1201	320	2362	3888	1527	16442	8951	8086
29941	12160	8386	4070	33812	38436	7328	28035	22537	38490
14769	6847	2667	717	14318	5365	1748	16726	16017	14608
513746	**259429**	**88390**	**23403**	**224964**	**397176**	**197009**	**376269**	**346458**	**424124**
322057	190710	44837	12480	112803	262733	168717	205198	200876	259001
5501	1203	3303	23	3174	5544	2372	5348	5348	3475
31149	10389	7416	1204	28916	30529	3792	28499	26261	35332
5303	-246	2275	807	6142	5919	1191	9069	8583	4668
1019	300	630		483	1304	822	453	453	1163
50238	26144	11043	988	2048	2833	1315	32413	32413	20773
49177	11670	13382	5975	65885	79542	15039	66280	44816	62912
7409	2108	2515	1845	406	907	500	2569	1876	3144
41893	17152	2990	80	5109	7865	3262	26439	25832	33656
49995	**19476**	**13664**	**6789**	**40351**	**122565**	**87053**	**43991**	**37419**	**52607**
14059	4846	3244		66	124	58	10767	10767	3357
1584	612	631	393	6867	8853	1986	2242		6209
34353	14018	9789	6396	33418	113589	85010	30982	26652	43040
95643	**30102**	**15706**	**8338**	**35575**	**49738**	**21127**	**95164**	**91858**	**54583**
13359	6493	2131	267	3107	4767	1660	8444	8443	10063
82284	23609	13576	8071	32469	44971	19467	86720	83415	44520
211257	**63630**	**46741**	**19201**	**147156**	**209505**	**86173**	**182679**	**152395**	**202951**
43850	17361	6746	1285	30102	39561	13004	18602	15052	64421
71924	19649	21949	10782	70837	85292	26799	79282	71649	69386
42209	18251	8518	3078	28622	40082	12250	41436	33972	35280
35748	2980	4803	1778	1023	1515	533	19150	19150	17795
550	245	170	101	1000	1030	31	963	963	587
3233	248	175					2100		1182
12993	4558	4172	2062	9986	3628	746	18428	9433	9100
751	340	206	115	5586	38397	32811	2721	2177	5199

1-A-5 续表 5

行业	企业单位数(个)	亏损企业	工业总产值(当年价格)	工业销售产值(当年价格)	出口交货值	资产总计
计算机、通信和其他电子设备制造业	**9**		**128797**	**125475**	**8810**	**236131**
计算机制造	1		8777	6843		4296
通信设备制造						
广播电视设备制造						
雷达及配套设备制造						
视听设备制造						
电子器件制造	3		48551	48469	6007	117732
电子元件制造	2		51449	50442	2803	75227
其他电子设备制造	3		20021	19721		38877
仪器仪表制造业	**11**	**1**	**50165**	**49796**	**60**	**48577**
通用仪器仪表制造	11	1	50165	49796	60	48577
专用仪器仪表制造						
钟表与计时仪器制造						
光学仪器及眼镜制造						
其他仪器仪表制造业						
其他制造业	**4**		**26019**	**25920**		**12602**
日用杂品制造	2		7298	7199		7554
煤制品制造						
核辐射加工						
其他未列明制造业	2		18721	18721		5048
废弃资源综合利用业	**2**		**19762**	**19600**		**1550**
金属废料和碎屑加工处理						
非金属废料和碎屑加工处理	2		19762	19600		1550
金属制品、机械和设备修理业	**1**		**2655**	**2529**		**3572**
金属制品修理	1		2655	2529		3572
通用设备修理						
专用设备修理						
铁路、船舶、航空航天等运输设备修理						
电气设备修理						
仪器仪表修理						
其他机械和设备修理业						
电力、燃气及水的生产和供应业	**44**	**10**	**386305**	**382359**		**766015**
电力、热力生产和供应业	**35**	**9**	**320029**	**316118**		**639497**
电力生产	3		15332	13900		78730
电力供应						
热力生产和供应	32	9	304698	302218		560767
燃气生产和供应业	**7**	**1**	**41842**	**41820**		**54098**
水的生产和供应业	**2**		**24433**	**24421**		**72420**
自来水生产和供应	1		9334	9322		55120
污水处理及其再生利用	1		15099	15099		17300
其他水的处理、利用与分配						

单位：万元

流动资产合计	应收账款	存货	产成品	固定资产合计	固定资产原价	累计折旧	负债合计	流动负债合计	所有者权益合计
155785	**41198**	**15963**	**7432**	**37975**	**41560**	**13584**	**109696**	**65177**	**123435**
1760	104	299	299	2536	1702	89	946	446	3350
83982	22725	6041	966	21309	22131	9878	47439	42936	70293
50609	6107	7539	6167	13487	16335	2848	50399	12249	21828
19435	12263	2084		642	1392	769	10913	9547	27964
36173	**15780**	**10515**	**1069**	**9048**	**13642**	**4594**	**28371**	**26280**	**20205**
36173	15780	10515	1069	9048	13642	4594	28371	26280	20205
7331	**685**	**523**	**523**	**4271**	**94**	**59**	**4165**	**1091**	**8437**
3269	372	350	350	4236			2295		5259
4062	313	173	173	35	94	59	1870	1091	3178
976	**73**	**52**	**31**	**221**	**265**	**44**	**277**	**56**	**288**
976	73	52	31	221	265	44	277	56	288
2559	**1553**	**470**		**857**	**1681**	**823**	**1652**	**1652**	**1919**
2559	1553	470		857	1681	823	1652	1652	1919
317019	**44641**	**34950**	**1998**	**348020**	**417612**	**130092**	**555473**	**378503**	**210537**
283255	**39585**	**28175**	**1469**	**310773**	**390638**	**127752**	**494131**	**336970**	**145362**
20449	5611	2907	379	33729	63474	29745	55289	5141	23441
262806	33974	25268	1090	277044	327164	98007	438842	331829	121921
22647	**1982**	**1278**	**529**	**23889**	**25389**	**1970**	**31667**	**28411**	**22431**
11116	**3074**	**5498**		**13359**	**1585**	**370**	**29675**	**13123**	**42745**
4129	1431	537		3046	1349	221	24281	9847	30839
6988	1643	4960		10312	236	149	5394	3276	11906

1-A-5 续表 6

行　业	实收资本	国家资本	港澳台资本	外商资本	主营业务收入	主营业务成本
总　计	**3564995**	**24548**	**973**	**7597**	**32451859**	**28372067**
采矿业	**272603**	**1123**	**736**	**3253**	**1867200**	**1510491**
煤炭开采和洗选业	**208549**	**1123**	**736**	**3253**	**1197734**	**982445**
烟煤和无烟煤开采洗选	205549	1123	736	3253	1160635	958624
褐煤开采洗选	3000				37098	23820
其他煤炭采选						
石油和天然气开采业	**10000**				**1457**	**1530**
石油开采	10000				1457	1530
天然气开采						
黑色金属矿采选业	**16311**				**283004**	**213633**
铁矿采选	16311				283004	213633
锰矿、铬矿采选						
其他黑色金属矿采选						
有色金属矿采选业	**7570**				**44793**	**38578**
常用有色金属矿采选	6570				31656	26284
贵金属矿采选						
稀有稀土金属矿采选	1000				13137	12294
非金属矿采选业	**19435**				**251967**	**202968**
土砂石开采	5182				114396	93840
化学矿开采						
采盐						
石棉及其他非金属矿采选	14254				137572	109128
开采辅助活动	**10738**				**88246**	**71339**
煤炭开采和洗选辅助活动						
石油和天然气开采辅助活动	10738				88246	71339
其他开采辅助活动						
其他采矿业						
制造业	**3097494**	**23424**	**237**	**2344**	**30209046**	**26519797**
农副食品加工业	**937510**	**5595**	**147**		**12910671**	**11554044**
谷物磨制	473094	63	65		7018722	6291354
饲料加工	50870				402831	352369
植物油加工	182302	5532			2901487	2642005
制糖业	9562				57919	59069
屠宰及肉类加工	111297				1288383	1162522
水产品加工						
蔬菜、水果和坚果加工	54514		82		807300	668854
其他农副食品加工	55872				434029	377872
食品制造业	**108342**				**810176**	**669549**
焙烤食品制造	8300				35284	25583
糖果、巧克力及蜜饯制造	6000				16264	15308
方便食品制造	17157				160162	125083

单位：万元

主营业务税金及附加	管理费用	销售费用	财务费用	利息支出	营业利润	利润总额	亏损企业亏损总额	本年应交增值税	从业人员平均人数（人）
234402	**915644**	**575251**	**244050**	**206834**	**2072132**	**1970102**	**138284**	**912034**	**262748**
21386	**102467**	**52559**	**19692**	**17909**	**141777**	**136756**	**29567**	**125366**	**28360**
16835	**67867**	**26439**	**16425**	**14794**	**77506**	**74961**	**28557**	**92486**	**21969**
16091	62798	24537	16405	14771	71978	69433	28557	89831	21774
745	5069	1902	21	23	5527	5527		2655	195
78	**289**		**-29**		**-378**	**-387**	**387**	**143**	**104**
78	289		-29		-378	-387	387	143	104
1329	**14374**	**12812**	**882**	**780**	**30725**	**30725**		**19739**	**2123**
1329	14374	12812	882	780	30725	30725		19739	2123
516	**3510**	**1212**	**380**	**340**	**555**	**555**	**359**	**2462**	**760**
377	3250	1212	220	180	299	299	359	2203	658
139	259		159	159	256	256		259	102
2040	**10926**	**12062**	**626**	**603**	**23991**	**21508**	**264**	**7909**	**2548**
631	4806	5138	558	536	9779	7809		4317	977
1410	6120	6924	68	66	14212	13699	264	3592	1571
587	**5502**	**35**	**1408**	**1393**	**9378**	**9394**		**2628**	**856**
587	5502	35	1408	1393	9378	9394		2628	856
211686	**788788**	**517221**	**211473**	**175943**	**1929276**	**1820804**	**106214**	**779458**	**228388**
89871	**236925**	**185554**	**67070**	**55310**	**837060**	**762283**	**12899**	**323502**	**59760**
67371	145818	105108	40734	32675	395840	393563	395	148240	32757
857	8944	10166	2158	1642	24123	21519	119	6053	3056
6625	18029	23798	6882	5809	236138	194522	145	115535	5629
190	3945	1481	2069	1728	-8654	-9333	10471	762	1070
5348	24416	13182	4649	4364	83418	60113	1618	25191	7373
8183	22989	25023	6880	5633	74383	72209	60	20219	5740
1297	12784	6796	3699	3459	31814	29690	91	7502	4135
9347	**31822**	**34341**	**8494**	**7749**	**62984**	**63198**	**1314**	**18368**	**9872**
238	1942	3830	121	120	3687	3521	105	2083	1196
3092	213	167	112	112	89	89		26	97
534	12236	11552	826	805	10325	10366	418	4398	3148

1-A-5 续表 7

行业	实收资本	国家资本	港澳台资本	外商资本	主营业务收入	主营业务成本
乳制品制造	23423				160952	142358
罐头食品制造						
调味品、发酵制品制造	28576				181284	150429
其他食品制造	24885				256230	210788
酒、饮料和精制茶制造业	**119229**				**839753**	**731978**
酒的制造	82535				661431	575680
饮料制造	36694				178322	156298
精制茶加工						
烟草制品业						
烟叶复烤						
卷烟制造						
其他烟草制品制造						
纺织业	**30700**				**402734**	**361887**
棉纺织及印染精加工	3237				37652	34701
毛纺织及染整精加工	500				14608	13997
麻纺织及染整精加工	14642				256383	231185
丝绢纺织及印染精加工						
化纤织造及印染精加工						
针织或钩针编织物及其制品制造						
家用纺织制成品制造	2800				32124	29492
非家用纺织制成品制造	9521				61967	52513
纺织服装、服饰业	**12655**				**71941**	**62432**
机织服装制造	10450				50236	43710
针织或钩针编织服装制造	1705				16610	14451
服饰制造	500				5095	4271
皮革、毛皮、羽毛及其制品和制鞋业	**470**				**186892**	**167798**
皮革鞣制加工	200				56574	52840
皮革制品制造						
毛皮鞣制及制品加工	270				130319	114958
羽毛(绒)加工及制品制造						
制鞋业						
木材加工和木、竹、藤、棕、草制品业	**198818**	**1100**			**2482415**	**2213643**
木材加工	39081	200			758074	681695
人造板制造	83264				1181044	1052943
木制品制造	76473	900			543297	479006
竹、藤、棕、草等制品制造						
家具制造业	**70990**				**456860**	**390025**
木质家具制造	69890				441016	374665
竹、藤家具制造						
金属家具制造	1100				15844	15360
塑料家具制造						
其他家具制造						

单位：万元

主营业务税金及附加	管理费用	销售费用	财务费用		营业利润	利润总额	亏损企业亏损总额	本年应交增值税	从业人员平均人数(人)
				利息支出					
949	2956	5665	1561	1070	11633	12238	104	2221	1402
485	6456	5085	3718	3523	15724	15167		5444	2416
4050	8020	8042	2156	2120	21526	21818	686	4197	1613
15225	**21759**	**19306**	**6223**	**4944**	**42367**	**38764**	**12981**	**23370**	**7328**
14055	16961	13184	5181	3876	33662	30064	10914	20375	5368
1171	4797	6122	1042	1068	8705	8700	2066	2995	1960
1148	**10638**	**5418**	**3009**	**2692**	**19025**	**19517**		**12136**	**18293**
131	500	763	50	49	1605	1605		1233	1135
	16	15			580	580			75
766	6208	2770	2259	1943	11538	12030		8623	15102
10	778	163	130	130	1551	1551		869	1382
241	3137	1706	569	569	3750	3750		1411	599
343	**3194**	**2269**	**631**	**609**	**3164**	**3435**	**43**	**2634**	**1206**
168	2609	1707	372	350	1768	2040	43	1830	787
170	238	433	90	90	1228	1228		767	263
6	347	129	169	169	168	168		38	156
898	**1133**	**472**	**92**	**89**	**15499**	**15499**		**6177**	**402**
159	186	199	7	7	3184	3184		2263	140
740	947	274	85	82	12315	12315		3914	262
8322	**39071**	**35245**	**11136**	**10409**	**164939**	**134239**	**1268**	**81220**	**19964**
3115	11562	13277	2296	2004	41941	41873	339	15791	7536
3800	17204	13596	4991	4725	84202	61269	906	48269	6841
1407	10305	8373	3849	3681	38796	31097	24	17161	5587
1755	**19837**	**15376**	**4599**	**2936**	**23815**	**21696**	**865**	**11969**	**9735**
1740	19587	15347	4502	2838	23721	21598	865	11832	9657
14	251	28	97	99	94	98		137	78

1-A-5 续表 8

行业	实收资本				主营业务收入	主营业务成本
		国家资本	港澳台资本	外商资本		
造纸和纸制品业	**56777**				**411798**	**367228**
纸浆制造						
造纸	38548				239588	220527
纸制品制造	18230				172210	146700
印刷和记录媒介复制业	**14404**				**57557**	**50984**
印刷	14404				57557	50984
装订及印刷相关服务						
记录媒介复制						
文教、工美、体育和娱乐用品制造业	**25743**				**341800**	**307437**
文教办公用品制造	3470				197427	183951
乐器制造	300				14181	13392
工艺美术品制造	7091				114248	96398
体育用品制造						
玩具制造	14882				15945	13696
游艺器材及娱乐用品制造						
石油加工、炼焦和核燃料加工业	**137961**				**891037**	**842815**
精炼石油产品制造	58953				525558	467773
炼焦	79008				365479	375042
核燃料加工						
化学原料和化学制品制造业	**239785**			**1991**	**1681474**	**1379820**
基础化学原料制造	135363				889110	720243
肥料制造	40484			1991	334966	280407
农药制造	6621				48334	45523
涂料、油墨、颜料及类似产品制造	7150				80377	69463
合成材料制造	382				6502	5538
专用化学产品制造	35711				219679	186302
炸药、火工及焰火产品制造						
日用化学产品制造	14075				102506	72345
医药制造业	**95849**				**425857**	**351909**
化学药品原料药制造	3208				38964	33871
化学药品制剂制造	8318				83396	74813
中药饮片加工	4138				3297	2638
中成药生产	55735				190560	148248
兽用药品制造	5313				54186	44180
生物药品制造	17300				48129	42666
卫生材料及医药用品制造	1837				7325	5494
化学纤维制造业	**16819**				**8052**	**6268**
纤维素纤维原料及纤维制造	500				2943	2166
合成纤维制造	16319				5109	4103

单位：万元

主营业务税金及附加	管理费用	销售费用	财务费用	利息支出	营业利润	利润总额	亏损企业亏损总额	本年应交增值税	从业人员平均人数（人）
898	**10919**	**5769**	**4123**	**3400**	**22768**	**23837**	**1190**	**5215**	**3710**
412	3377	2789	1510	1418	10002	10348	859	3186	1771
486	7542	2980	2614	1981	12766	13489	332	2029	1939
167	**3532**	**1670**	**868**	**446**	**650**	**789**	**814**	**1359**	**1068**
167	3532	1670	868	446	650	789	814	1359	1068
862	**4710**	**4885**	**989**	**693**	**18885**	**19046**		**5324**	**2695**
77	126	204	81	83	9094	9094		1721	1360
19	16	14	14	26	705	705		62	105
673	4303	4267	819	510	7744	7899		2666	968
94	264	402	75	75	1342	1348		875	262
21990	**20962**	**15062**	**24226**	**20140**	**-34075**	**-33930**	**51829**	**13566**	**7048**
20839	7581	10588	5988	5448	12972	12983	1063	6451	1656
1150	13381	4474	18238	14692	-47046	-46914	50766	7115	5392
10950	**55504**	**29339**	**6984**	**5388**	**128718**	**142287**	**2195**	**37061**	**8999**
3981	19492	7779	2520	2114	77815	92668	918	17315	3146
2426	19383	9158	2285	1455	19531	17483	21	8825	2412
58	1321	583	372	370	958	1290	200	555	470
175	1058	304	90	37	9199	9193	49	3245	585
75	242	139	66	34	442	442		251	134
1316	12149	7234	1301	1028	12349	12787	1008	4820	1816
2920	1860	4142	350	350	8425	8425		2050	436
2264	**19483**	**26225**	**4170**	**3958**	**23257**	**27440**	**1926**	**14132**	**6268**
90	1999	1010	394	381	1698	2953		944	472
723	4194	2524	243	214	1230	1415	667	1925	1143
	104	140			416	420			65
1019	9441	19183	2641	2640	11045	12218	1008	8956	3204
288	1968	2353	335	332	5062	5190		1434	512
144	1709	813	545	379	2259	4398	251	602	626
	68	203	13	13	1547	846		270	246
51	**826**	**462**	**193**	**192**	**253**	**258**	**70**	**158**	**282**
44	329	123	32	32	251	256		153	77
8	497	339	161	160	2	2	70	5	205

1-A-5 续表 9

行业	实收资本	国家资本	港澳台资本	外商资本	主营业务收入	主营业务成本
橡胶和塑料制品业	**88408**	**4154**	**90**		**761584**	**653034**
橡胶制品业	12400				46623	35782
塑料制品业	76008	4154	90		714961	617252
非金属矿物制品业	**280295**	**10700**			**2610295**	**2221783**
水泥、石灰和石膏制造	59116	7700			363979	330504
石膏、水泥制品及类似制品制造	84677	3000			567328	489603
砖瓦、石材等建筑材料制造	81654				1125455	944821
玻璃制造	600				13680	12691
玻璃制品制造	4510				280261	221359
玻璃纤维和玻璃纤维增强塑料制品制造	5585				25081	22477
陶瓷制品制造	30				8215	6538
耐火材料制品制造	2000				10705	7583
石墨及其他非金属矿物制品制造	42124				215590	186207
黑色金属冶炼和压延加工业	**29363**				**488799**	**446694**
炼铁	2400				71002	66589
炼钢	1000				3026	2911
黑色金属铸造	4085				290204	261005
钢压延加工	21878				124567	116190
铁合金冶炼						
有色金属冶炼和压延加工业	**8579**				**139499**	**119862**
常用有色金属冶炼						
贵金属冶炼						
稀有稀土金属冶炼	3308				59158	52764
有色金属合金制造	2224				33352	28992
有色金属铸造						
有色金属压延加工	3048				46989	38106
金属制品业	**84204**	**500**			**868219**	**775161**
结构性金属制品制造	46574	500			441956	407618
金属工具制造	1811				18531	16574
集装箱及金属包装容器制造	15448				115853	98993
金属丝绳及其制品制造	3267				55265	49837
建筑、安全用金属制品制造	4259				53259	48558
金属表面处理及热处理加工	2941				39213	32635
搪瓷制品制造						
金属制日用品制造	900				6998	5013
其他金属制品制造	9005				137145	115935
通用设备制造业	**138147**	**1081**			**979618**	**829315**
锅炉及原动设备制造	34869				167538	133882
金属加工机械制造	26325	30			332335	277537
物料搬运设备制造	17361				90174	78522
泵、阀门、压缩机及类似机械制造	10983				65436	58432
轴承、齿轮和传动部件制造	10669				139206	122981

单位：万元

主营业务税金及附加	管理费用	销售费用	财务费用	利息支出	营业利润	利润总额	亏损企业亏损总额	本年应交增值税	从业人员平均人数（人）
2911	**19731**	**12094**	**4356**	**3870**	**65853**	**63153**	**1069**	**21640**	**7663**
116	1072	719	220	220	4952	4933	166	997	349
2794	18660	11375	4136	3650	60901	58220	903	20643	7314
13638	**92663**	**51185**	**29400**	**22722**	**203252**	**192795**	**12658**	**78920**	**20468**
1693	11942	8676	13937	11464	7329	225	9410	12386	3360
3364	15932	11943	2807	2066	36666	36724	1179	15266	4462
7129	35306	20897	5272	3960	104499	100450	660	38319	8492
7	83	6	1	2	894	894		31	99
637	13759	3464	3016	2992	37690	37706		4466	1471
45	573	667	59	48	1379	1377	36	340	171
13	682	517	105	105	360	360		189	123
17	168	168			2770	2770		697	158
734	14219	4847	4202	2084	11666	12288	1373	7226	2132
1097	**9151**	**4430**	**3867**	**2277**	**22485**	**22787**	**2058**	**5695**	**2321**
264	522	236	484	484	2646	2646		275	109
1	73		106	106	-34	-34	34	18	50
636	5252	3409	770	436	18748	18863	133	4369	1233
196	3305	785	2507	1251	1125	1312	1891	1033	929
2253	**3470**	**998**	**1321**	**1254**	**11676**	**11891**	**307**	**5971**	**555**
1897	220	149	83	83	4045	4045		3590	103
98	2284	323	548	480	1105	1320		321	200
257	966	526	690	691	6526	6526	307	2060	252
3872	**24803**	**9337**	**3240**	**2782**	**50762**	**49988**	**1546**	**18167**	**6626**
2434	10834	3170	1950	1520	14926	14950	1087	3198	3422
37	692	496	27	24	257	264		451	265
278	5862	2640	676	677	7474	7474		2656	957
351	217	293	88	88	4495	4495		2511	185
293	848	676	64	61	2772	2772	13	485	318
123	2775	151	-2	-1	3612	3206	347	1453	440
50	603	597	14	14	713	716		429	54
306	2971	1313	422	399	16513	16111	99	6985	985
8337	**42228**	**13829**	**7196**	**5784**	**75910**	**72621**	**544**	**31978**	**8894**
492	13457	4045	1599	1299	10279	10277		3862	2432
6655	11617	2636	2120	2058	33374	29959		15037	1686
291	3980	2059	335	269	4676	4582	370	2044	1093
121	3960	783	10		2303	2376	84	871	667
128	2325	720	894	664	11912	11995	46	5440	1110

1-A-5 续表 10

行业	实收资本	国家资本	港澳台资本	外商资本	主营业务收入	主营业务成本
烘炉、风机、衡器、包装等设备制造	6410				33932	29385
文化、办公用机械制造						
通用零部件制造	25359	1051			114411	98139
其他通用设备制造业	6170				36588	30436
专用设备制造业	**195578**				**1361628**	**1163907**
采矿、冶金、建筑专用设备制造	109837				665151	562959
化工、木材、非金属加工专用设备制造	1704				25939	24455
食品、饮料、烟草及饲料生产专用设备制造	9710				183949	156807
印刷、制药、日化及日用品生产专用设备制造	1200				13743	9927
纺织、服装和皮革加工专用设备制造	335				2499	1699
电子和电工机械专用设备制造	17654				66055	63981
农、林、牧、渔专用机械制造	30006				340088	293585
医疗仪器设备及器械制造	3142				28069	25272
环保、社会公共服务及其他专用设备制造	21991				36133	25222
汽车制造业	**26409**				**108983**	**87443**
汽车整车制造						
改装汽车制造	2006				9382	7304
低速载货汽车制造						
电车制造						
汽车车身、挂车制造	1169				20810	14710
汽车零部件及配件制造	23234				78791	65430
铁路、船舶、航空航天和其他运输设备制造业	**21941**			**353**	**96834**	**71237**
铁路运输设备制造	2088				25183	19409
城市轨道交通设备制造						
船舶及相关装置制造						
航空、航天器及设备制造	19853			353	71651	51828
摩托车制造						
自行车制造						
非公路休闲车及零配件制造						
潜水救捞及其他未列明运输设备制造						
电气机械和器材制造业	**122949**				**588674**	**514991**
电机制造	12310				41876	30720
输配电及控制设备制造	51690				356129	315263
电线、电缆、光缆及电工器材制造	29418				141960	129910
电池制造	18557				5069	4238
家用电力器具制造	100				2105	1877
非电力家用器具制造	1100				259	166
照明器具制造	5615				19930	14951
其他电气机械及器材制造	4159				21347	17865

单位：万元

主营业务税金及附加	管理费用	销售费用	财务费用	利息支出	营业利润	利润总额	亏损企业亏损总额	本年应交增值税	从业人员平均人数(人)
139	1447	961	439	410	1424	1423		923	256
436	4265	1633	1359	708	8466	8476	26	3107	1123
77	1177	993	442	377	3475	3532	19	693	527
7132	**59352**	**23084**	**9630**	**9088**	**96695**	**93821**	**57**	**30485**	**12319**
4845	32172	9512	7767	7582	49371	49107	23	14182	5309
25	793	285	58	34	324	381	21	455	282
457	6047	1979	569	495	17109	17234		7150	1713
39	1394	765	4		1615	1615		376	193
17	281		0		502	504		141	119
44	855	678	11		474	696	3	441	191
1404	11817	8356	643	640	21560	18543		6238	3538
79	1372	399	146	112	880	880		408	471
222	4622	1109	433	226	4860	4862	10	1093	503
663	**5860**	**5074**	**1844**	**1793**	**7023**	**7355**	**2**	**3107**	**1739**
38	740	653	101	85	547	607		314	153
300	1350	1645	965	965	1521	1521		998	204
325	3771	2776	778	744	4955	5227	2	1794	1382
563	**12373**	**2747**	**709**	**1947**	**9227**	**8855**	**32**	**3658**	**1942**
95	1573	659	162	164	3495	3636		734	297
468	10801	2088	547	1783	5733	5220	32	2924	1645
5220	**18314**	**6938**	**4247**	**3155**	**38133**	**38130**	**519**	**17025**	**5514**
208	3743	1692	413	429	5100	5371	209	1854	498
4492	7441	3287	1947	1107	22815	22435	30	12025	2422
221	4686	873	898	800	5580	5656	189	1498	1217
5	647	109	129	167	-58	-28	28		465
4	90	56	20	20	56	56		63	98
4	37		119	67	-62	-62	62		50
153	1167	460	258	103	2780	2780		698	229
134	502	462	462	462	1923	1923		887	535

1-A-5 续表 11

行业	实收资本	国家资本	港澳台资本	外商资本	主营业务收入	主营业务成本
计算机、通信和其他电子设备制造业	**16821**	**294**			**126406**	**91626**
计算机制造	540				6843	2440
通信设备制造						
广播电视设备制造						
雷达及配套设备制造						
视听设备制造						
电子器件制造	9480	294			49388	39500
电子元件制造	2250				50638	37142
其他电子设备制造	4551				19537	12545
仪器仪表制造业	**12033**				**47755**	**40434**
通用仪器仪表制造	12033				47755	40434
专用仪器仪表制造						
钟表与计时仪器制造						
光学仪器及眼镜制造						
其他仪器仪表制造业						
其他制造业	**5013**				**26105**	**22352**
日用杂品制造	1159				7384	6023
煤制品制造						
核辐射加工						
其他未列明制造业	3854				18721	16329
废弃资源综合利用业	**200**				**23100**	**21804**
金属废料和碎屑加工处理						
非金属废料和碎屑加工处理	200				23100	21804
金属制品、机械和设备修理业	**1500**				**2529**	**2339**
金属制品修理	1500				2529	2339
通用设备修理						
专用设备修理						
铁路、船舶、航空航天等运输设备修理						
电气设备修理						
仪器仪表修理						
其他机械和设备修理业						
电力、燃气及水的生产和供应业	**194898**			**2000**	**375613**	**341779**
电力、热力生产和供应业	**143275**			**2000**	**310212**	**290334**
电力生产	27681				17244	14810
电力供应						
热力生产和供应	115594			2000	292968	275523
燃气生产和供应业	**22623**				**40930**	**34565**
水的生产和供应业	**29000**				**24470**	**16880**
自来水生产和供应	26000				9371	7183
污水处理及其再生利用	3000				15099	9697
其他水的处理、利用与分配						

单位：万元

主营业务税金及附加	管理费用	销售费用	财务费用		营业利润	利润总额	亏损企业亏损总额	本年应交增值税	从业人员平均人数（人）
				利息支出					
1310	**14456**	**4172**	**2168**	**1903**	**15302**	**17270**		**4486**	**2809**
381	2425	813	3		751	751			95
549	4373	1099	562	476	5994	6517		535	1417
224	4860	672	1634	1408	5699	5717		2712	1046
156	2798	1588	-30	19	2858	4284		1239	251
190	**4209**	**1116**	**466**	**252**	**1872**	**1957**	**31**	**1146**	**652**
190	4209	1116	466	252	1872	1957	31	1146	652
400	**909**	**811**	**73**	**14**	**1395**	**1395**		**904**	**212**
3	379	461	64	3	454	454		35	137
397	530	350	9	11	941	941		869	75
2	**783**	**4**	**145**	**143**	**362**	**362**		**13**	**20**
2	783	4	145	143	362	362		13	20
9	**171**	**12**	**8**	**8**	**22**	**64**		**73**	**24**
9	171	12	8	8	22	64		73	24
1331	**24390**	**5471**	**12885**	**12983**	**1079**	**12543**	**2503**	**7210**	**6000**
696	**16669**	**2276**	**8968**	**9067**	**812**	**9349**	**1465**	**5522**	**4505**
82	215		2218	2257	-109	619		1241	487
614	16454	2276	6750	6811	920	8731	1465	4280	4018
448	**3695**	**1072**	**388**	**386**	**596**	**2276**	**1039**	**1122**	**616**
187	**4026**	**2123**	**3530**	**3529**	**-329**	**918**		**567**	**879**
73	1568	1580	1675	1675	-761	485		567	833
114	2458	543	1855	1855	433	433			46

1－A－6 按行业分组的规模以上外商投资和港澳台商

行业	企业单位数(个)	亏损企业	工业总产值(当年价格)	工业销售产值(当年价格)	出口交货值	资产总计
总 计	**230**	**50**	**12086568**	**11766652**	**298376**	**14573135**
采矿业	**7**	**4**	**1054446**	**1041020**		**981868**
煤炭开采和洗选业	**1**	**1**	**3637**	**3101**		**9647**
烟煤和无烟煤开采洗选	1	1	3637	3101		9647
褐煤开采洗选						
其他煤炭采选						
石油和天然气开采业	**1**	**1**	**1952**	**1867**		**9497**
石油开采	1	1	1952	1867		9497
天然气开采						
黑色金属矿采选业						
铁矿采选						
锰矿、铬矿采选						
其他黑色金属矿采选						
有色金属矿采选业	**1**	**1**	**2481**	**2481**		**112060**
常用有色金属矿采选						
贵金属矿采选						
稀有稀土金属矿采选	1	1	2481	2481		112060
非金属矿采选业	**3**	**1**	**49485**	**36679**		**69511**
土砂石开采						
化学矿开采						
采盐						
石棉及其他非金属矿采选	3	1	49485	36679		69511
开采辅助活动	**1**		**996892**	**996892**		**781153**
煤炭开采和洗选辅助活动						
石油和天然气开采辅助活动	1		996892	996892		781153
其他开采辅助活动						
其他采矿业						
制造业	**203**	**39**	**10248679**	**9942968**	**298376**	**10993050**
农副食品加工业	**42**	**5**	**2211884**	**2261928**	**50690**	**1544569**
谷物磨制	7	3	389697	405827		365868
饲料加工	9	2	147087	151245		72624
植物油加工						
制糖业	3		139676	142754		86419
屠宰及肉类加工	10		593035	622697	43207	282234
水产品加工						
蔬菜、水果和坚果加工	5		176391	204725	2888	138336
其他农副食品加工	8		765998	734682	4596	599089
食品制造业	**25**	**5**	**2063324**	**2089046**	**27381**	**1703318**
焙烤食品制造	5		224934	224916		194106
糖果、巧克力及蜜饯制造						
方便食品制造	2	1	137541	136394		127847

投资工业企业主要经济指标(大、中类行业)

单位：万元

流动资产合计	应收账款	存货	产成品	固定资产合计	固定资产原价	累计折旧	负债合计	流动负债合计	所有者权益合计
6934909	**1310709**	**2034219**	**724477**	**6423697**	**9918606**	**4147931**	**9084282**	**7593028**	**5454544**
154354	**15814**	**15653**	**6324**	**810041**	**1483599**	**678347**	**104354**	**73291**	**877514**
5267		**164**	**164**	**3955**	**5826**	**1871**	**6224**	**6224**	**3423**
5267		164	164	3955	5826	1871	6224	6224	3423
1547	**139**	**465**	**182**	**7950**	**11011**	**3750**	**9969**	**2082**	**-473**
1547	139	465	182	7950	11011	3750	9969	2082	-473
91948		**4081**		**18824**	**22016**	**7266**	**7594**	**418**	**104467**
91948		4081		18824	22016	7266	7594	418	104467
45233	**8937**	**8903**	**5978**	**17737**	**22748**	**5038**	**47437**	**47437**	**22074**
45233	8937	8903	5978	17737	22748	5038	47437	47437	22074
10359	**6738**	**2040**		**761576**	**1421998**	**660423**	**33130**	**17130**	**748023**
10359	6738	2040		761576	1421998	660423	33130	17130	748023
6352034	**1221347**	**1956785**	**711690**	**3534018**	**5449200**	**2288459**	**6802060**	**6150418**	**4156681**
768578	**91906**	**389586**	**151950**	**630150**	**982319**	**420029**	**1177997**	**1054479**	**364578**
202516	-9623	155700	28998	120318	136957	20278	294151	258903	71717
45879	5084	10295	1108	16626	33484	17275	63085	61885	9538
15574	513	14748	10148	52641	72399	19849	30914	30293	55043
194137	53359	75369	32595	77067	163460	89621	302549	291620	-21847
53505	4901	36510	4175	83716	110865	28634	79841	79502	58495
256967	37674	96964	74927	279782	465155	244373	407456	332276	191633
973774	**225093**	**187140**	**93676**	**609401**	**847536**	**318351**	**970937**	**870291**	**732380**
137993	25054	16225	486	51501	80206	28704	32927	16427	161179
87143	1962	7832	3522	24787	48867	24180	74066	74066	53781

1-A-6 续表 1

行业	企业单位数(个)	亏损企业	工业总产值(当年价格)	工业销售产值(当年价格)	出口交货值	资产总计
乳制品制造	12	2	1649478	1677256	1377	1210523
罐头食品制造	1		3076	3025		35385
调味品、发酵制品制造	1		2150	2066		2151
其他食品制造	4	2	46145	45389	26003	133306
酒、饮料和精制茶制造业	**27**	**11**	**1196592**	**1186461**		**1146157**
酒的制造	13	7	768954	757383		761170
饮料制造	13	4	411842	413269		375831
精制茶加工	1		15797	15810		9157
烟草制品业						
烟叶复烤						
卷烟制造						
其他烟草制品制造						
纺织业	**6**	**1**	**213403**	**171999**	**3300**	**147048**
棉纺织及印染精加工						
毛纺织及染整精加工						
麻纺织及染整精加工	5	1	203077	161673	3300	141019
丝绢纺织及印染精加工						
化纤织造及印染精加工						
针织或钩针编织物及其制品制造						
家用纺织制成品制造	1		10326	10326		6029
非家用纺织制成品制造						
纺织服装、服饰业	**1**		**112947**	**112947**		**68555**
机织服装制造	1		112947	112947		68555
针织或钩针编织服装制造						
服饰制造						
皮革、毛皮、羽毛及其制品和制鞋业	**1**		**46898**	**46483**		**2518**
皮革鞣制加工						
皮革制品制造						
毛皮鞣制及制品加工						
羽毛(绒)加工及制品制造	1		46898	46483		2518
制鞋业						
木材加工和木、竹、藤、棕、草制品业	**11**		**271487**	**264413**	**11495**	**153529**
木材加工	2		33662	34313		29263
人造板制造	3		82749	81505		38857
木制品制造	6		155077	148595	11495	85410
竹、藤、棕、草等制品制造						
家具制造业	**6**	**2**	**70907**	**66091**	**25875**	**115507**
木质家具制造	5	2	63571	58530	25875	111395
竹、藤家具制造						
金属家具制造						
塑料家具制造						
其他家具制造	1		7336	7561		4112

单位：万元

流动资产合计	应收账款	存货	产成品	固定资产合计	固定资产原价	累计折旧	负债合计	流动负债合计	所有者权益合计
691811	186723	139261	74519	433524	574920	220707	783556	740882	426967
3428	5	2482		25773	26820	1046	24826	24826	10558
1388	170	741	134	350	250		917	917	1234
52011	11178	20599	15015	73466	116474	43714	54644	13172	78662
476897	**69985**	**173606**	**46949**	**582070**	**839874**	**356957**	**679432**	**648985**	**466726**
306801	21687	135151	28064	411897	571163	250623	471034	462673	290135
163580	48094	34122	16095	167829	264588	104556	204243	183573	171588
6517	204	4333	2790	2344	4123	1779	4154	2739	5003
59772	**14133**	**23126**	**10357**	**26428**	**47682**	**21402**	**68221**	**40404**	**77546**
54634	13952	21878	10062	25537	46111	20722	67621	39804	72117
5138	180	1248	295	891	1571	680	600	600	5429
16474	**11203**	**586**		**31924**	**66491**	**34566**	**2870**	**2870**	**65685**
16474	11203	586		31924	66491	34566	2870	2870	65685
1016	**255**	**480**	**480**	**1470**	**2502**	**1031**	**22**	**22**	**2496**
1016	255	480	480	1470	2502	1031	22	22	2496
92420	**5065**	**12302**	**5220**	**54963**	**112093**	**59883**	**56010**	**38076**	**93787**
6286	1576	3767	1188	21478	35039	13562	22475	18618	6788
22882	964	2864	2443	13385	51621	38237	6055	1142	29070
63253	2525	5672	1589	20101	25432	8084	27480	18317	57929
82448	**6424**	**25053**	**10884**	**30569**	**32932**	**16122**	**94119**	**85519**	**21389**
79593	5432	24384	10446	29518	30944	15186	91419	82819	19976
2855	991	669	438	1052	1988	936	2700	2700	1413

1-A-6 续表 2

行业	企业单位数（个）		工业总产值（当年价格）	工业销售产值（当年价格）		资产总计
		亏损企业			出口交货值	
造纸和纸制品业	**5**	**2**	**124772**	**124794**		**252490**
纸浆制造						
造纸	4	2	112813	112836		235082
纸制品制造	1		11959	11958		17408
印刷和记录媒介复制业	**1**		**5600**	**5600**		**13321**
印刷	1		5600	5600		13321
装订及印刷相关服务						
记录媒介复制						
文教、工美、体育和娱乐用品制造业	**5**		**77759**	**77361**	**2347**	**26436**
文教办公用品制造						
乐器制造	1		2503	2403	2347	3061
工艺美术品制造	3		59246	58948		20314
体育用品制造	1		16010	16010		3061
玩具制造						
游艺器材及娱乐用品制造						
石油加工、炼焦和核燃料加工业	**2**		**87481**	**80366**		**141199**
精炼石油产品制造	1		7680	7680		42762
炼焦	1		79801	72686		98437
核燃料加工						
化学原料和化学制品制造业	**9**	**2**	**682281**	**651047**	**1465**	**181996**
基础化学原料制造	3	2	24728	25045	1465	40721
肥料制造	3		613226	583976		95641
农药制造	2		25682	23792		20355
涂料、油墨、颜料及类似产品制造						
合成材料制造						
专用化学产品制造	1		18644	18235		25279
炸药、火工及焰火产品制造						
日用化学产品制造						
医药制造业	**12**		**1241986**	**1112907**	**66704**	**2112114**
化学药品原料药制造						
化学药品制剂制造	2		1059811	934598	66021	1825243
中药饮片加工						
中成药生产	7		86664	87299	683	181549
兽用药品制造						
生物药品制造	2		44312	39810		95077
卫生材料及医药用品制造	1		51199	51199		10246
化学纤维制造业						
纤维素纤维原料及纤维制造						
合成纤维制造						

单位：万元

流动资产合计	应收账款	存货	产成品	固定资产合计	固定资产原价	累计折旧	负债合计	流动负债合计	所有者权益合计
71703	**32906**	**28206**	**8900**	**154956**	**126569**	**46533**	**131514**	**105665**	**120977**
68320	30645	27776	8809	142983	112334	44270	115840	94824	119243
3383	2262	430	90	11973	14235	2262	15674	10841	1734
9354	**2179**	**943**	**415**	**3311**	**5632**	**2321**	**5621**	**2121**	**7699**
9354	2179	943	415	3311	5632	2321	5621	2121	7699
5084	**2046**	**1586**	**758**	**20873**	**93725**	**72855**	**9370**	**8789**	**17067**
2375	1296	382	44	686	2585	1899	672	672	2389
2012	693	1053	669	18302	88465	70164	7988	7407	12326
696	56	151	44	1886	2675	792	710	710	2352
70093	**2094**	**14268**	**9082**	**65478**	**66127**	**1003**	**71417**	**71417**	**69782**
35400	956	5785	5453	1757	1649	247	416	416	42346
34693	1138	8483	3628	63721	64477	756	71001	71001	27435
79353	**9089**	**52044**	**33256**	**97670**	**116104**	**24324**	**82822**	**62299**	**99174**
3079	1721	625	145	37066	42706	5790	23605	3082	17116
56887	6526	37143	28447	38611	54217	15606	33401	33401	62240
9464	54	5146	1156	6637	3459	1606	9749	9749	10607
9923	789	9131	3508	15356	15722	1323	16068	16068	9211
1381125	**315646**	**388495**	**111756**	**527365**	**909733**	**440656**	**1157522**	**1075299**	**954593**
1239885	292706	348828	102680	413417	827050	418782	997841	940586	827402
103735	18039	31785	8210	50545	59833	11423	118537	97139	63011
36117	4189	7277	286	54546	10375	6833	33446	30667	61631
1389	712	606	580	8857	12475	3618	7697	6908	2549

1-A-6 续表 3

行 业	企业单位数(个)	亏损企业	工业总产值(当年价格)	工业销售产值(当年价格)	出口交货值	资产总计
橡胶和塑料制品业	**3**		**502150**	**506681**	**8925**	**598105**
橡胶制品业	1		157372	160311	6866	124038
塑料制品业	2		344778	346370	2059	474068
非金属矿物制品业	**11**	**2**	**99018**	**98026**	**11752**	**245558**
水泥、石灰和石膏制造	2	2	17189	15472		33582
石膏、水泥制品及类似制品制造	3		46991	46707		54542
砖瓦、石材等建筑材料制造	2		9227	8884		32900
玻璃制造						
玻璃制品制造						
玻璃纤维和玻璃纤维增强塑料制品制造	2		19078	20370	11752	66092
陶瓷制品制造						
耐火材料制品制造						
石墨及其他非金属矿物制品制造	2		6532	6593		58442
黑色金属冶炼和压延加工业	**2**	**1**	**213243**	**138596**		**590959**
炼铁						
炼钢						
黑色金属铸造						
钢压延加工	2	1	213243	138596		590959
铁合金冶炼						
有色金属冶炼和压延加工业	**1**		**38991**	**47150**		**39741**
常用有色金属冶炼	1		38991	47150		39741
贵金属冶炼						
稀有稀土金属冶炼						
有色金属合金制造						
有色金属铸造						
有色金属压延加工						
金属制品业	**4**	**1**	**68092**	**73007**	**2793**	**25979**
结构性金属制品制造	1	1	7774	12833		6295
金属工具制造	1		2594	3110	2793	7711
集装箱及金属包装容器制造	2		57724	57064		11973
金属丝绳及其制品制造						
建筑、安全用金属制品制造						
金属表面处理及热处理加工						
搪瓷制品制造						
金属制日用品制造						
其他金属制品制造						
通用设备制造业	**4**	**1**	**32490**	**32337**	**4164**	**81322**
锅炉及原动设备制造	2	1	20245	20245		54830
金属加工机械制造	1		10109	9955	2608	24388
物料搬运设备制造						
泵、阀门、压缩机及类似机械制造						
轴承、齿轮和传动部件制造	1		2136	2136	1556	2103

单位：万元

流动资产合计	应收账款	存货	产成品	固定资产合计	固定资产原价	累计折旧	负债合计	流动负债合计	所有者权益合计
418632	**84261**	**93760**	**13793**	**144728**	**246470**	**106079**	**423732**	**395710**	**174374**
39314	2931	18888	8303	72249	153236	85324	97249	82249	26789
379318	81331	74872	5490	72479	93234	20755	326483	313461	147585
111789	**45589**	**23024**	**7194**	**95575**	**140525**	**47829**	**128184**	**120661**	**117373**
9683	519	6382	888	17454	37847	20393	22977	22977	10605
19059	6498	1309	465	22826	33270	10459	36124	31398	18418
20306	5904	4177	366	7450	8197	1675	19315	16519	13585
52900	32277	9164	4868	12557	21386	10641	12683	12683	53409
9842	391	1992	608	35288	39824	4661	37086	37086	21356
439215	**30197**	**220457**	**37604**	**138019**	**159364**	**45243**	**577809**	**550899**	**13150**
439215	30197	220457	37604	138019	159364	45243	577809	550899	13150
13215	**4856**	**8359**	**2870**	**24855**	**26962**	**2107**	**32441**	**25186**	**7300**
13215	4856	8359	2870	24855	26962	2107	32441	25186	7300
14857	**4138**	**5708**	**2833**	**9329**	**14819**	**5491**	**9282**	**6398**	**16697**
4553	226	1232	996	1742	3641	1899	3257	3257	3038
3597	206	2130	1641	3456	4641	1184	3498	903	4213
6707	3706	2347	197	4130	6537	2407	2527	2238	9446
66766	**15811**	**14193**	**8631**	**13782**	**17928**	**5403**	**52770**	**52770**	**28552**
44685	9333	7200	6881	9763	10094	1574	42617	42617	12213
20223	6320	6076	1355	3776	6869	3107	9707	9707	14682
1858	158	917	395	244	965	721	446	446	1657

1-A-6 续表 4

行业	企业单位数(个)	亏损企业	工业总产值(当年价格)	工业销售产值(当年价格)	出口交货值	资产总计
烘炉、风机、衡器、包装等设备制造						
文化、办公用机械制造						
通用零部件制造						
其他通用设备制造业						
专用设备制造业	**12**	**5**	**431634**	**374790**	**2862**	**745622**
采矿、冶金、建筑专用设备制造	3	3	86501	91629	1335	375340
化工、木材、非金属加工专用设备制造						
食品、饮料、烟草及饲料生产专用设备制造	1		4321	4321		1715
印刷、制药、日化及日用品生产专用设备制造						
纺织、服装和皮革加工专用设备制造						
电子和电工机械专用设备制造						
农、林、牧、渔专用机械制造	6	2	321932	261788	935	347567
医疗仪器设备及器械制造						
环保、社会公共服务及其他专用设备制造	2		18881	17052	592	21001
汽车制造业	**6**		**271692**	**260523**	**31402**	**505846**
汽车整车制造	1		215348	203129	8990	459311
改装汽车制造						
低速载货汽车制造						
电车制造						
汽车车身、挂车制造						
汽车零部件及配件制造	5		56344	57394	22412	46535
铁路、船舶、航空航天和其他运输设备制造业	**1**	**1**	**30149**			**66986**
铁路运输设备制造						
城市轨道交通设备制造						
船舶及相关装置制造						
航空、航天器及设备制造	1	1	30149			66986
摩托车制造						
自行车制造						
非公路休闲车及零配件制造						
潜水救捞及其他未列明运输设备制造						
电气机械和器材制造业	**2**		**136199**	**141982**	**38588**	**444083**
电机制造						
输配电及控制设备制造						
电线、电缆、光缆及电工器材制造						
电池制造	2		136199	141982	38588	444083
家用电力器具制造						
非电力家用器具制造						
照明器具制造						
其他电气机械及器材制造						

单位：万元

流动资产合计	应收账款	存货	产成品	固定资产合计	固定资产原价	累计折旧	负债合计	流动负债合计	所有者权益合计
462466	**195714**	**174727**	**111206**	**164207**	**212515**	**51583**	**442091**	**402558**	**303531**
230199	157290	34789	15540	99776	132434	34882	173239	148945	202101
1458	1	1275	48	256	495	239	1590	1590	126
213101	31518	134234	95477	62066	76419	15405	260273	245034	87294
17707	6906	4430	141	2109	3167	1058	6990	6990	14011
421847	**22087**	**39132**	**31184**	**51666**	**271075**	**153575**	**346619**	**257120**	**159226**
388203	7630	33471	28010	39551	246821	141283	319367	229868	139944
33644	14457	5661	3174	12115	24254	12292	27252	27252	19283
62162		**40513**		**4358**	**9632**	**5274**	**29315**	**29315**	**37671**
62162		40513		4358	9632	5274	29315	29315	37671
224371	**25119**	**35751**	**10701**	**40394**	**82957**	**42564**	**233027**	**233027**	**183756**
224371	25119	35751	10701	40394	82957	42564	233027	233027	183756

1-A-6 续表 5

行业	企业单位数(个)	亏损企业	工业总产值(当年价格)	工业销售产值(当年价格)	出口交货值	资产总计
计算机、通信和其他电子设备制造业	**3**		**16183**	**16183**	**8636**	**36725**
计算机制造	1		8636	8636	8636	11853
通信设备制造						
广播电视设备制造						
雷达及配套设备制造						
视听设备制造						
电子器件制造						
电子元件制造						
其他电子设备制造	2		7547	7547		24873
仪器仪表制造业						
通用仪器仪表制造						
专用仪器仪表制造						
钟表与计时仪器制造						
光学仪器及眼镜制造						
其他仪器仪表制造业						
其他制造业						
日用杂品制造						
煤制品制造						
核辐射加工						
其他未列明制造业						
废弃资源综合利用业	**1**		**1518**	**2250**		**3367**
金属废料和碎屑加工处理						
非金属废料和碎屑加工处理	1		1518	2250		3367
金属制品、机械和设备修理业						
金属制品修理						
通用设备修理						
专用设备修理						
铁路、船舶、航空航天等运输设备修理						
电气设备修理						
仪器仪表修理						
其他机械和设备修理业						
电力、燃气及水的生产和供应业	**20**	**7**	**783443**	**782664**		**2598217**
电力、热力生产和供应业	**15**	**7**	**641286**	**640876**		**2015901**
电力生产	12	5	571182	570773		1673793
电力供应						
热力生产和供应	3	2	70104	70104		342108
燃气生产和供应业	**3**		**116434**	**116065**		**257397**
水的生产和供应业	**2**		**25723**	**25723**		**324919**
自来水生产和供应	1		2732	2732		12231
污水处理及其再生利用	1		22991	22991		312688
其他水的处理、利用与分配						

单位：万元

流动资产合计	应收账款	存货	产成品	固定资产合计	固定资产原价	累计折旧	负债合计	流动负债合计	所有者权益合计
27876	**5553**	**3673**	**1994**	**7884**	**13962**	**6078**	**17470**	**9208**	**19255**
11343	83	1192	53	271	636	365	6783	6083	5070
16532	5470	2481	1941	7613	13326	5713	10687	3125	14186
748		**69**		**2596**	**3675**	**1201**	**1449**	**1332**	**1919**
748		69		2596	3675	1201	1449	1332	1919
428521	**73548**	**61781**	**6463**	**2079638**	**2985808**	**1181125**	**2177868**	**1369320**	**420349**
210022	**59532**	**43147**	**5709**	**1733260**	**2748295**	**1060142**	**1776224**	**1136505**	**239677**
137533	46636	30373	5709	1494733	2487848	1013103	1467495	1025352	206298
72489	12896	12774		238527	260447	47039	308729	111153	33379
97692	**11908**	**18608**	**754**	**146866**	**225575**	**114216**	**141033**	**124119**	**116364**
120808	**2108**	**25**		**199512**	**11937**	**6768**	**260611**	**108696**	**64308**
3763	302			3868	10279	6419	463	463	11768
117044	1806	25		195644	1659	349	260148	108233	52540

1-A-6 续表 6

行　业	实收资本				主营业务收　入	主营业务成　本
		国家资本	港澳台资本	外商资本		
总　计	**2752864**	**298140**	**403111**	**1365415**	**13049346**	**10364824**
采矿业	**39919**	**1307**	**14914**		**1040863**	**782578**
煤炭开采和洗选业	**3320**				**3108**	**2101**
烟煤和无烟煤开采洗选	3320				3108	2101
褐煤开采洗选						
其他煤炭采选						
石油和天然气开采业	**5708**	**297**	**5412**		**1179**	**1867**
石油开采	5708	297	5412		1179	1867
天然气开采						
黑色金属矿采选业						
铁矿采选						
锰矿、铬矿采选						
其他黑色金属矿采选						
有色金属矿采选业	**12878**				**2978**	**1988**
常用有色金属矿采选						
贵金属矿采选						
稀有稀土金属矿采选	12878				2978	1988
非金属矿采选业	**15012**	**1010**	**9002**		**36706**	**27609**
土砂石开采						
化学矿开采						
采盐						
石棉及其他非金属矿采选	15012	1010	9002		36706	27609
开采辅助活动	**3000**		**500**		**996892**	**749013**
煤炭开采和洗选辅助活动						
石油和天然气开采辅助活动	3000		500		996892	749013
其他开采辅助活动						
其他采矿业						
制造业	**2371453**	**243732**	**347927**	**1254452**	**11172299**	**8890145**
农副食品加工业	**433385**	**22649**	**48281**	**291505**	**2329855**	**2086309**
谷物磨制	85984	14905	24196	44496	519612	483623
饲料加工	25885	6254	1212	16488	165748	145927
植物油加工						
制糖业	35122			35122	144446	123367
屠宰及肉类加工	59382	1490		35172	576417	530234
水产品加工						
蔬菜、水果和坚果加工	54640		1922	52019	204943	179910
其他农副食品加工	172372		20951	108209	718690	623248
食品制造业	**419176**	**2740**	**85602**	**194304**	**2111023**	**1487744**
焙烤食品制造	71818		64753	7065	188190	128292
糖果、巧克力及蜜饯制造						
方便食品制造	28522		19255	9267	189204	136935

单位：万元

主营业务税金及附加	管理费用	销售费用	财务费用	利息支出	营业利润	利润总额	亏损企业亏损总额	本年应交增值税	从业人员平均人数(人)
114127	**702756**	**1048030**	**134225**	**183384**	**638794**	**723393**	**137090**	**427169**	**123392**
14712	**138172**	**5105**	**2893**	**3011**	**97073**	**96162**	**2821**	**24828**	**3234**
29	**614**	**256**	**179**	**179**	**-459**	**-459**	**459**	**566**	**355**
29	614	256	179	179	-459	-459	459	566	355
11	**435**	**30**	**476**	**476**	**-1639**	**-1638**	**1638**	**87**	**85**
11	435	30	476	476	-1639	-1638	1638	87	85
178	**1246**		**-4**		**-431**	**-511**	**511**	**349**	**450**
178	1246		-4		-431	-511	511	349	450
285	**4624**	**4067**	**139**	**253**	**40**	**21**	**213**	**2909**	**1442**
285	4624	4067	139	253	40	21	213	2909	1442
14210	**131253**	**752**	**2103**	**2103**	**99561**	**98749**		**20917**	**902**
14210	131253	752	2103	2103	99561	98749		20917	902
93884	**525028**	**1006154**	**70817**	**99972**	**546406**	**614563**	**107377**	**360502**	**107986**
2533	**59023**	**80720**	**34054**	**34837**	**87135**	**87370**	**11319**	**41665**	**14716**
947	8970	22575	7828	9271	-4977	-4382	9601	5303	2169
16	7250	8146	37	520	1839	4152	1717	2522	1198
271	6617	285	4681	3953	12265	11161		4001	1280
403	11994	10830	8564	8227	20485	20644		13268	6237
626	8712	18081	-68	778	6990	7246		7856	683
271	15480	20803	13011	12088	50533	48549		8716	3149
9634	**47555**	**337394**	**3854**	**10500**	**187919**	**229778**	**7910**	**91361**	**14606**
947	5045	10563	1103	1417	42565	42656		2967	2086
114	3428	27318	-3047	98	24558	25190	1680	9810	1734

1-A-6 续表 7

行业	实收资本	国家资本	港澳台资本	外商资本	主营业务收入	主营业务成本
乳制品制造	228262	1300	1000	169814	1665788	1159314
罐头食品制造	7585				19250	15926
调味品、发酵制品制造	977		427		2041	1679
其他食品制造	82012	1440	168	8158	46551	45598
酒、饮料和精制茶制造业	**302146**	**9619**	**23612**	**245695**	**1291819**	**964063**
酒的制造	174055	7950		166105	837745	624219
饮料制造	127582	1536	23612	79462	438264	325739
精制茶加工	509	133		128	15810	14106
烟草制品业						
烟叶复烤						
卷烟制造						
其他烟草制品制造						
纺织业	**25858**		**15407**	**2749**	**154161**	**130830**
棉纺织及印染精加工						
毛纺织及染整精加工						
麻纺织及染整精加工	24740		15407	2302	144409	121724
丝绢纺织及印染精加工						
化纤织造及印染精加工						
针织或钩针编织物及其制品制造						
家用纺织制成品制造	1118			447	9752	9106
非家用纺织制成品制造						
纺织服装、服饰业	**248**			**69**	**114530**	**96114**
机织服装制造	248			69	114530	96114
针织或钩针编织服装制造						
服饰制造						
皮革、毛皮、羽毛及其制品和制鞋业	**3990**			**3990**	**45862**	**43029**
皮革鞣制加工						
皮革制品制造						
毛皮鞣制及制品加工						
羽毛(绒)加工及制品制造	3990			3990	45862	43029
制鞋业						
木材加工和木、竹、藤、棕、草制品业	**37212**		**1966**	**950**	**242503**	**213253**
木材加工	8015			650	34313	28832
人造板制造	9934				82062	71664
木制品制造	19263		1966	300	126127	112757
竹、藤、棕、草等制品制造						
家具制造业	**13346**	**3155**	**2446**	**1330**	**66295**	**54418**
木质家具制造	13018	3155	2446	1003	58734	50865
竹、藤家具制造						
金属家具制造						
塑料家具制造						
其他家具制造	328			328	7561	3553

单位：万元

主营业务税金及附加	管理费用	销售费用	财务费用	利息支出	营业利润	利润总额	亏损企业亏损总额	本年应交增值税	从业人员平均人数（人）
8353	35351	296843	5688	8273	122766	163479	490	77935	9920
	352	719		1	2311	2292			258
11	282	145	-1		-75	104		71	120
209	3097	1806	110	711	-4205	-3943	5740	578	488
61432	**76233**	**133116**	**5578**	**8948**	**49433**	**60997**	**31877**	**63886**	**14586**
60193	59650	67990	3744	5852	21190	31490	29979	46251	9959
1239	16276	64665	1786	3049	27322	28586	1898	17496	4387
	307	461	48	48	921	921		139	240
155	**5892**	**4198**	**1334**	**1155**	**11911**	**11778**	**211**	**2270**	**3558**
129	5293	4193	1333	1153	11909	11776	211	1904	3291
26	599	5	2	2	2	2		366	267
	27		**6**	**6**	**18383**	**18383**			**510**
	27		6	6	18383	18383			510
112	**616**	**71**	**3**	**3**	**2031**	**2031**		**573**	**60**
112	616	71	3	3	2031	2031		573	60
1436	**6251**	**8510**	**1692**	**1690**	**11292**	**10425**		**7310**	**3063**
1059	441	1398	133	133	2451	2484		1902	403
176	1395	2412	598	598	5817	3933		2062	478
201	4416	4700	960	959	3024	4008		3347	2182
200	**4852**	**4431**	**1226**	**849**	**1173**	**1259**	**1076**	**1840**	**2307**
112	3953	1627	1235	849	944	1012	1076	1065	2206
87	899	2804	-9		229	247		776	101

1-A-6 续表 8

行业	实收资本				主营业务收入	主营业务成本
		国家资本	港澳台资本	外商资本		
造纸和纸制品业	**106099**		**49895**	**26940**	**137663**	**123901**
纸浆制造						
造纸	104665		49895	26582	125705	114476
纸制品制造	1434			358	11958	9426
印刷和记录媒介复制业	**2158**			**1942**	**4350**	**2960**
印刷	2158			1942	4350	2960
装订及印刷相关服务						
记录媒介复制						
文教、工美、体育和娱乐用品制造业	**10791**			**4685**	**78588**	**68841**
文教办公用品制造						
乐器制造	4685			4685	2403	2050
工艺美术品制造	5605				60175	54128
体育用品制造	500				16010	12664
玩具制造						
游艺器材及娱乐用品制造						
石油加工、炼焦和核燃料加工业	**56523**		**7797**		**87992**	**77457**
精炼石油产品制造	42346				8192	7680
炼焦	14177		7797		79801	69777
核燃料加工						
化学原料和化学制品制造业	**35081**		**1080**	**25727**	**686763**	**598532**
基础化学原料制造	15489		180	13749	21717	17054
肥料制造	3073			2773	621619	545629
农药制造	5840		900		25192	21043
涂料、油墨、颜料及类似产品制造						
合成材料制造						
专用化学产品制造	10679			9205	18235	14807
炸药、火工及焰火产品制造						
日用化学产品制造						
医药制造业	**429406**	**166500**	**8269**	**190544**	**2094560**	**1470590**
化学药品原料药制造						
化学药品制剂制造	370000	166500		166500	1936756	1382472
中药饮片加工						
中成药生产	35367		1122	24044	66629	22737
兽用药品制造						
生物药品制造	21490		7147		39976	15969
卫生材料及医药用品制造	2549				51199	49413
化学纤维制造业						
纤维素纤维原料及纤维制造						
合成纤维制造						

单位：万元

主营业务税金及附加	管理费用	销售费用	财务费用		营业利润	利润总额	亏损企业亏损总额	本年应交增值税	从业人员平均人数（人）
				利息支出					
208	**4905**	**4096**	**2628**	**3016**	**1888**	**-3059**	**8303**	**1955**	**1372**
147	3810	3677	2074	2392	1463	-3754	8303	1450	1245
61	1095	420	554	623	425	695		505	127
38	**704**	**215**	**370**	**285**	**75**	**73**		**316**	**79**
38	704	215	370	285	75	73		316	79
332	**2606**	**2285**	**803**	**756**	**3733**	**3733**		**3335**	**2371**
16	144	117	48		40	41			25
282	810	1497	699	699	2759	2759		2642	2205
33	1652	672	57	57	933	933		693	141
	648	**702**	**480**	**462**	**8698**	**8698**		**6712**	**741**
	175	168	147	129	22	22			33
	473	535	333	333	8676	8676		6712	708
380	**7723**	**4390**	**3075**	**2193**	**63557**	**64047**	**298**	**2059**	**844**
30	1813	754	1106	1104	971	1457	298	263	171
168	3609	3264	1034	132	58653	58653		598	300
71	1217	227	98	120	2682	2687		256	143
112	1084	145	837	837	1250	1250		941	230
11637	**192261**	**350723**	**-1814**	**7218**	**57132**	**60603**		**100478**	**28079**
10512	177244	321523	-3289	5701	34295	37105		90642	22693
671	9871	24244	946	1020	8238	8313		6452	4291
375	4984	4763	449	416	13329	13914		3287	965
79	163	194	80	80	1271	1271		98	130

1-A-6 续表 9

行业	实收资本	国家资本	港澳台资本	外商资本	主营业务收入	主营业务成本
橡胶和塑料制品业	**47521**	**1069**	**5000**	**41452**	**505522**	**463682**
橡胶制品业	40902			40902	160042	147767
塑料制品业	6619	1069	5000	550	345480	315915
非金属矿物制品业	**74877**	**3000**	**4150**	**49175**	**113235**	**97588**
水泥、石灰和石膏制造	25300			25000	17745	19656
石膏、水泥制品及类似制品制造	14478	3000	1000		46641	41998
砖瓦、石材等建筑材料制造	9370		500	1846	8641	7123
玻璃制造						
玻璃制品制造						
玻璃纤维和玻璃纤维增强塑料制品制造	22079			22079	33065	22300
陶瓷制品制造						
耐火材料制品制造						
石墨及其他非金属矿物制品制造	3650		2650	250	7143	6511
黑色金属冶炼和压延加工业	**31578**			**1900**	**135308**	**130786**
炼铁						
炼钢						
黑色金属铸造						
钢压延加工	31578			1900	135308	130786
铁合金冶炼						
有色金属冶炼和压延加工业	**10000**			**5100**	**49827**	**48442**
常用有色金属冶炼	10000			5100	49827	48442
贵金属冶炼						
稀有稀土金属冶炼						
有色金属合金制造						
有色金属铸造						
有色金属压延加工						
金属制品业	**10466**		**7377**	**1372**	**74070**	**69348**
结构性金属制品制造	1000				13854	13995
金属工具制造	1386			1372	3110	2406
集装箱及金属包装容器制造	8080		7377		57106	52947
金属丝绳及其制品制造						
建筑、安全用金属制品制造						
金属表面处理及热处理加工						
搪瓷制品制造						
金属制日用品制造						
其他金属制品制造						
通用设备制造业	**14009**			**4198**	**49685**	**45373**
锅炉及原动设备制造	9180				13427	11564
金属加工机械制造	3728			3728	34150	32103
物料搬运设备制造						
泵、阀门、压缩机及类似机械制造						
轴承、齿轮和传动部件制造	1101			470	2109	1706

单位：万元

主营业务税金及附加	管理费用	销售费用	财务费用		营业利润	利润总额	亏损企业亏损总额	本年应交增值税	从业人员平均人数（人）
				利息支出					
1180	**11871**	**13286**	**5109**	**10080**	**13521**	**16773**		**6168**	**3817**
912	4879	6473	539	951	235	925		4450	3048
268	6992	6814	4570	9130	13286	15848		1718	769
505	**6621**	**5582**	**2820**	**668**	**-1178**	**1897**	**6424**	**3380**	**1911**
91	1986	1073	1166		-6350	-6424	6424		331
126	1047	536	133	133	2810	4142		894	488
36	428	365	-32		721	1016		160	157
245	2419	3555	802	534	2560	2984		1495	580
8	742	53	752	1	-918	178		831	355
241	**3852**	**5579**	**4317**	**1345**	**-10167**	**-10205**	**15257**	**2010**	**3095**
241	3852	5579	4317	1345	-10167	-10205	15257	2010	3095
	601	**52**	**635**	**604**	**97**	**106**		**1035**	**362**
	601	52	635	604	97	106		1035	362
179	**2023**	**697**	**259**	**242**	**1562**	**2115**	**204**	**753**	**396**
17	200	19	58	81	-204	-204	204	203	33
	784	191	180	133	-450	104			121
162	1040	488	21	28	2215	2215		550	242
63	**2607**	**1148**	**755**	**772**	**-195**	**-97**	**1093**	**873**	**454**
47	1079	677	772	772	-712	-722	1093	307	190
	1342	421	-26		252	361		553	210
17	186	51	9		265	264		13	54

1-A-6 续表 10

行　　业	实收资本	国家资本	港澳台资本	外商资本	主营业务收　　入	主营业务成　　本
烘炉、风机、衡器、包装等设备制造						
文化、办公用机械制造						
通用零部件制造						
其他通用设备制造业						
专用设备制造业	**123012**		**59691**	**58755**	**369098**	**284299**
采矿、冶金、建筑专用设备制造	74200		58400	15800	92345	61955
化工、木材、非金属加工专用设备制造						
食品、饮料、烟草及饲料生产专用设备制造	83			83	4321	3961
印刷、制药、日化及日用品生产专用设备制造						
纺织、服装和皮革加工专用设备制造						
电子和电工机械专用设备制造						
农、林、牧、渔专用机械制造	45850			41284	251619	207927
医疗仪器设备及器械制造						
环保、社会公共服务及其他专用设备制造	2879		1291	1588	20813	10456
汽车制造业	**62816**	**35000**		**26121**	**267349**	**205094**
汽车整车制造	50000	35000		15000	208587	157603
改装汽车制造						
低速载货汽车制造						
电车制造						
汽车车身、挂车制造						
汽车零部件及配件制造	12816			11121	58762	47491
铁路、船舶、航空航天和其他运输设备制造业	**20692**			**10553**		
铁路运输设备制造						
城市轨道交通设备制造						
船舶及相关装置制造						
航空、航天器及设备制造	20692			10553		
摩托车制造						
自行车制造						
非公路休闲车及零配件制造						
潜水救捞及其他未列明运输设备制造						
电气机械和器材制造业	**87373**		**20163**	**64019**	**141982**	**111010**
电机制造						
输配电及控制设备制造						
电线、电缆、光缆及电工器材制造						
电池制造	87373		20163	64019	141982	111010
家用电力器具制造						
非电力家用器具制造						
照明器具制造						
其他电气机械及器材制造						

单位：万元

主营业务税金及附加	管理费用	销售费用	财务费用	利息支出	营业利润	利润总额	亏损企业亏损总额	本年应交增值税	从业人员平均人数（人）
1533	**47270**	**22953**	**2549**	**6069**	**4484**	**7808**	**20080**	**11017**	**5390**
1066	17346	13576	1203	2617	-10775	-10761	10761	8054	3129
10	132	62			167	167		81	9
234	25576	8420	1370	3433	9452	12763	9320	1026	1884
223	4216	895	-24	19	5640	5640		1856	368
1681	**28343**	**18335**	**-7008**		**20736**	**21111**		**9011**	**2369**
1603	24485	15347	-7374		16748	17113		7622	1507
78	3858	2988	366		3988	3999		1389	862
	3069	**-195**	**-841**		**-3327**	**-3327**	**3327**		**230**
	3069	-195	-841		-3327	-3327	3327		230
260	**7927**	**7595**	**8302**	**7624**	**15334**	**21031**		**2194**	**2731**
260	7927	7595	8302	7624	15334	21031		2194	2731

1-A-6 续表 11

行业	实收资本				主营业务收入	主营业务成本
		国家资本	港澳台资本	外商资本		
计算机、通信和其他电子设备制造业	**10750**		**4250**	**1376**	**18008**	**14964**
计算机制造	4500			776	10429	9176
通信设备制造						
广播电视设备制造						
雷达及配套设备制造						
视听设备制造						
电子器件制造						
电子元件制造						
其他电子设备制造	6250		4250	600	7580	5788
仪器仪表制造业						
通用仪器仪表制造						
专用仪器仪表制造						
钟表与计时仪器制造						
光学仪器及眼镜制造						
其他仪器仪表制造业						
其他制造业						
日用杂品制造						
煤制品制造						
核辐射加工						
其他未列明制造业						
废弃资源综合利用业	**2942**		**2942**		**2250**	**1518**
金属废料和碎屑加工处理						
非金属废料和碎屑加工处理	2942		2942		2250	1518
金属制品、机械和设备修理业						
金属制品修理						
通用设备修理						
专用设备修理						
铁路、船舶、航空航天等运输设备修理						
电气设备修理						
仪器仪表修理						
其他机械和设备修理业						
电力、燃气及水的生产和供应业	**341493**	**53101**	**40269**	**110964**	**836184**	**692101**
电力、热力生产和供应业	**228557**	**22888**		**96814**	**643621**	**564131**
电力生产	164557	16367		39335	573402	504037
电力供应						
热力生产和供应	64000	6521		57479	70219	60094
燃气生产和供应业	**69935**	**29213**	**34894**	**250**	**166840**	**116234**
水的生产和供应业	**43000**	**1000**	**5375**	**13900**	**25723**	**11737**
自来水生产和供应	11000	1000		10000	2732	1287
污水处理及其再生利用	32000		5375	3900	22991	10450
其他水的处理、利用与分配						

单位：万元

主营业务税金及附加	管理费用	销售费用	财务费用	利息支出	营业利润	利润总额	亏损企业亏损总额	本年应交增值税	从业人员平均人数（人）
144	**1050**	**214**	**630**	**649**	**1007**	**1048**		**300**	**265**
107	102	11	462	462	570	570		129	55
37	947	203	167	186	437	479		170	210
2	**496**	**57**	**4**	**5**	**173**	**188**			**74**
2	496	57	4	5	173	188			74
5531	**39557**	**36771**	**60515**	**80401**	**-4685**	**12669**	**26893**	**41839**	**12172**
4570	**20626**	**1885**	**63019**	**69926**	**-21056**	**-10787**	**26893**	**33994**	**8201**
4367	13907	308	67824	68380	-16704	-9294	22212	33016	6415
204	6719	1577	-4805	1546	-4352	-1493	4681	978	1786
939	**15302**	**34886**	**-2487**	**920**	**15440**	**22375**		**7682**	**3700**
22	**3629**		**-16**	**9555**	**930**	**1081**		**164**	**271**
22	777		-16		712	785		164	50
	2852			9555	218	296			221

1-A-7 按行业分组的大中型

行业	企业单位数(个)	亏损企业	工业总产值(当年价格)	工业销售产值(当年价格)	出口交货值	资产总计
总计	**648**	**165**	**85080726**	**83558177**	**1150364**	**108281515**
采矿业	**66**	**21**	**24437243**	**24238503**	**550**	**37138391**
煤炭开采和洗选业	**44**	**18**	**3710603**	**3504127**	**550**	**6943551**
烟煤和无烟煤开采洗选	41	18	3573076	3363764	41	6692002
褐煤开采洗选	2		45222	49881		40841
其他煤炭采选	1		92306	90482	509	210707
石油和天然气开采业	**1**		**18827886**	**18823526**		**27643123**
石油开采	1		18827886	18823526		27643123
天然气开采						
黑色金属矿采选业	**5**		**217089**	**217011**		**226838**
铁矿采选	5		217089	217011		226838
锰矿、铬矿采选						
其他黑色金属矿采选						
有色金属矿采选业	**4**	**2**	**142021**	**151459**		**434266**
常用有色金属矿采选	2		134705	143900		316947
贵金属矿采选	1	1	4836	5078		5259
稀有稀土金属矿采选	1	1	2481	2481		112060
非金属矿采选业	**3**		**52949**	**55123**		**53733**
土砂石开采	1		260	2217		2728
化学矿开采						
采盐						
石棉及其他非金属矿采选	2		52690	52906		51005
开采辅助活动	**9**	**1**	**1486695**	**1487258**		**1836880**
煤炭开采和洗选辅助活动						
石油和天然气开采辅助活动	9	1	1486695	1487258		1836880
其他开采辅助活动						
其他采矿业						
制造业	**492**	**98**	**50788753**	**49572606**	**1099712**	**54955720**
农副食品加工业	**86**	**9**	**10220820**	**10321387**	**45049**	**7914989**
谷物磨制	31	3	1923903	2026263	10400	1683504
饲料加工	2		91918	90540		57190
植物油加工	5	1	3830926	3865630	1262	3687882
制糖业	4	2	133162	155465		123460
屠宰及肉类加工	23	2	2484079	2463934	26418	1112339
水产品加工						
蔬菜、水果和坚果加工	6		265628	257288	1539	75916
其他农副食品加工	15	1	1491205	1462267	5430	1174698
食品制造业	**38**	**4**	**3491218**	**3520113**	**1377**	**2287748**
焙烤食品制造	7	1	256725	255340		231312
糖果、巧克力及蜜饯制造						
方便食品制造	8	2	323050	331754		236770

工业企业主要经济指标

单位：万元

流动资产合计	应收账款	存货	产成品	固定资产合计	固定资产原价	累计折旧	负债合计	流动负债合计	所有者权益合计
43329930	**7840825**	**12029046**	**3825010**	**51018561**	**92893124**	**45314295**	**62880257**	**46720232**	**45284832**
8236971	**442182**	**706237**	**435500**	**24382330**	**47457834**	**23270017**	**14167449**	**8311558**	**22958872**
1884204	**305255**	**319892**	**174899**	**3245458**	**6124119**	**3051794**	**5560240**	**4495135**	**1379819**
1738937	294106	310597	172189	3139177	6019257	3042814	5304753	4239648	1383759
38782	5255	5185	2710	2059	5826	3793	34883	34883	5959
106485	5894	4110		104222	99035	5187	220605	220605	-9898
5817374	**54847**	**339430**	**250636**	**19369854**	**38576584**	**19206730**	**7824764**	**3228594**	**19818360**
5817374	54847	339430	250636	19369854	38576584	19206730	7824764	3228594	19818360
20503	**4787**	**6347**	**2578**	**178519**	**270984**	**92465**	**91650**	**31589**	**134888**
20503	4787	6347	2578	178519	270984	92465	91650	31589	134888
146582	**382**	**32759**	**5285**	**86914**	**93551**	**21968**	**206936**	**91355**	**227330**
53017	353	28678	5285	65735	67724	12533	195961	87555	120987
1617	29			2355	3812	2169	3381	3381	1877
91948		4081		18824	22016	7266	7594	418	104467
42277	**15008**	**3614**	**1358**	**10519**	**15199**	**4680**	**42012**	**42012**	**11721**
1939		757	660	789	3662	2873	1604	1604	1124
40338	15008	2857	699	9730	11536	1806	40408	40408	10596
326031	**61903**	**4195**	**745**	**1491066**	**2377398**	**892381**	**441848**	**422873**	**1386754**
326031	61903	4195	745	1491066	2377398	892381	441848	422873	1386754
31199041	**6640352**	**10526659**	**3161787**	**16949089**	**28185988**	**14068167**	**36442801**	**30887710**	**18424235**
5393442	**274156**	**1971042**	**879853**	**2060341**	**3460086**	**1622257**	**6162454**	**5699817**	**1718072**
984988	72747	577478	187216	574321	1259873	763238	1221697	1125070	437738
21979	776	7307	1657	7968	11089	3121	13728	13514	43462
3177918	28218	919560	438996	362553	515133	153097	3358967	3258692	328915
31613	402	27126	19875	67517	94864	28604	96502	91610	26958
624007	96974	170760	75968	400881	624818	257047	725670	629706	382461
40078	6816	16220	13005	25961	29895	7753	29693	14653	40037
512859	68223	252592	143135	621139	924414	409396	716197	566571	458501
1264890	**342456**	**268960**	**113386**	**833284**	**1311586**	**576333**	**1199592**	**1098341**	**1087433**
152193	28843	17738	1374	69643	102884	33241	46312	26812	185000
127188	6347	31594	19167	77340	122050	45238	142745	141977	93303

1-A-7 续表 1

行业	企业单位数(个)	亏损企业	工业总产值(当年价格)	工业销售产值(当年价格)	出口交货值	资产总计
乳制品制造	18	1	2738859	2770095	1377	1631222
罐头食品制造						
调味品、发酵制品制造	3		115492	105707		118469
其他食品制造	2		57093	57216		69975
酒、饮料和精制茶制造业	**28**	**7**	**1518487**	**1442961**		**1493373**
酒的制造	21	7	1158603	1071225		1083053
饮料制造	7		359884	371736		410319
精制茶加工						
烟草制品业	**3**		**1114995**	**1113022**		**898620**
烟叶复烤	1		70103	70103		29867
卷烟制造	2		1044892	1042919		868753
其他烟草制品制造						
纺织业	**34**	**5**	**658221**	**607828**	**28701**	**482434**
棉纺织及印染精加工	6	2	72883	70418		44642
毛纺织及染整精加工						
麻纺织及染整精加工	26	2	553450	506405	15089	400712
丝绢纺织及印染精加工						
化纤织造及印染精加工						
针织或钩针编织物及其制品制造						
家用纺织制成品制造	2	1	31889	31006	13613	37080
非家用纺织制成品制造						
纺织服装、服饰业	**2**		**119048**	**118739**		**76643**
机织服装制造	2		119048	118739		76643
针织或钩针编织服装制造						
服饰制造						
皮革、毛皮、羽毛及其制品和制鞋业						
皮革鞣制加工						
皮革制品制造						
毛皮鞣制及制品加工						
羽毛(绒)加工及制品制造						
制鞋业						
木材加工和木、竹、藤、棕、草制品业	**28**	**4**	**896552**	**844092**	**16302**	**533164**
木材加工	9		313881	309655	6251	133064
人造板制造	11	3	338490	313595		181173
木制品制造	7	1	213394	190356	10051	189201
竹、藤、棕、草等制品制造	1		30787	30486		29726
家具制造业	**15**	**3**	**228314**	**217587**	**37462**	**395579**
木质家具制造	14	3	207629	198049	37462	379817
竹、藤家具制造						
金属家具制造	1		20685	19538		15762
塑料家具制造						
其他家具制造						

单位：万元

流动资产合计	应收账款	存货	产成品	固定资产合计	固定资产原价	累计折旧	负债合计	流动负债合计	所有者权益合计
902061	287147	181056	89323	589434	971173	460875	920200	862739	711022
37230	4151	17833	2880	78217	87068	27218	62938	45337	55530
46219	15968	20739	642	18650	28411	9761	27397	21477	42578
577021	**83093**	**253200**	**75089**	**830667**	**1131063**	**404188**	**851740**	**754265**	**641632**
475312	45506	230404	57438	549223	749498	297162	624301	580734	458752
101709	37587	22796	17651	281444	381565	107025	227439	173532	182880
557422	**63807**	**245681**	**13858**	**122554**	**283191**	**1487823**	**170451**	**168773**	**728169**
9368	1134	1081	98	5503	7762	4436	490	490	29378
548055	62673	244600	13760	117051	275429	1483387	169962	168284	698791
245338	**47449**	**117227**	**65972**	**158162**	**208461**	**76517**	**228362**	**186047**	**252781**
17682	1930	8132	4759	23228	27623	9274	32322	27682	12320
218039	44674	103650	61134	107471	151984	61635	179784	142110	219637
9616	844	5445	79	27464	28854	5608	16256	16256	20824
17259	**11424**	**1107**	**204**	**35919**	**70485**	**34855**	**3930**	**3930**	**72713**
17259	11424	1107	204	35919	70485	34855	3930	3930	72713
248124	**49662**	**74734**	**41888**	**253038**	**585701**	**356391**	**328823**	**281908**	**201649**
67078	13636	29475	18214	54524	187211	133525	86552	63384	46494
54624	14004	17598	8582	118073	276364	163273	123963	114459	54537
111653	15917	22529	11968	68148	108681	58442	92728	78486	96473
14769	6106	5131	3123	12293	13445	1152	25580	25580	4146
265433	**27841**	**150471**	**88996**	**107190**	**140665**	**53601**	**268595**	**254924**	**125078**
253938	24392	147633	88071	103409	136009	50947	262593	248921	115318
11495	3449	2838	925	3781	4657	2654	6002	6002	9760

1-A-7 续表 2

行　　业	企业单位数(个)	亏损企业	工业总产值(当年价格)	工业销售产值(当年价格)	出口交货值	资产总计
造纸和纸制品业	**7**	**2**	**466891**	**415408**	**9235**	**684514**
纸浆制造						
造纸	5	2	347140	310563	9196	610328
纸制品制造	2		119751	104845	39	74186
印刷和记录媒介复制业	**2**		**25146**	**24911**		**32993**
印刷	2		25146	24911		32993
装订及印刷相关服务						
记录媒介复制						
文教、工美、体育和娱乐用品制造业	**5**		**95692**	**94965**	**1423**	**38024**
文教办公用品制造	1		30688	30688		1256
乐器制造						
工艺美术品制造	4		65004	64277	1423	36768
体育用品制造						
玩具制造						
游艺器材及娱乐用品制造						
石油加工、炼焦和核燃料加工业	**25**	**13**	**13901257**	**13476287**	**3486**	**6799101**
精炼石油产品制造	9	3	12667149	12430548		4367719
炼焦	16	10	1234108	1045740	3486	2431382
核燃料加工						
化学原料和化学制品制造业	**26**	**6**	**2100570**	**2025964**	**21338**	**2181092**
基础化学原料制造	9	2	1286213	1227487	12	1208973
肥料制造	3	2	107186	104780		183755
农药制造	1		17334	19709		9643
涂料、油墨、颜料及类似产品制造						
合成材料制造	3	1	224938	217761	3695	347316
专用化学产品制造	6	1	182132	180779		145320
炸药、火工及焰火产品制造	3		213363	206044	17631	266229
日用化学产品制造	1		69404	69404		19857
医药制造业	**27**		**2326612**	**2189162**	**69371**	**3537604**
化学药品原料药制造	1		105913	106135		41655
化学药品制剂制造	9		1486043	1344329	66021	2503217
中药饮片加工						
中成药生产	14		587475	594985	3014	818549
兽用药品制造	1		66755	66755	337	34729
生物药品制造	2		80426	76957		139453
卫生材料及医药用品制造						
化学纤维制造业						
纤维素纤维原料及纤维制造						
合成纤维制造						

单位：万元

流动资产合计	应收账款	存货	产成品	固定资产合计	固定资产原价	累计折旧	负债合计	流动负债合计	所有者权益合计
287926	**77445**	**84568**	**33983**	**327373**	**508146**	**255599**	**340088**	**259070**	**329771**
241779	69339	74208	31277	304739	428524	198591	309245	228226	301084
46146	8106	10360	2705	22634	79622	57008	30844	30844	28687
21339	**8857**	**2532**	**641**	**8571**	**32203**	**23646**	**10363**	**10363**	**22630**
21339	8857	2532	641	8571	32203	23646	10363	10363	22630
11545	**1522**	**4051**	**1489**	**24261**	**97728**	**73768**	**18848**	**16678**	**19176**
615							300		956
10930	1522	4051	1489	24261	97728	73768	18548	16678	18220
2272732	**152314**	**1277695**	**491597**	**3975538**	**7489520**	**3743065**	**4332699**	**3357824**	**2466402**
1153655	22802	888030	314016	3084982	6415923	3360163	2525866	1903420	1841853
1119077	129512	389665	177581	890557	1073596	382901	1806833	1454403	624549
981401	**231087**	**182490**	**62741**	**961791**	**1483182**	**591367**	**1365217**	**1146429**	**814442**
552493	112734	78098	30696	453350	751694	335295	528045	434301	680928
55484	23910	18011	8325	120209	232835	112327	188202	188042	-4447
6659	665	4094	2320	2983	6918	3952	3768	3768	5875
83432	10969	25657	14589	239699	295699	56020	335226	218019	10658
115177	55383	9169	2930	29337	72354	42379	122136	121172	23184
159194	25162	47461	3881	105319	111353	39960	177584	170870	88645
8963	2263			10894	12329	1434	10257	10257	9600
2255065	**513922**	**564074**	**161566**	**854506**	**1406920**	**592504**	**1605008**	**1494592**	**1932595**
14036	2696	7935	1692	27619	36275	8656	7465	7465	34190
1586764	350076	395631	125605	585361	1056742	481203	1260054	1201918	1243163
527578	129685	145189	24714	207214	288983	89289	313438	261267	505112
28523	13800	7552	5543	4672	8456	3784	4102	4023	30627
98164	17666	7768	4012	29640	16463	9572	19949	19919	119504

1-A-7 续表 3

行　业	企业单位数(个)	亏损企业	工业总产值(当年价格)	工业销售产值(当年价格)	出口交货值	资产总计
橡胶和塑料制品业	**9**	**1**	**663634**	**654245**	**16853**	**652977**
橡胶制品业	1		157372	160311	6866	124038
塑料制品业	8	1	506262	493933	9987	528939
非金属矿物制品业	**32**	**4**	**1404457**	**1312913**		**2390498**
水泥、石灰和石膏制造	17	4	963167	917524		1942638
石膏、水泥制品及类似制品制造	2		32107	31551		15441
砖瓦、石材等建筑材料制造	4		137048	127473		87272
玻璃制造	1		27011	24783		58457
玻璃制品制造	2		34869	34103		19537
玻璃纤维和玻璃纤维增强塑料制品制造	1		9517	8724		34793
陶瓷制品制造						
耐火材料制品制造						
石墨及其他非金属矿物制品制造	5		200739	168755		232360
黑色金属冶炼和压延加工业	**10**	**5**	**2698657**	**2465618**	**109271**	**4578564**
炼铁	2	1	182959	179536		59398
炼钢	1		733312	732890		895585
黑色金属铸造	1	1	13764	13764		12284
钢压延加工	6	3	1768621	1539428	109271	3611297
铁合金冶炼						
有色金属冶炼和压延加工业	**3**	**1**	**239593**	**248058**	**5664**	**617407**
常用有色金属冶炼	1		38991	47150		39741
贵金属冶炼	1	1	19949	19949		28016
稀有稀土金属冶炼						
有色金属合金制造						
有色金属铸造						
有色金属压延加工	1		180654	180959	5664	549649
金属制品业	**9**	**3**	**444507**	**441616**	**19780**	**551166**
结构性金属制品制造						
金属工具制造	1	1	19260	18494	78	76959
集装箱及金属包装容器制造	2	1	61360	61677	357	33671
金属丝绳及其制品制造						
建筑、安全用金属制品制造						
金属表面处理及热处理加工	1		61137	63109		56918
搪瓷制品制造						
金属制日用品制造						
其他金属制品制造	5	1	302750	298336	19346	383618
通用设备制造业	**28**	**11**	**1876259**	**1867429**	**214658**	**5533355**
锅炉及原动设备制造	9	2	1390631	1387259	204924	4205754
金属加工机械制造	7	4	199406	197958	2963	704164
物料搬运设备制造	2	1	25198	20205		65802
泵、阀门、压缩机及类似机械制造	3	1	75652	82557	3737	116913
轴承、齿轮和传动部件制造	3	1	115471	104213	2656	308001

单位：万元

流动资产合计	应收账款	存货	产成品	固定资产合计	固定资产原价	累计折旧	负债合计	流动负债合计	所有者权益合计
443481	**95289**	**106822**	**19965**	**178733**	**299889**	**126997**	**441756**	**409176**	**211221**
39314	2931	18888	8303	72249	153236	85324	97249	82249	26789
404167	92358	87933	11662	106484	146654	41673	344507	326927	184432
972785	**254328**	**180629**	**36649**	**996633**	**1037402**	**372096**	**1576349**	**1278091**	**813771**
766840	202982	105805	13966	812758	750543	251776	1334125	1072783	608513
11020	4986	5086	4358	4422	60340	55918	9563	777	5879
38547	16120	10460	1642	42340	52421	10080	37740	37257	49155
23675		9471	5150	13959	31430	17483	30563	30563	27894
6012	9	4638	2988	8619	10938	2420	16937	16897	2600
15656	2887	6950	3850	2375	8385	5952	10598	3701	24194
111035	27345	38219	4696	112161	123346	28467	136823	116113	95537
2005086	**254103**	**854068**	**363642**	**1475246**	**1937499**	**580451**	**3889873**	**3343800**	**688691**
32619	10476	3149	1330	24491	32731	8240	23458	23458	35940
330466	63019	96349	49245	322517	448249	168260	804057	693751	91529
7668	760	6203		3878	6511	3371	13580	13369	-1296
1634333	179848	748368	313066	1124361	1450007	400580	3048780	2613223	562518
163115	**22871**	**77223**	**13183**	**73093**	**174243**	**101150**	**437354**	**237914**	**180053**
13215	4856	8359	2870	24855	26962	2107	32441	25186	7300
15717	8749	3295	8	6431	22339	15907	7072	7072	20945
134183	9266	65569	10305	41807	124943	83136	397841	205656	151808
283466	**83633**	**71969**	**22535**	**244289**	**415716**	**210932**	**339513**	**299306**	**211256**
42609	12417	18789	11977	22969	42827	19858	45469	39294	31490
18719	3885	10474	1673	14574	25704	11461	17858	17181	15813
49270	34453	11308	4314	7648	13950	7668	44018	42713	12900
172868	32879	31398	4572	199098	333234	171947	232169	200118	151053
4247809	**1539169**	**1285064**	**167942**	**649330**	**1156221**	**528662**	**4119150**	**3813575**	**1414723**
3464636	1292163	933603	27396	337857	639733	313109	3334440	3120282	871314
371940	134183	208041	76039	259440	356405	154042	370989	337346	333175
43372	19759	11062		16939	19645	2706	40897	37519	24905
91260	31531	31577	18480	13518	40224	26706	60190	50797	56723
176039	33910	58261	40094	8585	69826	14704	221175	184659	87344

1-A-7 续表 4

行业	企业单位数(个)	亏损企业	工业总产值(当年价格)	工业销售产值(当年价格)	出口交货值	资产总计
烘炉、风机、衡器、包装等设备制造	1	1	11696	14957		58050
文化、办公用机械制造	2		42578	44749	378	72154
通用零部件制造	1	1	15628	15530		2517
其他通用设备制造业						
专用设备制造业	**22**	**7**	**1843084**	**1727492**	**126137**	**5373956**
采矿、冶金、建筑专用设备制造	15	5	1434459	1363192	124749	4699457
化工、木材、非金属加工专用设备制造	2	2	109675	108715	121	332729
食品、饮料、烟草及饲料生产专用设备制造	1		12405	12405		2509
印刷、制药、日化及日用品生产专用设备制造						
纺织、服装和皮革加工专用设备制造						
电子和电工机械专用设备制造						
农、林、牧、渔专用机械制造	3		198545	166930	450	147612
医疗仪器设备及器械制造						
环保、社会公共服务及其他专用设备制造	1		88000	76249	817	191650
汽车制造业	**9**	**3**	**890534**	**874057**	**36327**	**1556181**
汽车整车制造	4	3	688367	684533	35223	1170137
改装汽车制造	2		125234	122631	1104	340964
低速载货汽车制造						
电车制造						
汽车车身、挂车制造	1		36430	25861		4958
汽车零部件及配件制造	2		40503	41032		40122
铁路、船舶、航空航天和其他运输设备制造业	**12**	**2**	**1992856**	**1983156**	**176912**	**2758552**
铁路运输设备制造	7	2	863664	862400	170337	798949
城市轨道交通设备制造						
船舶及相关装置制造						
航空、航天器及设备制造	5		1129193	1120756	6576	1959603
摩托车制造						
自行车制造						
非公路休闲车及零配件制造						
潜水救捞及其他未列明运输设备制造						
电气机械和器材制造业	**19**	**4**	**1210767**	**1225805**	**131917**	**2741892**
电机制造	5	2	766785	779564	88491	1890628
输配电及控制设备制造	7	1	129753	125436	4839	291535
电线、电缆、光缆及电工器材制造	3		152686	153828		70782
电池制造	3	1	142195	147689	38588	481027
家用电力器具制造						
非电力家用器具制造						
照明器具制造						
其他电气机械及器材制造	1		19347	19289		7920

单位：万元

流动资产合计	应收账款	存货	产成品	固定资产合计	固定资产原价	累计折旧	负债合计	流动负债合计	所有者权益合计
38764	8797	26609		4618	7246	2628	45611	37936	12439
60222	18239	15187	5933	7435	14804	7369	42290	41566	29864
1576	586	724		940	8339	7399	3558	3472	-1041
3700222	**1460487**	**1147804**	**257608**	**1031221**	**1524287**	**510098**	**2790299**	**1816723**	**2582696**
3227415	1287212	987256	205804	898530	1341077	450589	2399216	1455384	2299280
219586	115675	65047	10768	67970	103549	34352	251973	248252	80755
1651		1200		648	860	222	2071	2071	438
85689	19543	52415	41036	54279	62752	18678	91428	68704	56184
165882	38057	41887		9795	16050	6256	45610	42312	146039
854965	**179307**	**101869**	**50463**	**473564**	**1280881**	**749096**	**1700642**	**1469117**	**-144462**
676718	113961	74033	45967	273681	1002543	620383	1414519	1230570	-244382
163775	60738	21828	3452	177189	180145	53215	262091	216986	78873
3895	456	3167		887	2217	1330	4611	4167	347
10578	4152	2841	1044	21807	95976	74169	19422	17394	20701
1718391	**279419**	**753677**	**42154**	**539931**	**925893**	**442853**	**2074358**	**1660862**	**684194**
452863	141798	113250	6605	211815	348107	136322	544028	480097	254921
1265528	137621	640427	35549	328116	577786	306531	1530330	1180765	429273
1987733	**491542**	**637599**	**106696**	**359933**	**657953**	**342332**	**1608677**	**1500348**	**1105915**
1464113	358500	547868	62328	246005	432377	216259	1126490	1023320	764138
201518	78035	30952	20935	58149	84451	40344	186251	181638	105284
61232	26569	18019	10840	8777	18256	9821	41038	41038	29744
260119	28099	40554	12479	41417	84472	43097	252177	252177	201550
751	340	206	115	5586	38397	32811	2721	2177	5199

1-A-7 续表 5

行业	企业单位数(个)	亏损企业	工业总产值(当年价格)	工业销售产值(当年价格)	出口交货值	资产总计
计算机、通信和其他电子设备制造业	**5**		**104599**	**103619**	**8810**	**216452**
计算机制造	1		12600	12600		36460
通信设备制造						
广播电视设备制造						
雷达及配套设备制造						
视听设备制造						
电子器件制造	2		40551	40577	6007	104765
电子元件制造	2		51449	50442	2803	75227
其他电子设备制造						
仪器仪表制造业	**3**	**2**	**84427**	**87558**	**1228**	**239831**
通用仪器仪表制造	3	2	84427	87558	1228	239831
专用仪器仪表制造						
钟表与计时仪器制造						
光学仪器及眼镜制造						
其他仪器仪表制造业						
其他制造业	**2**	**2**	**127122**	**124180**	**18411**	**320508**
日用杂品制造						
煤制品制造	1	1	61605	61435		178171
核辐射加工						
其他未列明制造业	1	1	65517	62745	18411	142337
废弃资源综合利用业	**1**		**20216**	**20216**		**33510**
金属废料和碎屑加工处理	1		20216	20216		33510
非金属废料和碎屑加工处理						
金属制品、机械和设备修理业	**2**		**24219**	**24220**		**34996**
金属制品修理						
通用设备修理						
专用设备修理	1		8680	8681		15962
铁路、船舶、航空航天等运输设备修理						
电气设备修理	1		15539	15539		19034
仪器仪表修理						
其他机械和设备修理业						
电力、燃气及水的生产和供应业	**90**	**46**	**9854730**	**9747068**	**50102**	**16187404**
电力、热力生产和供应业	**81**	**41**	**9674376**	**9566728**	**50102**	**15383151**
电力生产	30	12	4790548	4739046	50102	8039876
电力供应	30	19	4405167	4371101		5833976
热力生产和供应	21	10	478661	456580		1509300
燃气生产和供应业	**2**		**89875**	**89875**		**231305**
水的生产和供应业	**7**	**5**	**90478**	**90466**		**572948**
自来水生产和供应	7	5	90478	90466		572948
污水处理及其再生利用						
其他水的处理、利用与分配						

单位：万元

流动资产合计	应收账款	存货	产成品	固定资产合计	固定资产原价	累计折旧	负债合计	流动负债合计	所有者权益合计
152525	**31898**	**18176**	**6960**	**35123**	**39035**	**13820**	**110733**	**69273**	**102719**
19704	3675	4903	135	11522	2956	1335	20406	19599	16054
82213	22116	5733	658	10114	19743	9637	39928	37425	64837
50609	6107	7539	6167	13487	16335	2848	50399	12249	21828
144171	**26259**	**57104**	**32689**	**48247**	**90124**	**45575**	**132171**	**85592**	**107656**
144171	26259	57104	32689	48247	90124	45575	132171	85592	107656
80985	**28695**	**24281**	**5180**	**276944**	**414890**	**143882**	**290475**	**134089**	**30034**
13836	629	7210	1617	229535	349567	120032	199096	89193	-20925
67149	28066	17071	3563	47409	65323	23850	91379	44896	50958
25809	**3336**	**7382**	**2784**	**6286**	**6631**	**502**	**20191**	**15691**	**13318**
25809	3336	7382	2784	6286	6631	502	20191	15691	13318
19564	**4983**	**5163**	**2075**	**7319**	**16388**	**7810**	**25090**	**21192**	**9906**
7221	1468	5050	1988	2360	3704	1344	11753	8340	4209
12343	3515	114	87	4959	12684	6466	13337	12852	5697
3893919	**758291**	**796150**	**227723**	**9687142**	**17249301**	**7976111**	**12270007**	**7520964**	**3901726**
3494980	**743240**	**775717**	**226969**	**9421060**	**16722260**	**7676474**	**11800648**	**7151547**	**3566832**
2607602	597438	678613	224867	5048687	9509404	4648540	6137766	4285508	1886455
418313	78096	2064	53	3399331	6056217	2667486	4295148	1997453	1538813
469065	67706	95040	2048	973042	1156639	360449	1367735	868586	141565
85445	**6626**	**17741**	**754**	**141335**	**208265**	**102437**	**136501**	**119588**	**94804**
313494	**8425**	**2692**		**124747**	**318777**	**197200**	**332858**	**249830**	**240090**
313494	8425	2692		124747	318777	197200	332858	249830	240090

1-A-7 续表 6

行业	实收资本	国家资本	港澳台资本	外商资本	主营业务收入	主营业务成本
总计	**15875963**	**3949904**	**291874**	**1022831**	**86754028**	**63514344**
采矿业	**5505740**	**440945**	**500**	**240**	**24425190**	**10020906**
煤炭开采和洗选业	**592149**	**439070**			**3547708**	**3074335**
烟煤和无烟煤开采洗选	583474	431020			3425480	2977333
褐煤开采洗选	675	50			49881	36692
其他煤炭采选	8000	8000			72346	60311
石油和天然气开采业	**4750000**				**18939003**	**5522417**
石油开采	4750000				18939003	5522417
天然气开采						
黑色金属矿采选业	**42000**				**245478**	**204520**
铁矿采选	42000				245478	204520
锰矿、铬矿采选						
其他黑色金属矿采选						
有色金属矿采选业	**99900**	**165**			**146676**	**83978**
常用有色金属矿采选	85910				138620	77127
贵金属矿采选	1112	165			5078	4863
稀有稀土金属矿采选	12878				2978	1988
非金属矿采选业	**3128**	**1010**			**55025**	**44030**
土砂石开采	1618				2217	1003
化学矿开采						
采盐						
石棉及其他非金属矿采选	1510	1010			52808	43027
开采辅助活动	**18562**	**700**	**500**	**240**	**1491300**	**1091626**
煤炭开采和洗选辅助活动						
石油和天然气开采辅助活动	18562	700	500	240	1491300	1091626
其他开采辅助活动						
其他采矿业						
制造业	**8381880**	**2768467**	**256479**	**962769**	**51898762**	**43462151**
农副食品加工业	**1068849**	**225899**	**14247**	**214467**	**11119550**	**10313976**
谷物磨制	320942	5470	8380	42396	2524215	2284409
饲料加工	16000				97880	80107
植物油加工	141967	123367			4297494	4238784
制糖业	46410			35122	155031	143184
屠宰及肉类加工	243756	1800	5785	28951	2314256	2078526
水产品加工						
蔬菜、水果和坚果加工	7872		82		260453	206167
其他农副食品加工	291902	95262		107999	1470221	1282800
食品制造业	**557892**	**54610**	**84008**	**176330**	**3412255**	**2549710**
焙烤食品制造	83743		64753	1490	221281	148868
糖果、巧克力及蜜饯制造						
方便食品制造	65792	31500	19255	9267	362140	272792

单位：万元

主营业务税金及附加	管理费用	销售费用	财务费用		营业利润	利润总额	亏损企业亏损总额	本年应交增值税	从业人员平均人数（人）
				利息支出					
6432294	**4881586**	**2107647**	**1057903**	**1275456**	**8891707**	**8946365**	**1461782**	**4689535**	**1016411**
4158611	**2076464**	**151238**	**79601**	**267683**	**7789635**	**7666366**	**266958**	**2837442**	**376800**
60748	**554081**	**29293**	**104101**	**102498**	**-152156**	**-136689**	**265320**	**359590**	**246328**
58103	541634	25965	103048	101348	-164858	-149036	265320	347985	240968
1076	3317	1146	786	892	10592	10310		4270	830
1569	9130	2182	268	258	2110	2037		7335	4530
4054586	**1340804**	**111635**	**-44685**	**145983**	**7741932**	**7604344**		**2394764**	**114044**
4054586	1340804	111635	-44685	145983	7741932	7604344		2394764	114044
1089	**7463**	**5156**	**5266**	**5108**	**22052**	**21999**		**13034**	**2505**
1089	7463	5156	5266	5108	22052	21999		13034	2505
6467	**13944**	**1350**	**10182**	**9325**	**30368**	**31065**	**1399**	**16639**	**2144**
6267	11617	1348	10186	9325	31687	32464		16290	1202
22	1081	2	-1		-888	-888	888		492
178	1246		-4		-431	-511	511	349	450
290	**3079**	**2894**	**161**	**142**	**4642**	**4586**		**2653**	**1789**
28	635	98	21	2	445	443		369	353
262	2444	2796	140	140	4197	4144		2284	1436
35431	**157092**	**910**	**4576**	**4627**	**142798**	**141061**	**240**	**50763**	**9990**
35431	157092	910	4576	4627	142798	141061	240	50763	9990
2232530	**2582991**	**1894196**	**697611**	**718860**	**1232110**	**1342476**	**1023385**	**1494499**	**519395**
117948	**197364**	**213348**	**153951**	**151679**	**415992**	**323013**	**79412**	**129305**	**62990**
15553	61137	66833	56123	56413	35621	37677	52147	30233	17234
16	5986	3622	-32	244	8866	9021		25	888
93970	31554	32188	42486	39675	125654	51915	3714	10165	5599
278	7878	479	6535	6536	40	-1558	12717	4597	2210
5728	42752	49723	15444	15892	138408	120865	1201	40878	22159
392	12229	13775	3315	3099	33788	33788		9182	2812
2010	35828	46728	30080	29820	73615	71306	9632	34226	12088
13019	**88763**	**442011**	**7957**	**15404**	**288937**	**337113**	**4674**	**136261**	**29037**
1270	7388	19490	1296	1612	43498	43618	278	5851	3597
318	15529	44179	-1183	2742	30812	31461	3322	13313	4706

1-A-7 续表 7

行业	实收资本				主营业务收入	主营业务成本
		国家资本	港澳台资本	外商资本		
乳制品制造	363171	23110		165573	2693846	2007183
罐头食品制造						
调味品、发酵制品制造	32186				77956	68832
其他食品制造	13000				57033	52034
酒、饮料和精制茶制造业	**337277**	**24250**	**5807**	**175999**	**1576040**	**1186436**
酒的制造	225337	13000		137482	1128302	855403
饮料制造	111940	11250	5807	38517	447738	331033
精制茶加工						
烟草制品业	**160851**	**150818**			**1117623**	**374678**
烟叶复烤	8233				70103	57527
卷烟制造	152618	150818			1047520	317151
其他烟草制品制造						
纺织业	**66278**		**15407**	**2236**	**595063**	**530300**
棉纺织及印染精加工	8184				69122	64315
毛纺织及染整精加工						
麻纺织及染整精加工	56734		15407	2236	495624	437596
丝绢纺织及印染精加工						
化纤织造及印染精加工						
针织或钩针编织物及其制品制造						
家用纺织制成品制造	1360				30318	28389
非家用纺织制成品制造						
纺织服装、服饰业	**7248**			**69**	**120347**	**101292**
机织服装制造	7248			69	120347	101292
针织或钩针编织服装制造						
服饰制造						
皮革、毛皮、羽毛及其制品和制鞋业						
皮革鞣制加工						
皮革制品制造						
毛皮鞣制及制品加工						
羽毛(绒)加工及制品制造						
制鞋业						
木材加工和木、竹、藤、棕、草制品业	**145366**	**10757**	**966**		**811468**	**662316**
木材加工	33436				325067	253468
人造板制造	67949	9896			284474	245684
木制品制造	40980	861	966		171441	142010
竹、藤、棕、草等制品制造	3000				30486	21154
家具制造业	**56675**	**4875**	**2446**		**227888**	**180664**
木质家具制造	52743	4875	2446		208224	164659
竹、藤家具制造						
金属家具制造	3932				19664	16005
塑料家具制造						
其他家具制造						

单位：万元

主营业务税金及附加	管理费用	销售费用	财务费用	利息支出	营业利润	利润总额	亏损企业亏损总额	本年应交增值税	从业人员平均人数(人)
11173	62337	376649	6531	9622	204570	252298	1074	114512	18089
163	2359	1435	1060	1177	6713	6213		1790	1910
95	1150	257	254	250	3344	3524		795	735
74243	**90116**	**140512**	**9376**	**10663**	**69347**	**82761**	**24090**	**66967**	**18976**
73245	72616	73510	8033	9492	41023	53655	24090	52409	13386
998	17500	67002	1343	1171	28324	29106		14559	5590
514280	**72737**	**12142**	**-1054**	**518**	**145718**	**148954**		**125371**	**5673**
79	321	126			12049	12049		4662	569
514201	72415	12016	-1054	518	133669	136905		120709	5104
1225	**16251**	**9373**	**4999**	**4514**	**29953**	**30798**	**3453**	**17337**	**28393**
194	1515	1221	346	294	444	766	1900	2117	3204
1029	13702	7523	4136	3710	29762	30134	382	14322	23509
2	1035	629	517	510	-253	-102	1171	897	1680
	347	**291**	**6**	**6**	**18411**	**18411**			**815**
	347	291	6	6	18411	18411			815
4459	**39573**	**37365**	**7163**	**6967**	**48917**	**51909**	**9335**	**34486**	**12675**
2710	2963	16807	1306	1325	35636	35937		15473	4224
1312	20551	11625	3437	3314	2231	3819	9325	11463	4298
397	8938	7720	2420	2328	10094	11196	9	6552	3792
40	7121	1214			957	957		998	361
1008	**20332**	**12730**	**4463**	**3021**	**11450**	**11675**	**1198**	**5793**	**10228**
885	17754	12590	4365	3021	10623	10847	1198	4786	9278
123	2579	140	98		828	828		1007	950

1-A-7 续表 8

行业	实收资本	国家资本	港澳台资本	外商资本	主营业务收入	主营业务成本
造纸和纸制品业	**168803**	**21350**	**49895**	**24582**	**475146**	**385943**
纸浆制造						
造纸	149265	21350	49895	24582	360150	294469
纸制品制造	19538				114996	91474
印刷和记录媒介复制业	**14015**	**13955**			**24911**	**19525**
印刷	14015	13955			24911	19525
装订及印刷相关服务						
记录媒介复制						
文教、工美、体育和娱乐用品制造业	**8993**				**97465**	**87436**
文教办公用品制造	2982				30688	27619
乐器制造						
工艺美术品制造	6011				66778	59817
体育用品制造						
玩具制造						
游艺器材及娱乐用品制造						
石油加工、炼焦和核燃料加工业	**1125183**	**459825**	**7797**		**13958713**	**12153958**
精炼石油产品制造	793096	395825			12793909	11019512
炼焦	332087	64000	7797		1164804	1134447
核燃料加工						
化学原料和化学制品制造业	**602113**	**302044**			**2027618**	**1693622**
基础化学原料制造	441728	255917			1240406	999606
肥料制造	30325	23325			110811	103135
农药制造	1000				16997	13012
涂料、油墨、颜料及类似产品制造						
合成材料制造	64964	5000			217779	211731
专用化学产品制造	14199				169216	139403
炸药、火工及焰火产品制造	40035	17802			204569	186031
日用化学产品制造	9863				67841	40704
医药制造业	**574495**	**169500**	**24960**	**181042**	**3137398**	**2002992**
化学药品原料药制造	500				105993	85526
化学药品制剂制造	445730	166500	22930	173080	2323675	1584312
中药饮片加工						
中成药生产	123765		1030	7963	586826	298365
兽用药品制造	3000	3000			44997	12968
生物药品制造	1500		1000		75908	21821
卫生材料及医药用品制造						
化学纤维制造业						
纤维素纤维原料及纤维制造						
合成纤维制造						

单位：万元

主营业务税金及附加	管理费用	销售费用	财务费用	利息支出	营业利润	利润总额	亏损企业亏损总额	本年应交增值税	从业人员平均人数（人）
1957	**21650**	**22936**	**13495**	**14025**	**28950**	**30515**	**6841**	**17432**	**6240**
1629	17536	19040	10823	11103	16260	17834	6841	16269	4552
327	4114	3896	2672	2923	12690	12681		1163	1688
221	**3084**	**126**	**-4**	**26**	**2042**	**2304**		**885**	**900**
221	3084	126	-4	26	2042	2304		885	900
312	**1882**	**1854**	**707**	**700**	**3653**	**3645**		**4097**	**3349**
	600		1	1	846	846		773	398
312	1282	1854	706	699	2808	2800		3324	2951
1394008	**562436**	**62320**	**134226**	**128909**	**-413533**	**-462651**	**529481**	**337291**	**52915**
1391597	520499	51539	86521	86482	-344660	-402985	455572	311571	37340
2411	41937	10781	47705	42427	-68874	-59666	73910	25720	15575
23592	**96899**	**25318**	**28150**	**28968**	**97061**	**89725**	**59129**	**65916**	**26003**
13951	35971	7808	11551	11911	118035	113211	11427	44690	8764
33	15781	3866	92	107	-15321	-13766	16112	1865	2607
	601	450	30	30	2904	2911			340
410	16350	4942	14445	14407	-27904	-27401	31090	3811	3219
6047	12863	2539	352	453	8169	3680	500	10429	5566
452	13635	1701	1429	1809	5168	5080		3497	5182
2699	1699	4013	251	251	6011	6011		1623	325
21426	**280960**	**507382**	**3705**	**15549**	**309166**	**324525**		**181033**	**41373**
748	1506		228	228	17985	17985		8100	725
14096	214747	400942	-2970	7859	99417	109447		115840	27660
5528	33774	89655	6543	7463	154278	157753		48118	10792
322	17896	8192	-56		5723	6774		2679	531
733	13037	8594	-40		31763	32565		6296	1665

1-A-7 续表 9

行业	实收资本	国家资本	港澳台资本	外商资本	主营业务收入	主营业务成本
橡胶和塑料制品业	**64946**	**5288**	**5000**	**41402**	**674249**	**611706**
橡胶制品业	40902			40902	160042	147767
塑料制品业	24044	5288	5000	500	514207	463940
非金属矿物制品业	**403438**	**61836**			**1314997**	**1005845**
水泥、石灰和石膏制造	310847	33939			914091	667206
石膏、水泥制品及类似制品制造	4077				31533	27310
砖瓦、石材等建筑材料制造	12215				133914	118847
玻璃制造	23836	23801			24690	20280
玻璃制品制造	3450				32954	29393
玻璃纤维和玻璃纤维增强塑料制品制造	1016				8724	3939
陶瓷制品制造						
耐火材料制品制造						
石墨及其他非金属矿物制品制造	47997	4097			169092	138871
黑色金属冶炼和压延加工业	**467923**	**90570**			**2434139**	**2231121**
炼铁	20822	322			175345	110034
炼钢	100001				734306	667215
黑色金属铸造	441				12461	11858
钢压延加工	346660	90248			1512028	1442015
铁合金冶炼						
有色金属冶炼和压延加工业	**179462**	**160000**		**5100**	**243992**	**211030**
常用有色金属冶炼	10000			5100	49827	48442
贵金属冶炼	9462				19949	16576
稀有稀土金属冶炼						
有色金属合金制造						
有色金属铸造						
有色金属压延加工	160000	160000			174217	146012
金属制品业	**97827**	**66748**		**3000**	**395836**	**343057**
结构性金属制品制造						
金属工具制造	27722	14000		3000	18030	14350
集装箱及金属包装容器制造	6211	1012			60636	50652
金属丝绳及其制品制造						
建筑、安全用金属制品制造						
金属表面处理及热处理加工	3831				63109	52956
搪瓷制品制造						
金属制日用品制造						
其他金属制品制造	60063	51736			254061	225100
通用设备制造业	**579285**	**346485**			**1814939**	**1475620**
锅炉及原动设备制造	302323	179516			1347674	1080679
金属加工机械制造	147166	70980			197865	180868
物料搬运设备制造	13530	10633			21566	18668
泵、阀门、压缩机及类似机械制造	21105	1000			84305	68987
轴承、齿轮和传动部件制造	82416	82416			88834	71422

单位：万元

主营业务税金及附加	管理费用	销售费用	财务费用	利息支出	营业利润	利润总额	亏损企业亏损总额	本年应交增值税	从业人员平均人数（人）
1551	**18384**	**15714**	**6570**	**11474**	**21939**	**22802**	**543**	**13652**	**7791**
912	4879	6473	539	951	235	925		4450	3048
639	13505	9241	6031	10523	21705	21877	543	9202	4743
10186	**86319**	**44679**	**60681**	**44857**	**119154**	**138105**	**19254**	**70017**	**19343**
8335	64515	28448	56364	41662	94839	109229	19254	56494	11973
296	1722	637	500	493	1492	1487		1715	848
308	5673	4109	1353	1353	4698	6134		3401	2102
136	2621	1109	370	378	621	562		1088	729
451	1453	516	1		575	1042		1194	844
107	3999	369	-51	17	577	2819		323	457
553	6336	9493	2144	955	16353	16832		5803	2390
4834	**65638**	**59345**	**101826**	**98766**	**-19224**	**20526**	**32295**	**68743**	**28116**
1416	906	10125	290	322	32949	33224	1065	4239	2348
128	16087	6594	44214	44051	11898	12932		25364	7158
86	735		3		-183	-253	253	713	899
3205	47909	42626	57319	54393	-63888	-25378	30978	38428	17711
1090	**27021**	**5879**	**7842**	**7738**	**-7374**	**-2152**	**2394**	**1035**	**7323**
	601	52	635	604	97	106		1035	362
172	5720		-23		-2438	-2394	2394		1220
918	20700	5827	7229	7134	-5033	136			5741
904	**47262**	**3378**	**6118**	**4336**	**257**	**13458**	**6840**	**7497**	**13910**
175	2887	834	514	436	-643	-461	461	1482	1405
207	5105	348	402	366	3976	4134	192	1191	1175
438	6130	67	219	219	3300	3471		2698	1300
85	33141	2129	4984	3314	-6375	6314	6186	2126	10030
7705	**200589**	**69293**	**12822**	**20885**	**21938**	**29257**	**78282**	**45697**	**35079**
4631	133817	40917	-117	8400	45775	46357	39550	27301	16513
1814	26058	12764	8325	8130	-26221	-22444	33662	9093	8801
110	3103	650	235	208	-935	-135	668	961	906
418	6568	4505	512	434	4390	4530	10	1893	1294
238	18773	4406	2668	2604	-1578	-1090	3120	2560	5240

1-A-7 续表 10

行　　业	实收资本				主营业务收　　入	主营业务成　　本
		国家资本	港澳台资本	外商资本		
烘炉、风机、衡器、包装等设备制造	5400				14957	12162
文化、办公用机械制造	6940	1940			45727	29410
通用零部件制造	405				14010	13424
其他通用设备制造业						
专用设备制造业	**512632**	**290313**	**25784**	**34191**	**1678787**	**1360782**
采矿、冶金、建筑专用设备制造	370082	216519	25784	15800	1356600	1116034
化工、木材、非金属加工专用设备制造	76759	63714			82935	76211
食品、饮料、烟草及饲料生产专用设备制造	300				10368	10289
印刷、制药、日化及日用品生产专用设备制造						
纺织、服装和皮革加工专用设备制造						
电子和电工机械专用设备制造						
农、林、牧、渔专用机械制造	25391			18391	152650	113769
医疗仪器设备及器械制造						
环保、社会公共服务及其他专用设备制造	40100	10080			76235	44479
汽车制造业	**265217**	**57711**		**40332**	**896509**	**834272**
汽车整车制造	212536	50000		40332	694587	666848
改装汽车制造	36172	7711			122513	101849
低速载货汽车制造						
电车制造						
汽车车身、挂车制造	1841				36430	31582
汽车零部件及配件制造	14668				42979	33993
铁路、船舶、航空航天和其他运输设备制造业	**429070**	**203397**			**2176925**	**1889115**
铁路运输设备制造	148867	39994			956215	800908
城市轨道交通设备制造						
船舶及相关装置制造						
航空、航天器及设备制造	280203	163403			1220710	1088207
摩托车制造						
自行车制造						
非公路休闲车及零配件制造						
潜水救捞及其他未列明运输设备制造						
电气机械和器材制造业	**393536**	**40731**	**20163**	**64019**	**1189622**	**943165**
电机制造	204693	23446			760851	584056
输配电及控制设备制造	54780	16200			123500	103885
电线、电缆、光缆及电工器材制造	23975	1085			136872	122110
电池制造	105929		20163	64019	147051	115249
家用电力器具制造						
非电力家用器具制造						
照明器具制造						
其他电气机械及器材制造	4159				21347	17865

单位：万元

主营业务税金及附加	管理费用	销售费用	财务费用	利息支出	营业利润	利润总额	亏损企业亏损总额	本年应交增值税	从业人员平均人数（人）
90	2321	254	1229	1086	-1050	-1020	1020	584	357
319	9220	5797	-53		1802	3314		2603	1327
85	730		24	24	-246	-253	253	703	641
11616	**168150**	**61199**	**68084**	**69456**	**51691**	**72921**	**24424**	**53054**	**30756**
10500	135833	41659	61724	62342	32705	49960	6294	46806	25023
403	11839	6161	6055	6289	-18704	-18130	18130	2213	1687
20	171	25	-1		-28	58		166	292
16	13285	9028	834	820	16098	16601		19	2597
677	7022	4325	-528	4	21620	24433		3850	1157
12339	**104262**	**32102**	**21693**	**30113**	**-85561**	**-83671**	**110702**	**18085**	**14974**
11809	76007	28961	19166	27557	-84900	-93590	110702	12998	11052
188	22656	1267	1498	1559	-5940	4639		2739	2679
117	3860	468	40	43	364	364		974	340
226	1740	1407	989	955	4916	4916		1375	903
2006	**215132**	**42036**	**25984**	**28649**	**15089**	**48636**	**9289**	**33453**	**28230**
923	90500	29151	10943	9883	30239	32967	9289	28276	14928
1083	124632	12885	15040	18767	-15149	15669		5177	13302
6363	**107459**	**55261**	**10985**	**13884**	**68228**	**78270**	**9579**	**45136**	**20980**
4757	81242	37264	1009	4008	44546	48076	4665	36043	11769
936	12771	7637	987	1495	-1370	-632	4886	3618	4401
271	4370	2195	96	128	7854	7900		2393	1079
265	8574	7703	8431	7791	15275	21003	28	2194	3196
134	502	462	462	462	1923	1923		887	535

1-A-7 续表 11

行业	实收资本	国家资本	港澳台资本	外商资本	主营业务收入	主营业务成本
计算机、通信和其他电子设备制造业	**17730**	**294**			**118697**	**85813**
计算机制造	7000				26563	14904
通信设备制造						
广播电视设备制造						
雷达及配套设备制造						
视听设备制造						
电子器件制造	8480	294			41496	33767
电子元件制造	2250				50638	37142
其他电子设备制造						
仪器仪表制造业	**58739**				**87264**	**70078**
通用仪器仪表制造	58739				87264	70078
专用仪器仪表制造						
钟表与计时仪器制造						
光学仪器及眼镜制造						
其他仪器仪表制造业						
其他制造业	**7709**	**7209**			**125794**	**115645**
日用杂品制造						
煤制品制造	500				63437	61547
核辐射加工						
其他未列明制造业	7209	7209			62357	54098
废弃资源综合利用业	**6000**				**20112**	**19217**
金属废料和碎屑加工处理	6000				20112	19217
非金属废料和碎屑加工处理						
金属制品、机械和设备修理业	**4331**				**25413**	**22838**
金属制品修理						
通用设备修理						
专用设备修理	1331				10356	8805
铁路、船舶、航空航天等运输设备修理						
电气设备修理	3000				15058	14033
仪器仪表修理						
其他机械和设备修理业						
电力、燃气及水的生产和供应业	**1988344**	**740492**	**34894**	**59822**	**10430077**	**10031286**
电力、热力生产和供应业	**1777767**	**615411**		**59822**	**10190545**	**9867189**
电力生产	832162	453582		2343	5255805	4971078
电力供应	714683	42141			4432996	4401418
热力生产和供应	230922	119688		57479	501744	494693
燃气生产和供应业	**68935**	**29213**	**34894**		**140751**	**96920**
水的生产和供应业	**141642**	**95869**			**98781**	**67177**
自来水生产和供应	141642	95869			98781	67177
污水处理及其再生利用						
其他水的处理、利用与分配						

单位：万元

主营业务税金及附加	管理费用	销售费用	财务费用		营业利润	利润总额	亏损企业亏损总额	本年应交增值税	从业人员平均人数（人）
				利息支出					
1118	**11703**	**5179**	**2230**	**2183**	**15011**	**15659**		**4470**	**2816**
477	2925	3980	146	299	4208	4314		1223	388
417	3918	527	450	476	5104	5628		535	1382
224	4860	672	1634	1408	5699	5717		2712	1046
612	**14953**	**6760**	**3441**	**3372**	**-5759**	**-1256**	**4027**	**4521**	**4153**
612	14953	6760	3441	3372	-5759	-1256	4027	4521	4153
4124	**20310**	**5028**	**1069**	**1075**	**-11881**	**-8146**	**8146**	**4569**	**5332**
4026	9351	3206	13		-6696	-6522	6522	3708	3287
98	10959	1822	1056	1075	-5185	-1624	1624	861	2045
255	**611**	**277**	**1017**	**1010**	**-6885**	**4956**		**1790**	**294**
255	611	277	1017	1010	-6885	4956		1790	294
130	**2806**	**360**	**112**	**113**	**-576**	**414**		**607**	**731**
26	949	360	112	112	109	109		324	391
104	1857		0	0	-685	305		282	340
41153	**222132**	**62213**	**280692**	**288914**	**-130039**	**-62477**	**171439**	**357595**	**120216**
39422	**181184**	**22209**	**276677**	**281235**	**-134459**	**-79405**	**166319**	**345650**	**110327**
25416	88924	15673	195898	197270	-63809	-41907	112773	218699	54984
12390	55332	3000	62942	59533	-17542	-18975	22868	122474	40602
1616	36928	3536	17837	24432	-53108	-18522	30678	4477	14741
773	**13231**	**32768**	**-2491**	**920**	**12104**	**18933**		**6579**	**3470**
958	**27717**	**7236**	**6506**	**6759**	**-7684**	**-2005**	**5120**	**5366**	**6419**
958	27717	7236	6506	6759	-7684	-2005	5120	5366	6419

B.地区部分

1-B-1 按地区分组的规模以上

地区	企业单位数(个)	亏损企业	工业总产值(当年价格)	工业销售产值(当年价格)	出口交货值	资产总计	流动资产合计
全省	**4398**	**698**	**137193029**	**134158911**	**1546201**	**142157738**	**59161644**
哈尔滨	1331	214	29706448	28778074	673315	35352278	20092602
齐齐哈尔	326	50	9769416	9525177	393142	12543264	6258892
鸡西	112	42	3252110	3045507	7928	4859700	2121574
鹤岗	155	49	2248952	2114854	9581	3452719	1353437
双鸭山市	209	19	6839186	6488802	55367	5179949	1614965
大庆	442	59	44815393	44286099	147640	42503607	12455636
伊春	126	12	2029663	1978321	45645	2319006	884497
佳木斯	365	40	6235309	6043779	48325	4509666	1897979
七台河	106	62	2371037	2143071		4780450	1865380
牡丹江	483	59	8682390	8566521	102318	6195520	2188570
黑河	93	17	1273312	1253897	59	1850935	669567
绥化	396	47	8410082	8234584	16171	6019562	2313349
大兴安岭	33		478477	461138	17133	642835	351166
农垦总局	198	16	6847304	7036020	29578	6539341	4633430
绥芬河	17	11	315867	286503		223726	134193
抚远	5		45790	44269		61052	12828

1-B-1 续表

地区	实收资本	国家资本	港澳台资本	外商资本	主营业务收入	主营业务成本	主营业务税金及附加
全省	**23260307**	**4625999**	**450123**	**1412154**	**137010647**	**107693689**	**6734573**
哈尔滨	6471634	1804897	140036	793002	29866082	24445138	1071650
齐齐哈尔	1599361	593388	13903	173537	9426214	7919417	54923
鸡西	847944	472246	50725	180	3117268	2783609	31803
鹤岗	398006	106357	9002	5139	2078055	1943535	23405
双鸭山市	797300	146500	11131	6753	6452482	5607651	47803
大庆	6772362	606478	108460	126151	45019020	28548090	5181188
伊春	377578	31649	1517	30249	1966816	1758594	6686
佳木斯	901934	147879	53725	80423	6046581	5283343	25999
七台河	803770	178591		11600	2232307	2063952	16746
牡丹江	1343797	125586	7491	96140	8750146	7471393	57535
黑河	401384	45934	7900	2010	1234478	986915	13175
绥化	850674	54418	45933	62491	8120886	6727887	76150
大兴安岭	131525	35945		128	460233	363190	4329
农垦总局	838726	275665	300	22158	8099651	7699566	111554
绥芬河	39660				224754	212942	946
抚远	15869	467		2196	43380	37548	54

工业企业主要经济指标

单位：万元

应收账款	存货	产成品	固定资产合计	固定资产原价	累计折旧	负债合计	流动负债合计	所有者权益合计
11753611	**16624048**	**5595221**	**65315274**	**112150469**	**51799268**	**82129564**	**60539858**	**59742532**
4813072	5894558	1279914	10738478	16253739	8118580	23280388	19128357	12078293
1845431	2126848	692012	4818187	6637131	2203732	7475243	5353187	5048645
452516	609646	222770	2084360	3082981	1212761	3684080	2954373	1166861
202624	397951	104963	1259971	2510303	1293083	2634057	1786761	716720
259743	540413	184552	2604169	3966816	1456240	3323247	1983732	1826293
1733650	2357372	1034093	26665965	52379346	26053763	16371721	10038717	26119582
188614	238821	106857	1074574	1442204	459854	1776467	1388690	532709
562243	623275	249427	1993976	2467715	653013	2648865	1793068	1844583
336860	544625	277877	1885793	3147049	1469997	3469971	2789734	1281600
505856	566070	236231	3528156	7353006	4168251	3323702	2590285	2861903
91279	144596	53033	813554	1112331	356599	1218460	919318	624349
407206	782406	292562	3071498	3753742	835466	2975601	2070444	3012376
58086	130899	101799	256234	302569	89439	455083	398048	187752
181676	1593611	726690	1586604	2448654	1064818	5591784	5247312	932860
39569	66982	29423	57576	84951	27908	208714	208062	15009
2229	5156	3020	45380	55129	13761	42627	18709	18425

单位：万元

管理费用	销售费用	财务费用	利息支出	营业利润	利润总额	亏损企业亏损总额	本年应交增值税	从业人员平均人数(人)
6356665	**3032544**	**1524873**	**1693017**	**11801592**	**11854868**	**1781047**	**6002370**	**1382219**
1705049	1315988	301889	355448	1126636	1328080	382837	962699	313911
496148	309389	228302	210698	468790	548075	132506	351296	118181
210750	56738	74077	63064	13612	41425	78602	172373	84178
163758	18512	63017	59720	-74184	-76151	145935	108035	76518
244900	106777	103948	92029	350352	324591	76767	369173	80040
2299724	336136	134133	325040	8195152	7992897	557213	2938812	245941
58399	35856	68659	69480	49600	68581	8812	47597	33819
183858	143119	73694	62491	340382	353889	37218	129683	50796
195313	24825	96775	92982	-126543	-111229	151356	118058	84982
308767	229861	122004	122127	575027	496634	40325	365140	97729
74050	22335	37025	31477	110120	114947	9287	51961	16273
212165	216762	62121	58662	624730	688023	25089	196063	97076
21083	17823	7614	6199	49049	46320		22878	10049
176777	181610	109590	102566	116996	59976	106452	53534	43854
4714	16556	1860	1302	-13022	-11071	14889	5735	1682
1210	256	1908	1562	3294	3643		2271	411

1-B-2 按地区分组的国有

地区	企业单位数（个）	亏损企业	工业总产值（当年价格）	工业销售产值（当年价格）	出口交货值	资产总计	流动资产合计
全省	**153**	**75**	**6985258**	**6878016**	**92318**	**10054020**	**4246848**
哈尔滨	49	21	1920532	1880204	18560	3022966	1367802
齐齐哈尔	11	8	215131	213937		435988	64270
鸡西	6	4	58901	58901		125960	46984
鹤岗	5	3	52301	52301		102604	31560
双鸭山市	5	3	45625	45625		109827	36827
大庆	12	6	3460900	3406493	50102	3816769	2131088
伊春	7	4	77134	72009		215979	68112
佳木斯	8	3	82686	81946		139888	32604
七台河	4	3	47476	47476		117244	40355
牡丹江	13	6	198338	194309	23568	463210	120490
黑河	6	4	76822	76822		168454	49043
绥化	15	8	532370	530217		995241	142116
大兴安岭	4		129183	129917	89	197841	93770
农垦总局	7	2	84461	84461		130315	20639
绥芬河							
抚远	1		3400	3400		11733	1188

1-B-2 续表

地区	实收资本	国家资本	港澳台资本	外商资本	主营业务收入	主营业务成本	主营业务税金及附加
全省	**935462**	**754193**	**300**	**101**	**7454072**	**6199394**	**558428**
哈尔滨	407951	355996			1931892	1094443	521011
齐齐哈尔	67960	67451			215588	192999	1339
鸡西	9440	8796			72705	66052	354
鹤岗	17393	17247			55213	58792	299
双鸭山市	13499	13231			43151	40999	98
大庆	202517	103776		101	3892172	3747068	11520
伊春	40183	29721			72520	70210	374
佳木斯	16281	9781			81352	77664	313
七台河	1567	1567			47704	47032	202
牡丹江	85049	81628			198193	149734	1706
黑河	7648	7648			82914	69072	228
绥化	29010	23010			533521	400928	18577
大兴安岭	20381	20381			129922	88247	1871
农垦总局	16116	13493	300		93828	93222	537
绥芬河							
抚远	467	467			3400	2933	

工业企业主要经济指标

单位：万元

应收账款	存货	产成品	固定资产合计	固定资产原价	累计折旧	负债合计	流动负债合计	所有者权益合计
901053	**1104017**	**295164**	**5112295**	**8105568**	**4651218**	**6512173**	**4350940**	**3530084**
214655	437319	33909	1228796	1763620	1913876	1925400	1074928	1095937
15337	11802	2161	365924	525593	162297	356537	90651	79451
17013	11545	5774	76743	115313	54295	104095	63673	21865
2757	17582	11444	69505	106553	38824	93789	50107	8815
11357	6338	100	70574	90405	26758	93223	39258	16604
501224	550060	221948	1499948	2918143	1602529	2434985	2148390	1379930
19478	7649	1401	136718	164325	51402	205952	184987	10027
3372	3492	639	106268	158565	54099	104310	29650	35578
14598	613	8	70969	95219	25417	96191	46394	21054
46895	20806	4557	313569	647951	340988	364585	193459	98625
7130	4638		117853	186565	69050	141326	87071	27129
18089	10505	2803	847567	1041836	207720	298853	158738	688109
29070	19836	10420	90747	121543	49756	171120	149534	26721
79	1681		106691	156063	50753	109572	31048	20743
	152		10424	13877	3453	12236	3052	-503

单位：万元

管理费用	销售费用	财务费用	利息支出	营业利润	利润总额	亏损企业亏损总额	本年应交增值税	从业人员平均人数（人）
328062	**58271**	**99653**	**95241**	**204927**	**261062**	**105468**	**320592**	**94349**
158541	28871	30055	32007	142439	154765	19579	140481	24454
5620	252	15841	15968	7977	8618	4862	9820	3499
4540	291	2327	1525	-1041	1	400	2430	2712
4529	142	1617	749	-7909	-4531	5012	1737	2102
2652	33	2043	420	-1018	1687	420	1007	1402
76515	17612	2716	4120	1821	9662	58040	100222	30338
11256	491	2821	2860	-12531	-4917	5775	305	4087
2813	41	2858	1916	990	2081	1844	3089	1801
2846	308	1415	1438	-559	263	837	1816	1161
17212	2775	15464	15494	17404	20935	3920	14352	6104
11468	1306	5837	4552	-1479	-858	1992	1372	2062
16854	3036	8581	7897	30130	44554	2459	29643	7758
6446	2413	3831	3412	28728	26759		11683	4170
6772	701	3890	2886	-135	1932	328	2465	2603
		357		110	110		172	96

1-B-3 按地区分组的集体

地　　区	企业单位数（个）	亏损企业	工业总产值（当年价格）	工业销售产值（当年价格）	出口交货值	资产总计	流动资产合计
全　　省	**80**	**26**	**936029**	**938028**		**803278**	**565493**
哈尔滨	11	8	40603	41576		93258	64840
齐齐哈尔	10	3	186478	185830		97083	74078
鸡　　西	4	1	53382	53744		26078	22771
鹤　　岗	17	6	143408	144038		116187	62347
双鸭山市	4		10286	10286		9039	5606
大　　庆	18	5	388981	391281		379616	294616
伊　　春							
佳木斯	2	1	24798	24798		13206	4448
七台河	1	1	3717	3214		2294	1352
牡丹江	9	1	77628	76583		57383	32484
黑　　河	1		300	300		1660	580
绥　　化	3		6449	6379		7473	2372
大兴安岭							
农垦总局							
绥芬河							
抚　　远							

1-B-3 续表

地　　区	实收资本	国家资本	港澳台资本	外商资本	主营业务收入	主营业务成本	主营业务税金及附加
全　　省	**108964**	**484**	**1278**	**239**	**890517**	**790238**	**12596**
哈尔滨	22378				43599	38707	248
齐齐哈尔	15342				174357	162585	747
鸡　　西	4813				58002	53465	458
鹤　　岗	8572				114552	98805	1702
双鸭山市	2317		1278		10266	7275	1458
大　　庆	34451			139	384056	339577	7337
伊　　春							
佳木斯	1635	234			24370	22494	68
七台河	276				2825	2748	7
牡丹江	16651	50			71966	58881	426
黑　　河	1000				252	185	28
绥　　化	1530	200		100	6273	5517	117
大兴安岭							
农垦总局							
绥芬河							
抚　　远							

工业企业主要经济指标

单位：万元

应收账款	存货	产成品	固定资产合计	固定资产原价	累计折旧	负债合计	流动负债合计	所有者权益合计
227565	**102072**	**33968**	**185897**	**350752**	**175974**	**641805**	**590045**	**158779**
12103	24556	12040	19482	36390	20524	91534	81871	1724
26919	28706	694	20601	55217	35682	50712	45496	45939
11356	6809	2514	3014	6634	3620	14716	14123	9428
21953	11800	5838	34204	37417	4766	67238	58238	48742
2184	1272	714	2960	3966	2247	4500	4265	4539
139483	23434	9293	65692	159507	88794	361470	345554	18146
1890	565	565	8142	13410	5269	12419	4691	787
86	652	423	763	1277	514	1809	1809	436
10738	2995	1429	24900	31486	14169	32693	32265	24690
			1080					1660
851	1283	459	5061	5446	391	4714	1733	2689

单位：万元

管理费用	销售费用	财务费用	利息支出	营业利润	利润总额	亏损企业亏损总额	本年应交增值税	从业人员平均人数（人）
55364	**5843**	**1801**	**1896**	**60691**	**28015**	**6026**	**38538**	**24054**
6822	162	281	257	-2497	-2184	2625	1254	1926
13778	384	323	319	2833	2936	660	5617	5841
904	488	78	87	2786	3259	29	3467	537
2084	540	208	205	36626	9607	541	4311	5089
561	691	15	20	284	284		1606	236
22749	2586	188	440	13668	8187	1315	17198	8649
3389	47	379	379	33	53	136	554	262
181	45			-157	-157	157	69	64
4619	796	196	189	6903	5817	564	4302	1009
35	4						50	19
242	100	134		213	213		111	422

1-B-4 按地区分组的有限责任

地区	企业单位数(个)	亏损企业	工业总产值(当年价格)	工业销售产值(当年价格)	出口交货值	资产总计	流动资产合计
全省	**1530**	**292**	**66328047**	**65186502**	**802424**	**83727600**	**31274044**
哈尔滨	467	93	11697891	11355850	352357	16696698	10301251
齐齐哈尔	113	24	3543288	3439043	298083	5266319	2027457
鸡西	45	17	1731060	1675631		3120413	935527
鹤岗	84	27	1425368	1305866		2600393	880742
双鸭山市	27	5	1622087	1597675		2495376	685610
大庆	132	16	25171319	25023256	52429	30936864	7407938
伊春	41	4	1184589	1169468	17487	1411208	514104
佳木斯	93	14	1510223	1438296	1712	1489508	482813
七台河	37	21	1436039	1275933		2740390	896819
牡丹江	151	25	2919324	2898265	28775	2353335	925448
黑河	52	8	706345	697204	18	876876	360562
绥化	196	18	4215954	4159841	8562	2853230	1185760
大兴安岭	19		229627	211156	16937	331635	191120
农垦总局	58	9	4790116	4821859	26066	5246997	4068282
绥芬河	14	10	272523	244865		184232	97033
抚远							

1-B-4 续表

地区	实收资本	国家资本	港澳台资本	外商资本	主营业务收入	主营业务成本	主营业务税金及附加
全省	**13560648**	**2515836**	**21532**	**29882**	**66300498**	**47913143**	**4721770**
哈尔滨	2878434	857707	6035	29382	11390796	9776575	382439
齐齐哈尔	701060	329046			3524144	3044831	16183
鸡西	565008	453039	9125		1697712	1525030	23828
鹤岗	250768	77522			1276117	1197394	16061
双鸭山市	504431	118485	372		1596748	1473549	5873
大庆	5342748	92688			25231051	11183171	4100652
伊春	174987	1758			1170215	1034850	3125
佳木斯	291697	86096			1466326	1243794	7807
七台河	455593	174021			1374061	1256637	13325
牡丹江	436319	38909	6000	500	2985526	2547793	11863
黑河	200993	25500			692259	582721	3604
绥化	400461	15302			3947757	3314771	25821
大兴安岭	91026	14020			210245	176780	1478
农垦总局	561139	231744			5690248	5547170	98227
绥芬河	37200				174999	167161	854
抚远							

公司工业企业主要经济指标

单位：万元

应收账款	存货	产成品	固定资产合计	固定资产原价	累计折旧	负债合计	流动负债合计	所有者权益合计
5193033	**8180527**	**2660982**	**40932516**	**72907503**	**33577620**	**48412821**	**34807290**	**35248342**
2663966	3221356	451801	4361458	6707322	2822463	12522872	10662687	4229832
522103	743306	310022	2441271	3343563	1085223	3613650	2779576	1648897
197021	182798	97361	1638284	2508969	1021648	2410573	1781036	705106
126233	263038	54753	969080	2142702	1187223	2097532	1358939	414295
88323	300137	84564	1314036	2000075	691266	1653046	1100808	841012
484916	728335	391592	20644222	40548182	19959927	9835293	4621069	21093655
109626	137726	64693	589018	826469	289290	1151860	936399	258662
112064	146746	62807	678118	843562	197606	925229	544997	560860
175378	218544	102491	1311026	2401100	1228581	2128649	1701791	611241
204178	237171	104309	1291003	2536879	1518987	1340476	1141673	1013416
61364	83582	34638	388003	571028	204765	613948	514644	261322
206591	439451	165672	1330680	1625536	349851	1457482	1016527	1386016
12350	73815	59510	120775	124590	23938	211859	181007	119777
127351	1356847	658552	968080	1491343	647607	4623041	4417970	623206
28611	46855	18217	56667	83378	27240	177760	177108	6472

单位：万元

管理费用	销售费用	财务费用	利息支出	营业利润	利润总额	亏损企业亏损总额	本年应交增值税	从业人员平均人数（人）
3376380	**950937**	**803576**	**963070**	**8720789**	**8765803**	**823977**	**3758222**	**708541**
770020	246852	167073	169321	55936	176840	245639	284368	134871
219607	109470	85315	79782	47251	109408	94411	123177	55083
156122	24030	55382	49539	-29623	-6115	47185	124410	65724
142995	6192	52717	50758	-116104	-89866	118401	89903	60223
27033	20979	62936	57374	8626	11863	37763	78289	11252
1455259	184931	9426	200881	8084125	7930904	14444	2501637	143247
33050	21054	55409	55634	37185	46772	540	38405	15804
52712	32420	34597	25680	99484	105074	23829	44167	13637
149100	7654	60439	59128	-80045	-70536	99385	93920	70656
123894	74495	45980	45086	186664	170898	17255	126903	34603
33805	9841	13871	13750	48503	51535	5856	15747	7562
93139	115661	29818	29303	323789	344096	12971	96881	44051
7505	5697	3469	2489	16199	14621		4533	3503
107918	78212	87267	85095	60269	-4691	77986	23107	20045
4221	13453	1620	1081	-13069	-11239	14551	5714	1501

1-B-5 按地区分组的股份有限公司

地　区	企业单位数(个)	亏损企业	工业总产值(当年价格)	工业销售产值(当年价格)	出口交货值	资产总计	流动资产合计
全　省	**223**	**43**	**16280037**	**16072257**	**75837**	**16123959**	**7404588**
哈尔滨	102	19	2412541	2349580	21117	3742369	2009781
齐齐哈尔	8	3	1276814	1208351	44617	4172918	2735456
鸡　西	7	2	515082	499390		422871	315332
鹤　岗	10	4	111795	115312		187601	119263
双鸭山市	10	3	702636	642724		1308894	232908
大　庆	19	3	9459145	9344225	3695	3601653	882448
伊　春	5	1	83189	79388		87550	51370
佳木斯	9	1	325193	342536	6282	395938	260969
七台河	3	1	233943	222793		537840	206503
牡丹江	19	3	407857	412163	126	629679	206072
黑　河	9		269929	273608		556444	166112
绥　化	14	1	362680	347687		317621	197897
大兴安岭	1		2277	2297		8513	2622
农垦总局	7	2	116956	232205		154070	17857
绥芬河							
抚　远							

1-B-5 续表

地　区	实收资本	国家资本	港澳台资本	外商资本	主营业务收入	主营业务成本	主营业务税金及附加
全　省	**2043476**	**806711**	**22930**	**8920**	**16276397**	**13576842**	**1090358**
哈尔滨	615509	107643		8920	2267732	1686543	18968
齐齐哈尔	265306	188894			1219329	1038104	7948
鸡　西	91605	9401			499058	420753	1430
鹤　岗	18698				118130	104806	963
双鸭山市	22601	8080			608605	486625	11028
大　庆	464304	409514			9577156	8259633	1031308
伊　春	11028				73010	63965	379
佳木斯	84442	47247			336630	269218	1422
七台河	48806				225188	204420	104
牡丹江	174876				459370	339249	2470
黑　河	141725	11250			260031	162011	7579
绥　化	52922		22930		391493	320997	3804
大兴安岭	1000	510			2297	1749	21
农垦总局	50655	24173			238367	218767	2934
绥芬河							
抚　远							

工业企业主要经济指标

单位：万元

应收账款	存货	产成品	固定资产合计	固定资产原价	累计折旧	负债合计	流动负债合计	所有者权益合计
1866540	**2535262**	**763211**	**6340371**	**11479544**	**5474401**	**8570283**	**5873029**	**7521145**
540355	437165	158519	922343	1317140	557063	1686659	1446027	2053519
937827	903122	153585	932065	1407749	480388	2048528	1155001	2124391
82395	82473	14273	62085	83193	25368	188404	175547	234467
12645	17104	8261	20253	31842	15257	127301	117970	58939
19748	54246	26874	810934	1395433	643656	947267	363058	361092
29542	662520	231281	2686979	5794524	3133427	2168855	1613608	1432798
7649	30635	12143	15378	28339	17885	66517	61170	18359
101411	80259	49415	92487	138619	51177	197459	178406	198479
21621	105605	46310	108525	155443	47993	280565	175474	257275
44624	60460	25002	310918	638834	347118	234084	133785	395595
8752	37700	12675	173308	172450	28424	294425	156046	258246
49330	57028	23817	101182	107462	23667	187841	164398	119040
1953	236	12	5891	6815	955	3036	1036	5477
8688	6707	1043	98024	201701	102025	139343	131503	3469

单位：万元

管理费用	销售费用	财务费用	利息支出	营业利润	利润总额	亏损企业亏损总额	本年应交增值税	从业人员平均人数（人）
961642	**374129**	**237800**	**239375**	**59160**	**60615**	**568535**	**534700**	**162432**
151577	200608	24655	29875	234409	265083	39386	99183	27532
113412	31087	72904	72208	4479	20152	15730	48318	20115
12247	7403	4253	3964	51946	52160	4585	10934	2188
3677	3038	1855	1811	9833	3389	3420	6715	3747
115381	5712	18242	18726	-29398	-19451	32118	64395	50062
465054	46015	73052	73182	-370646	-423819	454703	239860	35382
2898	2970	1470	1430	1376	1395	168	1261	2216
19574	25014	818	448	20764	22774	1	8014	4112
7700	2904	14824	14076	-2343	58	2	46	2055
21534	22063	5295	5608	69392	66027	1183	23132	4560
19789	6732	14318	12119	54192	53942		26653	3158
16656	17520	5489	5291	21920	25596	11	5619	4634
237		83	83	529	529		321	112
11905	3063	542	556	-7292	-7218	17230	249	2559

1-B-6 按地区分组的私营

地　区	企业单位数（个）		工业总产值（当年价格）	工业销售产值（当年价格）		资产总计	
		亏损企业			出口交货值		流动资产合计
全　省	**2126**	**210**	**34027259**	**32784441**	**261528**	**16238374**	**8467390**
哈尔滨	581	55	7742729	7459861	34567	3873225	2150132
齐齐哈尔	161	9	3309111	3238745	45183	1458316	761355
鸡　西	44	16	622209	546405	7928	476032	275656
鹤　岗	30	6	444482	440271	9581	322407	216014
双鸭山市	156	8	4265071	3998200	55367	1111496	602800
大　庆	240	25	4024036	3838058	32864	1997297	1173249
伊　春	61	1	557546	533248	22864	343699	179034
佳木斯	236	15	3741196	3628557	24633	1437501	755675
七台河	60	36	647131	590924		1370452	716587
牡丹江	262	17	4293232	4206572	17274	1789258	657264
黑　河	16	3	160639	145891	41	148544	58080
绥　化	148	16	2581541	2499144	7609	1197375	482464
大兴安岭	8		101593	101959	107	95689	57138
农垦总局	117	2	1454839	1477926	3512	552875	337304
绥芬河	3	1	43344	41638		39494	37160
抚　远	3		38561	37041		24715	7478

1-B-6 续表

地　区	实收资本				主营业务收入	主营业务成本	主营业务税金及附加
		国家资本	港澳台资本	外商资本			
全　省	**3564995**	**24548**	**973**	**7597**	**32451859**	**28372067**	**234402**
哈尔滨	881254	738		353	7321777	6469323	88731
齐齐哈尔	299067	7700			3154154	2598354	23148
鸡　西	109120				585782	531750	4960
鹤　岗	65847				450552	428576	3124
双鸭山市	228499	6706	818	1653	3989629	3414502	29312
大　庆	382833	500		2000	3721998	3273471	11765
伊　春	75904				534027	496319	1053
佳木斯	322362		65	1991	3595554	3236102	10984
七台河	286527	2003		1600	579798	551827	3087
牡丹江	473053	5000	90		4246222	3695401	33501
黑　河	32601				145311	126491	1638
绥　化	236122	1001			2469595	2066641	14155
大兴安岭	18609	900			101959	82309	960
农垦总局	144119				1469595	1322524	7880
绥芬河	2460				49755	45781	92
抚　远	6619				36151	32696	14

工业企业主要经济指标

单位：万元

应收账款	存货	产成品	固定资产合计	固定资产原价	累计折旧	负债合计	流动负债合计	所有者权益合计
2162422	**2617684**	**1103218**	**6090856**	**9115476**	**3713675**	**8679214**	**7151183**	**7421989**
575274	670466	274557	1385139	1981239	817738	2109098	1694904	1748353
204546	280143	133053	613114	758787	256040	723901	657458	719243
62646	84797	54140	155008	195311	58819	288462	276446	185479
32658	63589	18018	96412	100601	25751	169763	151896	140838
131943	158570	62795	314166	383663	89283	518875	377260	564065
450547	275219	114208	662011	915016	298451	1101361	981217	893403
25076	53057	25723	150513	194340	52987	181003	143298	160359
209336	239070	72647	511163	643456	165233	720756	549117	704153
124874	219211	128644	390642	483731	161074	962295	863803	379828
172321	177482	78008	963797	2349666	1418192	657326	486942	1121461
12620	9522	907	83791	126253	45973	112912	105707	33114
99399	189388	70115	532785	592500	125243	671956	428071	523122
14509	32679	29068	36477	45498	13011	64914	63732	30774
35520	139562	27111	180409	329271	181159	349089	325462	201096
10958	20127	11206	910	1572	668	30954	30954	8536
195	4801	3020	14521	14573	4056	16550	14915	8165

单位：万元

管理费用	销售费用	财务费用	利息支出	营业利润	利润总额	亏损企业亏损总额	本年应交增值税	从业人员平均人数（人）
915644	**575251**	**244050**	**206834**	**2072132**	**1970102**	**138284**	**912034**	**262748**
233357	119391	45037	38747	374546	384032	12034	182104	59119
107749	58763	39635	28399	335970	301562	14015	117120	25232
24226	8407	7709	6323	9241	11670	6486	25759	6984
5332	4886	4335	3910	7494	9426	13730	3898	3845
96083	76425	19744	14553	359614	317955	6466	213523	15960
120236	40804	31846	30731	247001	251522	14179	42405	19249
7987	8660	3925	3824	15916	16022	359	4258	10049
68776	57366	17521	15409	202895	204431	3055	56167	22635
34709	13915	20114	18339	-44152	-41642	50974	22044	10996
110622	86202	29060	28136	292356	228128	2309	170760	40009
5925	2958	1938	707	7665	8114	442	6362	2322
58351	48919	9915	8207	196379	210792	3426	48781	32049
6589	9253	184	169	2672	3490		6203	2024
34000	35946	12026	8339	62444	62389	10473	11190	11795
493	3102	240	221	47	168	338	21	181
1210	256	821	820	2044	2044		1440	299

1-B-7 按地区分组的港澳台商

地区	企业单位数(个)	亏损企业	工业总产值(当年价格)	工业销售产值(当年价格)	出口交货值	资产总计	流动资产合计
全省	**70**	**18**	**3234658**	**3142074**	**43996**	**4443438**	**1944049**
哈尔滨	28	6	798828	790406	25076	1429897	758392
齐齐哈尔	6	1	276870	272143	5259	389118	138315
鸡西	4	2	252173	192132		684131	521803
鹤岗	2	1	26265	13243		28293	12550
双鸭山市	3		193481	194292		144408	51214
大庆	7	3	1294587	1291898		1124943	204613
伊春	2		28579	27480		6577	3899
佳木斯	3		27810	33323	752	200883	56718
七台河							
牡丹江	8	3	231399	226495	12910	193498	99388
黑河	2	1	6061	6046		64065	14746
绥化	5	1	98605	94617		177626	82412
大兴安岭							
农垦总局							
绥芬河							
抚远							

1-B-7 续表

地区	实收资本	国家资本	港澳台资本	外商资本	主营业务收入	主营业务成本	主营业务税金及附加
全省	**677753**	**57358**	**367157**	**96734**	**3126266**	**2476655**	**25275**
哈尔滨	203563	40147	99013	8524	841765	658575	3640
齐齐哈尔	101007	297	13903	76698	239225	207292	165
鸡西	66588	1010	41600		187843	171702	699
鹤岗	14002		9002		13368	10059	37
双鸭山市	25043		8663	5100	204083	184701	34
大庆	122320		108460		1257225	941277	14897
伊春	1876		551		26724	25276	198
佳木斯	66134		53660		45447	36659	54
七台河							
牡丹江	29862		1401	6412	206832	148307	5195
黑河	8900	1000	7900		6596	5878	
绥化	38458	14905	23003		97157	86930	356
大兴安岭							
农垦总局							
绥芬河							
抚远							

投资工业企业主要经济指标

单位：万元

应收账款	存货	产成品	固定资产合计	固定资产原价	累计折旧	负债合计	流动负债合计	所有者权益合计
303654	**546011**	**145838**	**2251821**	**2940242**	**1156421**	**2562770**	**2135724**	**1880667**
130910	147078	12881	598143	536879	224620	952498	741098	477399
7654	55790	47524	223998	248608	96586	270343	243057	118775
85444	235037	43662	149211	173536	49002	676277	641995	7854
355	6252	5279	9201	13286	4111	7480	7480	20813
6189	19848	9505	91500	93274	3030	106337	99082	38071
39558	23178	7873	892540	1576986	687627	171856	102750	953086
79	420	347	2328	2351	83	3464	3099	3113
25045	21546	7108	117998	57301	12957	87653	68595	113230
5413	15716	3916	90618	146669	62754	90870	42474	102628
170	1385		36109	40554	4445	38988	38988	25077
2839	19762	7744	40174	50800	11207	157005	147107	20621

单位：万元

管理费用	销售费用	财务费用	利息支出	营业利润	利润总额	亏损企业亏损总额	本年应交增值税	从业人员平均人数（人）
239792	**144846**	**31391**	**45775**	**216905**	**230104**	**33819**	**79810**	**31541**
45473	74679	5166	22813	61736	71919	3178	26662	12026
13574	6942	5043	4968	11089	11583	1638	2692	3034
12067	15413	4330	1625	-19774	-19624	19917	5298	5833
2238	1271	-1	113	-235	-201	213	851	387
3189	2939	968	937	12244	12253		10353	1120
140943	12441	7145	7144	140126	139332	7083	22570	3528
254	73	92	92	830	830		413	338
3201	766	1747	1435	3020	3811		100	1319
14830	28183	2145	2689	8512	9385	1240	9001	2803
1271	140	759		-1451	-390	538	769	399
2753	1999	3998	3960	807	1206	11	1102	754

1-B-8 按地区分组的外商投资

地区	企业单位数(个)	亏损企业	工业总产值(当年价格)	工业销售产值(当年价格)	出口交货值	资产总计	流动资产合计
全省	**160**	**32**	**8851910**	**8624577**	**254380**	**10129697**	**4990861**
哈尔滨	72	12	4883277	4700016	219535	6087324	3295496
齐齐哈尔	15	2	953013	958416		713759	452201
鸡西	1		17500	17500		3445	3429
鹤岗	2	1	12537	11909		56709	9302
双鸭山市							
大庆	14	1	1016426	990888	8551	646465	361684
伊春	9	2	95297	93737	5295	253074	67154
佳木斯	10	5	491869	463024	1335	796333	295514
七台河	1		2732	2732		12231	3763
牡丹江	17	4	527311	528620	19665	693980	137213
黑河	4	1	30839	33814		26215	14908
绥化	8	3	427925	412085		360244	156350
大兴安岭	1		15797	15810		9157	6517
农垦总局	5	1	373560	392199		446158	183168
绥芬河							
抚远	1		3829	3829		24604	4163

1-B-8 续表

地区	实收资本	国家资本	港澳台资本	外商资本	主营业务收入	主营业务成本	主营业务税金及附加
全省	**2075111**	**240782**	**35954**	**1268681**	**9923081**	**7888168**	**88851**
哈尔滨	1212523	216749	34988	745822	5813751	4491179	55900
齐齐哈尔	148151			96839	890706	667698	5257
鸡西	600			180	15013	14208	4
鹤岗	17555	11588		5139	18034	15579	1105
双鸭山市							
大庆	223190			123910	955362	803892	3708
伊春	73375		966	30249	87794	65678	1557
佳木斯	117677	4521		78432	466301	369598	5303
七台河	11000	1000		10000	2732	1287	22
牡丹江	125077			89228	557274	509925	2244
黑河	6616	536		2010	26899	22329	87
绥化	67342			62391	489267	415917	11788
大兴安岭	509	133		128	15810	14106	
农垦总局	62714	6254		22158	580310	494853	1837
绥芬河							
抚远	8783			2196	3829	1920	40

工业企业主要经济指标

单位：万元

应收账款	存货	产成品	固定资产合计	固定资产原价	累计折旧	负债合计	流动负债合计	所有者权益合计
1007055	**1488208**	**578639**	**4171876**	**6978364**	**2991510**	**6521512**	**5457304**	**3573877**
616374	935180	326957	2080992	3740744	1727878	3880458	3345988	2176752
128632	103346	44972	218571	294970	87016	406677	378444	307081
-3375	6188	5046	17	25	8	1553	1553	1893
3614	2746		47301	62294	14993	42824	14708	13886
88380	94625	57900	214572	466988	283008	297901	226129	348564
26431	9037	2344	180524	226280	48202	167670	59737	81672
107901	125678	55826	452631	585268	161524	583907	400724	212425
302			3868	10279	6419	463	463	11768
18258	50174	18644	528506	994205	463060	596686	552704	97294
299	6537	4435	10369	11768	3269	15072	15072	11144
9181	63049	21366	181089	287190	104891	144602	118077	215180
204	4333	2790	2344	4123	1779	4154	2739	5003
8822	87112	38359	230656	267550	83212	365704	340224	80454
2034	203		20435	26680	6252	13842	743	10762

单位：万元

管理费用	销售费用	财务费用	利息支出	营业利润	利润总额	亏损企业亏损总额	本年应交增值税	从业人员平均人数（人）
462964	**903184**	**102834**	**137609**	**421888**	**493289**	**103271**	**347359**	**91851**
328911	640500	28285	61310	253895	271372	60396	224571	52030
22193	101812	9236	9053	59023	93691	1189	44376	5290
68	706	-1		28	26		76	50
2111	1537	1708	1627	-3930	-4005	4123	251	342
18970	31748	9760	8542	79058	77110	7449	14920	5548
2924	2587	4938	5641	6758	8412	1970	2936	1225
31979	26272	15182	16641	13588	15905	7183	17020	6401
777		-16		712	785		164	50
14858	15000	23718	24779	-6987	-5805	13855	15492	8340
1295	1237	215	264	1380	1295	459	990	558
23393	18808	3916	3689	15707	25643	6211	9655	5120
307	461	48	48	921	921		139	240
15178	62517	5116	5274	596	6449	436	16111	6641
		729	742	1139	1489		659	16

1-B-9 按地区分组的大型

地　　区	企业单位数（个）	亏损企业	工业总产值（当年价格）	工业销售产值（当年价格）	出口交货值	资产总计	流动资产合计
全　　省	**134**	**43**	**64047571**	**63001407**	**988605**	**86394308**	**33305675**
哈 尔 滨	46	14	11051441	10713983	489566	18016880	10956804
齐齐哈尔	17	5	3100530	3017613	345743	7057603	3945264
鸡　　西	5	4	1006329	910750		2530612	938366
鹤　　岗	2	2	791697	727322		1360794	199585
双鸭山市	4	2	1460023	1404046		2602212	503196
大　　庆	16	3	32283829	32009302	99544	35879817	9406972
伊　　春	2		825921	828515		1098994	368030
佳 木 斯	5	1	682510	647460	7617	1057698	662290
七 台 河	7	5	1394238	1263298		2943189	907644
牡 丹 江	9	4	895383	884853	34473	1805104	630758
黑　　河							
绥　　化	13		2074431	2046683		1880854	574888
大兴安岭	1		82871	79175		111982	49781
农垦总局	6	2	4526074	4596113	11662	4924443	3848520
绥 芬 河							
抚　　远							

1-B-9 续表

地　　区	实收资本	国家资本	港澳台资本	外商资本	主营业务收入	主营业务成本	主营业务税金及附加
全　　省	**11425731**	**2851147**	**62348**	**547494**	**66090411**	**46556110**	**6233160**
哈 尔 滨	2622501	1142821	58720	344624	11790011	9038339	897599
齐齐哈尔	657030	388688		76548	3080729	2661944	9534
鸡　　西	339591	315613			962632	888299	18216
鹤　　岗	73455	73455			745386	720110	12648
双鸭山市	270200	108200			1359905	1222936	14570
大　　庆	5482642	440810	3628	101	32783881	17798516	5123715
伊　　春	115001				829752	740013	648
佳 木 斯	116604	28446		34191	670505	513111	2217
七 台 河	406967	170951			1397423	1305158	10619
牡 丹 江	150310	28559		40902	888778	738411	4340
黑　　河							
绥　　化	121581	2700		38000	2070352	1642651	31878
大兴安岭	4212	4212			79180	45060	1051
农垦总局	396855	146692		13128	5559583	5400646	95497
绥 芬 河							
抚　　远							

工业企业主要经济指标

单位：万元

应收账款	存货	产成品	固定资产合计	固定资产原价	累计折旧	负债合计	流动负债合计	所有者权益合计
5483210	**9139423**	**2719042**	**41674712**	**78472979**	**39445386**	**49891104**	**36896135**	**36437315**
2483056	3325621	433202	4606737	8427822	5426210	13271006	11502223	4703920
1200128	1404337	389714	2026315	3093679	1181051	4491859	3142664	2565743
131091	291374	79015	1122538	1873626	901682	2148234	1868868	382378
27298	51094	2982	785302	1923650	1138348	1235472	984860	109667
39850	218813	86710	1409994	2522330	1112342	1787364	965940	814847
781750	1637318	677776	23763597	47857638	24287331	12969131	7528620	22910685
80985	106419	50359	440338	633068	235257	947416	815985	151579
256173	173402	98692	167515	229234	79317	633984	444875	423714
119111	273611	135485	1316886	2388011	1220158	2192387	1725873	750802
137608	130011	48670	1009612	1268201	499109	1333548	1132105	471556
55126	228797	94815	1254089	1555778	325513	636600	483839	1235975
20233	8006	6016	48944	66088	18609	99703	93903	12280
77843	1289798	615605	892048	1481050	698453	4494848	4335320	429596

单位：万元

管理费用	销售费用	财务费用	利息支出	营业利润	利润总额	亏损企业亏损总额	本年应交增值税	从业人员平均人数（人）
3827442	**1234896**	**754926**	**964312**	**7559082**	**7518029**	**1201054**	**3950423**	**712241**
906863	619915	135628	175985	205350	293733	220834	456181	138188
253403	109245	127256	123120	-18015	48855	71129	94819	54743
139002	10275	29076	23518	-67931	-52735	53572	88826	61216
103849		41249	42554	-125532	-110903	110903	73359	49615
122208	18696	54210	51534	-63997	-48560	55832	98010	55128
1906747	188038	52077	244341	7392882	7181683	500701	2773200	188770
24371	9234	49355	49232	18000	26697		29393	8585
44795	40590	9815	1880	56253	60347	486	21203	8352
136743	6290	67704	67227	-93558	-81927	97557	79801	64362
52151	32057	47178	47418	15002	19063	17624	37528	16625
55855	82919	17496	17672	163822	177710		58673	20896
3837	1126	3021	2598	26766	24770		9518	1450
77620	116512	82602	79061	58441	-6943	58656	22851	17532

1-B-10 按地区分组的中型

地区	企业单位数(个)	亏损企业	工业总产值(当年价格)	工业销售产值(当年价格)	出口交货值	资产总计	流动资产合计
全省	**514**	**122**	**21033155**	**20556770**	**161760**	**21887206**	**10024255**
哈尔滨	126	32	4942298	4846320	51221	6417376	3437496
齐齐哈尔	60	14	2393277	2320157	44408	2307197	1312088
鸡西	20	7	907897	848570	7928	1370451	695879
鹤岗	19	5	569635	565647	9581	613195	360921
双鸭山市	19	6	870065	850838	1539	1081178	434130
大庆	42	9	3939456	3808323	4666	2571908	985165
伊春	21	3	330671	315666	10351	408845	177975
佳木斯	22	9	914887	881975	14063	1143370	371515
七台河	18	9	347330	318438		886986	405612
牡丹江	65	13	2016375	2022196	14114	1651048	564640
黑河	15	3	459127	444856	41	940648	301062
绥化	64	6	2730727	2636659	834	1643607	656260
大兴安岭	6		112735	105843		138660	85376
农垦总局	15	5	361471	476456	3014	623586	197341
绥芬河	2	1	137206	114827		89151	38794
抚远							

1-B-10 续表

地区	实收资本	国家资本	港澳台资本	外商资本	主营业务收入	主营业务成本	主营业务税金及附加
全省	**4450232**	**1098757**	**229526**	**475337**	**20663618**	**16958234**	**199135**
哈尔滨	1337189	497092	50132	210847	4888418	3785113	57538
齐齐哈尔	426742	86927	7991	77279	2145867	1702705	19342
鸡西	280569	121583	25784		852071	706612	4730
鹤岗	129204	16584		1000	554223	514524	4317
双鸭山市	197799	10592	7879	5100	884403	770118	3545
大庆	435972	58525	60286	96960	3965901	3379103	33234
伊春	60641	14578	966		317551	281286	987
佳木斯	267227	56567	52655	28014	880062	751625	9177
七台河	196303	4198			300033	268340	2777
牡丹江	437751	73315	901	42494	2131697	1717230	34102
黑河	248316	15937			450217	311339	9246
绥化	239197	16221	22930	11724	2535258	2087765	15302
大兴安岭	14632	12415			105731	85793	1058
农垦总局	159690	114223		1920	555022	503294	3563
绥芬河	19000				97164	93387	218
抚远							

工业企业主要经济指标

单位：万元

应收账款	存货	产成品	固定资产合计	固定资产原价	累计折旧	负债合计	流动负债合计	所有者权益合计
2357615	**2889623**	**1105968**	**9343848**	**14420145**	**5868909**	**12989153**	**9824097**	**8847517**
849624	877885	238257	2124820	3125348	1161028	3648735	2721944	2759530
406792	410396	192564	822152	1261367	563616	1573281	1387466	733916
201499	164687	52694	555773	720018	204092	903103	615781	466388
42028	135645	24763	140197	196155	63096	310740	250254	289689
68811	127962	29861	559110	708780	215301	711091	405127	362583
277357	260082	159707	1431625	2630746	1233623	1054123	863726	1517783
27178	45764	26997	205349	280979	109057	319350	278288	84539
63976	167745	59340	636843	727430	192277	772008	567760	371362
80832	113740	57836	265109	377993	136729	644846	564160	242139
118877	179478	76897	935115	2199671	1314177	910830	706158	740218
32088	66554	23296	360023	492098	163516	576704	419781	361427
125575	199862	79350	867260	1052791	252570	920095	563334	722052
15323	46171	36661	50693	70531	39773	123054	102188	15606
33163	74968	40999	353326	520332	200603	422539	279976	189789
14491	18684	6746	36453	55905	19451	98654	98154	-9503

单位：万元

管理费用	销售费用	财务费用	利息支出	营业利润	利润总额	亏损企业亏损总额	本年应交增值税	从业人员平均人数（人）
1054144	**872750**	**302978**	**311145**	**1332625**	**1428337**	**260728**	**739112**	**304170**
291083	397560	53814	73141	342913	388510	50606	216044	68488
113296	135061	40936	37858	137815	140474	41933	84532	37086
47503	20646	29124	30146	42229	50635	16013	35360	13765
16151	8599	8006	6949	31917	9411	11475	10427	12524
37975	14768	26300	23767	39679	43202	13131	43383	10824
211108	74314	23191	21685	242913	244156	30647	65567	24032
18352	13281	5274	5269	-1293	6978	5063	4658	12859
39438	24989	22146	22083	35363	40046	12905	24882	13480
31852	5936	12194	11308	-20603	-19274	28216	21015	14136
101356	81174	31672	32790	179748	182975	13285	104186	31478
36020	9964	20968	17566	70735	70043	1578	39708	8647
56225	55101	16809	16935	231195	265278	6413	67837	42236
6679	5288	806	811	6036	6037		4743	4167
44407	17242	10832	10053	1915	6420	21466	11205	9821
2701	8828	906	785	-7937	-6553	7998	5567	627

1-B-11 按地区分组的小型

地　区	企业单位数(个)	亏损企业	工业总产值(当年价格)	工业销售产值(当年价格)	出口交货值	资产总计	流动资产合计
全　省	**3406**	**457**	**50541760**	**49103417**	**384985**	**31259090**	**14668266**
哈尔滨	1076	149	13341968	12889264	131064	10540722	5479761
齐齐哈尔	230	28	4207588	4129519	2991	3067339	970272
鸡　西	79	27	1283247	1238026		805674	442494
鹤　岗	99	23	795246	735109		801141	476271
双鸭山市	131	8	4437466	4162407	53828	1196330	605965
大　庆	321	37	8035334	7913620	43430	3562531	1813251
伊　春	93	8	835946	799352	35294	723071	299735
佳木斯	316	26	4547989	4424306	25894	2212201	818108
七台河	68	38	571657	503863		780103	460908
牡丹江	397	40	5732340	5623440	45095	2667924	967803
黑　河	72	14	801187	797870	18	899704	361429
绥　化	316	40	3589892	3536985	15337	2475362	1071685
大兴安岭	26		282871	276121	17133	392193	216009
农垦总局	163	9	1858409	1861418	14902	963772	580510
绥芬河	15	10	178662	171677		134575	95399
抚　远	4		41961	40441		36448	8666

1-B-11 续表

地　区	实收资本	国家资本	港澳台资本	外商资本	主营业务收入	主营业务成本	主营业务税金及附加
全　省	**6872793**	**621817**	**114452**	**368032**	**48834373**	**42942189**	**296855**
哈尔滨	2403672	164894	31004	226894	12868369	11343146	115166
齐齐哈尔	482243	117772	5412	19710	4130161	3496098	25786
鸡　西	163224	7675	15816	180	1260179	1155227	8801
鹤　岗	143156	4729	9002		674955	613028	5976
双鸭山市	274854	27708	2879	1653	4136761	3565795	29511
大　庆	752355	106643	11930	29090	7781532	6927901	23732
伊　春	180526	2347	551	26704	785257	707510	4970
佳木斯	506408	62866	65	18218	4402157	3936417	14479
七台河	171400	3442		11600	507104	464933	3159
牡丹江	744104	23712	6590	11968	5691787	4981537	18698
黑　河	150507	29997	7900	2010	771129	664076	3900
绥　化	481896	35497	23003	12767	3499509	2983791	28963
大兴安岭	112682	19319		128	275322	232338	2221
农垦总局	278021	14750	300	7110	1883011	1715211	10751
绥芬河	20660				127590	119555	728
抚　远	7086	467			39551	35629	14

工业企业主要经济指标

单位：万元

应收账款	存货	产成品	固定资产合计	固定资产原价	累计折旧	负债合计	流动负债合计	所有者权益合计
3591788	**4281580**	**1632844**	**13372179**	**18192007**	**6279350**	**17489887**	**12919787**	**13713131**
1421903	1597092	592585	3872149	4515255	1473989	6128266	4740821	4470766
228966	307025	107762	1901973	2206810	450890	1348850	796863	1699114
101347	147308	87872	314074	385678	95218	551185	447730	246691
71050	126407	40806	269725	315055	75595	541229	465745	257757
132421	181150	59592	459696	544555	111293	650985	519276	529098
590891	397018	145725	1307185	1740658	503955	2022112	1381595	1525919
61961	80992	27000	384451	478403	109829	448963	254145	273590
222421	272501	84510	1143146	1455071	371184	1170204	708667	1026784
116676	137775	77594	260194	326484	96846	519268	411704	259021
245795	250008	109229	1538202	3819200	2334153	1033048	725483	1623758
58293	75875	28287	450023	617258	192511	639312	497096	255014
224200	351241	117649	943461	1135592	254491	1409410	1013776	1047778
22530	76722	59122	156598	165950	31057	232326	201956	159866
68062	227216	69414	325237	428542	162375	655883	627057	305800
25078	48298	22677	21123	29046	8457	110060	109908	24512
195	4953	3020	24945	28450	7509	28786	17967	7662

单位：万元

管理费用	销售费用	财务费用	利息支出	营业利润	利润总额	亏损企业亏损总额	本年应交增值税	从业人员平均人数（人）
1401177	**898488**	**432847**	**389234**	**2860684**	**2846595**	**294181**	**1284225**	**356485**
493372	292525	108581	101761	564275	630847	105459	286668	105723
128001	64753	57858	47537	344546	354571	19183	170023	25526
23618	24132	12076	9262	36430	40533	8470	48188	9114
20799	8885	10290	6729	27569	21869	19637	16649	12639
84185	72970	20512	14887	359873	315994	7728	220197	12497
163822	66534	50240	50814	547668	555072	18912	98907	32261
14923	12660	12190	13121	31839	33746	3697	13357	12108
96514	76010	39660	36507	245238	249967	23609	82717	28693
22698	11696	14682	12754	-7348	-5100	19819	15801	6077
153586	116312	41653	40418	380500	294602	8062	221857	49205
37553	12273	15990	13845	38150	43534	7709	12164	7543
98821	78655	27086	24055	229713	245035	18675	69554	33935
10568	11409	3787	2791	16248	15513		8617	4432
49496	41690	16111	13416	48916	52774	26330	17747	15282
2013	7728	954	518	-5085	-4517	6891	168	1055
1210	256	1179	820	2154	2154		1612	395

1-B-12 按地区分组的

地区	企业单位数（个）	亏损企业	工业总产值（当年价格）	工业销售产值（当年价格）	出口交货值	资产总计	流动资产合计
全省	**364**	**93**	**27539787**	**27188411**	**550**	**39511777**	**9608623**
哈尔滨	9	2	164182	161677	509	366851	211249
齐齐哈尔	3	2	103910	103173		52129	22290
鸡西	49	19	1853722	1764300		2484637	890779
鹤岗	71	27	1181393	1056434		1621470	507345
双鸭山市	78	8	1167597	1085503		1695998	430575
大庆	12	1	20080199	20076402		28869109	6153806
伊春	9	2	50608	48350		45263	34832
佳木斯	14	1	195757	185901		115964	73446
七台河	38	28	1033943	991990		2113744	777148
牡丹江	44		626025	626243		337709	78516
黑河	15	2	347084	353876	41	639048	197840
绥化	5		443307	443273		926851	112109
大兴安岭	8		178553	176272		213588	107144
农垦总局	9	1	113507	115016		29415	11545
绥芬河							
抚远							

1-B-12 续表

地区	实收资本	国家资本	港澳台资本	外商资本	主营业务收入	主营业务成本	主营业务税金及附加
全省	**5918928**	**457365**	**15650**	**3493**	**27319195**	**12420681**	**4204760**
哈尔滨	27600	9924			143395	116874	2813
齐齐哈尔	15808	397	5412		102421	84828	676
鸡西	383947	284538			1794153	1629148	26398
鹤岗	88813	60	9002		993268	934059	16019
双鸭山市	108560	1123	736	1653	1084381	810895	18245
大庆	4782800		500	240	20198930	6483371	4075929
伊春	6480	759			47597	44405	302
佳木斯	18840				189878	146017	3401
七台河	253053	143280		1600	1011341	930969	10838
牡丹江	48034	3376			654719	547772	2616
黑河	141581	360			360479	227193	8849
绥化	10531	3821			447340	252498	33755
大兴安岭	28890	9562			176278	121963	3008
农垦总局	3992	165			115016	90691	1912
绥芬河							
抚远							

采矿业主要经济指标

单位：万元

应收账款	存货	产成品	固定资产合计	固定资产原价	累计折旧	负债合计	流动负债合计	所有者权益合计
770317	**1008921**	**612688**	**25038005**	**48347691**	**23545766**	**15571939**	**9491258**	**23895452**
9361	12931	4633	151211	155371	20840	259651	247309	107165
139	867	384	29714	42615	13590	17817	9930	34312
181497	167659	112674	1082602	1777720	841507	1895273	1690096	581996
77705	95135	43944	658498	1473137	819978	1268034	1142593	350630
54211	76349	46569	847711	1509785	665630	1110131	429067	582864
160350	351816	251381	20236133	40284671	20045118	8238187	3619368	20630921
5248	3962	1275	7042	12007	5075	20638	19956	24625
33225	18467	13959	25312	31163	5850	78863	56246	36608
173182	194015	93983	697714	1444318	761758	1832481	1614909	261586
23185	13048	6076	253071	375159	125258	125953	102481	211565
14071	40511	13701	221946	274565	83987	373392	247775	263139
635	5997	5285	727051	842118	124552	156490	134870	762067
35968	25950	17395	84671	106108	27980	173839	167485	39749
1541	2214	1430	15328	18954	4642	21190	9175	8224

单位：万元

管理费用	销售费用	财务费用	利息支出	营业利润	利润总额	亏损企业亏损总额	本年应交增值税	从业人员平均人数(人)
2184169	**219939**	**100371**	**284851**	**8031086**	**7894793**	**294093**	**3008360**	**407171**
12812	5172	722	585	8690	8580	892	9988	5673
4886	4286	447	476	7331	7323	2025	9759	259
160216	27925	28195	25541	-22243	-6573	45004	135166	65396
119045	5710	29143	28633	-71395	-90660	116202	84671	62692
156427	21864	26351	25814	30603	36849	37030	119219	56894
1496786	112580	-38715	151984	7857839	7718509	240	2425696	122309
1418	273	48	47	3374	3371	503	907	1193
2314	2698	977	849	34577	34577	196	10569	1058
145558	7648	33492	32427	-91482	-82831	90261	82567	67430
19156	9807	2076	1994	71609	67392		37781	10379
34138	5189	12917	12254	78253	76746	852	32211	5558
15093	1425	497	462	84035	83642		39862	3487
9350	9077	4105	3673	30456	28430		15817	2837
6970	6286	116	115	9440	9440	888	4148	2006

1−B−13 按地区分组的煤炭开采和

地区	企业单位数(个)	亏损企业	工业总产值(当年价格)	工业销售产值(当年价格)	出口交货值	资产总计	流动资产合计
全省	**267**	**82**	**5667963**	**5338384**	**550**	**8546015**	**2957110**
哈尔滨	1		92306	90482	509	210707	106485
齐齐哈尔							
鸡西	42	18	1759540	1671139		2376913	831336
鹤岗	62	25	1099797	988106		1565508	475636
双鸭山市	76	8	1057614	975599		1564645	413483
大庆							
伊春							
佳木斯	4	1	63699	60223		66973	52772
七台河	38	28	1033943	991990		2113744	777148
牡丹江	24		225118	223559		147598	47358
黑河	11	2	150719	148316	41	323608	155661
绥化							
大兴安岭	5		130582	133058		164610	88318
农垦总局	4		54645	55912		11710	8912
绥芬河							
抚远							

1−B−13 续表

地区	实收资本	国家资本	港澳台资本	外商资本	主营业务收入	主营业务成本	主营业务税金及附加
全省	**884321**	**440553**	**736**	**3253**	**5324334**	**4634362**	**79469**
哈尔滨	8000	8000			72346	60311	1569
齐齐哈尔							
鸡西	371877	283528			1718088	1566581	25634
鹤岗	69465				926053	879148	15238
双鸭山市	74960	1123	736	1653	957009	736556	17071
大庆							
伊春							
佳木斯	8120				55403	35830	2053
七台河	253053	143280		1600	1011341	930969	10838
牡丹江	23936				234392	190373	1642
黑河	58906	360			160728	100223	2506
绥化							
大兴安岭	13655	4262			133064	85376	2304
农垦总局	2350				55912	48995	615
绥芬河							
抚远							

洗选业主要经济指标

单位：万元

应收账款	存货	产成品	固定资产合计	固定资产原价	累计折旧	负债合计	流动负债合计	所有者权益合计
551901	**571498**	**327750**	**3575015**	**6551893**	**3165143**	**6616543**	**5409165**	**1897758**
5894	4110		104222	99035	5187	220605	220605	-9898
165823	161571	111107	1043152	1752781	837115	1821598	1616869	551408
66881	86036	37496	643020	1450078	812370	1253960	1128660	308741
49954	70802	44597	763288	1399227	639496	1026680	401649	535262
24690	14860	13365	11524	13567	2043	46110	45661	20861
173182	194015	93983	697714	1444318	761758	1832481	1614909	261586
17087	5511	3122	99468	132067	34728	78119	69440	69379
13801	16933	13571	149208	179469	50325	189769	170590	131321
33163	15786	9229	61877	79338	21652	141292	135439	23317
1427	1874	1280	1543	2012	469	5929	5345	5781

单位：万元

管理费用	销售费用	财务费用	利息支出	营业利润	利润总额	亏损企业亏损总额	本年应交增值税	从业人员平均人数（人）
603986	**63268**	**119710**	**114574**	**-57942**	**-50926**	**289069**	**463099**	**268460**
9130	2182	268	258	2110	2037		7335	4530
154932	21574	27933	25297	-23245	-7520	44976	130029	63751
115867	3973	29147	28520	-77998	-97270	115753	82154	61432
140388	13101	22006	21591	15261	21561	37030	101151	55877
423	764	492	364	15840	15840	196	4016	507
145558	7648	33492	32427	-91482	-82831	90261	82567	67430
7865	1603	528	534	31604	31245		20957	6795
21142	4599	2688	2847	36034	34104	852	17335	4493
7409	7279	3041	2623	29336	27310		14625	2506
1273	545	115	115	4599	4599		2930	1139

1-B-14 按地区分组的石油和

地区	企业单位数(个)	亏损企业	工业总产值(当年价格)	工业销售产值(当年价格)	出口交货值	资产总计	流动资产合计
全省	**4**	**2**	**18931796**	**18926699**		**27695252**	**5839664**
哈尔滨							
齐齐哈尔	3	2	103910	103173		52129	22290
鸡西							
鹤岗							
双鸭山市							
大庆	1		18827886	18823526		27643123	5817374
伊春							
佳木斯							
七台河							
牡丹江							
黑河							
绥化							
大兴安岭							
农垦总局							
绥芬河							
抚远							

1-B-14 续表

地区	实收资本	国家资本	港澳台资本	外商资本	主营业务收入	主营业务成本	主营业务税金及附加
全省	**4765808**	**397**	**5412**		**19041423**	**5607245**	**4055262**
哈尔滨							
齐齐哈尔	15808	397	5412		102421	84828	676
鸡西							
鹤岗							
双鸭山市							
大庆	4750000				18939003	5522417	4054586
伊春							
佳木斯							
七台河							
牡丹江							
黑河							
绥化							
大兴安岭							
农垦总局							
绥芬河							
抚远							

天然气开采业主要经济指标

单位：万元

应收账款	存货	产成品	固定资产合计	固定资产原价	累计折旧	负债合计	流动负债合计	所有者权益合计
54985	**340297**	**251020**	**19399568**	**38619200**	**19220321**	**7842581**	**3238524**	**19852672**
139	867	384	29714	42615	13590	17817	9930	34312
54847	339430	250636	19369854	38576584	19206730	7824764	3228594	19818360

单位：万元

管理费用	销售费用	财务费用	利息支出	营业利润	利润总额	亏损企业亏损总额	本年应交增值税	从业人员平均人数（人）
1345690	**115921**	**-44238**	**146458**	**7749262**	**7611666**	**2025**	**2404523**	**114303**
4886	4286	447	476	7331	7323	2025	9759	259
1340804	111635	-44685	145983	7741932	7604344		2394764	114044

1-B-15 按地区分组的黑色金属矿

地区	企业单位数(个)	亏损企业	工业总产值(当年价格)	工业销售产值(当年价格)	出口交货值	资产总计	流动资产合计
全省	**18**	**2**	**495985**	**488745**		**342757**	**59809**
哈尔滨	1	1	4531	4531		20407	1886
齐齐哈尔							
鸡西							
鹤岗							
双鸭山市	2		109983	109905		131353	17093
大庆							
伊春	6	1	37905	36687		14103	9038
佳木斯	3		79853	74185		42639	19354
七台河							
牡丹江	5		234675	234675		130043	9009
黑河							
绥化							
大兴安岭	1		29038	28763		4213	3430
农垦总局							
绥芬河							
抚远							

1-B-15 续表

地区	实收资本	国家资本	港澳台资本	外商资本	主营业务收入	主营业务成本	主营业务税金及附加
全省	**57561**	**100**			**525878**	**418043**	**3235**
哈尔滨	600				4531	3697	25
齐齐哈尔							
鸡西							
鹤岗							
双鸭山市	33600				127373	74339	1174
大庆							
伊春	2261	100			35934	34504	20
佳木斯	10050				83603	67146	1157
七台河							
牡丹江	10000				245675	211907	755
黑河							
绥化							
大兴安岭	1050				28763	26451	104
农垦总局							
绥芬河							
抚远							

采选业主要经济指标

单位：万元

应收账款	存货	产成品	固定资产合计	固定资产原价	累计折旧	负债合计	流动负债合计	所有者权益合计
19313	**12774**	**4351**	**235558**	**339124**	**106881**	**165101**	**82691**	**177357**
	597	559	16265	15205	1173	15989	13589	4418
4256	5546	1972	84424	110558	26134	83451	27418	47602
3131	1344	507	5040	7610	2610	7865	7185	6238
8167	2864	249	11205	13415	2210	29352	10585	13287
2410	2258	1064	117932	189137	72247	26912	22883	103131
1350	165		693	3200	2507	1533	1031	2680

单位：万元

管理费用	销售费用	财务费用	利息支出	营业利润	利润总额	亏损企业亏损总额	本年应交增值税	从业人员平均人数（人）
23040	**16316**	**5764**	**5445**	**51202**	**51193**	**526**	**33986**	**3890**
986	17	231	103	-426	-382	382	210	122
16039	8763	4344	4224	15342	15288		18068	1017
366	174	48	47	816	816	144	159	566
278	245	11	11	14766	14766		5388	392
5101	5572	1130	1061	20312	20312		9163	1713
269	1546			392	392		997	80

1-B-16 按地区分组的有色金属矿

地区	企业单位数(个)	亏损企业	工业总产值(当年价格)	工业销售产值(当年价格)	出口交货值	资产总计	流动资产合计
全省	**14**	**3**	**302741**	**306581**		**554561**	**199597**
哈尔滨	3	1	48399	48348		123620	94944
齐齐哈尔							
鸡西							
鹤岗							
双鸭山市							
大庆							
伊春	2	1	10435	9370		27577	23223
佳木斯							
七台河							
牡丹江	1		6216	6216		5990	1274
黑河	4		196365	205560		315441	42178
绥化	1		17558	17558		31910	20965
大兴安岭	2		18933	14451		44766	15397
农垦总局	1	1	4836	5078		5259	1617
绥芬河							
抚远							

1-B-16 续表

地区	实收资本	国家资本	港澳台资本	外商资本	主营业务收入	主营业务成本	主营业务税金及附加
全省	**126185**	**8841**			**301899**	**207296**	**7672**
哈尔滨	15367				48846	40115	332
齐齐哈尔							
鸡西							
鹤岗							
双鸭山市							
大庆							
伊春	3560				9370	7986	109
佳木斯							
七台河							
牡丹江	3376	3376			6216	3887	
黑河	82675				199752	126970	6344
绥化	5910				18186	13338	267
大兴安岭	14184	5300			14451	10136	600
农垦总局	1112	165			5078	4863	22
绥芬河							
抚远							

采选业主要经济指标

单位：万元

应收账款	存货	产成品	固定资产合计	固定资产原价	累计折旧	负债合计	流动负债合计	所有者权益合计
4740	**46679**	**14764**	**135284**	**186419**	**69647**	**271356**	**152876**	**283205**
1362	5231	1118	26542	35624	13156	15698	5883	107922
532	1762	66	1570	3304	1806	10443	10441	17134
738	409		3046	6618	3572	916	658	5074
270	23578	130	72738	95095	33662	183622	77185	131819
353	5701	5285	6934	18395	11461	26282	24314	5628
1455	9999	8166	22100	23570	3821	31015	31015	13751
29			2355	3812	2169	3381	3381	1877

单位：万元

管理费用	销售费用	财务费用	利息支出	营业利润	利润总额	亏损企业亏损总额	本年应交增值税	从业人员平均人数（人）
21937	**2362**	**11517**	**10645**	**52817**	**53153**	**1758**	**19005**	**3646**
1641	204	9	12	6545	6465	511	1592	776
791	99			2532	2525	359	492	431
809	3			1489	1489			169
12996	590	10229	9407	42220	42642		14876	1065
2948	1212	216	176	192	192		1849	462
1672	253	1065	1050	727	727		195	251
1081	2	-1		-888	-888	888		492

1-B-17 按地区分组的非金属矿

地区	企业单位数(个)	亏损企业	工业总产值(当年价格)	工业销售产值(当年价格)	出口交货值	资产总计	流动资产合计
全省	**46**	**3**	**463241**	**449411**		**252265**	**124867**
哈尔滨	4		18947	18316		12116	7934
齐齐哈尔							
鸡西	7	1	94181	93161		107724	59443
鹤岗	9	2	81597	68328		55962	31708
双鸭山市							
大庆							
伊春	1		2269	2293		3584	2572
佳木斯	7		52205	51493		6353	1319
七台河							
牡丹江	14		160016	161794		54080	20875
黑河							
绥化							
大兴安岭							
农垦总局	4		54026	54026		12446	1016
绥芬河							
抚远							

1-B-17 续表

地区	实收资本	国家资本	港澳台资本	外商资本	主营业务收入	主营业务成本	主营业务税金及附加
全省	**47632**	**3653**	**9002**		**436579**	**353622**	**4291**
哈尔滨	3633	1924			17672	12751	887
齐齐哈尔							
鸡西	12070	1010			76065	62567	763
鹤岗	19348	60	9002		67215	54911	782
双鸭山市							
大庆							
伊春	659	659			2293	1915	173
佳木斯	670				50873	43041	191
七台河							
牡丹江	10722				168436	141605	219
黑河							
绥化							
大兴安岭							
农垦总局	530				54026	36833	1275
绥芬河							
抚远							

采选业主要经济指标

单位：万元

应收账款	存货	产成品	固定资产合计	固定资产原价	累计折旧	负债合计	流动负债合计	所有者权益合计
33592	**24991**	**14059**	**106184**	**119246**	**32295**	**132727**	**106671**	**115460**
2105	2994	2956	4182	5507	1325	7360	7232	4723
15674	6088	1566	39449	24939	4392	73675	73226	30588
10824	9099	6448	15478	23059	7608	14074	13933	41889
1585	856	702	433	1093	660	2331	2331	1253
369	743	346	2584	4181	1597	3401		2460
2950	4871	1890	32626	47337	14711	20007	9500	33982
85	340	150	11430	13130	2004	11880	449	566

单位：万元

管理费用	销售费用	财务费用	利息支出	营业利润	利润总额	亏损企业亏损总额	本年应交增值税	从业人员平均人数(人)
21388	**20914**	**1366**	**1441**	**35997**	**32093**	**477**	**18803**	**5582**
1055	2770	214	212	461	459		851	245
5284	6352	262	244	1003	947	28	5137	1645
3177	1737	-4	113	6603	6610	449	2516	1260
261		0		26	30		256	196
1613	1689	474	474	3971	3971		1164	159
5381	2629	418	399	18205	14346		7661	1702
4616	5739	2		5729	5729		1218	375

1−B−18 按地区分组的开采

地 区	企业单位数（个）	亏损企业	工业总产值（当年价格）	工业销售产值（当年价格）	出口交货值	资产总计	流动资产合计
全 省	**15**	**1**	**1678061**	**1678591**		**2120926**	**427576**
哈尔滨							
齐齐哈尔							
鸡 西							
鹤 岗							
双鸭山市							
大 庆	11	1	1252313	1252876		1225985	336432
伊 春							
佳木斯							
七台河							
牡丹江							
黑 河							
绥 化	4		425748	425715		894941	91144
大兴安岭							
农垦总局							
绥芬河							
抚 远							

1−B−18 续表

地 区	实收资本	国家资本	港澳台资本	外商资本	主营业务收入	主营业务成本	主营业务税金及附加
全 省	**37421**	**3821**	**500**	**240**	**1689082**	**1200114**	**54832**
哈尔滨							
齐齐哈尔							
鸡 西							
鹤 岗							
双鸭山市							
大 庆	32800		500	240	1259928	960954	21343
伊 春							
佳木斯							
七台河							
牡丹江							
黑 河							
绥 化	4621	3821			429154	239160	33488
大兴安岭							
农垦总局							
绥芬河							
抚 远							

辅助活动主要经济指标

单位：万元

应收账款	存货		固定资产合计	固定资产原价	累计折旧	负债合计	流动负债合计	所有者权益合计
		产成品						
105786	**12682**	**745**	**1586397**	**2531810**	**951479**	**543632**	**501330**	**1569000**
105504	12386	745	866279	1708086	838388	413424	390774	812562
282	296		720118	823723	113091	130208	110556	756439

单位：万元

管理费用	销售费用	财务费用		营业利润	利润总额	亏损企业亏损总额	本年应交增值税	从业人员平均人数(人)
			利息支出					
168127	**1158**	**6252**	**6287**	**199749**	**197615**	**240**	**68944**	**11290**
155982	945	5970	6001	115907	114165	240	30932	8265
12146	214	282	286	83842	83449		38012	3025

1-B-19 按地区分组的

地　　区	企业单位数（个）	亏损企业	工业总产值（当年价格）	工业销售产值（当年价格）	出口交货值	资产总计	流动资产合计
全　　省	**3741**	**493**	**96679465**	**94106656**	**1495549**	**78996919**	**44084174**
哈 尔 滨	1261	191	28121227	27217354	672806	30428116	18646453
齐齐哈尔	291	35	8964658	8723608	393142	10630740	6009809
鸡　　西	46	16	1126575	1013146	7928	1451862	1036201
鹤　　岗	75	17	861085	852185	9581	1372513	749298
双鸭山市	115	4	5307370	5039554	55367	2454988	1016436
大　　庆	402	47	20497548	20022734	97538	9026679	4047485
伊　　春	108	8	1887714	1842442	45645	1737703	710495
佳 木 斯	325	30	5666679	5485498	48325	3222685	1709926
七 台 河	61	32	1042526	857823		2011675	947825
牡 丹 江	408	46	7561827	7447365	102318	4680137	1970588
黑　　河	62	9	750952	725297	18	650830	341925
绥　　化	370	36	7697791	7526232	16171	4585399	2067811
大兴安岭	22		267468	252411	17133	263243	140080
农垦总局	178	13	6587489	6793335	29578	6260456	4556429
绥 芬 河	15	9	306780	277417		206113	127820
抚　　远	2		31777	30257		13781	5594

1-B-19　续表

地　　区	实收资本	国家资本	港澳台资本	外商资本	主营业务收入	主营业务成本	主营业务税金及附加
全　　省	**14129476**	**3008291**	**378707**	**1295698**	**96133529**	**82437069**	**2479069**
哈 尔 滨	5840401	1509714	107695	741170	28223855	23014931	1060968
齐齐哈尔	1388247	485603	563	173537	8619429	7209745	49574
鸡　　西	277082	53115	41600	180	1045514	918513	4543
鹤　　岗	198603	6441		1000	874659	811592	6069
双鸭山市	471186	14961	10023	5100	5005914	4443724	26888
大　　庆	1679582	455275	107960	123910	20109388	17488731	1092893
伊　　春	255018	1828	1517	17261	1833326	1644092	6080
佳 木 斯	700706	57327	53725	61613	5489925	4824057	20406
七 台 河	347742	33073			926955	876151	3855
牡 丹 江	1107977	48648	1491	85140	7576065	6475316	51848
黑　　河	148127	37286	7900	2010	694652	609077	3458
绥　　化	804303	35487	45933	62491	7405117	6219141	41638
大兴安岭	62132	14880		128	251500	210512	1211
农垦总局	805611	254654	300	22158	7830476	7458370	109049
绥 芬 河	38160				216497	205487	588
抚　　远	4600				30257	27631	3

制造业主要经济指标

单位：万元

应收账款	存货	产成品	固定资产合　计	固定资产原　价	累计折旧	负债合计	流动负债合　计	所有者权益合计
9931857	**14690573**	**4745149**	**25452876**	**40612584**	**19017839**	**49419874**	**41517998**	**29355345**
4697108	5741180	1269897	7697462	12080098	6559479	19483803	16942642	10951791
1806210	2086894	688841	3254020	4684391	1757532	6407756	4900597	4203612
226009	414431	108916	318611	414661	128432	1071488	1006543	378983
99508	276843	61019	246214	283259	70166	935566	448799	353467
159007	445636	137968	905566	1110992	284958	1355996	1003724	1071588
1069012	1448873	560991	4503392	8646992	4255814	5033714	4146004	3982543
147235	225765	105582	689037	983144	358368	1323481	1125932	404391
496032	584577	229894	996894	1215540	355364	1766361	1401501	1440653
134800	331312	183893	692190	766689	266816	1230008	1057075	772465
444524	533452	229867	2334641	5334024	3329235	2267255	1845053	2403169
59316	92876	39331	234397	283356	71526	419528	380852	226602
379755	752371	286843	2009182	2420601	550506	2418264	1806728	2143844
10348	100057	84404	119911	125370	25357	150698	112547	112545
166568	1585044	725260	1399244	2187833	980232	5359757	5144303	886001
36384	66982	29423	46646	69578	23466	190989	190489	15121
41	4281	3020	5471	6058	588	5210	5210	8571

单位：万元

管理费用	销售费用	财务费用	利息支出	营业利润	利润总额	亏损企业亏损总额	本年应交增值税	从业人员平均人数(人)
3850075	**2731727**	**986484**	**962093**	**3790902**	**3872601**	**1273173**	**2568384**	**830419**
1598494	1264993	210517	245732	1095207	1253301	344144	901096	284694
468398	299568	178523	161681	450615	523546	113580	309593	104351
42271	28539	12072	6915	34254	41154	28551	25244	12957
40842	12771	14238	12684	7721	21614	21853	12407	11451
83542	84877	43092	35066	345841	309483	528	229459	18148
718922	205058	147420	145502	377302	301451	503611	398789	93531
51112	35256	57724	57442	49907	60159	4985	44698	29570
165640	138416	34784	24750	303516	310059	25738	102451	43821
48026	17089	42657	39708	-51360	-46212	60383	19882	15407
268142	216094	77181	77679	491626	411180	24257	302598	78839
24558	16916	10427	6800	25007	28842	5572	14593	6471
185818	212037	50676	47619	544734	602899	19931	150587	86884
9973	8746	2204	1537	19230	17639		6321	4794
139672	174556	102874	97434	108426	46659	105236	43622	37959
4359	16556	1850	1302	-12940	-10988	14806	5735	1432
306	256	246	246	1815	1815		1311	110

1-B-20 按地区分组的农副

地区	企业单位数(个)	亏损企业	工业总产值(当年价格)	工业销售产值(当年价格)	出口交货值	资产总计	流动资产合计
全省	**1003**	**80**	**27920661**	**27551173**	**176926**	**14105076**	**8780904**
哈尔滨	309	23	6039608	5978050	64995	2539137	1470618
齐齐哈尔	82	4	2377037	2314156	3663	1225333	580999
鸡西	16	6	452792	457952		223763	130749
鹤岗	33	4	529412	533425		454879	316479
双鸭山市	66	3	3516104	3291157	55357	535148	307572
大庆	44		2458970	2405395	933	594465	307681
伊春	19		216601	211637		66972	36602
佳木斯	113	9	2462695	2399924	25368	759326	400556
七台河	16	6	170812	146524		157017	84724
牡丹江	65	9	991508	968875	126	388651	135881
黑河	18	2	218798	215764		67898	46122
绥化	87	5	2673752	2631943	14222	1730986	780211
大兴安岭	2		5028	4889	89	21840	6479
农垦总局	130	9	5768680	5954110	12174	5321959	4167787
绥芬河	1		7089	7116		3924	2849
抚远	2		31777	30257		13781	5594

1-B-20 续表

地区					主营业务收入	主营业务成本	主营业务税金及附加
	实收资本	国家资本	港澳台资本	外商资本			
全省	**2634418**	**269505**	**54213**	**291505**	**28347356**	**25837254**	**207892**
哈尔滨	590142	3366	15377	116251	6013165	5393863	68175
齐齐哈尔	276418	2200		112709	2206299	1901416	9081
鸡西	75929	5470	15816	180	484141	459863	292
鹤岗	97999	114			554520	516252	1997
双鸭山市	155204	5532	948		3363669	3020633	12884
大庆	110214			31451	2372384	2139197	2194
伊春	16170	170	51		207037	196271	153
佳木斯	238811	500	1070	19945	2396517	2189608	4213
七台河	41058				139879	130110	116
牡丹江	121261			4460	1007585	894030	1855
黑河	26035				208932	201414	221
绥化	237264	18705	20951		2544490	2180644	6299
大兴安岭	7234	4616			4889	3482	8
农垦总局	634820	228832		6510	6806479	6577679	100400
绥芬河	1260				7116	5161	3
抚远	4600				30257	27631	3

食品加工业主要经济指标

单位：万元

应收账款	存货	产成品	固定资产合计	固定资产原价	累计折旧	负债合计	流动负债合计	所有者权益合计
846533	**3350280**	**1379581**	**4231679**	**6323185**	**2552360**	**9288023**	**8203732**	**4805189**
275906	574751	227267	811919	1304531	601645	1566057	1302680	1048368
107394	292289	130910	529863	677115	259834	574783	516684	640952
13721	52153	22162	58640	71169	13963	110255	102886	113507
30567	156299	15758	110199	136184	33559	202231	196525	240067
32848	113434	46388	178365	207984	46496	236413	193187	276082
78950	90494	56883	258279	510523	267132	259730	171270	327353
3465	13537	5383	26635	41512	16230	39113	31255	27458
57632	201466	50778	248452	342374	101868	403086	312475	351040
17249	30770	21254	42653	29795	6827	90531	70549	60758
23944	45727	19894	241075	499569	281204	161778	128819	223028
3165	20426	8665	16410	21925	6860	25834	25258	41367
91771	334288	128388	781189	940984	188867	1018001	739204	708261
732	3230	2052	15313	14700	1464	15298	7778	6542
108175	1415638	640150	906760	1518076	725587	4577123	4397373	730490
975	1498	629	455	687	237	2580	2580	1344
41	4281	3020	5471	6058	588	5210	5210	8571

单位：万元

管理费用	销售费用	财务费用	利息支出	营业利润	利润总额	亏损企业亏损总额	本年应交增值税	从业人员平均人数(人)
506168	**483275**	**245461**	**227515**	**1366813**	**1233463**	**117193**	**516068**	**141842**
151091	119253	42121	39307	255175	268279	17150	140922	35738
55203	36406	20422	17888	195231	171589	1399	70583	14988
6799	11073	2426	1028	2858	3326	2003	2131	1698
7672	7312	8960	8835	16093	16206	759	805	4880
32613	44737	11622	8434	276879	231202	146	157526	6721
24568	28125	10296	9298	158023	156205		22500	7430
1609	2674	936	921	5502	5332		4581	2381
37608	39486	12449	12600	113778	114158	12812	30564	9186
2870	4316	2240	1400	544	889	3157	364	1342
28043	19812	9178	9132	55264	40817	4585	29382	9123
3178	968	497	288	3220	3275	222	18	927
59920	76497	30259	29056	161175	167800	4186	36536	24148
727	307	317	317	60	36		36	187
93755	90471	93334	88606	121191	52530	70775	18788	22870
204	1583	159	159	6	6		21	113
306	256	246	246	1815	1815		1311	110

1-B-21 按地区分组的食品

地区	企业单位数(个)	亏损企业	工业总产值(当年价格)	工业销售产值(当年价格)	出口交货值	资产总计	流动资产合计
全省	**169**	**20**	**5262496**	**5255457**	**60382**	**3423500**	**1772136**
哈尔滨	59	11	1451661	1436698	27816	972392	452491
齐齐哈尔	24	3	1137892	1136179	1221	759537	546979
鸡西	1		3514	3690		3273	729
鹤岗							
双鸭山市	4		148995	149905		90347	56773
大庆	24	2	1026835	1018537		548772	287726
伊春	3	1	5917	5239		27870	25281
佳木斯	5		26288	24903	17	18254	10446
七台河							
牡丹江	6		94610	92806		44960	10286
黑河	6		113098	114494		54967	26431
绥化	23	3	781421	780010		440087	168529
大兴安岭	1		33777	33777	16937	32567	3802
农垦总局	13		438489	459220	14390	430474	182665
绥芬河							
抚远							

1-B-21 续表

地区	实收资本	国家资本	港澳台资本	外商资本	主营业务收入	主营业务成本	主营业务税金及附加
全省	**860207**	**57245**	**85602**	**194304**	**5130903**	**3988158**	**25252**
哈尔滨	322173	35435	24389	66690	1337062	953666	7648
齐齐哈尔	143845	21810		36957	1104070	804757	2727
鸡西	2000				3690	3321	14
鹤岗							
双鸭山市	1500				143578	111852	3377
大庆	183585		59786	63800	931004	724186	2756
伊春	4098			3546	5047	4407	17
佳木斯	3950				24285	20517	75
七台河							
牡丹江	23462				94711	84486	3527
黑河	3894			696	103476	85752	145
绥化	104421		1427	9488	718327	629845	1983
大兴安岭	11854				33777	23053	92
农垦总局	55426			13128	631876	542316	2892
绥芬河							
抚远							

制造业主要经济指标

单位：万元

应收账款	存货	产成品	固定资产合计	固定资产原价	累计折旧	负债合计	流动负债合计	所有者权益合计
447947	**447575**	**186094**	**1354485**	**2146089**	**953845**	**1775266**	**1577698**	**1645051**
94960	115067	35239	410186	622212	240276	542167	471598	428996
200402	91231	37511	180374	365081	215826	404728	370329	353084
344	341	306	2446	3592	1146	1522	1522	1751
6937	17966	39	18729	23054	4414	46049	45169	44298
69667	59564	27754	224177	321739	127363	156629	134522	392142
16169	2290	1170	2589	2972	775	21767	21767	6104
5201	939	349	5328	7406	2078	12993	12108	5261
5277	2365	1170	30141	206284	176582	14043	12919	30917
2700	17574	12910	27387	37131	15617	39755	38020	15212
29836	59419	28600	196372	260796	72091	184416	126317	255671
326			28766	23012	3452	5383	5383	27185
16129	80818	41047	227992	272809	94225	345815	338044	84431

单位：万元

管理费用	销售费用	财务费用	利息支出	营业利润	利润总额	亏损企业亏损总额	本年应交增值税	从业人员平均人数（人）
144977	**512438**	**22075**	**28061**	**413945**	**466025**	**19188**	**165677**	**43873**
45777	217977	-482	6630	112990	116857	12092	61493	14088
40424	140720	6031	5727	82364	118586	921	50395	8650
114	31	64	64	164	164		116	41
6650	7303	3030	2969	10495	10532		4437	424
14789	47072	3516	3323	131433	131727	503	14335	5249
206	244	7	7	175	175	52	53	164
971	753	196	198	2618	2706		447	247
1734	1999	937	880	4691	4691		2850	603
2060	711	39	85	8991	8915		1240	880
15888	28284	1949	1836	50682	58669	5620	13903	6392
2199	2092	958	328	5383	3841		456	218
14165	65252	5830	6015	3960	9163		15952	6917

1-B-22 按地区分组的酒、饮料和

地区	企业单位数(个)	亏损企业	工业总产值(当年价格)	工业销售产值(当年价格)	出口交货值	资产总计	流动资产合计
全省	**164**	**26**	**3269078**	**3125309**	**131**	**2673593**	**1069384**
哈尔滨	53	6	1195830	1164137		981199	381348
齐齐哈尔	17	2	182193	177658		138377	71591
鸡西	1	1	8339	8234		11602	3250
鹤岗	5	3	35759	33083		53567	18159
双鸭山市	4		207025	191857	10	45367	23701
大庆	14	4	325290	265332		249419	85891
伊春	9	3	70005	66450		73397	31375
佳木斯	10	3	230897	217992		205298	91820
七台河	1		7471	2488		3831	1643
牡丹江	14		331533	330693	14	203178	58840
黑河	9	1	49485	44658		106537	52211
绥化	15	2	487342	478918		415867	162477
大兴安岭	4		46598	45189	107	41433	24952
农垦总局	8	1	91312	98619		144520	62126
绥芬河							
抚远							

1-B-22 续表

地区	实收资本	国家资本	港澳台资本	外商资本	主营业务收入	主营业务成本	主营业务税金及附加
全省	**707317**	**35196**	**23612**	**245695**	**3087641**	**2476061**	**105862**
哈尔滨	283584	7950	5807	164891	1151552	882245	44932
齐齐哈尔	34656			12766	174305	116926	14124
鸡西	13000	13000			8235	5848	1152
鹤岗	13220	1327		1000	39131	34072	2937
双鸭山市	13791				118091	99744	1879
大庆	54885		11930	1500	260468	245735	6033
伊春	8806			2300	62284	50645	2734
佳木斯	53726			4967	209558	179495	6568
七台河	1100				2488	1499	658
牡丹江	74456			6412	331351	257709	6688
黑河	38194	12786	5250	1064	42484	28571	1368
绥化	62187		626	50667	543670	451726	11985
大兴安岭	10006	133		128	45189	37583	614
农垦总局	45707				98837	84265	4191
绥芬河							
抚远							

精制茶制造业主要经济指标

单位：万元

应收账款	存货	产成品	固定资产合　计	固定资产原　价	累计折旧	负债合计	流动负债合　计	所有者权益合计
143822	**447054**	**151237**	**1369599**	**1941327**	**722159**	**1579067**	**1385852**	**1092202**
78965	160376	41326	522250	658891	259036	614470	550237	366529
20535	29280	15117	46612	85662	39949	72197	63273	66180
239	1918	130	4822	14379	9580	12108	12108	-505
782	14429	1421	31954	41983	10368	59961	59866	-6394
454	17602	3355	21639	29493	9026	24033	22232	21334
11625	29383	9053	118746	128067	14015	154558	120325	93738
1536	20113	3081	20674	22854	6705	54456	51279	18942
9978	40970	10485	103157	128383	26095	96448	87777	107849
702	905	876	855	855	2	1633	1633	2198
5039	16366	7333	141740	338682	205352	72795	65764	130383
2773	7023	2714	38338	42940	5136	61353	61153	45184
5221	64771	22840	222863	331585	109407	191015	131097	224852
591	16035	9565	16185	15805	2981	16553	13187	24881
5384	27884	23943	79766	101749	24508	147489	145922	-2968

单位：万元

管理费用	销售费用	财务费用	利息支出	营业利润	利润总额	亏损企业亏损总额	本年应交增值税	从业人员平均人数（人）
152615	**186227**	**21931**	**21648**	**123855**	**136338**	**66207**	**112141**	**34093**
54864	94399	3428	4888	68797	70301	14267	58508	12228
17354	12095	970	865	6461	9640	992	9532	3240
1675	290	270	250	-1004	-998	998	607	509
3563	1941	619	317	-3902	-3998	4743	661	908
747	188	278	261	12639	12354		6202	545
7770	5132	4399	3894	-8215	-8092	17210	847	2096
2773	3372	939	936	442	442	2125	1932	1457
5279	4739	2312	2311	11004	10963	2148	3045	1629
130	60	52	53	88	88		423	71
17903	28338	1424	1966	19619	17812		13031	3145
3516	5162	2114	624	1643	1611	538	1120	967
26979	24580	3366	3777	25097	34927	5613	12091	5383
1201	1293	281	278	4251	4251		1630	758
8861	4637	1479	1227	-13063	-12965	17572	2511	1157

1−B−23 按地区分组的烟草

地区	企业单位数(个)	亏损企业	工业总产值(当年价格)	工业销售产值(当年价格)	出口交货值	资产总计	流动资产合计
全省	**4**		**1144290**	**1141638**		**901820**	**558856**
哈尔滨	1		979605	970705		811335	498995
齐齐哈尔							
鸡西							
鹤岗							
双鸭山市							
大庆							
伊春							
佳木斯							
七台河							
牡丹江	3		164685	170934		90485	59861
黑河							
绥化							
大兴安岭							
农垦总局							
绥芬河							
抚远							

1−B−23 续表

地区	实收资本	国家资本	港澳台资本	外商资本	主营业务收入	主营业务成本	主营业务税金及附加
全省	**161616**	**150818**			**1142961**	**396872**	**514280**
哈尔滨	150818	150818			974843	266504	513850
齐齐哈尔							
鸡西							
鹤岗							
双鸭山市							
大庆							
伊春							
佳木斯							
七台河							
牡丹江	10798				168118	130368	430
黑河							
绥化							
大兴安岭							
农垦总局							
绥芬河							
抚远							

制品业主要经济指标

单位：万元

应收账款	存货	产成品	固定资产合计	固定资产原价	累计折旧	负债合计	流动负债合计	所有者权益合计
64178	**245789**	**13925**	**124320**	**285595**	**1488461**	**170790**	**168773**	**731031**
54889	222816	4249	109036	256259	1472231	152931	151253	658404
9289	22973	9676	15283	29336	16230	17859	17520	72627

单位：万元

管理费用	销售费用	财务费用	利息支出	营业利润	利润总额	亏损企业亏损总额	本年应交增值税	从业人员平均人数（人）
73187	**12550**	**-949**	**623**	**147898**	**150060**		**126478**	**5880**
67486	8333	-1578		120906	124141		115880	4727
5701	4217	629	623	26992	25919		10598	1153

1-B-24 按地区分组的

地区	企业单位数(个)	亏损企业	工业总产值(当年价格)	工业销售产值(当年价格)	出口交货值	资产总计	流动资产合计
全省	**57**	**7**	**868994**	**813990**	**33783**	**585761**	**295106**
哈尔滨	14	2	222546	175038	7318	185523	95324
齐齐哈尔	3	1	23656	26407	11071	77255	41410
鸡西							
鹤岗							
双鸭山市							
大庆	4	1	100326	97244	1781	51413	21555
伊春	1		20073	19346		7809	1570
佳木斯	4	2	38421	43801	13613	58059	24047
七台河							
牡丹江	3		55847	55778		18959	4778
黑河							
绥化	25		394738	382653		177747	101604
大兴安岭							
农垦总局	3	1	13386	13724		8996	4818
绥芬河							
抚远							

1-B-24 续表

地区	实收资本	国家资本	港澳台资本	外商资本	主营业务收入	主营业务成本	主营业务税金及附加
全省	**91340**		**15407**	**2749**	**788720**	**703466**	**1903**
哈尔滨	26468		9019	514	153940	137525	525
齐齐哈尔	4182				29687	24401	167
鸡西							
鹤岗							
双鸭山市							
大庆	8308		3628		100409	79304	123
伊春	1000				19147	17348	26
佳木斯	7126		2760		41358	38256	100
七台河							
牡丹江	11115				56228	49494	219
黑河							
绥化	31566			2236	373849	343544	659
大兴安岭							
农垦总局	1576				14102	13594	84
绥芬河							
抚远							

纺织业主要经济指标

单位：万元

应收账款	存货	产成品	固定资产合计	固定资产原价	累计折旧	负债合计	流动负债合计	所有者权益合计
62395	**132999**	**71305**	**203622**	**312221**	**140323**	**285644**	**236591**	**298532**
30622	37843	21031	43352	60798	24358	58037	38722	126204
388	28580	25137	27741	32678	15130	41090	39334	36165
5340	5344	2087	17438	33062	15624	47839	30576	3369
	609	123	5215	6435	1220	5858	5858	1951
3501	14248	6007	30437	42087	15868	40468	38069	17508
1363	2774	1759	13003	60310	47342	3851	3491	15108
20601	40537	13533	62312	72446	18396	81319	73359	96414
581	3066	1627	4125	4406	2385	7183	7183	1814

单位：万元

管理费用	销售费用	财务费用	利息支出	营业利润	利润总额	亏损企业亏损总额	本年应交增值税	从业人员平均人数(人)
23981	**12980**	**6502**	**5720**	**37058**	**37905**	**4529**	**21284**	**31864**
5224	3625	1232	673	5351	5850	239	4189	4908
2451	509	986	985	-372	-197	609	1420	1932
5283	2303	1470	1487	12050	12050	866	1759	1772
216	233	293	293	1030	1030		132	858
3168	1723	609	590	-2534	-2233	2462	781	1725
2295	1726	644	644	1850	1850		1200	590
5061	2822	1249	1047	19600	19429		11688	19492
285	39	18	0	82	125	354	114	587

1-B-25 按地区分组的纺织

地区	企业单位数(个)	亏损企业	工业总产值(当年价格)	工业销售产值(当年价格)	出口交货值	资产总计	流动资产合计
全省	**19**	**1**	**294287**	**292547**	**2969**	**152299**	**58380**
哈尔滨	1		13094	15199		6948	5865
齐齐哈尔	1		1926	2030		2120	1550
鸡西							
鹤岗							
双鸭山市							
大庆	6		174867	174764		104684	43468
伊春							
佳木斯	1		12352	12352		836	206
七台河							
牡丹江	4	1	61851	59326	2969	11323	1645
黑河							
绥化	6		30198	28876		26389	5646
大兴安岭							
农垦总局							
绥芬河							
抚远							

1-B-25 续表

地区	实收资本	国家资本	港澳台资本	外商资本	主营业务收入	主营业务成本	主营业务税金及附加
全省	**22755**	**200**		**169**	**291851**	**251415**	**483**
哈尔滨	1000				15199	13205	86
齐齐哈尔	300				2160	1821	6
鸡西							
鹤岗							
双鸭山市							
大庆	9698			69	183141	156068	32
伊春							
佳木斯	50				12352	10708	34
七台河							
牡丹江	3277				55443	48692	212
黑河							
绥化	8430	200		100	23556	20921	114
大兴安岭							
农垦总局							
绥芬河							
抚远							

服装、服饰业主要经济指标

单位：万元

应收账款	存货	产成品	固定资产合计	固定资产原价	累计折旧	负债合计	流动负债合计	所有者权益合计
16690	**13161**	**1823**	**58945**	**133999**	**75795**	**41539**	**37267**	**110690**
224	5363		755	2015	1260	4503	4503	2444
31	1031	396	570	730	159	1627	1627	493
15174	3804	146	35494	70452	34958	19613	19613	85071
132	28		630	743	148	32	31	805
-237	1030	514	7794	46048	38473	3866	2576	7456
1367	1905	768	13701	14011	797	11899	8917	14420

单位：万元

管理费用	销售费用	财务费用	利息支出	营业利润	利润总额	亏损企业亏损总额	本年应交增值税	从业人员平均人数（人）
4648	**3133**	**845**	**735**	**31278**	**30608**	**43**	**4938**	**2966**
948	957	1		97	188		860	65
139	14	110	110	64	64		17	134
1202	47	232	210	25563	25654		701	1088
276	284	1	1	1050	1050		321	78
1312	1131	354	354	3742	2889	43	2896	636
771	701	147	59	763	763		144	965

1-B-26 按地区分组的皮革、毛皮、

地区	企业单位数(个)	亏损企业	工业总产值(当年价格)	工业销售产值(当年价格)	出口交货值	资产总计	流动资产合计
全省	**22**	**3**	**541163**	**533877**		**129074**	**109990**
哈尔滨	1	1	8150	8150		5104	3699
齐齐哈尔							
鸡西							
鹤岗							
双鸭山市							
大庆	20	2	533013	525727		118370	100806
伊春							
佳木斯							
七台河							
牡丹江							
黑河							
绥化	1					5600	5485
大兴安岭							
农垦总局							
绥芬河							
抚远							

1-B-26 续表

地区	实收资本	国家资本	港澳台资本	外商资本	主营业务收入	主营业务成本	主营业务税金及附加
全省	**6570**			**3990**	**571310**	**515062**	**2542**
哈尔滨	100				3726	3809	
齐齐哈尔							
鸡西							
鹤岗							
双鸭山市							
大庆	6170			3990	556931	500748	2542
伊春							
佳木斯							
七台河							
牡丹江							
黑河							
绥化	300				10653	10504	
大兴安岭							
农垦总局							
绥芬河							
抚远							

羽毛及其制品和制鞋业主要经济指标

单位：万元

应收账款	存货	产成品	固定资产合计	固定资产原价	累计折旧	负债合计	流动负债合计	所有者权益合计
46211	**31802**	**8455**	**14438**	**27514**	**13088**	**71902**	**53941**	**54172**
923	877		21	21		5188	5188	-84
42569	28479	8264	14302	27370	13080	61706	43745	53664
2720	2446	191	115	123	8	5008	5008	592

单位：万元

管理费用	销售费用	财务费用	利息支出	营业利润	利润总额	亏损企业亏损总额	本年应交增值税	从业人员平均人数（人）
3802	**984**	**138**	**103**	**47700**	**47694**	**219**	**11984**	**1879**
93	8			-184	-184	184		65
3628	964	111	103	47856	47850	35	11984	1736
82	12	27		28	28			78

1-B-27 按地区分组的木材加工和木、

地区	企业单位数（个）	亏损企业	工业总产值（当年价格）	工业销售产值（当年价格）	出口交货值	资产总计	流动资产合计
全省	**275**	**24**	**4517914**	**4358523**	**50991**	**1798997**	**836036**
哈尔滨	78	5	922301	869701	8282	297946	134263
齐齐哈尔	8		229573	228992		76180	32397
鸡西	1	1	2766	2561		4088	3858
鹤岗	1		2207	2207		2136	371
双鸭山市	2		2137	2137		3434	1738
大庆	1		45283	45283		14811	13242
伊春	23	1	246588	234441	27237	123357	75202
佳木斯	18	1	278989	280713	1262	71480	36685
七台河	3		10887	9231		7711	5156
牡丹江	91	5	2120038	2071194	14210	776892	289902
黑河	1		12017	11311		2555	874
绥化	24	2	227728	224899		124188	68350
大兴安岭	12		144035	130147		122793	77840
农垦总局							
绥芬河	12	9	273365	245707		171426	96159
抚远							

1-B-27 续表

地区	实收资本	国家资本	港澳台资本	外商资本	主营业务收入	主营业务成本	主营业务税金及附加
全省	**492079**	**24750**	**1966**	**950**	**4254269**	**3750936**	**16160**
哈尔滨	76776	1920		250	834257	755231	7281
齐齐哈尔	13820				231898	190932	729
鸡西	160				2561	2201	12
鹤岗	100				2207	2046	
双鸭山市	250				4663	4172	11
大庆	600				52075	45283	
伊春	36604		1466	50	228833	212634	741
佳木斯	19518	2981			282073	252989	809
七台河	2500				9009	7588	54
牡丹江	238143	10229	500	650	2078076	1825575	4465
黑河	2000				8739	4754	
绥化	35816				221604	167762	1267
大兴安岭	30894	9620			129236	117558	241
农垦总局							
绥芬河	34900				169039	162214	552
抚远							

竹、藤、棕、草制品业主要经济指标

单位：万元

应收账款	存货	产成品	固定资产合计	固定资产原价	累计折旧	负债合计	流动负债合计	所有者权益合计
163102	**306109**	**176639**	**860827**	**1767800**	**956961**	**839719**	**671882**	**946342**
32429	60037	26995	140429	158915	46823	161142	125263	134551
7487	9843	4284	37979	39812	4263	39539	39003	36641
	3735	3406	230	370	140	4853	4853	-765
98	172	172	1765	1789	24	2051	1953	85
5	1301	124	1695	1804	109	1575	1575	1859
	13		1501	2040	539	6221	6221	8591
9044	17847	10452	44074	68655	32820	65319	54079	50898
14401	10293	7029	23154	35344	12637	35449	33890	35988
879	1961	1111	2555	3135	704	3047	3003	4664
48327	79788	41694	473887	1284453	812424	223760	134589	553371
104	600	600	1681	1837	156	872	872	1683
19880	11953	5298	44990	55054	13915	57759	53449	62693
5446	57512	53369	42648	49156	10684	77999	53499	44794
25002	51055	22106	44241	65438	21726	160134	159634	11289

单位：万元

管理费用	销售费用	财务费用	利息支出	营业利润	利润总额	亏损企业亏损总额	本年应交增值税	从业人员平均人数（人）
90521	**90498**	**22948**	**21054**	**258856**	**217798**	**20160**	**139894**	**40100**
11190	9315	3480	3030	38569	39115	2043	14918	8327
17386	5330	947	781	16001	15974		7375	1809
387	117			-156	-1	1	151	147
18		63	63	80	77			88
101	78	103		198	198			237
162	186			6445	6445		243	225
3177	3621	1452	1444	7291	7291	56	1500	5170
5797	5569	621	224	16313	16236	934	6208	1596
252	143	200	200	611	611		208	179
42186	42445	12809	12637	150050	105990	2303	93846	15575
1425	1289	393	393	879	879			128
2776	7596	788	753	28027	28564	17	6339	2524
1911	1076	517	483	7936	7915		3418	2852
3753	13734	1576	1046	-13387	-11497	14806	5689	1243

1-B-28 按地区分组的家具

地区	企业单位数(个)	亏损企业	工业总产值(当年价格)	工业销售产值(当年价格)	出口交货值	资产总计	流动资产合计
全省	**68**	**9**	**725737**	**704421**	**78779**	**649529**	**390870**
哈尔滨	19	4	135553	130315	36434	206045	101805
齐齐哈尔	4	1	71768	57817	1596	127485	100336
鸡西							
鹤岗	2		9991	9991	9581	14705	9342
双鸭山市							
大庆	3	1	14564	13398		10099	9062
伊春	17		148876	146134	17503	76040	48017
佳木斯	6	1	89728	89553		26603	13388
七台河	3		43542	45989		75399	50154
牡丹江	11	2	169366	169126	13666	77495	35273
黑河							
绥化	2		9322	8714		4335	2031
大兴安岭	1		33027	33384		31323	21462
农垦总局							
绥芬河							
抚远							

1-B-28 续表

地区	实收资本	国家资本	港澳台资本	外商资本	主营业务收入	主营业务成本	主营业务税金及附加
全省	**121705**	**5012**	**2446**	**1330**	**708775**	**602193**	**2735**
哈尔滨	47107	3155	1482	1054	135557	114312	506
齐齐哈尔	11277		63		56354	44218	446
鸡西							
鹤岗	5620				10674	7624	
双鸭山市							
大庆	665				7066	6326	51
伊春	15981	1658		277	140526	126381	340
佳木斯	1465				89598	81655	253
七台河	17535				42321	30607	305
牡丹江	20211	200	901		184101	157871	582
黑河							
绥化	1700				9194	8348	26
大兴安岭	144				33384	24852	227
农垦总局							
绥芬河							
抚远							

制造业主要经济指标

单位：万元

应收账款	存货		固定资产合计	固定资产原价	累计折旧	负债合计	流动负债合计	所有者权益合计
		产成品						
53721	**201792**	**107557**	**219590**	**411128**	**219771**	**412152**	**371706**	**236434**
21135	52476	13315	84189	105168	28789	109022	97639	97793
3242	38113	30803	25616	24349	11021	115601	103097	11884
142	5719	733	5363	2722	140	7999	6605	6705
1560	2613		893	1441	548	4976	4976	5124
2515	30919	20209	25046	32726	8527	40905	39898	33223
4698	2882	206	6971	9286	2314	14996	14996	11607
16185	29612	18716	22300	38341	17986	48467	46008	27133
2768	18714	4170	39296	182414	144631	39904	30468	37591
563	235		658	683	25	1628	129	2707
912	20509	19406	9257	13999	5792	28655	27890	2668

单位：万元

管理费用	销售费用	财务费用		营业利润	利润总额	亏损企业亏损总额	本年应交增值税	从业人员平均人数（人）
			利息支出					
34604	**29031**	**9270**	**5997**	**32510**	**31039**	**2766**	**17882**	**16987**
8733	6968	3161	1610	4780	5042	1567	2709	3495
4752	2217	1035	587	1106	1096	826	1685	2895
252	963	361	323	1471	1471		1	320
174	146	74	74	296	296			85
2734	3079	653	524	7264	7289		975	4427
1182	1059	1115	25	5284	5284	1	2776	842
5978	2632	923	923	2051	2076		2993	2082
7254	8011	1881	1884	8868	7098	372	6029	2139
132	7	20		490	490		278	145
3413	3951	48	48	900	897		437	557

1—B—29 按地区分组的造纸和

地区	企业单位数(个)	亏损企业	工业总产值(当年价格)	工业销售产值(当年价格)	出口交货值	资产总计	流动资产合计
全省	**56**	**15**	**886277**	**828935**	**9235**	**938880**	**399785**
哈尔滨	18	3	211155	198544		166624	91474
齐齐哈尔	4	2	31446	30824		57170	15985
鸡西	1		6035	5952		3909	3180
鹤岗	2		4278	3780		5514	2893
双鸭山市							
大庆	9	2	252360	214943	39	84699	36976
伊春	1		8516	8728		1618	831
佳木斯	5	1	57511	54226		187353	47711
七台河	1	1	3717	3214		2294	1352
牡丹江	12	5	276529	273993	9196	404670	195714
黑河							
绥化	3	1	34730	34730		25029	3670
大兴安岭							
农垦总局							
绥芬河							
抚远							

1—B—29 续表

地区	实收资本	国家资本	港澳台资本	外商资本	主营业务收入	主营业务成本	主营业务税金及附加
全省	**237144**	**21700**	**49895**	**26940**	**902870**	**767493**	**3533**
哈尔滨	49673	300		2358	223319	195033	773
齐齐哈尔	24418				30824	29299	9
鸡西	30				5952	5527	84
鹤岗	2250				4131	2986	92
双鸭山市							
大庆	15901				246774	216624	638
伊春	800				8728	7691	99
佳木斯	65919		49895		69635	62059	78
七台河	276				2825	2748	7
牡丹江	70687	21400		24582	275953	214490	1750
黑河							
绥化	7189				34730	31035	4
大兴安岭							
农垦总局							
绥芬河							
抚远							

纸制品业主要经济指标

单位：万元

应收账款	存货	产成品	固定资产合计	固定资产原价	累计折旧	负债合计	流动负债合计	所有者权益合计
111617	**119046**	**49013**	**442440**	**708438**	**345181**	**481715**	**378801**	**442449**
25776	24155	7367	62296	131249	71297	79627	68150	72344
1442	10731	6731	31886	64809	32923	45507	45036	11663
1756	523	356	729	1219	490	1916	1916	1993
409	258	258	2582	2975	536	2167	323	3347
6614	11878	3223	30291	42538	12958	52337	30883	32362
233	503	318	787	985	198	219	219	1398
23175	16732	2780	115667	48966	6882	69335	52676	118007
86	652	423	763	1277	514	1809	1809	436
51593	50772	25040	177175	393097	218325	210220	164209	194450
534	2842	2515	20265	21323	1058	18579	13579	6450

单位：万元

管理费用	销售费用	财务费用	利息支出	营业利润	利润总额	亏损企业亏损总额	本年应交增值税	从业人员平均人数(人)
37464	**30814**	**18639**	**18107**	**45975**	**43509**	**14667**	**27001**	**11554**
8247	5543	4604	4227	11319	5824	6230	3549	3035
2395	1995	1342	1213	-3946	-3708	4572	499	869
186	305	27		-177	165		700	142
11	13	63	63	974	974		220	144
6815	2948	2585	2510	17105	17235	764	3570	1809
83	297	40	40	518	518		468	120
2015	361	1590	1293	3551	4341	95	443	997
181	45			-157	-157	157	69	64
16741	18569	8249	8698	14764	16293	2828	17433	4104
789	738	139	63	2025	2025	22	50	270

1-B-30 按地区分组的印刷和

地区	企业单位数(个)	亏损企业	工业总产值(当年价格)	工业销售产值(当年价格)	出口交货值	资产总计	流动资产合计
全省	**36**	**11**	**244319**	**242351**		**252371**	**148586**
哈尔滨	22	8	177781	176849		199947	124613
齐齐哈尔	1		2218	2218		770	265
鸡西							
鹤岗							
双鸭山市							
大庆	1		4150	4150		6791	4680
伊春							
佳木斯	2		5039	5039		3048	1693
七台河							
牡丹江	3	1	6683	6894		7948	4801
黑河							
绥化	7	2	48449	47201		33868	12533
大兴安岭							
农垦总局							
绥芬河							
抚远							

1-B-30 续表

地区	实收资本	国家资本	港澳台资本	外商资本	主营业务收入	主营业务成本	主营业务税金及附加
全省	**65582**	**29943**		**1942**	**250795**	**216805**	**851**
哈尔滨	55990	28285		1942	181294	158445	743
齐齐哈尔	50				2271	2125	1
鸡西							
鹤岗							
双鸭山市							
大庆	848	848			5719	4898	3
伊春							
佳木斯	443				4442	3744	15
七台河							
牡丹江	2410	810			7206	5991	47
黑河							
绥化	5841				49864	41603	42
大兴安岭							
农垦总局							
绥芬河							
抚远							

记录媒介复制业主要经济指标

单位：万元

应收账款	存货	产成品	固定资产合计	固定资产原价	累计折旧	负债合计	流动负债合计	所有者权益合计
38579	**29271**	**8851**	**71965**	**142566**	**73618**	**120916**	**108057**	**128847**
34260	21218	6909	57737	121242	65715	98001	88713	99973
72	53	53				59	59	711
738	292		2105	3190	1085	6924	5333	-133
373	1005	80	1222	2443	1221	1931	1185	1117
1090	731	209	3146	7223	4076	4756	4756	3192
2047	5971	1601	7755	8469	1521	9245	8010	23988

单位：万元

管理费用	销售费用	财务费用	利息支出	营业利润	利润总额	亏损企业亏损总额	本年应交增值税	从业人员平均人数(人)
16606	**3308**	**2630**	**1477**	**11188**	**12178**	**4949**	**8772**	**4838**
13824	2536	1627	725	4914	5690	4587	7285	3661
1	5	1		138	138		68	15
420	36	286	183	76	76			203
307	219	142	86	44	77		60	107
915	223	122	122	-89	62	60	293	293
1139	290	452	362	6105	6135	302	1067	559

1-B-31 按地区分组的文教、工美、体育和

地　区	企业单位数(个)	亏损企业	工业总产值(当年价格)	工业销售产值(当年价格)	出口交货值	资产总计	流动资产合计
全　省	**43**		**568246**	**540302**	**4889**	**138548**	**53298**
哈尔滨	28		321857	299659	3985	59027	34220
齐齐哈尔							
鸡　西							
鹤　岗							
双鸭山市							
大　庆							
伊　春	3		29346	25669	905	6449	4865
佳木斯							
七台河							
牡丹江	9		144592	142821		51996	11864
黑　河							
绥　化	3		72450	72153		21077	2349
大兴安岭							
农垦总局							
绥芬河							
抚　远							

1-B-31 续表

地　区	实收资本	国家资本	港澳台资本	外商资本	主营业务收入	主营业务成本	主营业务税金及附加
全　省	**49989**	**2105**		**4685**	**527225**	**471256**	**1539**
哈尔滨	19980	2105		4685	282239	261034	216
齐齐哈尔							
鸡　西							
鹤　岗							
双鸭山市							
大　庆							
伊　春	2380				28538	26828	32
佳木斯							
七台河							
牡丹江	27008				146808	125219	712
黑　河							
绥　化	620				69640	58175	580
大兴安岭							
农垦总局							
绥芬河							
抚　远							

娱乐用品制造业主要经济指标

单位：万元

应收账款	存货	产成品	固定资产合计	固定资产原价	累计折旧	负债合计	流动负债合计	所有者权益合计
10614	**22063**	**11343**	**75433**	**171798**	**98265**	**53642**	**40998**	**84734**
5868	14285	7203	20160	28580	9611	26895	23526	31960
1126	2723	1862	1584	1470	588	2738	2738	3712
2467	4347	2009	35944	122150	86210	10912	9650	41084
1153	708	268	17746	19598	1856	13098	5084	7979

单位：万元

管理费用	销售费用	财务费用	利息支出	营业利润	利润总额	亏损企业亏损总额	本年应交增值税	从业人员平均人数（人）
10255	**8772**	**2502**	**2112**	**27237**	**27707**		**11751**	**7316**
2472	931	293	194	11675	11989		3869	3201
610	626	42	59	400	400		31	524
5318	5464	1704	1397	8392	8547		6529	2483
1855	1751	464	464	6770	6770		1322	1108

1-B-32 按地区分组的石油加工、

地　　区	企业单位数(个)	亏损企业	工业总产值(当年价格)	工业销售产值(当年价格)	出口交货值	资产总计	流动资产合计
全　　省	**56**	**19**	**14486192**	**14038936**	**3486**	**7187154**	**2519012**
哈 尔 滨	6	2	2203598	2178771		446260	164609
齐齐哈尔	2	2	164784	158986	3486	312523	119021
鸡　　西	3	2	39938	25836		66581	24823
鹤　　岗	3	2	67347	60612		159157	87288
双鸭山市	3		256812	246362		340902	159455
大　　庆	21	2	10729189	10518250		4098678	1125237
伊　　春	1		5856	4100		823	278
佳 木 斯	1		106497	92080		215816	120615
七 台 河	10	8	632695	491521		1399654	633747
牡 丹 江	2	1	229692	212961		122747	77996
黑　　河							
绥　　化	4		49784	49457		24012	5943
大兴安岭							
农垦总局							
绥 芬 河							
抚　　远							

1-B-32　续表

地　　区	实收资本	国家资本	港澳台资本	外商资本	主营业务收入	主营业务成本	主营业务税金及附加
全　　省	**1228131**	**459825**	**7797**		**14522590**	**12688472**	**1395771**
哈 尔 滨	274648				2179024	1759989	324593
齐齐哈尔	37000	36000			156587	160737	-123
鸡　　西	23547				25185	27863	
鹤　　岗	49950				72522	82753	82
双鸭山市	84477		7797		264602	244302	775
大　　庆	566898	395825			10843214	9478919	1048148
伊　　春	60				4100	3930	6
佳 木 斯	20000				114836	106724	114
七 台 河	136910	28000			567580	562371	1546
牡 丹 江	30500				245494	216723	20413
黑　　河							
绥　　化	4142				49447	44162	218
大兴安岭							
农垦总局							
绥 芬 河							
抚　　远							

炼焦和核燃料加工业主要经济指标

单位：万元

应收账款	存货		固定资产合计	固定资产原价	累计折旧	负债合计	流动负债合计	所有者权益合计
		产成品						
204032	**1368431**	**544503**	**4078422**	**7629527**	**3790247**	**4611391**	**3631676**	**2576666**
3452	125223	55564	279919	531207	247210	168087	120827	279128
29543	39929	26333	139502	232322	114259	394987	316138	-82463
4732	14791	8528	21754	25126	8010	60950	60950	5631
2392	12018	6180	14719	16994	4561	124386	79886	34772
14402	75701	6539	163748	204138	40390	217823	173536	123079
56730	816859	293551	2852774	5964487	3140758	2477493	1900245	1621133
54	179		529	902	372	730	730	93
24063	30454	10958	74362	79553	22002	142284	65712	73532
59121	218735	119007	502349	535714	194067	923051	812743	476603
7725	32327	17424	16895	25022	16427	85234	85234	37513
1818	2216	418	11871	14064	2192	16367	15677	7645

单位：万元

管理费用	销售费用	财务费用		营业利润	利润总额	亏损企业亏损总额	本年应交增值税	从业人员平均人数(人)
			利息支出					
571246	**73000**	**145566**	**138144**	**-412733**	**-461847**	**549448**	**342449**	**55181**
58731	3376	1429	1829	32139	28837	151	66544	2261
8315	1277	8167	6165	-28064	-24461	24461	1409	3804
1374	401	268		-4721	-4772	4772		587
2641	446	2079	1000	-15240	-13321	14480	118	666
1633	1118	7411	5602	9640	10360		15268	1429
465560	55236	89178	88541	-360036	-414541	454649	243933	35446
119	64			38	38		15	13
3303	1467	1568	1257	1900	2011		905	1170
24877	6185	33883	32327	-52056	-49598	50013	8154	8098
4272	2183	1418	1294	621	555	923	4020	1168
423	1249	165	129	3046	3046		2082	539

1-B-33 按地区分组的化学原料和

地　区	企业单位数(个)	亏损企业	工业总产值(当年价格)	工业销售产值(当年价格)	出口交货值	资产总计	流动资产合计
全　省	**226**	**34**	**5502003**	**5312457**	**26043**	**3761071**	**1808040**
哈尔滨	45	6	1249588	1206133	19137	892891	396716
齐齐哈尔	22	3	392873	388503		396577	118268
鸡　西	2	1	5512	5499		7730	3546
鹤　岗	1		4825	4541		11510	8402
双鸭山市	2		26958	26555		34852	31756
大　庆	49	7	1861454	1822124	5116	1209015	730263
伊　春	4		30262	29972		58277	18724
佳木斯	20	2	191694	170073		118681	46542
七台河	7	3	86009	76581		195972	81778
牡丹江	24	5	260261	257751	12	179823	75981
黑　河							
绥　化	41	6	1273109	1208495	1777	511920	247644
大兴安岭							
农垦总局	8	1	95563	94068		115921	20855
绥芬河	1		23895	22163		27904	27565
抚　远							

1-B-33 续表

地　区	实收资本	国家资本	港澳台资本	外商资本	主营业务收入	主营业务成本	主营业务税金及附加
全　省	**954954**	**315232**	**1080**	**27719**	**5238789**	**4469865**	**32371**
哈尔滨	336751	274943	1080	2253	1260799	1134796	3586
齐齐哈尔	87991	546		9205	386742	328287	1403
鸡　西	3476				5113	3941	86
鹤　岗	1424				2574	2212	
双鸭山市	650				23469	18876	83
大　庆	237814				1675222	1399226	17721
伊　春	13610			11089	26802	20445	14
佳木斯	33602			2511	196242	169992	990
七台河	105908				78651	66666	291
牡丹江	23964			2660	261518	223645	1019
黑　河							
绥　化	78706	14275			1181762	966973	7038
大兴安岭							
农垦总局	30058	25469			101985	98896	140
绥芬河	1000				37911	35913	
抚　远							

化学制品制造业主要经济指标

单位：万元

应收账款	存货	产成品	固定资产合计	固定资产原价	累计折旧	负债合计	流动负债合计	所有者权益合计
414232	**447407**	**197520**	**1528253**	**2268206**	**856716**	**2221545**	**1887332**	**1520875**
66319	137305	52353	358970	449082	140971	381748	323655	506912
23825	36655	17408	243252	271768	35765	352627	234983	37892
2027	650	421	2336	2984	648	4249	2850	3481
805	1189	72	3108	4593	1485	6906	6906	4604
28432	2331	5	3025	4253	1227	33655	33543	1011
178592	110927	53677	392692	754352	362830	679980	653798	526236
524	859	564	38327	44807	6677	48421	29881	9856
9780	13771	6665	51171	59822	20401	51221	44856	67460
18050	13362	8138	58533	83291	26142	47507	37458	145333
26175	23222	11684	93582	205300	115291	115345	108254	64470
41603	84645	36947	190635	196195	42865	349227	265396	160580
8117	8797	2899	92283	191138	102129	124238	119333	-8441
9984	13696	6688	338	623	285	26422	26422	1482

单位：万元

管理费用	销售费用	财务费用	利息支出	营业利润	利润总额	亏损企业亏损总额	本年应交增值税	从业人员平均人数（人）
187508	**74865**	**45030**	**42880**	**352579**	**348202**	**63678**	**109323**	**41451**
34166	11468	4817	4101	64570	66270	11473	10698	6868
30425	12030	16823	15617	-2239	-2180	31175	11210	4417
296	61	6	6	862	862	5	360	17
122	29	79	54	132	132			280
147	1383	1		642	650		758	95
56110	16497	12427	13496	175836	152343	1212	44094	13314
2117	249	2495	2493	1566	2053		8	267
10712	6993	752	752	8563	9433	200	3727	3032
6334	1560	762	451	3148	4526	1495	2833	881
11462	7302	1721	1719	16722	15480	1024	12407	3187
24139	13793	5014	4061	96774	112302	997	22982	6998
11274	2262	55	69	-14472	-14170	16099	246	2074
205	1239	80	62	475	500			21

1-B-34 按地区分组的医药

地　区	企业单位数（个）	亏损企业	工业总产值（当年价格）	工业销售产值（当年价格）	出口交货值	资产总计	流动资产合计
全　省	**117**	**9**	**3371624**	**3200344**	**70317**	**4441792**	**2673504**
哈尔滨	54	5	2171250	2021304	67303	3223158	2002246
齐齐哈尔	3	1	14776	14108		13005	6937
鸡　西	3		225333	221537		281962	248276
鹤　岗	2		42798	42625		45052	26527
双鸭山市							
大　庆	3		41010	40543		17971	8593
伊　春	6		62067	59848		60223	29288
佳木斯	4		38757	38391		28445	9549
七台河							
牡丹江	17	1	262446	274269		271187	92610
黑　河	3	1	32212	29582		44567	22588
绥　化	20	1	436570	412892		334992	174821
大兴安岭							
农垦总局	2		44406	45247	3014	121232	52070
绥芬河							
抚　远							

1-B-34　续表

地　区	实收资本	国家资本	港澳台资本	外商资本	主营业务收入	主营业务成本	主营业务税金及附加
全　省	**824146**	**170206**	**31199**	**197123**	**4141355**	**2795035**	**28241**
哈尔滨	603164	169800	8269	195203	2983538	1961391	21072
齐齐哈尔	9138				13752	12070	79
鸡　西	37250				222524	152818	1339
鹤　岗	7928				42625	38699	116
双鸭山市							
大　庆	6053				39397	32156	227
伊　春	11654				58027	43826	290
佳木斯	5491				38217	24650	290
七台河							
牡丹江	68267				284249	186165	2163
黑　河	4066				29187	26780	21
绥　化	50662	406	22930		381977	285905	2280
大兴安岭							
农垦总局	20472			1920	47862	30576	365
绥芬河							
抚　远							

制造业主要经济指标

单位：万元

应收账款	存货	产成品	固定资产合计	固定资产原价	累计折旧	负债合计	流动负债合计	所有者权益合计
611589	**691828**	**201564**	**1238547**	**2105121**	**996723**	**2002696**	**1805412**	**2434185**
441273	503848	161254	820987	1310406	581090	1526398	1427022	1695449
506	4836	605	3865	4028	211	3339	1192	9666
76457	67619	4659	22105	31388	9282	106957	95653	175005
9669	6427	764	17417	8799	3617	21112	12230	23940
1077	3134	593	7138	9581	2476	7053	3332	10917
3854	11521	5524	27856	48838	21535	34221	22091	26002
2623	2834	993	14618	16389	3024	20183	18078	8263
10678	17980	3955	138756	446185	314486	70920	54196	200267
1214	3399	2367	4198	6694	2800	21401	7573	19566
54371	46443	18494	139498	161502	39000	121578	115060	213414
9868	23786	2358	42111	61313	19202	69536	48986	51696

单位：万元

管理费用	销售费用	财务费用	利息支出	营业利润	利润总额	亏损企业亏损总额	本年应交增值税	从业人员平均人数（人）
335152	**571703**	**14026**	**25377**	**385141**	**404773**	**4430**	**219081**	**54140**
278455	506348	2350	13468	200919	212615	1974	160356	38851
934	324	757	756	-502	-498	1187	381	364
7030	857	3511	3423	55877	56089		10928	808
962	116	152	1	2530	4692		963	379
1537	2225	230	230	3121	3079		1481	565
2010	7671	420	423	3816	4461		2375	1568
2873	7969	617	622	1818	2476		2519	548
14977	21062	3251	3817	57692	58351	39	18943	3407
1265	25	539	539	514	609	564	311	362
17877	17163	1454	1323	56650	59267	667	17652	4791
7235	7941	744	776	2707	3633		3172	2497

1−B−35 按地区分组的化学

地区	企业单位数（个）	亏损企业	工业总产值（当年价格）	工业销售产值（当年价格）	出口交货值	资产总计	流动资产合计
全省	**4**	**2**	**11080**	**8939**		**340480**	**163379**
哈尔滨	1	1	2362	727		311874	155506
齐齐哈尔							
鸡西							
鹤岗							
双鸭山市							
大庆							
伊春							
佳木斯	1		3013	3007		2643	1377
七台河							
牡丹江							
黑河							
绥化	2	1	5705	5205		25963	6496
大兴安岭							
农垦总局							
绥芬河							
抚远							

1−B−35 续表

地区	实收资本	国家资本	港澳台资本	外商资本	主营业务收入	主营业务成本	主营业务税金及附加
全省	**23519**				**8779**	**7008**	**51**
哈尔滨	6700				727	739	
齐齐哈尔							
鸡西							
鹤岗							
双鸭山市							
大庆							
伊春							
佳木斯	500				2943	2166	44
七台河							
牡丹江							
黑河							
绥化	16319				5109	4103	8
大兴安岭							
农垦总局							
绥芬河							
抚远							

纤维制造业主要经济指标

单位：万元

应收账款	存货	产成品	固定资产合计	固定资产原价	累计折旧	负债合计	流动负债合计	所有者权益合计
11278	**4185**	**1564**	**125846**	**4856**	**464**	**202217**	**197392**	**138191**
9981	1665	1261	121454			191973	191973	119901
670	480	145	898	1245	347	1457	1133	1186
627	2039	158	3494	3611	117	8786	4286	17105

单位：万元

管理费用	销售费用	财务费用	利息支出	营业利润	利润总额	亏损企业亏损总额	本年应交增值税	从业人员平均人数（人）
1267	**486**	**193**	**192**	**116**	**121**	**207**	**158**	**685**
441	24			-137	-137	137		403
329	123	32	32	251	256		153	77
497	339	161	160	2	2	70	5	205

1-B-36 按地区分组的橡胶和

地区	企业单位数(个)	亏损企业	工业总产值(当年价格)	工业销售产值(当年价格)	出口交货值	资产总计	流动资产合计
全省	**138**	**13**	**1922516**	**1894281**	**16870**	**1276762**	**752132**
哈尔滨	43	4	633341	627211	2059	673991	492978
齐齐哈尔	12	1	170592	168645		60664	23518
鸡西	3		32543	25202	7928	18349	10254
鹤岗	3		26545	26168		10398	4701
双鸭山市	4		25801	25603		17469	4535
大庆	22	3	245845	241960		97350	60673
伊春	1		17436	17436		2997	1600
佳木斯	16		160668	156379		64059	29728
七台河	2	2	6560	4871		5555	3632
牡丹江	17		504074	504284	6866	267661	87800
黑河	2		17308	17209	18	9930	8125
绥化	13	3	81804	79313		48340	24591
大兴安岭							
农垦总局							
绥芬河							
抚远							

1-B-36 续表

地区	实收资本	国家资本	港澳台资本	外商资本	主营业务收入	主营业务成本	主营业务税金及附加
全省	**219384**	**17763**	**5178**	**42752**	**1901697**	**1673269**	**7840**
哈尔滨	60345	4541	5000	1350	620390	548832	3559
齐齐哈尔	5771				169588	143188	352
鸡西	7750	3931			26706	25526	23
鹤岗	2400				22589	19027	144
双鸭山市	2530		88		25573	19883	104
大庆	23536	5288			229106	205400	504
伊春	1000				17436	15156	416
佳木斯	16732				160989	142865	494
七台河	2109	2003			5057	4758	13
牡丹江	76416	2000	90	41402	525191	461509	1778
黑河	873				20030	18339	105
绥化	19921				79042	68787	349
大兴安岭							
农垦总局							
绥芬河							
抚远							

塑料制品业主要经济指标

单位：万元

应收账款	存货		固定资产合计	固定资产原价	累计折旧	负债合计	流动负债合计	所有者权益合计
		产成品						
198975	**208011**	**66220**	**445484**	**733833**	**324093**	**733036**	**649468**	**540766**
114711	121613	20063	147127	193792	58335	419500	394915	254471
8042	4425	1495	35662	42367	7845	15235	15082	45018
3188	4173	2767	6486	9987	3501	8268	7856	10081
1267	605	581	5672	2642	919	6544	3801	3855
2099	1063	805	7160	6640	1083	8784	3853	7739
26440	20341	14153	34531	62402	31227	57110	56752	38740
	35	32	1372	1397	25	1099	397	1897
9214	8612	4293	22955	28747	6424	20088	18842	43899
1019	1975	1476	1583	1560	532	2660	2185	2895
23083	32040	13024	165354	361450	206508	166985	123964	100675
2221	1969	1308	1656	3682	2027	7001	6827	2929
7692	11160	6225	15926	19168	5668	19761	14995	28568

单位：万元

管理费用	销售费用	财务费用		营业利润	利润总额	亏损企业亏损总额	本年应交增值税	从业人员平均人数（人）
			利息支出					
53641	**32386**	**12658**	**16338**	**117431**	**115960**	**4310**	**51381**	**19580**
17782	12114	6980	10697	30368	33217	704	9706	4324
2497	477	631	595	22534	22569	144	6050	1230
838	155	162	74	37	55		406	583
109	58	38	38	3214	3214		1041	239
615	132	5	11	1076	1076		1221	189
9758	3243	829	808	9879	10329	3138	7294	2915
336	76	61	61	1391	1391			103
4281	1960	374	284	11084	11083		2363	1700
303	126	71	3	-237	-202	202	56	78
13793	12709	3251	3571	32142	27257		20843	6950
1065	106	92	90	324	329		895	115
2265	1231	164	106	5620	5642	122	1506	1154

1-B-37 按地区分组的非金属矿

地 区	企业单位数（个）	亏损企业	工业总产值（当年价格）	工业销售产值（当年价格）	出口交货值	资产总计	流动资产合计
全 省	**395**	**71**	**5590811**	**5355214**	**46249**	**5745471**	**2698393**
哈尔滨	96	27	1078405	1001205	6707	1647413	859621
齐齐哈尔	34	5	687508	661372		310509	121140
鸡 西	7	2	99395	85805		126664	64567
鹤 岗	9	4	62517	58224		533058	226965
双鸭山市	18	1	370344	347018		233999	102141
大 庆	54	7	805753	786301	39542	524459	311912
伊 春	10	1	203047	192572		257449	58746
佳木斯	32	4	551435	520428		492915	220492
七台河	9	6	34441	31702		78152	33533
牡丹江	52	7	729461	723640		790388	346993
黑 河	19	3	264827	251899		318840	151937
绥 化	45	4	621537	614001		358698	169763
大兴安岭	2		5004	5024		13288	5545
农垦总局	7		74706	73593		56781	23792
绥芬河	1		2432	2432		2859	1247
抚 远							

1-B-37 续表

地 区	实收资本	国家资本	港澳台资本	外商资本	主营业务收入	主营业务成本	主营业务税金及附加
全 省	**973452**	**98479**	**4450**	**49175**	**5315851**	**4418940**	**34991**
哈尔滨	420713	19867	1000	27079	1000833	816936	5215
齐齐哈尔	61282	8340	500		661580	547030	5046
鸡 西	35460	9160			81279	66558	735
鹤 岗	6512	2000			56662	52479	214
双鸭山市	35057	9379			318602	231675	5022
大 庆	107880	462		21846	756802	643030	4830
伊 春	26983				205423	172757	730
佳木斯	55792	28862			525741	440746	1632
七台河	20082				34326	29553	589
牡丹江	66843	3000			699159	591302	2273
黑 河	57363	16000	2650	250	241106	204201	1462
绥 化	65247	900			653172	554012	6287
大兴安岭	2000	510			5024	3985	29
农垦总局	11240		300		73711	62479	894
绥芬河	1000				2432	2199	33
抚 远							

制品业主要经济指标

单位：万元

应收账款	存货	产成品	固定资产合计	固定资产原价	累计折旧	负债合计	流动负债合计	所有者权益合计
765634	**577052**	**166030**	**2049516**	**2379601**	**755283**	**3694773**	**2754601**	**1952190**
304284	179381	34092	516935	724993	254003	948810	791961	694573
33192	30007	14336	168269	215004	55235	233452	208943	76346
20879	15872	6248	50698	70804	22129	74301	62657	52363
38636	58571	21264	25207	28779	4647	445148	26765	17857
34026	28600	12104	119258	94947	34971	111602	81693	119060
118695	69802	24064	173849	245471	78790	270240	247183	252529
25030	17739	6524	149814	220625	73625	163673	142473	93399
31961	48527	12913	92075	128145	38107	391411	271471	99879
5864	10651	2702	39554	45727	11615	56016	32913	21643
53567	35251	11291	396885	264462	105272	552471	508813	233453
30856	29436	10118	133801	155815	36467	230893	217032	87543
60971	45361	9415	142614	148295	30645	173424	121882	173951
2341	2772	12	7742	8697	985	6811	4811	6477
4910	4350	948	31205	25007	7575	34668	34152	22114
424	733		1613	2830	1218	1853	1853	1006

单位：万元

管理费用	销售费用	财务费用	利息支出	营业利润	利润总额	亏损企业亏损总额	本年应交增值税	从业人员平均人数（人）
260387	**129591**	**96261**	**73668**	**367518**	**408832**	**56508**	**195659**	**54208**
65744	32970	18718	11627	67191	91612	22848	39630	13491
16442	7270	17667	13462	65544	59462	7234	33420	4560
9596	3374	805	410	337	4649	698	4308	1935
21691	1061	1327	1580	-5516	6694	343	6576	1024
23576	13589	2445	3054	34294	35919	382	14838	2358
30601	13181	7024	6921	57652	60050	5750	10988	4652
12232	5996	5995	6021	7780	15968	287	5708	3211
22953	11847	10664	1913	39311	39506	5503	19856	5508
2815	1307	2817	2697	-2898	-2466	3077	2685	675
27714	12680	18788	18523	45540	31861	6655	30465	7640
10248	7568	6639	4667	11329	15160	1623	10989	2800
14221	17233	2665	2244	39836	43002	2108	13418	4902
521	27	84	83	700	700		344	222
1838	1491	589	430	6450	6712		2410	1175
197		35	35	-33	3		25	55

1-B-38 按地区分组的黑色金属

地　区	企业单位数(个)	亏损企业	工业总产值(当年价格)	工业销售产值(当年价格)	出口交货值	资产总计	流动资产合计
全　省	**58**	**16**	**3523541**	**3275147**	**111041**	**5057544**	**2291859**
哈尔滨	22	12	856308	710093		1041935	607725
齐齐哈尔	9	1	443784	419178	111041	1339549	563419
鸡　西	2	1	172346	97699		524517	406460
鹤　岗	1		6982	6982		4454	1584
双鸭山市	1		650753	651968		1060895	283160
大　庆	7	1	249332	245149		53946	41543
伊　春	4		759589	758505		920992	345130
佳木斯	6		82902	82250		14410	5922
七台河	1	1	10125	11804		18091	6270
牡丹江	3		130904	130904		34433	7398
黑　河							
绥　化	2		160515	160615		44322	23248
大兴安岭							
农垦总局							
绥芬河							
抚　远							

1-B-38 续表

地　区	实收资本	国家资本	港澳台资本	外商资本	主营业务收入	主营业务成本	主营业务税金及附加
全　省	**537198**	**91170**		**1900**	**3226764**	**2948564**	**6794**
哈尔滨	94025	322			687311	668475	1059
齐齐哈尔	103458	90248		1900	410720	385908	968
鸡　西	28978				100431	101042	30
鹤　岗	300				2986	2103	17
双鸭山市	160000				636907	597712	2555
大　庆	7301	600			243908	218626	298
伊　春	101801				759515	690073	154
佳木斯	1768				79939	64948	48
七台河	5000				11804	11596	48
牡丹江	14217				131354	111675	229
黑　河							
绥　化	20350				161891	96407	1388
大兴安岭							
农垦总局							
绥芬河							
抚　远							

冶炼和压延加工业主要经济指标

单位：万元

应收账款	存货	产成品	固定资产合计	固定资产原价	累计折旧	负债合计	流动负债合计	所有者权益合计
302613	**976595**	**386909**	**1617308**	**2192303**	**709200**	**4142037**	**3551938**	**912954**
91852	159468	63052	406681	465190	118668	981935	943399	57964
64124	316791	171617	342320	484640	147730	1098274	911158	241275
30878	207089	35262	112059	118199	30376	562942	536032	-38855
154			2870	2870	104	2056	2056	2399
20481	172644	62132	349617	490059	140442	615753	401256	445142
10710	10752	1478	9988	15571	6617	25183	24316	28763
69680	100202	49687	332595	461946	171878	822347	700650	98645
2564	487	215	8427	8660	957	2586	2515	11737
1875	4063	1865	6061	7390	1343	11074	11074	7017
1631	3166	1577	25803	111877	86074	8894	8550	25539
8663	1933	25	20887	25900	5013	10992	10932	33330

单位：万元

管理费用	销售费用	财务费用	利息支出	营业利润	利润总额	亏损企业亏损总额	本年应交增值税	从业人员平均人数（人）
86744	**68120**	**111874**	**107011**	**15171**	**67564**	**35243**	**87223**	**32706**
13955	7663	22652	24844	-25334	-9821	18331	14314	6012
17902	16711	21653	21097	-21769	9053	253	5208	7288
4027	5537	3165		-14240	-14278	15257		3063
27	70	45	45	3170	695			78
14292	15263	17290	14122	-5078	2059		26125	4967
1772	483	768	729	21748	21794	33	5896	610
16660	6743	44307	44144	13404	14438		25971	7470
5083	2324	57	46	7480	7647		1537	535
640	41	1035	1035	-1556	-1371	1371	401	200
12207	3430	784	784	3029	3029		3821	789
180	9855	118	164	34319	34319		3950	1694

1-B-39 按地区分组的有色金属

地区	企业单位数(个)	亏损企业	工业总产值(当年价格)	工业销售产值(当年价格)	出口交货值	资产总计	流动资产合计
全省	**14**	**3**	**414803**	**420885**	**9698**	**738291**	**241047**
哈尔滨	8	2	295597	296088	5664	605317	167048
齐齐哈尔							
鸡西							
鹤岗							
双鸭山市	1		38991	47150		39741	13215
大庆	1		33503	33503		42731	28860
伊春	1	1	19949	19949		28016	15717
佳木斯							
七台河							
牡丹江	3		26765	24196	4034	22485	16207
黑河							
绥化							
大兴安岭							
农垦总局							
绥芬河							
抚远							

1-B-39 续表

地区	实收资本	国家资本	港澳台资本	外商资本	主营业务收入	主营业务成本	主营业务税金及附加
全省	**194891**	**161000**		**5100**	**424306**	**367927**	**3377**
哈尔滨	169450	161000			292452	252581	2934
齐齐哈尔							
鸡西							
鹤岗							
双鸭山市	10000			5100	49827	48442	
大庆	379				39033	30158	254
伊春	9462				19949	16576	172
佳木斯							
七台河							
牡丹江	5600				23046	20170	18
黑河							
绥化							
大兴安岭							
农垦总局							
绥芬河							
抚远							

冶炼和压延加工业主要经济指标

单位：万元

应收账款	存货	产成品	固定资产合计	固定资产原价	累计折旧	负债合计	流动负债合计	所有者权益合计
66974	**95415**	**18767**	**103499**	**219402**	**117964**	**497967**	**293906**	**236302**
16164	77041	11622	61247	150728	91541	430210	233431	175108
4856	8359	2870	24855	26962	2107	32441	25186	7300
28372	488		4997	7667	2670	16577	16577	22133
8749	3295	8	6431	22339	15907	7072	7072	20945
8834	6232	4267	5969	11707	5739	11668	11640	10816

单位：万元

管理费用	销售费用	财务费用	利息支出	营业利润	利润总额	亏损企业亏损总额	本年应交增值税	从业人员平均人数(人)
31903	**7187**	**9634**	**9452**	**5826**	**11330**	**2788**	**7188**	**8410**
23890	6420	8228	8055	-86	5355	393	3955	6382
601	52	635	604	97	106		1035	362
701	526	563	563	6832	6832		2058	131
5720		-23		-2438	-2394	2394		1220
992	188	231	230	1421	1431		140	315

1-B-40 按地区分组的

地区	企业单位数(个)	亏损企业	工业总产值(当年价格)	工业销售产值(当年价格)	出口交货值	资产总计	流动资产合计
全省	**139**	**20**	**1847951**	**1826158**	**22900**	**1132867**	**615300**
哈尔滨	58	7	644175	635940	3746	411292	230488
齐齐哈尔	13	3	464776	460787	19147	397834	182737
鸡西							
鹤岗							
双鸭山市	3		5584	5328		9501	3296
大庆	27	5	394787	394078		163306	109986
伊春	1	1	5782	5782		6803	6034
佳木斯	15		174142	166565		52989	36628
七台河							
牡丹江	7	2	80079	79790	7	48927	26796
黑河	2		12123	11696		4297	1954
绥化	12	2	64666	64356		37369	17051
大兴安岭							
农垦总局	1		1838	1838		550	330
绥芬河							
抚远							

1-B-40 续表

地区	实收资本	国家资本	港澳台资本	外商资本	主营业务收入	主营业务成本	主营业务税金及附加
全省	**252047**	**67448**	**7377**	**4372**	**1788270**	**1587701**	**7861**
哈尔滨	121325	14200	7377	4372	644829	583993	4559
齐齐哈尔	63777	52748			419197	364582	432
鸡西							
鹤岗							
双鸭山市	700				7448	5883	21
大庆	23001	500			389969	337395	1579
伊春	510				5782	5797	24
佳木斯	7105				160818	148828	398
七台河							
牡丹江	16503				80228	71613	315
黑河	2200				11696	10673	126
绥化	16771				66466	57450	380
大兴安岭							
农垦总局	155				1838	1487	28
绥芬河							
抚远							

金属制品业主要经济指标

单位：万元

应收账款	存货	产成品	固定资产合计	固定资产原价	累计折旧	负债合计	流动负债合计	所有者权益合计
206217	**162342**	**57526**	**448329**	**767058**	**368842**	**660238**	**581375**	**467306**
73812	78633	33033	144136	226545	88553	230649	198434	179100
35198	36527	7401	203085	339620	173349	242337	209241	155396
1743	1185	546	5508	5618	111	7191	5828	2309
61219	25510	8079	47354	73738	31503	97599	90863	65609
4542			575	610	35	6714	6714	89
16101	7252	4605	10397	13731	3356	34949	33170	14488
7874	4316	1292	19364	86429	68580	23754	23128	25173
893	823	28	2244	2902	718	884	884	3413
4555	8097	2542	15667	17866	2637	15765	13113	21574
281						395		155

单位：万元

管理费用	销售费用	财务费用	利息支出	营业利润	利润总额	亏损企业亏损总额	本年应交增值税	从业人员平均人数（人）
84906	**18740**	**11859**	**9000**	**80014**	**93299**	**10106**	**38351**	**23794**
23245	9200	4581	3681	18894	26136	2224	13050	6225
32269	2374	5127	3292	19341	25697	6533	13628	10604
59	47	5	4	1269	1269		316	268
21767	2691	889	888	25255	25021	966	6504	3583
33				-71	-71	71	200	28
2329	1644	171	90	7009	7009		1155	1043
3102	1974	649	627	2097	2109	268	2355	756
163	20	34	33	680	689		20	92
1916	771	391	373	5272	5272	44	1125	1115
24	19	13	13	268	169			80

1-B-41 按地区分组的通用

地　区	企业单位数(个)	亏损企业	工业总产值(当年价格)	工业销售产值(当年价格)	出口交货值	资产总计	流动资产合计
全　省	**203**	**36**	**3488928**	**3411258**	**230485**	**6909833**	**5099854**
哈尔滨	107	20	2342885	2288797	208160	5744952	4414985
齐齐哈尔	29	5	549204	535446	2873	774874	414533
鸡　西	1		6265	6281		6544	5440
鹤　岗	3		6591	7820		11103	8621
双鸭山市	4		41734	38377		29421	20473
大　庆	14	3	176011	176568	685	101848	82347
伊　春	1		25572	24482		5195	3381
佳木斯	14	4	89206	81698		27067	17242
七台河							
牡丹江	19	3	195492	195801	18767	154215	113188
黑　河							
绥　化	10	1	52489	52340		46752	15086
大兴安岭							
农垦总局	1		3480	3650		7862	4557
绥芬河							
抚　远							

1-B-41 续表

地　区	实收资本	国家资本	港澳台资本	外商资本	主营业务收入	主营业务成本	主营业务税金及附加
全　省	**906003**	**358765**		**4198**	**3362149**	**2805438**	**17925**
哈尔滨	650848	285827			2232320	1822976	10907
齐齐哈尔	177158	71434			542114	464255	4751
鸡　西	520				9816	9048	37
鹤　岗	2200				6701	5586	55
双鸭山市	4837	50			33339	26753	127
大　庆	24184				165985	147951	1186
伊　春	1000				24001	23214	10
佳木斯	3962				78808	71385	131
七台河							
牡丹江	29623	240		4198	223520	197422	610
黑　河							
绥　化	10534	1001			42094	33812	104
大兴安岭							
农垦总局	1138	213			3450	3036	8
绥芬河							
抚　远							

设备制造业主要经济指标

单位：万元

应收账款	存货	产成品	固定资产合计	固定资产原价	累计折旧	负债合计	流动负债合计	所有者权益合计
1891112	**1497687**	**232448**	**1058676**	**1637217**	**674683**	**4924507**	**4514228**	**1989167**
1644074	1207233	118033	690401	1097278	452303	4291421	3937314	1458164
157905	216409	83366	275313	399062	167143	411194	387111	363316
3924	1300	111	1091	2172	1081	5224	4631	1320
4829	2221	1267	2391	3211	819	7033	7033	4070
5757	4910	2694	6885	9783	3389	13187	9582	16234
23038	12533	7401	10962	16172	6172	69196	58791	32428
161	2200	390	972	1717	746	3314	3314	1881
5411	5599	1765	6226	9480	4195	18419	17316	8632
40325	38266	16289	30793	64200	34321	75945	65884	78271
4003	4508	977	31191	29422	2244	23709	17387	22856
1685	2507	155	2450	4721	2271	5866	5866	1996

单位：万元

管理费用	销售费用	财务费用	利息支出	营业利润	利润总额	亏损企业亏损总额	本年应交增值税	从业人员平均人数（人）
286716	**98073**	**23959**	**28986**	**115051**	**124922**	**90661**	**97018**	**51565**
222190	70370	12606	18792	75846	79421	54917	52400	33180
40946	14701	8167	7487	10955	18473	33020	27011	11396
508	152	-44		291	292		365	156
423	507	115	103	196	194		454	193
2195	988	268	4	3011	3079		1071	308
4887	1605	1504	1415	8977	8743	1209	6995	1036
157	69			552	552		362	269
2655	2171	173	118	1941	1901	504	1269	978
10565	5788	828	759	9626	8501	1007	6270	2564
1835	1665	270	244	3736	3744	4	736	1320
356	57	73	64	-79	21		85	165

1-B-42 按地区分组的专用

地　　区	企业单位数(个)	亏损企业	工业总产值(当年价格)	工业销售产值(当年价格)	出口交货值	资产总计	流动资产合计
全　　省	**221**	**23**	**3900588**	**3687838**	**135070**	**6978856**	**4693693**
哈 尔 滨	60	6	867907	794080	9731	1353099	940028
齐齐哈尔	8	1	1101864	1041293	68707	3764493	2584421
鸡　　西	4	2	68510	64457		168196	126757
鹤　　岗	9	3	59044	59937		61368	35373
双鸭山市	2		8456	8456		5942	896
大　　庆	45	4	627172	615910	49442	695575	455135
伊　　春	1		3227	3227		1909	1432
佳 木 斯	39	2	536968	501736	1785	448942	293484
七 台 河	3	1	20839	19711		37465	29316
牡 丹 江	27	1	431822	411647	5404	310180	160551
黑　　河							
绥　　化	18	2	119149	118120		79526	28871
大兴安岭							
农垦总局	5	1	55632	49266		52161	37429
绥 芬 河							
抚　　远							

1-B-42 续表

地　　区	实收资本	国家资本	港澳台资本	外商资本	主营业务收入	主营业务成本	主营业务税金及附加
全　　省	**894329**	**302347**	**61131**	**61345**	**3691297**	**3122542**	**20122**
哈 尔 滨	259095	36403	1541	25300	840457	722051	5141
齐齐哈尔	206644	198894			1023881	867157	7351
鸡　　西	47973	21555	25784		66765	52500	726
鹤　　岗	8200	3000			54565	42712	399
双鸭山市	1690		1190		8467	6487	43
大　　庆	221279	38425	32616	1254	629113	537345	2994
伊　　春	1000				3227	3080	1
佳 木 斯	75304			34191	484590	388454	2087
七 台 河	5570	3070			19623	17310	170
牡 丹 江	52158	860			396558	342239	960
黑　　河							
绥　　化	10396				113715	99165	202
大兴安岭							
农垦总局	5020	140		600	50338	44042	48
绥 芬 河							
抚　　远							

设备制造业主要经济指标

单位：万元

应收账款	存货	产成品	固定资产合计	固定资产原价	累计折旧	负债合计	流动负债合计	所有者权益合计
1813217	**1429481**	**385260**	**1458621**	**2132506**	**744930**	**3753068**	**2709610**	**3230098**
330074	290974	98064	220100	286239	90717	855297	801884	497089
932540	790676	110255	737378	1083791	347950	1824876	951963	1939616
64137	43784	24137	34852	61374	26550	114848	109535	52388
7918	18206	12550	19949	26400	9086	42765	39641	17757
263	313	277	4835	5677	841	1264	861	4394
243387	101418	36690	222155	277475	68166	411770	392194	296787
	713		475	490	15	934	934	975
143401	93719	59397	87389	114410	39058	208716	195380	236252
10510	10071	5006	7993	10009	4456	25685	25685	11780
60514	50973	23470	64638	204097	146443	171633	113070	137028
9035	10437	3282	46304	53932	9299	47835	31019	31316
11438	18198	12133	12553	8614	2351	47445	47445	4716

单位：万元

管理费用	销售费用	财务费用	利息支出	营业利润	利润总额	亏损企业亏损总额	本年应交增值税	从业人员平均人数(人)
269241	**99270**	**84216**	**86670**	**134589**	**165001**	**43702**	**93624**	**48187**
65036	22882	10829	13605	17332	33772	19996	17702	8368
91784	12344	56730	56188	37903	51329	253	37095	13064
9117	6159	1395	1660	-6150	-4674	4819	5015	3227
2749	255	269	200	5462	5526	586	1567	2100
174		1	1	453	453		609	160
44037	18197	9037	8870	19805	20153	16183	8672	6313
62	48			36	36		22	31
31756	22902	549	1590	30400	31032	944	10232	7434
1904	251	225	224	-274	-264	460	1370	1118
15669	10234	4206	3874	23116	20923	13	9948	3885
5074	3610	236	225	5124	5276	12	1047	2050
1880	2389	739	234	1382	1442	436	344	437

1-B-43 按地区分组的

地区	企业单位数(个)	亏损企业	工业总产值(当年价格)	工业销售产值(当年价格)	出口交货值	资产总计	流动资产合计
全省	**57**	**17**	**1247832**	**1233205**	**58779**	**1924276**	**1075557**
哈尔滨	44	15	1050338	1052265	58779	1668499	945744
齐齐哈尔	3		102081	85772		161487	76918
鸡西							
鹤岗							
双鸭山市							
大庆	2	2	29018	28990		24028	22726
伊春							
佳木斯	3		10458	10241		15595	7079
七台河							
牡丹江	3		44708	44708		42951	20853
黑河							
绥化	2		11229	11229		11716	2238
大兴安岭							
农垦总局							
绥芬河							
抚远							

1-B-43 续表

地区	实收资本	国家资本	港澳台资本	外商资本	主营业务收入	主营业务成本	主营业务税金及附加
全省	**371037**	**67153**		**51453**	**1251156**	**1147953**	**14333**
哈尔滨	309974	66747		51453	1059686	982597	13524
齐齐哈尔	31517	46			94426	78700	417
鸡西							
鹤岗							
双鸭山市							
大庆	2082				29021	29359	87
伊春							
佳木斯	5680	360			10459	9016	29
七台河							
牡丹江	19734				46708	39041	269
黑河							
绥化	2050				10857	9240	7
大兴安岭							
农垦总局							
绥芬河							
抚远							

汽车制造业主要经济指标

单位：万元

应收账款	存货	产成品	固定资产合计	固定资产原价	累计折旧	负债合计	流动负债合计	所有者权益合计
260594	**159938**	**71753**	**599486**	**1499246**	**851991**	**1927958**	**1659929**	**-3774**
188240	135588	67398	479020	1307083	758877	1740661	1499187	-72255
46636	7654	393	84393	77823	13201	122310	110467	39177
15990	5751	1082	1302	2107	806	32241	22241	-8213
2134	2245	954	8183	12394	5570	7865	5556	7730
6769	7314	1044	17110	90326	73216	18303	16901	24648
826	1386	883	9478	9513	322	6577	5577	5139

单位：万元

管理费用	销售费用	财务费用	利息支出	营业利润	利润总额	亏损企业亏损总额	本年应交增值税	从业人员平均人数（人）
124958	**43762**	**25530**	**32972**	**-84196**	**-80913**	**121213**	**25217**	**20502**
114338	38025	23375	30871	-90331	-86796	120264	20979	17834
7448	2215	1317	1320	3520	3148		2496	873
345	174			-949	-949	949	75	334
786	404	65	23	260	319		282	395
1407	2223	750	736	3070	3131		1341	772
634	720	22	22	235	235		45	294

1-B-44 按地区分组的铁路、船舶、航空航天和

地区	企业单位数（个）	亏损企业	工业总产值（当年价格）	工业销售产值（当年价格）	出口交货值	资产总计	流动资产合计
全省	**31**	**7**	**2174783**	**2136968**	**177272**	**3061444**	**1918588**
哈尔滨	20	6	1349937	1313466	6936	2322900	1496475
齐齐哈尔	5		717826	717578	170337	572165	379325
鸡西							
鹤岗							
双鸭山市							
大庆							
伊春	1		3992	3912		4051	2389
佳木斯	2		20082	20082		20620	15003
七台河							
牡丹江	3	1	82946	81930		141708	25395
黑河							
绥化							
大兴安岭							
农垦总局							
绥芬河							
抚远							

1-B-44 续表

地区	实收资本	国家资本	港澳台资本	外商资本	主营业务收入	主营业务成本	主营业务税金及附加
全省	**519628**	**224208**		**10906**	**2332235**	**2005910**	**2911**
哈尔滨	366181	219692		10906	1417309	1249125	1835
齐齐哈尔	83356	3338			807054	660340	765
鸡西							
鹤岗							
双鸭山市							
大庆							
伊春	600				3912	3735	3
佳木斯	1379	1179			17346	13605	43
七台河							
牡丹江	68112				86614	79106	265
黑河							
绥化							
大兴安岭							
农垦总局							
绥芬河							
抚远							

其他运输设备制造业主要经济指标

单位：万元

应收账款	存货	产成品	固定资产合计	固定资产原价	累计折旧	负债合计	流动负债合计	所有者权益合计
338650	**823009**	**47695**	**619821**	**1067059**	**505752**	**2184758**	**1769146**	**876685**
209668	712525	40874	400985	682305	339805	1744890	1370156	578010
122693	93492	328	109586	217654	108099	364122	326697	208043
244	144	80	105	106	1	3101	3101	949
7	2130		5436	7868	2432	4651	4338	15969
6038	14719	6413	103709	159125	55416	67994	64853	73714

单位：万元

管理费用	销售费用	财务费用	利息支出	营业利润	利润总额	亏损企业亏损总额	本年应交增值税	从业人员平均人数(人)
233466	**45572**	**26078**	**29122**	**29898**	**64482**	**13173**	**38743**	**30831**
150723	16474	17154	21336	-12535	19778	11223	9144	17063
75605	28071	8246	7084	40359	42256		27200	11148
43	29	1	1	101	101		26	38
1739	235	-29	-31	1845	1769		474	273
5356	764	706	732	128	578	1951	1899	2309

1-B-45 按地区分组的电气机械和

地区	企业单位数(个)	亏损企业	工业总产值(当年价格)	工业销售产值(当年价格)	出口交货值	资产总计	流动资产合计
全省	**99**	**16**	**2221988**	**2187916**	**131917**	**3389753**	**2349126**
哈尔滨	49	7	1265298	1237185	125635	2701772	1869739
齐齐哈尔	7		96881	95661		62830	28061
鸡西	1		3288	2441		4682	4313
鹤岗							
双鸭山市	1		7677	7682		7973	7726
大庆	19	1	240180	225896		129646	104068
伊春	1		5015	5015		7456	4033
佳木斯	8	1	498936	514067	6282	390244	279716
七台河	4	4	6748	5507		14573	9297
牡丹江	5		43897	43787		20026	5476
黑河	2	2	31085	28685		41241	31683
绥化	2	1	22983	21991		9310	5014
大兴安岭							
农垦总局							
绥芬河							
抚远							

1-B-45 续表

地区	实收资本	国家资本	港澳台资本	外商资本	主营业务收入	主营业务成本	主营业务税金及附加
全省	**563756**	**49861**	**20163**	**64019**	**2173856**	**1809686**	**14572**
哈尔滨	392636	15115	20163	64019	1247063	1025718	10531
齐齐哈尔	12190				95922	81597	846
鸡西	1010				3117	2458	12
鹤岗							
双鸭山市	500				7682	7311	7
大庆	38363	100			224327	198344	429
伊春	1500				5015	3299	119
佳木斯	82385	23446			489178	401650	1960
七台河	8363				3036	2542	33
牡丹江	7309	2700			47522	38012	475
黑河	13500	8500			29003	28594	11
绥化	6000				21991	20162	151
大兴安岭							
农垦总局							
绥芬河							
抚远							

器材设备制造业主要经济指标

单位：万元

应收账款	存货	产成品	固定资产合计	固定资产原价	累计折旧	负债合计	流动负债合计	所有者权益合计
629016	**729088**	**133305**	**576394**	**907663**	**414861**	**1932162**	**1751885**	**1424401**
409859	593597	66395	409879	658529	312961	1558541	1413089	1110887
11015	8344	4364	30755	26077	7641	49873	49180	12557
3729	484	425	363	1900	1537	3097	3097	1586
6705	227	92	247	582	352	6225	6225	1748
47691	29214	10108	22787	30370	10221	75450	72489	53873
310	336	176	3382	1759	490	1482	1482	5975
129013	79903	49276	79739	118068	40382	187794	169926	202444
1791	3507	1331	4631	5892	1285	6774	3675	7799
2042	1254	331	12966	50851	38002	8232	6859	11677
15393	11626	621	8685	10430	1745	31536	23234	9705
1468	597	186	2961	3206	245	3159	2632	6150

单位：万元

管理费用	销售费用	财务费用	利息支出	营业利润	利润总额	亏损企业亏损总额	本年应交增值税	从业人员平均人数(人)
138394	**66761**	**16290**	**18482**	**126276**	**137394**	**13319**	**73532**	**28254**
98992	34776	10716	14004	65168	74128	9813	50311	17310
3725	2484	1394	461	5986	5517		2909	1071
324	30	18		276	274		156	44
140		-2		227	227		53	85
9585	2348	1722	1679	12125	11872	145	3367	1869
216	164	106	75	1110	1110		341	251
20240	24183	753	728	40548	43035	136	13336	4721
794	62	338	282	-733	-453	453		228
2531	1550	1104	1104	3988	4166		2356	2315
1638	1068	80	81	-2571	-2625	2625		200
210	96	61	70	151	142	147	703	160

1-B-46 按地区分组的计算机、通讯和

地区	企业单位数(个)	亏损企业	工业总产值(当年价格)	工业销售产值(当年价格)	出口交货值	资产总计	流动资产合计
全省	**20**		**212383**	**209709**	**17446**	**387879**	**245577**
哈尔滨	16		163066	160398	8810	349393	227173
齐齐哈尔							
鸡西							
鹤岗							
双鸭山市							
大庆	2		16233	16233		19753	6551
伊春							
佳木斯							
七台河							
牡丹江	2		33084	33078	8636	18734	11853
黑河							
绥化							
大兴安岭							
农垦总局							
绥芬河							
抚远							

1-B-46 续表

地区	实收资本	国家资本	港澳台资本	外商资本	主营业务收入	主营业务成本	主营业务税金及附加
全省	**65018**	**18081**	**4250**	**1376**	**227639**	**164579**	**2216**
哈尔滨	43590	4854	4250	600	175831	121058	2056
齐齐哈尔							
鸡西							
鹤岗							
双鸭山市							
大庆	14778	13227			16937	13217	28
伊春							
佳木斯							
七台河							
牡丹江	6650			776	34871	30304	132
黑河							
绥化							
大兴安岭							
农垦总局							
绥芬河							
抚远							

其他电子设备制造业主要经济指标

单位：万元

应收账款	存货	产成品	固定资产合计	固定资产原价	累计折旧	负债合计	流动负债合计	所有者权益合计
66326	**34841**	**10318**	**72055**	**79290**	**27133**	**185176**	**122206**	**199703**
64475	31852	10265	59179	64770	25490	176554	114657	169839
1634	1748		6234	6840	606	1581	1207	18172
217	1240	53	6642	7680	1038	7042	6342	11692

单位：万元

管理费用	销售费用	财务费用	利息支出	营业利润	利润总额	亏损企业亏损总额	本年应交增值税	从业人员平均人数(人)
26763	**9775**	**3974**	**3822**	**23750**	**26801**		**7444**	**3997**
24225	8790	3505	3356	19616	22666		5448	3331
2351	868	3		470	470		257	75
187	117	466	466	3665	3665		1739	591

1-B-47 按地区分组的仪器

地区	企业单位数(个)	亏损企业	工业总产值(当年价格)	工业销售产值(当年价格)	出口交货值	资产总计	流动资产合计
全省	**23**	**5**	**197824**	**200355**	**1480**	**396967**	**257149**
哈尔滨	16	5	149719	152097	1309	347287	217671
齐齐哈尔							
鸡西							
鹤岗							
双鸭山市							
大庆	5		33278	33432		36869	31620
伊春							
佳木斯							
七台河							
牡丹江	1		2446	2446		1709	1375
黑河							
绥化	1		12380	12380	171	11103	6484
大兴安岭							
农垦总局							
绥芬河							
抚远							

1-B-47 续表

地区	实收资本	国家资本	港澳台资本	外商资本	主营业务收入	主营业务成本	主营业务税金及附加
全省	**96094**				**196522**	**155487**	**1147**
哈尔滨	86351				152301	117341	998
齐齐哈尔							
鸡西							
鹤岗							
双鸭山市							
大庆	7843				29395	24827	105
伊春							
佳木斯							
七台河							
牡丹江	300				2446	1927	29
黑河							
绥化	1600				12380	11392	15
大兴安岭							
农垦总局							
绥芬河							
抚远							

仪表制造业主要经济指标

单位：万元

应收账款	存货	产成品	固定资产合计	固定资产原价	累计折旧	负债合计	流动负债合计	所有者权益合计
71099	**86696**	**38964**	**79975**	**133724**	**57448**	**219957**	**167326**	**177006**
47163	78114	36932	71279	119575	51995	186545	135591	160738
18400	7828	2028	4787	8279	3492	25019	23343	11849
802	429		334	478	144	1152	1152	557
4734	325	4	3575	5392	1818	7240	7240	3863

单位：万元

管理费用	销售费用	财务费用	利息支出	营业利润	利润总额	亏损企业亏损总额	本年应交增值税	从业人员平均人数（人）
25122	**10506**	**4106**	**3781**	**3965**	**9517**	**4579**	**8185**	**5990**
22794	9123	3987	3675	1868	7561	4579	7153	5300
1900	818	107	104	1638	1498		741	456
71	52	2	2	365	365		162	45
357	513	10		94	94		129	189

1-B-48 按地区分组的其他

地区	企业单位数(个)	亏损企业	工业总产值(当年价格)	工业销售产值(当年价格)	出口交货值	资产总计	流动资产合计
全省	**15**	**4**	**229008**	**225929**	**18411**	**400354**	**132261**
哈尔滨	10	3	111875	111667		247576	59561
齐齐哈尔							
鸡西							
鹤岗							
双鸭山市							
大庆	3		46090	45991		7743	3686
伊春							
佳木斯							
七台河							
牡丹江	1	1	65517	62745	18411	142337	67149
黑河							
绥化	1		5526	5526		2698	1866
大兴安岭							
农垦总局							
绥芬河							
抚远							

1-B-48 续表

地区	实收资本	国家资本	港澳台资本	外商资本	主营业务收入	主营业务成本	主营业务税金及附加
全省	**27952**	**10279**			**229770**	**204527**	**4782**
哈尔滨	16154	3070			115798	105492	4654
齐齐哈尔							
鸡西							
鹤岗							
双鸭山市							
大庆	4319				46090	40688	30
伊春							
佳木斯							
七台河							
牡丹江	7209	7209			62357	54098	98
黑河							
绥化	270				5526	4249	
大兴安岭							
农垦总局							
绥芬河							
抚远							

制造业主要经济指标

单位：万元

应收账款	存货	产成品	固定资产合计	固定资产原价	累计折旧	负债合计	流动负债合计	所有者权益合计
53844	**35697**	**13366**	**295058**	**442404**	**163418**	**325586**	**163578**	**71688**
24133	17266	8711	243158	356874	123851	229388	114636	15108
1280	591	591	3659	19375	15717	3133	2360	4610
28066	17071	3563	47409	65323	23850	91379	44896	50958
365	769	501	832	832		1686	1686	1012

单位：万元

管理费用	销售费用	财务费用	利息支出	营业利润	利润总额	亏损企业亏损总额	本年应交增值税	从业人员平均人数（人）
24880	**7129**	**1847**	**1674**	**-5406**	**-1639**	**8381**	**6515**	**6194**
13169	5055	690	495	-4996	-4790	6757	5440	3835
563	7	29	33	4775	4775		214	199
10959	1822	1056	1075	-5185	-1624	1624	861	2045
189	246	72	72					115

1-B-49 按地区分组的废弃资源

地区	企业单位数(个)	亏损企业	工业总产值(当年价格)	工业销售产值(当年价格)	出口交货值	资产总计	流动资产合计
全省	**4**		**41496**	**42067**		**38426**	**27533**
哈尔滨	2		3785	4355		3711	871
齐齐哈尔							
鸡西							
鹤岗							
双鸭山市							
大庆	1		17495	17495		1206	853
伊春							
佳木斯							
七台河							
牡丹江							
黑河							
绥化	1		20216	20216		33510	25809
大兴安岭							
农垦总局							
绥芬河							
抚远							

1-B-49 续表

地区	实收资本	国家资本	港澳台资本	外商资本	主营业务收入	主营业务成本	主营业务税金及附加
全省	**9142**		**2942**		**45462**	**42538**	**260**
哈尔滨	3142		2942		4506	3631	4
齐齐哈尔							
鸡西							
鹤岗							
双鸭山市							
大庆					20844	19691	
伊春							
佳木斯							
七台河							
牡丹江							
黑河							
绥化	6000				20112	19217	255
大兴安岭							
农垦总局							
绥芬河							
抚远							

综合利用业主要经济指标

单位：万元

应收账款	存货	产成品	固定资产合计	固定资产原价	累计折旧	负债合计	流动负债合计	所有者权益合计
3409	**7503**	**2816**	**9103**	**10571**	**1747**	**21917**	**17079**	**15525**
67	121	31	2817	3940	1245	1505	1388	2207
7						221		
3336	7382	2784	6286	6631	502	20191	15691	13318

单位：万元

管理费用	销售费用	财务费用	利息支出	营业利润	利润总额	亏损企业亏损总额	本年应交增值税	从业人员平均人数（人）
1891	**338**	**1166**	**1158**	**-6349**	**5507**		**1803**	**388**
499	61	6	5	306	321		13	94
780		143	143	230	230			
611	277	1017	1010	-6885	4956		1790	294

1-B-50 按地区分组的金属制品、

地区	企业单位数(个)	亏损企业	工业总产值(当年价格)	工业销售产值(当年价格)	出口交货值	资产总计	流动资产合计
全省	**5**	**2**	**50656**	**50530**		**78253**	**48840**
哈尔滨	1		2655	2529		3572	2559
齐齐哈尔							
鸡西							
鹤岗	1	1	2790	2790		5613	2595
双鸭山市							
大庆	1		15539	15539		19034	12343
伊春							
佳木斯							
七台河	1		8680	8681		15962	7221
牡丹江	1	1	20992	20992		34072	24123
黑河							
绥化							
大兴安岭							
农垦总局							
绥芬河							
抚远							

1-B-50 续表

地区	实收资本	国家资本	港澳台资本	外商资本	主营业务收入	主营业务成本	主营业务税金及附加
全省	**18074**				**50368**	**44660**	**476**
哈尔滨	1500				2529	2339	9
齐齐哈尔							
鸡西							
鹤岗	500				2774	3042	19
双鸭山市							
大庆	3000				15058	14033	104
伊春							
佳木斯							
七台河	1331				10356	8805	26
牡丹江	11743				19651	16441	319
黑河							
绥化							
大兴安岭							
农垦总局							
绥芬河							
抚远							

机械和设备修理业主要经济指标

单位：万元

应收账款	存货	产成品	固定资产合计	固定资产原价	累计折旧	负债合计	流动负债合计	所有者权益合计
17639	**8428**	**2799**	**21144**	**31338**	**16517**	**58511**	**54613**	**19741**
1553	470		857	1681	823	1652	1652	1919
1840	729		3019	3321	302	5210	5210	403
3515	114	87	4959	12684	6466	13337	12852	5697
1468	5050	1988	2360	3704	1344	11753	8340	4209
9263	2066	724	9949	9949	7582	26559	26559	7513

单位：万元

管理费用	销售费用	财务费用	利息支出	营业利润	利润总额	亏损企业亏损总额	本年应交增值税	从业人员平均人数（人）
7060	**455**	**226**	**213**	**-2049**	**-1029**	**1507**	**1622**	**1164**
171	12	8	8	22	64		73	24
605		68	62	-943	-943	943		152
1857				-685	305		282	340
949	360	112	112	109	109		324	391
3479	83	39	32	-553	-564	564	942	257

1-B-51 按地区分组的电力、燃气和

地区	企业单位数(个)	亏损企业	工业总产值(当年价格)	工业销售产值(当年价格)	出口交货值	资产总计	流动资产合计
全省	**293**	**112**	**12973777**	**12863843**	**50102**	**23649042**	**5468847**
哈尔滨	61	21	1421039	1399043		4557311	1234900
齐齐哈尔	32	13	700848	698396		1860396	226793
鸡西	17	7	271814	268062		923202	194594
鹤岗	9	5	206474	206235		458736	96795
双鸭山市	16	7	364219	363744		1028963	167954
大庆	28	11	4237647	4186963	50102	4607819	2254345
伊春	9	2	91340	87529		536040	139170
佳木斯	26	9	372873	372380		1171017	114607
七台河	7	2	294568	293258		655031	140407
牡丹江	31	13	494537	492913		1177674	139466
黑河	16	6	175276	174724		561057	129803
绥化	21	11	268985	265078		507312	133429
大兴安岭	3		32455	32455		166004	103942
农垦总局	11	2	146308	127669		249470	65457
绥芬河	2	2	9087	9087		17613	6373
抚远	3		14013	14012		47271	7234

1-B-51 续表

地区	实收资本	国家资本	港澳台资本	外商资本	主营业务收入	主营业务成本	主营业务税金及附加
全省	**3211903**	**1160343**	**55767**	**112964**	**13557922**	**12835939**	**50743**
哈尔滨	603633	285259	32341	51832	1498833	1313334	7869
齐齐哈尔	195306	107388	7928		704365	624844	4673
鸡西	186915	134592	9125		277601	235947	862
鹤岗	110591	99856		4139	210128	197885	1317
双鸭山市	217555	130416	372		362187	353032	2670
大庆	309981	151203		2000	4710701	4575988	12366
伊春	116080	29062		12988	85893	70098	304
佳木斯	182388	90552		18810	366778	313269	2192
七台河	202975	2239		10000	294011	256832	2053
牡丹江	187786	73562	6000	11000	519362	448306	3071
黑河	111677	8288			179347	150645	867
绥化	35840	15110			268428	256249	757
大兴安岭	40504	11504			32455	30716	111
农垦总局	29123	20846			154158	150506	592
绥芬河	1500				8257	7455	359
抚远	11269	467		2196	13123	9917	51

水的生产和供应业主要经济指标

单位：万元

应收账款	存货		固定资产合计	固定资产原价	累计折旧	负债合计	流动负债合计	所有者权益合计
		产成品						
1051437	**924554**	**237384**	**14824393**	**23190194**	**9235663**	**17137750**	**9530601**	**6491735**
106602	140447	5384	2889806	4018270	1538260	3536934	1938406	1019336
39083	39087	2787	1534453	1910125	432610	1049670	442661	810721
45010	27556	1180	683148	890600	242822	717319	257735	205882
25411	25972		355259	753907	402939	430458	195370	12624
46526	18428	15	850892	1346038	505652	857121	550941	171841
504288	556683	221721	1926440	3447683	1752830	3099819	2273345	1506118
36132	9093		378495	447054	96410	432347	242802	103693
32986	20231	5574	971770	1221012	291799	803641	335321	367322
28877	19298		495889	936042	441423	407483	117750	247548
38148	19570	288	940445	1643823	713758	930495	642752	247169
17892	11210		357211	554411	201086	425541	290691	134608
26815	24038	435	335265	491024	160408	400847	128846	106465
11770	4892		51653	71092	36102	130545	118017	35458
13567	6354		172031	241867	79943	210836	93833	38634
3185			10930	15373	4443	17725	17573	-113
2188	875		39909	49071	13173	37418	13499	9854

单位：万元

管理费用	销售费用	财务费用		营业利润	利润总额	亏损企业亏损总额	本年应交增值税	从业人员平均人数（人）
			利息支出					
322422	**80878**	**438018**	**446074**	**-20396**	**87475**	**213781**	**425625**	**144629**
93743	45823	90650	109131	22739	66200	37801	51616	23544
22864	5535	49332	48541	10844	17206	16901	31944	13571
8264	273	33811	30608	1601	6844	5047	11962	5825
3872	31	19635	18404	-10510	-7105	7879	10958	2375
4931	36	34506	31150	-26092	-21741	39210	20495	4998
84017	18498	25427	27555	-39989	-27063	53363	114328	30101
5869	328	10887	11992	-3680	5050	3324	1992	3056
15903	2005	37933	36892	2289	9253	11284	16664	5917
1730	88	20625	20848	16298	17814	712	15609	2145
21469	3961	42748	42455	11793	18062	16068	24761	8511
15354	230	13681	12424	6860	9359	2863	5158	4244
11255	3300	10947	10581	-4039	1483	5158	5615	6705
1761		1305	989	-636	251		740	2418
30135	769	6599	5017	-870	3878	328	5765	3889
354		10		-83	-83	83		250
903		1662	1316	1479	1829		960	301

1-B-52 按地区分组的电力、热力

地区	企业单位数(个)	亏损企业	工业总产值(当年价格)	工业销售产值(当年价格)	出口交货值	资产总计	流动资产合计
全省	**261**	**104**	**11711372**	**11601843**	**50102**	**22242475**	**4856546**
哈尔滨	51	20	1164442	1142815		3536993	742093
齐齐哈尔	29	12	642303	639851		1761063	181000
鸡西	16	6	265575	261823		904941	179316
鹤岗	9	5	206474	206235		458736	96795
双鸭山市	15	7	357341	356866		1026393	166398
大庆	21	9	3363006	3312345	50102	4526242	2218419
伊春	9	2	91340	87529		536040	139170
佳木斯	25	8	367711	367218		1119499	112915
七台河	6	2	291836	290526		642800	136643
牡丹江	26	13	452347	450735		1075306	126601
黑河	16	6	175276	174724		561057	129803
绥化	18	9	259564	255657		488921	130807
大兴安岭	3		32455	32455		166004	103942
农垦总局	11	2	146308	127669		249470	65457
绥芬河	2	2	9087	9087		17613	6373
抚远	3		14013	14012		47271	7234

1-B-52 续表

地区	实收资本	国家资本	港澳台资本	外商资本	主营业务收入	主营业务成本	主营业务税金及附加
全省	**2897689**	**1028684**	**15497**	**98814**	**12237989**	**11646277**	**47573**
哈尔滨	426910	185439		47682	1194087	1095813	6272
齐齐哈尔	159401	105461			637564	568077	4218
鸡西	184915	134592	9125		269715	227337	848
鹤岗	110591	99856		4139	210128	197885	1317
双鸭山市	217155	130416	372		354032	347543	2283
大庆	287108	151203		2000	3836317	3717328	12118
伊春	116080	29062		12988	85893	70098	304
佳木斯	158388	66552		18810	361616	308597	2108
七台河	191975	1239			291279	255545	2032
牡丹江	151486	73562	6000	11000	478715	419541	2733
黑河	111677	8288			179347	150645	867
绥化	30828	10198			259008	248358	730
大兴安岭	40504	11504			32455	30716	111
农垦总局	29123	20846			154158	150506	592
绥芬河	1500				8257	7455	359
抚远	11269	467		2196	13123	9917	51

生产和供应业主要经济指标

单位：万元

应收账款	存货	产成品	固定资产合计	固定资产原价	累计折旧	负债合计	流动负债合计	所有者权益合计
1008672	**888438**	**231695**	**14214987**	**22500469**	**8887415**	**16239767**	**8930079**	**5983162**
90141	118057	2124	2410326	3516632	1261021	2852672	1494690	683280
29736	37143	2033	1478442	1810715	389190	995372	410663	765686
40845	24277	34	680165	884064	239269	691066	231482	213875
25411	25972		355259	753907	402939	430458	195370	12624
46221	18428	15	850892	1346038	505652	855864	550941	170528
500783	550317	221200	1896347	3420241	1744875	3050594	2232799	1473766
36132	9093		378495	447054	96410	432347	242802	103693
32461	19972	5574	971187	1220413	291782	774304	305984	345141
28576	19298		492021	925764	435005	407020	117287	235781
30931	18009	281	918044	1617669	707792	882657	619393	192649
17892	11210		357211	554411	201086	425541	290691	134608
25876	23721	435	321278	473356	156728	395796	123996	93125
11770	4892		51653	71092	36102	130545	118017	35458
13567	6354		172031	241867	79943	210836	93833	38634
3185			10930	15373	4443	17725	17573	-113
2188	875		39909	49071	13173	37418	13499	9854

单位：万元

管理费用	销售费用	财务费用	利息支出	营业利润	利润总额	亏损企业亏损总额	本年应交增值税	从业人员平均人数（人）
262120	**32263**	**431331**	**425428**	**-36050**	**57226**	**205687**	**409413**	**131941**
58173	6806	91268	96357	6394	38338	37692	40481	16581
16102	2830	47519	46898	12534	18895	15133	30241	11565
7486	267	33686	30483	3195	8437	3453	11962	5530
3872	31	19635	18404	-10510	-7105	7879	10958	2375
4809	33	34505	31150	-28247	-23896	39210	20082	4936
73243	15178	23813	25221	-38893	-27648	50904	113119	29111
5869	328	10887	11992	-3680	5050	3324	1992	3056
15034	1011	36546	35503	4106	11074	9463	16354	5360
952	88	20642	20848	15586	17029	712	15446	2095
17787	1864	40379	40085	8903	13845	16068	23751	7255
15354	230	13681	12424	6860	9359	2863	5158	4244
10285	2827	10935	10571	-3787	1735	4816	5344	6196
1761		1305	989	-636	251		740	2418
30135	769	6599	5017	-870	3878	328	5765	3889
354		10		-83	-83	83		250
903		1662	1316	1479	1829		960	301

1-B-53 按地区分组的燃气

地区	企业单位数(个)	亏损企业	工业总产值(当年价格)	工业销售产值(当年价格)	出口交货值	资产总计	流动资产合计
全省	**17**	**3**	**1110055**	**1109663**		**422095**	**160590**
哈尔滨	5		168231	167862		269130	93258
齐齐哈尔	2		48276	48276		47453	23393
鸡西	1	1	6239	6239		18261	15278
鹤岗							
双鸭山市	1		6878	6878		2570	1556
大庆	5	1	857458	857436		53054	21916
伊春							
佳木斯							
七台河							
牡丹江	2		20353	20353		26928	4571
黑河							
绥化	1	1	2621	2621		4700	619
大兴安岭							
农垦总局							
绥芬河							
抚远							

1-B-53 续表

地区	实收资本	国家资本	港澳台资本	外商资本	主营业务收入	主营业务成本	主营业务税金及附加
全省	**116275**	**30213**	**34894**	**250**	**1159281**	**1085362**	**2004**
哈尔滨	73795	29213	26966	250	216379	165230	1094
齐齐哈尔	18206		7928		50398	44132	138
鸡西	2000				7886	8610	15
鹤岗							
双鸭山市	400				8155	5489	387
大庆	15873				855069	845590	118
伊春							
佳木斯							
七台河							
牡丹江	5000				18772	13772	251
黑河							
绥化	1000	1000			2621	2539	2
大兴安岭							
农垦总局							
绥芬河							
抚远							

生产和供应业主要经济指标

单位：万元

应收账款	存货	产成品	固定资产合　计	固定资产原　价	累计折旧	负债合计	流动负债合　计	所有者权益合计
26578	**27671**	**5690**	**233032**	**311356**	**138475**	**263824**	**211170**	**158261**
14387	21499	3260	163455	212176	108217	160109	124338	109021
3410	765	754	27869	42910	15061	22913	16748	24540
4165	3279	1147	2983	6536	3553	26253	26253	-7992
306						1257		1313
1656	1248	521	16256	21728	5853	34734	28173	18319
2230	773	7	18458	23769	5566	13728	11028	13190
425	108		4012	4237	225	4831	4631	-131

单位：万元

管理费用	销售费用	财务费用	利息支出	营业利润	利润总额	亏损企业亏损总额	本年应交增值税	从业人员平均人数（人）
25518	**40489**	**-2276**	**1855**	**20760**	**29525**	**2974**	**10420**	**5527**
13109	35250	-2922	627	18067	25001		7381	3199
3257	1987	631	493	80	80		1152	998
777	6	125	125	-1594	-1594	1594		295
123	4	1		2155	2155		413	62
6137	2777	-241	480	-177	1573	1039	1175	633
1714	456	120	120	2570	2651		300	295
403	9	10	10	-342	-342	342		45

1-B-54 按地区分组的水的

地区	企业单位数(个)	亏损企业	工业总产值(当年价格)	工业销售产值(当年价格)	出口交货值	资产总计	流动资产合计
全 省	**15**	**5**	**152350**	**152337**		**984472**	**451710**
哈尔滨	5	1	88366	88366		751188	399549
齐齐哈尔	1	1	10269	10269		51880	22400
鸡 西							
鹤 岗							
双鸭山市							
大 庆	2	1	17183	17183		28524	14010
伊 春							
佳木斯	1	1	5162	5162		51518	1692
七台河	1		2732	2732		12231	3763
牡丹江	3		21838	21825		75440	8293
黑 河							
绥 化	2	1	6800	6800		13692	2004
大兴安岭							
农垦总局							
绥芬河							
抚 远							

1-B-54 续表

地区	实收资本	国家资本	港澳台资本	外商资本	主营业务收入	主营业务成本	主营业务税金及附加
全 省	**197940**	**101446**	**5375**	**13900**	**160653**	**104300**	**1166**
哈尔滨	102928	70607	5375	3900	88366	52291	503
齐齐哈尔	17700	1927			16403	12635	316
鸡 西							
鹤 岗							
双鸭山市							
大 庆	7000				19315	13070	130
伊 春							
佳木斯	24000	24000			5162	4672	84
七台河	11000	1000		10000	2732	1287	22
牡丹江	31300				21875	14993	88
黑 河							
绥 化	4012	3912			6800	5352	25
大兴安岭							
农垦总局							
绥芬河							
抚 远							

生产和供应业主要经济指标

单位：万元

应收账款	存货	产成品	固定资产合计	固定资产原价	累计折旧	负债合计	流动负债合计	所有者权益合计
16187	**8445**		**376373**	**378369**	**209773**	**634159**	**389353**	**350312**
2074	891		316026	289462	169023	524153	319379	227035
5937	1179		28142	56500	28358	31385	15250	20495
1849	5118		13837	5714	2103	14491	12374	14033
525	259		583	600	16	29337	29337	22181
302			3868	10279	6419	463	463	11768
4986	788		3943	2384	400	34110	12331	41329
514	209		9975	13430	3455	220	220	13472

单位：万元

管理费用	销售费用	财务费用	利息支出	营业利润	利润总额	亏损企业亏损总额	本年应交增值税	从业人员平均人数(人)
34784	**8126**	**8963**	**18790**	**-5106**	**723**	**5120**	**5792**	**7161**
22461	3767	2304	12148	-1722	2860	109	3754	3764
3505	718	1183	1150	-1770	-1769	1769	551	1008
4637	543	1855	1855	-919	-988	1420	33	357
869	994	1387	1389	-1817	-1821	1821	310	557
777		-16		712	785		164	50
1969	1640	2249	2249	320	1566		710	961
567	464	2		90	90		271	464

第2篇

主要工业产品产量

2-1 2013年黑龙江省工业主要产品产量

产品名称	计量单位	产品产量
天然原油	吨	40009838.0
天然气	万立方米	347722.0
煤层气	万立方米	2176.7
铁矿石原矿	吨	5859439.5
铜金属含量	吨	27118.0
铅金属含量	吨	6407.0
锌金属含量	吨	16880.0
钼精矿折合量(折纯钼4 5%)	吨	2157.0
石灰石	吨	756290.0
磷矿石(折含五氧化二磷30%)	吨	15740.0
小麦粉	吨	711683.5
大米	吨	16199324.2
饲料	吨	3905029.5
其中:配合饲料	吨	1310956.0
混合饲料	吨	1320847.2
精制食用植物油	吨	3528565.4
成品糖	吨	149307.0
鲜、冷藏肉	吨	1580637.2
糖果	吨	221.6
速冻米面食品	吨	40683.0
方便面	吨	159938.0
乳制品	吨	2137360.2
其中:液体乳	吨	1503089.2
乳粉	吨	604736.9
罐头	吨	33059.0
酱油	吨	48484.3
冷冻饮品	吨	61634.0
食品添加剂	吨	38402.1
发酵酒精(折96度,商品量)	千升	1317951.3
饮料酒	千升	2748127.0
其中:白酒(折65度,商品量)	千升	500523.4
啤酒	千升	2189412.6
葡萄酒	千升	49184.0
软饮料	吨	3363522.1
其中:碳酸饮料类(汽水)	吨	379557.0
包装饮用水类	吨	760880.5
果汁和蔬菜汁饮料类	吨	1147519.4
精制茶	吨	256.0
卷烟	万支	4395461.0
纱	吨	50821.0
其中:棉混纺纱	吨	2189.0
化学纤维纱	吨	48632.0
布	万米	1311.0
其中:棉混纺布	万米	1311.0
绒线(俗称毛线)	吨	7.0
亚麻布(含亚麻≥55%)	万米	5514.9
无纺布(无纺织物)	吨	20830.0
服装	万件	6029.7
其中:梭织服装	万件	6029.7
其中:羽绒服	万件	77.2
西服套装	万件	41.9
衬衫	万件	5592.5

2-1 续表 1

产品名称	计量单位	产品产量
天然毛皮服装	件	6037.0
人造板	立方米	4339251.6
其中:胶合板	立方米	570611.0
纤维板	立方米	1263242.6
刨花板	立方米	919078.3
人造板表面装饰板	平方米	90835.0
实木木地板	平方米	4945454.6
复合木地板	平方米	5162522.6
家具	件	3077892.0
其中:木质家具	件	2641237.0
金属家具	件	189025.0
软体家具	件	79055.0
纸浆(原生浆及废纸浆)	吨	41189.0
机制纸及纸板(外购原纸加工除外)	吨	751141.1
其中:涂布类印刷用纸	吨	67522.0
卫生用纸原纸	吨	37264.0
箱纸板	吨	71650.0
纸制品	吨	360188.0
其中:瓦楞纸箱	吨	316558.0
单色印刷品	令	300216.0
多色印刷品	对开色令	1401187.0
原油加工量	吨	16453593.0
汽油	吨	4807054.0
煤油	吨	639658.0
柴油	吨	5844939.0
润滑油	吨	246788.5
燃料油	吨	427315.0
石脑油	吨	3787.0
液化石油气	吨	1568381.0
石油焦	吨	194757.0
石油沥青	吨	116674.0
焦炭	吨	8152003.5
其中:机焦	吨	6707578.5
硫酸(折100%)	吨	42254.0
盐酸(氯化氢,含量31%)	吨	106718.6
浓硝酸(折100%)	吨	1826.0
烧碱(折100%)	吨	126849.0
其中: 离子膜法烧碱(折100%)	吨	126849.0
乙烯	吨	760249.0
纯苯	吨	182265.3
精甲醇	吨	396878.2
冰乙酸(冰醋酸)	吨	6589.0
合成氨(无水氨)	吨	737549.0
农用氮、磷、钾化学肥料总计(折纯)	吨	604200.0
其中:氮肥(折含N100%)	吨	604200.0
其中: 尿素(折含N100%)	吨	575097.0
磷酸一铵(实物量)	吨	44987.6
化学农药原药(折有效成分100%)	吨	11065.0
其中:杀虫剂原药	吨	47.0
除草剂原药	吨	2166.0
涂料	吨	56698.0
初级形态的塑料	吨	1400717.0
其中:聚丙烯树脂	吨	433448.0
聚氯乙烯树脂	吨	77499.0
ABS树脂	吨	85635.0

2-1　续表 2

产品名称	计量单位	产品产量
合成橡胶	吨	93035.0
合成纤维单体	吨	162433.0
合成纤维聚合物	吨	150086.0
其中:聚酯	吨	921.0
化学试剂	吨	126756.0
多晶硅	千克	118495.8
化学药品原药	吨	4889.2
中成药	吨	51690.8
化学纤维	吨	71275.0
其中:合成纤维	吨	71275.0
其中:涤纶纤维	吨	1761.0
腈纶纤维	吨	68557.0
丙纶纤维	吨	957.0
橡胶轮胎外胎	条	4841594.0
其中：子午线轮胎外胎	条	4226158.0
塑料制品	吨	471385.7
其中:塑料薄膜	吨	34641.8
其中：农用薄膜	吨	17949.0
日用塑料制品	吨	12772.0
硅酸盐水泥熟料	吨	15817216.2
其中:窑外分解窑水泥熟料	吨	12701634.7
水泥	吨	40284816.1
其中:强度等级42.5水泥(含R型)	吨	2945686.1
商品混凝土	立方米	9783367.5
水泥混凝土排水管	千米	56.0
水泥混凝土压力管	千米	33.0
水泥混凝土电杆	根	220751.0
预应力混凝土桩	米	97907.0
砖	万块	701004.6
瓷质砖	平方米	512.0
天然花岗石建筑板材	平方米	2024236.0
沥青和改性沥青防水卷材	平方米	752784.0
平板玻璃	重量箱	4159595.0
钢化玻璃	平方米	166486.0
中空玻璃	平方米	105178.0
玻璃包装容器	吨	936684.0
玻璃纤维纱	吨	7614.0
纤维增强塑料制品	吨	6507.0
耐火材料制品	吨	168595.0
石墨及炭素制品	吨	88369.1
生铁	吨	7162617.0
粗钢	吨	7686961.0
铸铁件	吨	52851.1
铸钢件	吨	54291.5
钢材	吨	6310002.8
其中:铁道用钢材	吨	52393.0
其中:轻轨	吨	52393.0
大型型钢	吨	359656.0
中小型型钢	吨	40877.0
棒材	吨	655329.0

2-1 续表 3

产品名称	计量单位	产品产量
钢筋	吨	3690676.0
线材(盘条)	吨	614267.0
中板	吨	4294.0
热轧窄钢带	吨	35869.0
冷轧窄钢带	吨	33712.3
涂层板(带)	吨	2258.3
无缝钢管	吨	671823.0
焊接钢管	吨	131999.1
其它钢材	吨	16849.1
用外购国产钢材再加工生产的钢材	吨	346740.2
铁合金	吨	1658.0
十种有色金属	吨	1471.0
其中：精炼铜（电解铜）	吨	1471.0
铝合金	吨	17810.0
铜材	吨	2537.0
铝材	吨	70163.0
金属切削工具	万件	5394.8
钢绞线	吨	1348.0
锻件	吨	175400.5
电站锅炉	蒸发量吨	171800.5
工业锅炉	蒸发量吨	18380.7
发动机	千瓦	19142568.0
电站用汽轮机	千瓦	10185413.5
金属切削机床	台	3980.0
其中:数控金属切削机床	台	234.0
金属成形机床	台	35.0
其中：数控金属成形机床(数控锻压设备)	台	30.0
电焊机	台	14760.0
起重机	吨	3479.0
输送机械(输送机和提升机)	吨	2198.0
泵	台	4185.0
气体压缩机	台	1024742.0
其中:制冷设备用压缩机	台	1024742.0
阀门	吨	18980.6
滚动轴承	万套	3465.1
齿轮	吨	282502.6
工业电炉	台	104.0
风机	台	87.0
包装专用设备	台	36.0
金属紧固件	吨	720.0
矿山专用设备	吨	101860.0
石油钻井设备	台(套)	6712.0
挖掘、铲土运输机械	台	917.0
金属冶炼设备	吨	3612.0
金属轧制设备	吨	107610.0
炼油、化工生产专用设备	吨	49525.4
模具	套	993.0
农产品初加工机械	台	35.0
饲料生产专用设备	台	2349.0
印刷专用设备	吨	432.0

2-1　续表 4

产品名称	计量单位	产品产量
大型拖拉机	台	909.0
中型拖拉机	台	12244.0
小型拖拉机	台	1619.0
收获机械	台	11232.0
其中:谷物收获机械	台	167.0
玉米收获机械	台	1630.0
收获后处理机械	台	2292.0
环境污染防治专用设备	台(套)	28724.0
其中:水质污染防治设备	台(套)	28674.0
噪音与振动控制设备	台	50.0
汽车	辆	122496.0
其中：基本型乘用车(轿车)	辆	79402.0
其中:1升<排量≤1.6升	辆	79402.0
客车	辆	15122.0
其中:大型客车(车长>10米)	辆	798.0
中型客车(7米<车长≤10米)	辆	221.0
轻型客车(车长≤7米)	辆	14103.0
载货汽车	辆	27972.0
改装汽车	辆	1505.0
铁路货车	辆	11290.0
民用钢质船舶	载重吨	450.0
发电机组(发电设备)	千瓦	19163197.0
其中：水轮发电机组	千瓦	4996810.0
汽轮发电机	千瓦	14036000.0
风力发电机组	千瓦	32387.0
交流电动机	千瓦	11075197.5
变压器	千伏安	13901102.0
互感器	台	1003.0
高压开关板	面	352.0
低压开关板	面	1827.0
高压开关设备(11万伏以上)	台	16592.0
电力电缆	千米	106309.6
绝缘制品	吨	1569.0
锂离子电池	只(自然只)	13259668.0
铅酸蓄电池	千伏安时	677530.0
太阳能热水器	平方米	90778.0
灯具及照明装置	套(台、个)	11356.0
电子计算机整机	台	34708.0
其中:微型计算机设备	台	34708.0
集成电路	万块	27659.0
电子元件	万只	19760.0
工业自动调节仪表与控制系统	台(套)	444.0
电工仪器仪表	台	1274751.0
分析仪器及装置	台(套)	14931.0
汽车仪器仪表	台	2065285.0
发电量	万千瓦小时	8263911.6
其中：火力发电量	万千瓦小时	7347885.3
水力发电量	万千瓦小时	277908.5
风力发电量	万千瓦小时	636677.8
煤气生产量	万立方米	563644.2
自来水生产量	万立方米	77583.0

2-2 2013年分地区工业主要产品产量

地区	原油(吨)	天然气(万立方米)	铁矿石原矿(吨)	小麦粉(吨)	大米(吨)	食用植物油(吨)	饲料(吨)	成品糖(吨)	乳制品(吨)	鲜、冷鲜肉(吨)
全　省	**40009838**	**347722**	**5859440**	**711684**	**16199324**	**3528565**	**3905030**	**149307**	**2137360**	**1580637**
哈尔滨			164984		2971757	286740	1063865		407882	393312
齐齐哈尔	9452			164076	763701	121711	330975	67546	632968	68426
鸡　西					560113	1601			1075	23576
鹤　岗					1019147	40081				
双鸭山			2965680	149533	2168991	786728	272889	17755		
大　庆	40000386	347722			278510	185903	1134706		297085	554677
伊　春			166813		196140		22150		234	10179
佳木斯			2477563	36989	3290789	234533	152846		1840	90587
抚　远					73287					
七台河					185544	7744				13401
牡丹江				18532	443665	67168	453409	5737		30259
绥芬河										
黑　河				172430		51843	7112		31504	29850
绥　化			84400	41133	887854	84608	377304	39541	460030	230355
大兴安岭										
农垦总局				128991	3359827	1659906	89773	18728	304743	136017

2-2 续表 1

地区	卷烟(万支)	白酒(千升)	啤酒(千升)	软饮料(吨)	纱(吨)	布(万米)	亚麻布(万米)	人造板(立方米)	机制纸及纸板(吨)	原油加工量(吨)
全　省	**4395461**	**500523**	**2189413**	**3363522**	**50821**	**1311**	**5515**	**4339252**	**751141**	**16453593**
哈尔滨	4395461	246185	1217408	2242919	7147	1311	916	317629	45195	3424428
齐齐哈尔		29368	178681	470128	1830		1261	274628	72274	
鸡　西			43574					27002	20500	
鹤　岗		1006	100381	27					4880	
双鸭山		25104								366
大　庆		44045	104272	455959				371718	251132	12725626
伊　春		5914	45124	20984	10131			360443	25943	
佳木斯		30241	161284	560	4438		202	4913	97813	
抚　远										
七台河										
牡丹江		63575	294842	27044				2319578	201814	303173
绥芬河								397885		
黑　河		517	11820	83936						
绥　化		4894	32027	33242	27275		3110	134033	30925	
大兴安岭				405				131423		
农垦总局		49674		28320			26		665	

2-2 续表 2

地 区	汽油(吨)	柴油(吨)	焦炭(吨)	农用化肥(吨)	合成氨(吨)	化学农药(吨)	中成药(吨)	化学药品原药(吨)	化学纤维(吨)	水泥(吨)
全　省	**4807054**	**5844939**	**8152004**	**604200**	**737549**	**11065**	**51691**	**4889**	**71275**	**40284816**
哈尔滨	1201814	1189532			8345	1137	45736	3592	1761	10908965
齐齐哈尔			649183	139053	189712					6980613
鸡　西			375851				2334			1572678
鹤　岗			251038			7968	26			690850
双鸭山	134	214	1598308							995875
大　庆	3521139	4601321		290551	482468		274		69514	4388533
伊　春			304483				1061	515		1493028
佳木斯			716124			1960	505			3324526
抚　远										
七台河			3942873							445079
牡丹江	83967	53872	314144	43446	57024		631	102		2585249
绥芬河										
黑　河										1758646
绥　化				8746			76			4315680
大兴安岭										87849
农垦总局				122404			1049	681		737244

2-2 续表 3

地 区	商品混凝土(立方米)	平板玻璃(重量箱)	汽车(辆)	生铁(吨)	粗钢(吨)	钢材(吨)	金属切削机床(台)	金属轧制设备(台)	小型拖拉机(台)	发电量(万千瓦小时)
全　省	**9783368**	**4159595**	**122496**	**7162617**	**7686961**	**6310003**	**3980**	**107610**	**1619**	**8263912**
哈尔滨	2626486		121477	1149763	1211269	614627	106	5895	86	1524883
齐齐哈尔	2312578		1019	707883	1049426	702717	3493	101715		1122746
鸡　西				355282	362077	355998				521791
鹤　岗	53046									634572
双鸭山				2080726	1975002	1864645				891254
大　庆	3147730									960559
伊　春	106975			2868963	2831912	2527130				126037
佳木斯	3578	4159595							1533	489646
抚　远										12542
七台河					32831	31071				832713
牡丹江	1009366				224444	213815	381			760385
绥芬河										
黑　河	523609									186060
绥　化										92296
大兴安岭										53944
农垦总局										54485

2-3 2013年黑龙江省规模以上工业主要产品生产能力

产品名称	计量单位	2013年
原煤	吨	97331850.1
天然原油	吨	41051400.0
卷烟	万支	5000000.0
棉纺锭／纺纱量	锭/吨	192583.0
棉布织机／布	台/万米	2383.0
原油加工能力／原油加工量	吨/吨	19461100.0
焦炭	吨	14873000.0
烧碱(折100%)	吨	250000.0
农用氮、磷、钾化学肥料总计(折纯)	吨	822313.0
初级形态塑料	吨	2717100.0
化学纤维	吨	167330.6
硅酸盐水泥熟料	吨	21932364.5
水泥	吨	66324769.2
平板玻璃	重量箱	4029600.0
生铁	吨	9070000.0
粗钢	吨	12743000.0
钢材	吨	10264987.0
金属切削机床	台	6221.0
汽车	辆	435800.0
其中：基本型乘用车(轿车)	辆	150000.0
载货汽车	辆	100800.0
民用钢质船舶	载重吨	1500.0
微型计算机设备	台	200000.0
发电设备容量总计／发电量	万千瓦/万千瓦小时	2223.2
其中：火电设备容量／发电量	万千瓦/万千瓦小时	1802.7
水电设备容量／发电量	万千瓦/万千瓦小时	89.8
核电设备容量／发电量	万千瓦/万千瓦小时	0.5
风电设备容量／发电量	万千瓦/万千瓦小时	317.9

第3篇

规模以上工业企业科技情况

A．企业R&D及相关活动主要指标

3-A-1 企业R&D及相关活动主要指标

指标名称	单位	总计	#大中型
企业基本情况			
有R&D活动的企业	个	331	118
有研发机构的企业	个	228	97
有新产品销售的企业	个	197	71
R&D人员情况			
R&D人员合计	人	51198	45786
#女性	人	11992	10807
#研究人员	人	29841	27915
#全时人员	人	33317	30503
R&D人员折合全时当量	人年	37296	33777
R&D经费情况			
R&D经费内部支出	万元	950335.3	880467.6
按支出用途分			
1.日常性支出	万元	902262.5	841285.5
#人员劳务费	万元	249017.1	231348.8
2.资产性支出	万元	48072.8	39182.1
#仪器和设备	万元	45474.4	36733.8
按资金来源分			
政府资金	万元	185599.4	182020.5
企业资金	万元	748768.4	683339.1
国外资金	万元	13104.3	13006.8
其他资金	万元	2863.2	2101.2
R&D经费外部支出	万元	53156.6	51079.6
#对境内研究机构支出	万元	23231.1	21975.7
对境内高等学校支出	万元	17515.7	16702.3
对境外支出	万元	6287.5	6287.5
R&D项目情况			
项目数	项	4307	3731
参加项目人员	人	46073	41081
项目人员折合全时当量	人年	33607	30351
项目经费内部支出	万元	835447.2	775132.5

3–A–1　续表

指标名称	单位	总计	#大中型
企业办研发机构情况			
机构数	个	258	121
机构人员数	人	24143	21141
#博士	人	444	377
硕士	人	3376	3095
本科	人	12825	10895
机构经费支出	万元	329347.2	296280.5
仪器和设备原价	万元	397907.4	347175.8
#进口	万元	68615.3	67800
新产品开发及生产情况			
新产品开发项目数	项	3438	2828
新产品开发经费支出	万元	782853.6	698922.6
新产品销售收入	万元	5825023.3	5360727.6
#新产品出口	万元	394351.2	381942.8
自主知识产权及相关情况			
专利申请数	件	4282	3150
#发明专利	件	1683	1279
有效发明专利数	件	2342	1625
#境外授权	件	52	47
专利所有权转让及许可数	件	51	42
专利所有权转让及许可收入	万元	5275.0	2245
拥有注册商标数	件	6784	4401
#境外注册	件	85	73
形成国家或行业标准数	项	77	62
政府相关政策落实情况			
使用来自政府部门的科技活动资金	万元	193266.2	188058.6
研究开发费用加计扣除减免税	万元	21229.1	17933.9
高新技术企业减免税	万元	50340.9	44813.4
技术获取和技术改造情况			
引进技术经费支出	万元	19690.9	19601.9
消化吸收经费支出	万元	5399.6	5347.6
购买国内技术经费支出	万元	13544.5	6554.4
技术改造经费支出	万元	524368.1	516687.6

3-A-2 分登记注册类型企业R&D

指标名称	单位	内资企业	国有企业	集体企业	股份合作企业
企业基本情况					
有R&D活动的企业	个	298	12	1	3
有研发机构的企业	个	206	8	1	1
有新产品销售的企业	个	181	8	1	2
R&D人员情况					
R&D人员合计	人	46299	1288	37	98
#女性	人	10413	214	6	14
#研究人员	人	27258	910	13	47
#全时人员	人	29620	996	28	33
R&D人员折合全时当量	人年	33955	1128	37	70
R&D经费情况					
R&D经费内部支出	万元	876057.7	109904.9	193.3	1253.8
按支出用途分					
1.日常性支出	万元	833962.2	108535.4	193.3	1091.9
#人员劳务费	万元	229322.4	13367.6	180.2	441.2
2.资产性支出	万元	42095.5	1369.5		161.9
#仪器和设备	万元	39579.9	1369.0		151.0
按资金来源分					
政府资金	万元	184561.5	66327.3		200.0
企业资金	万元	675897.2	43577.6	193.3	1053.8
国外资金	万元	13104.3			
其他资金	万元	2494.7			
R&D经费外部支出	万元	48407.4	723.9	0.6	
#对境内研究机构支出	万元	21858.6	435.6	0.6	
对境内高等学校支出	万元	17028.2	288.3		
对境外支出	万元	3398.3			
R&D项目情况					
项目数	项	3999	121	3	10
参加项目人员	人	41893	1170	33	77
项目人员折合全时当量	人年	30743	1027	33	60
项目经费内部支出	万元	770141.8	104668.3	31.0	713.2

及相关活动主要指标

联营企业	有限责任公司	股份有限公司	私营企业	其他企业	港澳台商投资企业	外　商投资企业
	149	48	85		12	21
	96	42	58		10	12
	96	25	49		5	11
	34016	8706	2154		897	4002
	8280	1446	453		208	1371
	21269	4293	726		282	2301
	20443	7070	1050		521	3176
	24182	7312	1226		689	2652
	629151.7	104738.7	30815.3		23867.1	50410.5
	596479.0	101526.3	26136.3		23069.2	45231.1
	178464.1	30877.5	5991.8		3013.8	16680.9
	32672.7	3212.4	4679.0		797.9	5179.4
	30704.9	2795.5	4559.5		797.5	5097.0
	113658.1	2571.0	1805.1		185.0	852.9
	501578.4	102070.8	27423.3		23468.2	49403.0
	13007.4	96.9				
	907.8		1586.9		213.9	154.6
	41638.2	5179.6	865.1		343.4	4405.8
	18080.8	3034.2	307.4		220.9	1151.6
	14627.0	1562.0	550.9		122.5	365.0
	3376.4	21.9				2889.2
	3113	539	213		107	201
	30415	8200	1998		806	3374
	21567	6909	1146		636	2228
	545220.6	94853.8	24654.9		22216.6	43088.8

3-A-2 续表

指标名称	单位	内资企业	国有企业	集体企业	股份合作企业
企业办研发机构情况					
机构数	个	227	9	1	1
机构人员数	人	22055	237	17	23
#博士	人	407	2		
硕士	人	3064	28	5	
本科	人	11367	145	12	17
机构经费支出	万元	292752.4	2457.3	5.2	40.0
仪器和设备原价	万元	363181.5	9164.3	0.9	201.8
#进口	万元	55250.5	1560.0		
新产品开发及生产情况					
新产品开发项目数	项	3146	242	3	12
新产品开发经费支出	万元	709674.3	112629.9	193.3	972.3
新产品销售收入	万元	5067711.3	191712.2	822.0	4164.5
#新产品出口	万元	355972.7			1800.0
自主知识产权及相关情况					
专利申请数	件	4025	147	20	10
#发明专利	件	1537	75	1	
有效发明专利数	件	2175	100		5
#境外授权	件	51			
专利所有权转让及许可数	件	45	1		
专利所有权转让及许可收入	万元	2275.0			
拥有注册商标数	件	3694	154	9	7
#境外注册	件	25	1		
形成国家或行业标准数	项	74	5		1
政府相关政策落实情况					
使用来自政府部门的科技活动资金	万元	192212.3	66327.3		200.0
研究开发费用加计扣除减免税	万元	18375.0	26.9		1.9
高新技术企业减免税	万元	41757.4	1883.3		27.9
技术获取和技术改造情况					
引进技术经费支出	万元	19659.9			
消化吸收经费支出	万元	5390.6			
购买国内技术经费支出	万元	13158.8			
技术改造经费支出	万元	487188.2	40320.2		14.0

联营企业	有限责任公司	股份有限公司	私营企业	其他企业	港澳台商投资企业	外商投资企业
	108	46	62		12	19
	14789	5740	1249		710	1378
	253	90	62		16	21
	2025	883	123		89	223
	7564	2804	825		490	968
	223474.7	55143.6	11631.6		8482.2	28112.6
	273525.5	54421.9	25867.1		8627.6	26098.3
	48854.0	4588.9	247.6		1027.1	12337.7
	2069	590	230		83	209
	485788.4	69923.4	40167.0		16827.2	56352.1
	3566541.3	1062204.0	242267.3		211623.9	545688.1
	303658.7	15038.8	35475.2		10.0	38368.5
	2400	548	881	19	65	192
	1034	189	228	10	47	99
	1350	252	443	25	31	136
	45	6			1	
	37	4	3			6
	9.0	2236.0	30.0			3000.0
2	1600	756	1159	7	874	2216
	18	2	4			60
	60	1	7		1	2
	119191.5	3320.9	3172.6		185.0	868.9
	15365.3	2510.4	470.5		195.5	2658.6
	17167.0	21215.8	1463.4		2999.5	5584.0
	19421.9	58.0	180.0			31.0
	3143.9	2017.7	229.0			9.0
	1712.2	4648.0	6798.6		34.7	351.0
	291882.4	140458.8	14512.8		1056.6	36123.3

3-A-3 制造业企业R&D及

指标名称	单位	制造业	农副食品加工业	食品制造业	酒、饮料和精制茶制造业	烟草制品业	纺织业
企业基本情况							
有R&D活动的企业	个	317	19	10	7	1	1
有研发机构的企业	个	216	16	9	8	1	1
有新产品销售的企业	个	196	6	5	3	1	1
R&D人员情况							
R&D人员合计	人	33922	491	740	395	32	35
#女性	人	7930	142	163	114	10	29
#研究人员	人	18036	176	414	142	13	21
#全时人员	人	23841	217	229	309	20	
R&D人员折合全时当量	人年	25803	342	259	332	32	34
R&D经费情况							
R&D经费内部支出	万元	677662.1	12099.3	7116.7	9101.3	938.5	500.0
按支出用途分							
1.日常性支出	万元	640077.0	10318.8	6105.7	8590.8	510.6	500.0
#人员劳务费	万元	150671.0	2359.0	1001.1	1211.1	230.9	16.0
2.资产性支出	万元	37585.1	1780.5	1011.0	510.5	427.9	
#仪器和设备	万元	36599.5	1768.5	975.8	500.4	427.9	
按资金来源分							
政府资金	万元	177020.7	216.4	710.9	257.0		
企业资金	万元	484673.9	11838.6	6405.8	8844.3	938.5	500.0
国外资金	万元	13104.3					
其他资金	万元	2863.2	44.3				
R&D经费外部支出	万元	39696.5	425.0	184.5	239.2	21.8	
#对境内研究机构支出	万元	17670.5	210.0	21.7	8.0	11.5	
对境内高等学校支出	万元	13561.9	215.0	156.0	231.2	10.3	
对境外支出	万元	6287.5					
R&D项目情况							
项目数	项	2800	46	21	7	7	1
参加项目人员	人	30920	408	703	364	31	33
项目人员折合全时当量	人年	23521	279	243	305	31	32
项目经费内部支出	万元	601900.6	8915.5	6565.5	8397.3	690.0	70.0

相关活动主要指标

纺织服装、服饰业	皮革、毛皮、羽毛及其制品和制鞋业	木材加工和木、竹、藤、棕、草制品业	家具制造业	造纸和纸制品业	印刷和记录媒介复制业	文教、工美、体育和娱乐用品制造业	石油加工、炼焦和核燃料加工业	化学原料和化学制品制造业	医药制造业
		3	2	3	5		7	17	52
		1		2	2		3	16	35
		2		1	3		2	10	19
		19	22	154	105		208	687	5220
		5	5	55	44		48	112	2016
		11	5	132	49		124	358	2508
		15	12	67	77		141	425	3670
		16	17	88	93		127	413	3668
		177.5	216.0	3179.8	2034.1		7198.3	12425.1	66358.6
		147.5	216.0	2993.7	1173.5		6838.4	12013.4	54865.3
		41.0	19.0	1065.0	284.9		1453.5	3353.8	20339.3
		30.0		186.1	860.6		359.9	411.7	11493.3
		30.0		186.1	838.7		292.5	381.5	11048.3
		49.0		10.0	140.0		30.0	203.0	1186.9
		128.5	216.0	3169.8	1894.1		7168.3	11912.1	65171.7
								96.9	
								213.1	
							542.6	358.5	6214.7
							215.4	310.9	4611.7
							327.3	47.6	506.1
									3.0
		3	8	22	10		22	77	500
		17	20	133	102		178	622	4405
		14	16	76	90		110	360	3114
		128.5	206.0	2732.4	1700.5		3981.5	11601.7	54487.7

3–A–3 续表 1

指标名称	单位	制造业	农副食品加工业	食品制造业	酒、饮料和精制茶制造业	烟草制品业	纺织业
企业办研发机构情况							
机构数	个	243	16	9	9	1	1
机构人员数	人	17757	229	272	354	58	36
#博士	人	256	26	8	3	1	
硕士	人	2352	38	19	14	20	
本科	人	10210	102	174	267	24	6
机构经费支出	万元	273409.1	2323.7	2322.6	7962.7	1808.0	500.0
仪器和设备原价	万元	285083.5	4120.9	1604.2	4129.0	6613.0	9.6
#进口	万元	31064.6	338.1		5.0	1560.0	
新产品开发及生产情况							
新产品开发项目数	项	3120	60	21	12	9	1
新产品开发经费支出	万元	736277.4	14671.1	6767.1	11119.7	1264.9	500.0
新产品销售收入	万元	5822882.3	10499.2	42954.0	194180.1	6029.3	1100.0
#新产品出口	万元	394351.2	170.1	1495.2			1100.0
自主知识产权及相关情况							
专利申请数	件	3700	65	98	10	12	
#发明专利	件	1494	35	41	6	1	
有效发明专利数	件	1834	32	43	6	2	
#境外授权	件	52					
专利所有权转让及许可数	件	51					
专利所有权转让及许可收入	万元	5275.0					
拥有注册商标数	件	6750	914	966	331	123	20
#境外注册	件	81	2	3		1	
形成国家或行业标准数	项	66	4		2		
政府相关政策落实情况							
使用来自政府部门的科技活动资金	万元	184676.4	376.6	856.2	257.0		
研究开发费用加计扣除减免税	万元	21124.7					
高新技术企业减免税	万元	50340.9	562.9				
技术获取和技术改造情况							
引进技术经费支出	万元	19690.9			58.0		
消化吸收经费支出	万元	4576.6	6.5				
购买国内技术经费支出	万元	8978.5	13.5	10.0	140.0		
技术改造经费支出	万元	393871.5	90.0	3883.0	870.0	39884.0	2.0

纺织服装、服饰业	皮革、毛皮、羽毛及其制品和制鞋业	木材加工和木、竹、藤、棕、草制品业	家　具制造业	造纸和纸制品业	印刷和记录媒介复制业	文教、工美、体育和娱乐用品制造业	石油加工、炼焦和核燃料加工业	化学原料和化学制品制造业	医　药制造业
		1		2	2		3	16	49
		12		54	81		152	375	1827
		4		1	3		12	14	28
		5		7	9		16	62	327
		3		42	66		41	180	1209
		56.0		2392.7	90.0		812.4	6747.5	34535.5
		208.0		4407.5	65.2		7615.9	7000.9	19219.0
				2365.5			700.0	599.2	1552.5
		2	3	22	13		28	64	541
		1282.6	196.0	3179.8	2458.2		4900.6	11574.9	70414.1
		90.9		112869.3	3377.4		203100.0	196493.0	237310.6
		64.0						26.9	1328.6
		116	5	8	6		124	151	252
		24		6	4		30	69	155
		15		13	4		42	153	335
							1		1
					6		14	1	2
					3000.0		2050.0		216.0
5		68	45	20	8	8	22	313	3252
									50
								3	10
		219.0		10.0	140.0		30.0	208.7	1593.5
							45.0	49.1	2344.8
					7.3			1763.3	18271.1
		180.0			31.0				
		36.0			9.0			1493.0	130.2
		5.0			22.0			6572.6	765.2
		401.0	36.0	2068.3	63.0	212.2	59740.3	9910.4	22760.0

3-A-3 续表 2

指标名称	单位	化学纤维制造业	橡胶和塑料制品业	非金属矿物制品业	黑色金属冶炼和压延加工业	有色金属冶炼和压延加工业	金属制品业
企业基本情况							
有R&D活动的企业	个	2	9	16	3	4	13
有研发机构的企业	个		5	9	3	3	8
有新产品销售的企业	个	1	10	9	4	3	8
R&D人员情况							
R&D人员合计	人	39	451	543	859	355	819
#女性	人	2	72	99	116	40	208
#研究人员	人	11	89	348	676	279	436
#全时人员	人	7	270	232	516	206	467
R&D人员折合全时当量	人年	25	294	429	464	258	699
R&D经费情况							
R&D经费内部支出	万元	232.7	19230.1	5483.5	30272.1	3096.0	5350.2
按支出用途分							
1.日常性支出	万元	222.3	18608.2	5072.5	30160.1	2931.7	5286.8
#人员劳务费	万元	47.5	1405.4	1575.1	6396.7	270.4	1956.1
2.资产性支出	万元	10.4	621.9	411.0	112.0	164.3	63.4
#仪器和设备	万元	10.4	617.3	403.1	112.0	164.3	63.4
按资金来源分							
政府资金	万元	9.7	25.6	297.9	194.5	871.1	464.9
企业资金	万元	223.0	18990.6	5185.6	30077.6	2217.8	4866.2
国外资金	万元						
其他资金	万元		213.9			7.1	19.1
R&D经费外部支出	万元	6.1	41.3	10.0		126.3	5.2
#对境内研究机构支出	万元		5.8			36.5	5.2
对境内高等学校支出	万元	6.1	35.5	10.0		22.3	
对境外支出	万元						
R&D项目情况							
项目数	项	5	81	53	69	30	77
参加项目人员	人	39	424	476	695	335	733
项目人员折合全时当量	人年	25	277	384	362	246	627
项目经费内部支出	万元	210.6	17767.4	4822.8	26052.5	2779.7	4873.5

通用设备制造业	专用设备制造业	汽车制造业	铁路、船舶、航空航天和其他运输设备制造业	电气机械和器材制造业	计算机、通信和其他电子设备制造业	仪器仪表制造业	其他制造业	废弃资源综合利用业	金属制品、机械和设备修理业
39	34	13	18	19	10	9	1		
26	22	9	9	11	3	10	3		1
30	29	11	11	14	3	9			1
7137	4871	2358	5251	1931	447	728	25		
1470	763	477	1153	480	115	192			
3736	3121	870	2956	1026	93	418	24		
5160	4398	1060	4173	1282	407	481			
5332	4524	1633	4026	1601	383	690	25		
212883.2	49747.1	23071.0	155890.6	38276.3	4507.2	7944.3	332.6		
207127.6	48613.2	21203.0	151499.9	33951.0	4483.6	6310.8	332.6		
40225.5	17744.8	5117.1	31868.0	7632.9	2208.6	2795.5	52.8		
5755.6	1133.9	1868.0	4390.7	4325.3	23.6	1633.5			
5640.1	1133.9	1828.7	4322.8	4203.8	23.6	1626.4			
72010.3	2304.4	8096.1	87197.2	1897.1	339.7	469.0	40.0		
140799.8	45871.8	14960.6	55462.7	36162.0	4029.2	7346.7	292.6		
0.6			12878.2			128.6			
72.5	1570.9	14.3	352.5	217.2	138.3				
8150.4	1821.2	4050.4	16056.9	1314.4		128.0			
740.1	611.6	601.9	9812.0	408.2		60.0			
4700.9	627.6	486.8	5369.1	742.1		68.0			
2557.8	21.9	2886.2	818.6						
675	213	87	583	112	26	63	2		
6603	4609	2239	4795	1816	427	693	20		
4912	4288	1548	3623	1514	367	658	20		
199050.6	46237.9	17103.6	139153.2	33149.8	4298.0	6591.8	332.6		

3-A-3 续表 3

指标名称	单位	化学纤维制造业	橡胶和塑料制品业	非金属矿物制品业	黑色金属冶炼和压延加工业	有色金属冶炼和压延加工业	金属制品业
企业办研发机构情况							
机构数	个		5	9	3	3	8
机构人员数	人		308	266	746	342	772
#博士	人		14	6		3	7
硕士	人		63	9	4	19	29
本科	人		161	155	263	102	462
机构经费支出	万元		4853.8	2562.9	28997.9	4688.8	3502.1
仪器和设备原价	万元		4935.8	20550.1	3103.8	6746.2	6162.9
#进口	万元		970.6		1786.7	1025.0	327.1
新产品开发及生产情况							
新产品开发项目数	项	6	85	56	59	58	85
新产品开发经费支出	万元	304.0	18977.2	7018.8	33652.7	13212.8	5919.0
新产品销售收入	万元	310.8	232786.9	67509.7	728310.3	59314.4	35169.7
#新产品出口	万元		3356.0	6883.1	17526.0	3100.0	353.2
自主知识产权及相关情况							
专利申请数	件	6	82	82	133	26	75
#发明专利	件	6	52	38	26	17	18
有效发明专利数	件	3	49	43	25	75	45
#境外授权	件						
专利所有权转让及许可数	件			10	11		
专利所有权转让及许可收入	万元						
拥有注册商标数	件	2	40	85	12	10	33
#境外注册	件					1	2
形成国家或行业标准数	项		7	6		4	7
政府相关政策落实情况							
使用来自政府部门的科技活动资金	万元	16.0	36.0	354.0	222.0	1966.0	649.3
研究开发费用加计扣除减免税	万元	7.7		378.4	120.6	277.7	136.1
高新技术企业减免税	万元	21.7	1444.7	5190.7	74.6		217.1
技术获取和技术改造情况							
引进技术经费支出	万元				7488.0	6348.0	
消化吸收经费支出	万元						
购买国内技术经费支出	万元						
技术改造经费支出	万元		1805.9	882.4	40764.0	15479.0	2350.0

通用设备制造业	专用设备制造业	汽车制造业	铁路、船舶、航空航天和其他运输设备制造业	电气机械和器材制造业	计算机、通信和其他电子设备制造业	仪器仪表制造业	其他制造业	废弃资源综合利用业	金属制品、机械和设备修理业
30	28	9	11	11	3	10	3		1
2978	4039	1168	2240	796	61	534	30		27
24	53	3	9	28		9			
395	660	132	304	144	2	73	1		
1967	1676	802	1647	431	52	363	10		5
73821.1	31386.2	18376.4	30176.5	8345.4	1082.1	5595.5	342.0		127.3
43787.0	23867.7	41635.6	44714.5	24461.0	565.1	8368.3	1140.7		51.6
3660.5	66.9	15410.3	179.4			517.8			
787	248	97	591	174	36	55	7		
213484.7	51234.3	24591.8	156792.0	66593.5	7343.3	7651.5	1172.8		
920078.0	865196.4	417268.0	876935.7	551559.4	7210.4	51729.6			1499.2
30365.9	39387.7	2174.0	242249.3	42763.9		2007.3			
693	479	196	601	234	62	128	48		8
276	122	70	325	92	16	59	5		1
219	219	59	226	95	11	111	3		6
2	1		25		2	20			
			7						
			9.0						
70	78	129	88	57	5	42	4		
4	2	1	13		2				
9			7	5			2		
72558.9	2566.9	8097.5	87197.2	5521.0	1291.6	469.0	40.0		
5779.3	1281.3	1678.5	4669.5	4251.8		104.9			
10413.2	2263.9	1090.2	5483.6	3182.4	323.5	30.7			
4167.3			199.6	1219.0					
707.6	94.7		659.3	1440.3					
997.9			452.3						
7703.1	54533.8	7833.5	107312.0	14831.6		162.7	293.3		

B. 企业基本情况

3-B-1 分登记注册类型企业基本情况

单位：个

登记注册类型	有R&D活动的企业	有研发机构的企业	有新产品销售的企业
总　计	**331**	**228**	**197**
内资企业	**298**	**206**	**181**
国有企业	12	8	8
集体企业	1	1	1
股份合作企业	3	1	2
联营企业			
有限责任公司	149	96	96
国有独资公司	14	14	8
其他有限责任公司	135	82	88
股份有限公司	48	42	25
私营企业	85	58	49
私营独资企业	2		
私营合伙企业	1	1	1
私营有限责任公司	73	51	43
私营股份有限公司	9	6	5
其他企业			
港、澳、台商投资企业	**12**	**10**	**5**
合资经营企业(港或澳、台资)	6	6	2
合作经营企业(港或澳、台资)			
港、澳、台商独资经营企业	5	4	3
港、澳、台商投资股份有限公司	1		
其他港澳台投资企业			
外商投资企业	**21**	**12**	**11**
中外合资经营企业	14	8	5
中外合作经营企业			
外资企业	6	3	5
外商投资股份有限公司	1	1	1
其他外商投资企业			

3-B-2 分登记注册类型大中型企业基本情况

单位：个

登记注册类型	有R&D活动的企业	有研发机构的企业	有新产品销售的企业
总　计	**118**	**97**	**71**
内资企业	**102**	**85**	**61**
国有企业	8	6	6
集体企业			
股份合作企业			
联营企业			
有限责任公司	56	44	37
国有独资公司	12	13	6
其他有限责任公司	44	31	31
股份有限公司	28	24	14
私营企业	10	11	4
私营独资企业			
私营合伙企业			
私营有限责任公司	9	8	3
私营股份有限公司	1	3	1
其他企业			
港、澳、台商投资企业	**5**	**5**	**3**
合资经营企业(港或澳、台资)	2	2	
合作经营企业(港或澳、台资)			
港、澳、台商独资经营企业	3	3	3
港、澳、台商投资股份有限公司			
其他港澳台投资企业			
外商投资企业	**11**	**7**	**7**
中外合资经营企业	7	4	3
中外合作经营企业			
外资企业	3	2	3
外商投资股份有限公司	1	1	1
其他外商投资企业			

3-B-3 分行业企业基本情况

单位：个

行业	有R&D活动的企业	有研发机构的企业	有新产品销售的企业
总 计	**331**	**228**	**197**
制造业	**317**	**216**	**196**
农副食品加工业	19	16	6
食品制造业	10	9	5
酒、饮料和精制茶制造业	7	8	3
烟草制品业	1	1	1
纺织业	1	1	1
纺织服装、服饰业			
皮革、毛皮、羽毛及其制品和制鞋业			
木材加工和木、竹、藤、棕、草制品业	3	1	2
家具制造业	2		
造纸和纸制品业	3	2	1
印刷和记录媒介复制业	5	2	3
文教、工美、体育和娱乐用品制造业			
石油加工、炼焦和核燃料加工业	7	3	2
化学原料和化学制品制造业	17	16	10
医药制造业	52	35	19
化学纤维制造业	2		1
橡胶和塑料制品业	9	5	10
非金属矿物制品业	16	9	9
黑色金属冶炼和压延加工业	3	3	4
有色金属冶炼和压延加工业	4	3	3
金属制品业	13	8	8
通用设备制造业	39	26	30
专用设备制造业	34	22	29
汽车制造业	13	9	11
铁路、船舶、航空航天和其他运输设备制造业	18	9	11
电气机械和器材制造业	19	11	14
计算机、通信和其他电子设备制造业	10	3	3
仪器仪表制造业	9	10	9
其他制造业	1	3	
废弃资源综合利用业			
金属制品、机械和设备修理业		1	1
电力、热力、燃气及水生产和供应业	7	6	
电力、热力生产和供应业	6	4	
燃气生产和供应业	1	2	
水的生产和供应业			

3-B-4　分行业大中型企业基本情况

单位：个

行　　业	有R&D活动的企业	有研发机构的企业	有新产品销售的企业
总　计	**118**	**97**	**71**
制造业	**108**	**88**	**70**
农副食品加工业	7	6	2
食品制造业	2	2	1
酒、饮料和精制茶制造业	2	2	1
烟草制品业	1	1	1
纺织业	1	1	1
纺织服装、服饰业			
皮革、毛皮、羽毛及其制品和制鞋业			
木材加工和木、竹、藤、棕、草制品业	1	1	
家具制造业			
造纸和纸制品业	1	1	1
印刷和记录媒介复制业			
文教、工美、体育和娱乐用品制造业			
石油加工、炼焦和核燃料加工业	7	3	2
化学原料和化学制品制造业	5	3	1
医药制造业	19	16	8
化学纤维制造业			
橡胶和塑料制品业	1	1	2
非金属矿物制品业	3	3	2
黑色金属冶炼和压延加工业	2	3	3
有色金属冶炼和压延加工业	1	1	1
金属制品业	3	3	2
通用设备制造业	15	10	11
专用设备制造业	10	9	7
汽车制造业	4	4	5
铁路、船舶、航空航天和其他运输设备制造业	9	6	7
电气机械和器材制造业	9	7	9
计算机、通信和其他电子设备制造业	2		
仪器仪表制造业	3	3	2
其他制造业		1	
废弃资源综合利用业			
金属制品、机械和设备修理业		1	1
电力、热力、燃气及水生产和供应业	4	4	
电力、热力生产和供应业	4	4	
燃气生产和供应业			
水的生产和供应业			

3-B-5 分行业内资企业基本情况

单位：个

行　　业	有R&D活动的企业	有研发机构的企业	有新产品销售的企业
总　计	**298**	**206**	**181**
制造业	**286**	**195**	**180**
农副食品加工业	18	16	6
食品制造业	7	6	3
酒、饮料和精制茶制造业	5	6	2
烟草制品业	1	1	1
纺织业	1	1	1
纺织服装、服饰业			
皮革、毛皮、羽毛及其制品和制鞋业			
木材加工和木、竹、藤、棕、草制品业	2	1	2
家具制造业	2		
造纸和纸制品业	3	2	1
印刷和记录媒介复制业	4	1	3
文教、工美、体育和娱乐用品制造业			
石油加工、炼焦和核燃料加工业	7	3	2
化学原料和化学制品制造业	16	15	9
医药制造业	41	30	16
化学纤维制造业	2		1
橡胶和塑料制品业	8	4	8
非金属矿物制品业	16	9	9
黑色金属冶炼和压延加工业	3	3	4
有色金属冶炼和压延加工业	4	3	3
金属制品业	12	7	7
通用设备制造业	39	26	30
专用设备制造业	30	19	26
汽车制造业	12	8	10
铁路、船舶、航空航天和其他运输设备制造业	17	8	11
电气机械和器材制造业	17	9	13
计算机、通信和其他电子设备制造业	9	3	2
仪器仪表制造业	9	10	9
其他制造业	1	3	
废弃资源综合利用业			
金属制品、机械和设备修理业		1	1
电力、热力、燃气及水生产和供应业	**5**	**5**	
电力、热力生产和供应业	5	4	
燃气生产和供应业		1	
水的生产和供应业			

3-B-6　分行业港澳台商投资企业基本情况

单位：个

行　业	有R&D活动的企业	有研发机构的企业	有新产品销售的企业
总　计	**12**	**10**	**5**
制造业	**11**	**9**	**5**
农副食品加工业			
食品制造业	2	2	1
酒、饮料和精制茶制造业			
烟草制品业			
纺织业			
纺织服装、服饰业			
皮革、毛皮、羽毛及其制品和制鞋业			
木材加工和木、竹、藤、棕、草制品业			
家具制造业			
造纸和纸制品业			
印刷和记录媒介复制业			
文教、工美、体育和娱乐用品制造业			
石油加工、炼焦和核燃料加工业			
化学原料和化学制品制造业	1	1	1
医药制造业	5	4	1
化学纤维制造业			
橡胶和塑料制品业	1	1	1
非金属矿物制品业			
黑色金属冶炼和压延加工业			
有色金属冶炼和压延加工业			
金属制品业			
通用设备制造业			
专用设备制造业	2	1	1
汽车制造业			
铁路、船舶、航空航天和其他运输设备制造业			
电气机械和器材制造业			
计算机、通信和其他电子设备制造业			
仪器仪表制造业			
其他制造业			
废弃资源综合利用业			
金属制品、机械和设备修理业			
电力、热力、燃气及水生产和供应业	**1**	**1**	
电力、热力生产和供应业			
燃气生产和供应业	1	1	
水的生产和供应业			

3–B–7 分行业外商投资企业基本情况

单位：个

行业	有R&D活动的企业	有研发机构的企业	有新产品销售的企业
总 计	**21**	**12**	**11**
制造业	**20**	**12**	**11**
农副食品加工业	1		
食品制造业	1	1	1
酒、饮料和精制茶制造业	2	2	1
烟草制品业			
纺织业			
纺织服装、服饰业			
皮革、毛皮、羽毛及其制品和制鞋业			
木材加工和木、竹、藤、棕、草制品业	1		
家具制造业			
造纸和纸制品业			
印刷和记录媒介复制业	1	1	
文教、工美、体育和娱乐用品制造业			
石油加工、炼焦和核燃料加工业			
化学原料和化学制品制造业			
医药制造业	6	1	2
化学纤维制造业			
橡胶和塑料制品业			1
非金属矿物制品业			
黑色金属冶炼和压延加工业			
有色金属冶炼和压延加工业			
金属制品业	1	1	1
通用设备制造业			
专用设备制造业	2	2	2
汽车制造业	1	1	1
铁路、船舶、航空航天和其他运输设备制造业	1	1	
电气机械和器材制造业	2	2	1
计算机、通信和其他电子设备制造业	1		1
仪器仪表制造业			
其他制造业			
废弃资源综合利用业			
金属制品、机械和设备修理业			
电力、热力、燃气及水生产和供应业	**1**		
电力、热力生产和供应业	1		
燃气生产和供应业			
水的生产和供应业			

C．企业R&D人员情况

3-C-1　分登记注册类型企业R&D人员情况

登记注册类型	R&D人员合计(人)	#女性	#研究人员	#全时人员	R&D人员折合全时当量(人年)
总　计	**51198**	**11992**	**29841**	**33317**	**37296**
内资企业	**46299**	**10413**	**27258**	**29620**	**33955**
国有企业	1288	214	910	996	1128
集体企业	37	6	13	28	37
股份合作企业	98	14	47	33	70
联营企业					
国有联营企业					
集体联营企业					
国有与集体联营企业					
其他联营企业					
有限责任公司	34016	8280	21269	20443	24182
国有独资公司	3323	650	2260	1939	2620
其他有限责任公司	30693	7630	19009	18504	21562
股份有限公司	8706	1446	4293	7070	7312
私营企业	2154	453	726	1050	1226
私营独资企业	25	3	8	5	12
私营合伙企业	5	1	1		5
私营有限责任公司	1910	385	678	938	1075
私营股份有限公司	214	64	39	107	134
其他企业					
港、澳、台商投资企业	**897**	**208**	**282**	**521**	**689**
合资经营企业(港或澳、台资)	321	111	85	184	211
合作经营企业(港或澳、台资)					
港、澳、台商独资经营企业	529	85	177	337	430
港、澳、台商投资股份有限公司	47	12	20		47
其他港澳台投资企业					
外商投资企业	**4002**	**1371**	**2301**	**3176**	**2652**
中外合资经营企业	3067	1183	1707	2614	2129
中外合作经营企业					
外资企业	454	76	240	391	378
外商投资股份有限公司	481	112	354	171	145
其他外商投资企业					

3-C-2 分登记注册类型大中型企业R&D人员情况

登记注册类型	R&D人员合计(人)	#女性	#研究人员	#全时人员	R&D人员折合全时当量(人年)
总　计	**45786**	**10807**	**27915**	**30503**	**33777**
内资企业	**41465**	**9380**	**25527**	**27191**	**30941**
国有企业	1125	198	821	946	1025
集体企业					
股份合作企业					
联营企业					
国有联营企业					
集体联营企业					
国有与集体联营企业					
其他联营企业					
有限责任公司	31451	7711	20332	19138	22583
国有独资公司	3257	640	2245	1890	2558
其他有限责任公司	28194	7071	18087	17248	20024
股份有限公司	8278	1335	4124	6760	7018
私营企业	611	136	250	347	315
私营独资企业					
私营合伙企业					
私营有限责任公司	597	131	249	334	308
私营股份有限公司	14	5	1	13	8
其他企业					
港、澳、台商投资企业	**608**	**136**	**194**	**376**	**442**
合资经营企业(港或澳、台资)	142	52	58	66	70
合作经营企业(港或澳、台资)					
港、澳、台商独资经营企业	466	84	136	310	372
港、澳、台商投资股份有限公司					
其他港澳台投资企业					
外商投资企业	**3713**	**1291**	**2194**	**2936**	**2395**
中外合资经营企业	2855	1112	1618	2432	1926
中外合作经营企业					
外资企业	377	67	222	333	324
外商投资股份有限公司	481	112	354	171	145
其他外商投资企业					

3-C-3　分行业企业R&D人员情况

行　业	R&D人员合计(人)	#女性	#研究人员	#全时人员	R&D人员折合全时当量(人年)
总　计	**51198**	**11992**	**29841**	**33317**	**37296**
采矿业	**16545**	**3962**	**11345**	**8896**	**10877**
煤炭开采和洗选业	1364	58	883	138	634
石油和天然气开采业	15159	3904	10452	8758	10228
黑色金属矿采选业					
有色金属矿采选业					
非金属矿采选业					
开采辅助活动	22		10		15
其他采矿业					
制造业	**33922**	**7930**	**18036**	**23841**	**25803**
农副食品加工业	491	142	176	217	342
食品制造业	740	163	414	229	259
酒、饮料和精制茶制造业	395	114	142	309	332
烟草制品业	32	10	13	20	32
纺织业	35	29	21		34
纺织服装、服饰业					
皮革、毛皮、羽毛及其制品和制鞋业					
木材加工和木、竹、藤、棕、草制品业	19	5	11	15	16
家具制造业	22	5	5	12	17
造纸和纸制品业	154	55	132	67	88
印刷和记录媒介复制业	105	44	49	77	93
文教、工美、体育和娱乐用品制造业					
石油加工、炼焦和核燃料加工业	208	48	124	141	127
化学原料和化学制品制造业	687	112	358	425	413
医药制造业	5220	2016	2508	3670	3668
化学纤维制造业	39	2	11	7	25
橡胶和塑料制品业	451	72	89	270	294
非金属矿物制品业	543	99	348	232	429
黑色金属冶炼和压延加工业	859	116	676	516	464
有色金属冶炼和压延加工业	355	40	279	206	258
金属制品业	819	208	436	467	699
通用设备制造业	7137	1470	3736	5160	5332
专用设备制造业	4871	763	3121	4398	4524
汽车制造业	2358	477	870	1060	1633
铁路、船舶、航空航天和其他运输设备制造业	5251	1153	2956	4173	4026
电气机械和器材制造业	1931	480	1026	1282	1601
计算机、通信和其他电子设备制造业	447	115	93	407	383
仪器仪表制造业	728	192	418	481	690
其他制造业	25		24		25
废弃资源综合利用业					
金属制品、机械和设备修理业					
电力、热力、燃气及水生产和供应业	**731**	**100**	**460**	**580**	**616**
电力、热力生产和供应业	659	74	452	508	551
燃气生产和供应业	72	26	8	72	65
水的生产和供应业					

3−C−4 分行业大中型企业R&D人员情况

行 业	R&D人员合计(人)	#女性	#研究人员	#全时人员	R&D人员折合全时当量(人年)
总 计	**45786**	**10807**	**27915**	**30503**	**33777**
采矿业	**16523**	**3962**	**11335**	**8896**	**10862**
煤炭开采和洗选业	1364	58	883	138	634
石油和天然气开采业	15159	3904	10452	8758	10228
黑色金属矿采选业					
有色金属矿采选业					
非金属矿采选业					
开采辅助活动					
其他采矿业					
制造业	**28623**	**6771**	**16136**	**21099**	**22371**
农副食品加工业	321	96	110	173	223
食品制造业	505	116	355	181	148
酒、饮料和精制茶制造业	289	64	117	262	239
烟草制品业	32	10	13	20	32
纺织业	35	29	21		34
纺织服装、服饰业					
皮革、毛皮、羽毛及其制品和制鞋业					
木材加工和木、竹、藤、棕、草制品业	7	2	2	5	4
家具制造业					
造纸和纸制品业	131	49	109	45	86
印刷和记录媒介复制业					
文教、工美、体育和娱乐用品制造业					
石油加工、炼焦和核燃料加工业	208	48	124	141	128
化学原料和化学制品制造业	440	65	215	292	210
医药制造业	4095	1631	2161	3177	2960
化学纤维制造业					
橡胶和塑料制品业	278	41	33	206	188
非金属矿物制品业	164	31	102	111	147
黑色金属冶炼和压延加工业	849	115	674	506	462
有色金属冶炼和压延加工业	312	28	256	181	234
金属制品业	686	185	384	408	612
通用设备制造业	6611	1373	3532	4815	5077
专用设备制造业	4374	702	2916	4168	4160
汽车制造业	1867	402	780	710	1450
铁路、船舶、航空航天和其他运输设备制造业	4931	1119	2852	3891	3791
电气机械和器材制造业	1725	436	982	1218	1451
计算机、通信和其他电子设备制造业	250	72	42	250	236
仪器仪表制造业	513	157	356	339	496
其他制造业					
废弃资源综合利用业					
金属制品、机械和设备修理业					
电力、热力、燃气及水生产和供应业	**640**	**74**	**444**	**508**	**546**
电力、热力生产和供应业	640	74	444	508	546
燃气生产和供应业					
水的生产和供应业					

3-C-5　分行业内资企业R&D人员情况

行　业	R&D人员合计(人)	女性(人)	研究人员(人)	全时人员(人)	R&D人员全时当量(人年)
总　计	**46299**	**10413**	**27258**	**29620**	**33955**
采矿业	**16545**	**3962**	**11345**	**8896**	**10877**
煤炭开采和洗选业	1364	58	883	138	634
石油和天然气开采业	15159	3904	10452	8758	10228
黑色金属矿采选业					
有色金属矿采选业					
非金属矿采选业					
开采辅助活动	22		10		15
其他采矿业					
制造业	**29104**	**6377**	**15470**	**20221**	**22532**
农副食品加工业	485	142	172	213	336
食品制造业	183	40	34	58	66
酒、饮料和精制茶制造业	135	64	31	53	91
烟草制品业	32	10	13	20	32
纺织业	35	29	21		34
纺织服装、服饰业					
皮革、毛皮、羽毛及其制品和制鞋业					
木材加工和木、竹、藤、棕、草制品业	12	3	9	10	12
家具制造业	22	5	5	12	17
造纸和纸制品业	154	55	132	67	88
印刷和记录媒介复制业	50	9	10	37	40
文教、工美、体育和娱乐用品制造业					
石油加工、炼焦和核燃料加工业	208	48	124	141	127
化学原料和化学制品制造业	635	99	347	389	365
医药制造业	2374	835	918	1315	1709
化学纤维制造业	39	2	11	7	25
橡胶和塑料制品业	173	31	56	64	106
非金属矿物制品业	543	99	348	232	429
黑色金属冶炼和压延加工业	859	116	676	516	464
有色金属冶炼和压延加工业	355	40	279	206	258
金属制品业	813	202	436	463	695
通用设备制造业	7137	1470	3736	5160	5332
专用设备制造业	4528	716	2894	4153	4238
汽车制造业	2241	459	854	978	1540
铁路、船舶、航空航天和其他运输设备制造业	5180	1143	2951	4102	3960
电气机械和器材制造业	1759	457	908	1183	1518
计算机、通信和其他电子设备制造业	399	111	63	361	335
仪器仪表制造业	728	192	418	481	690
其他制造业	25		24		25
废弃资源综合利用业					
金属制品、机械和设备修理业					
电力、热力、燃气及水生产和供应业	**650**	**74**	**443**	**503**	**546**
电力、热力生产和供应业	650	74	443	503	546
燃气生产和供应业					
水的生产和供应业					

3-C-6 分行业港澳台商投资企业R&D人员情况

行业	R&D人员合计 (人)	女性 (人)	研究人员 (人)	全时人员 (人)	R&D人员 全时当量 (人年)
总 计	**897**	**208**	**282**	**521**	**689**
采矿业					
煤炭开采和洗选业					
石油和天然气开采业					
黑色金属矿采选业					
有色金属矿采选业					
非金属矿采选业					
开采辅助活动					
其他采矿业					
制造业	**825**	**182**	**274**	**449**	**624**
农副食品加工业					
食品制造业	76	11	26		48
酒、饮料和精制茶制造业					
烟草制品业					
纺织业					
纺织服装、服饰业					
皮革、毛皮、羽毛及其制品和制鞋业					
木材加工和木、竹、藤、棕、草制品业					
家具制造业					
造纸和纸制品业					
印刷和记录媒介复制业					
文教、工美、体育和娱乐用品制造业					
石油加工、炼焦和核燃料加工业					
化学原料和化学制品制造业	52	13	11	36	48
医药制造业	235	88	94	76	157
化学纤维制造业					
橡胶和塑料制品业	278	41	33	206	188
非金属矿物制品业					
黑色金属冶炼和压延加工业					
有色金属冶炼和压延加工业					
金属制品业					
通用设备制造业					
专用设备制造业	184	29	110	131	182
汽车制造业					
铁路、船舶、航空航天和其他运输设备制造业					
电气机械和器材制造业					
计算机、通信和其他电子设备制造业					
仪器仪表制造业					
其他制造业					
废弃资源综合利用业					
金属制品、机械和设备修理业					
电力、热力、燃气及水生产和供应业	**72**	**26**	**8**	**72**	**65**
电力、热力生产和供应业					
燃气生产和供应业	72	26	8	72	65
水的生产和供应业					

3－C－7　分行业外商投资企业R&D人员情况

行　业	R&D人员合计（人）	女性（人）	研究人员（人）	全时人员（人）	R&D人员全时当量（人年）
总　计	**4002**	**1371**	**2301**	**3176**	**2652**
采矿业					
煤炭开采和洗选业					
石油和天然气开采业					
黑色金属矿采选业					
有色金属矿采选业					
非金属矿采选业					
开采辅助活动					
其他采矿业					
制造业	**3993**	**1371**	**2292**	**3171**	**2647**
农副食品加工业	6		4	4	6
食品制造业	481	112	354	171	145
酒、饮料和精制茶制造业	260	50	111	256	241
烟草制品业					
纺织业					
纺织服装、服饰业					
皮革、毛皮、羽毛及其制品和制鞋业					
木材加工和木、竹、藤、棕、草制品业	7	2	2	5	4
家具制造业					
造纸和纸制品业					
印刷和记录媒介复制业	55	35	39	40	53
文教、工美、体育和娱乐用品制造业					
石油加工、炼焦和核燃料加工业					
化学原料和化学制品制造业					
医药制造业	2611	1093	1496	2279	1801
化学纤维制造业					
橡胶和塑料制品业					
非金属矿物制品业					
黑色金属冶炼和压延加工业					
有色金属冶炼和压延加工业					
金属制品业	6	6		4	4
通用设备制造业					
专用设备制造业	159	18	117	114	104
汽车制造业	117	18	16	82	93
铁路、船舶、航空航天和其他运输设备制造业	71	10	5	71	66
电气机械和器材制造业	172	23	118	99	82
计算机、通信和其他电子设备制造业	48	4	30	46	48
仪器仪表制造业					
其他制造业					
废弃资源综合利用业					
金属制品、机械和设备修理业					
电力、热力、燃气及水生产和供应业	**9**		**9**	**5**	**5**
电力、热力生产和供应业	9		9	5	5
燃气生产和供应业					
水的生产和供应业					

D．企业R&D经费支出情况

3-D-1.1 分登记注册类型企业R&D经费内部支出情况

单位：万元

登记注册类型	R&D经费内部支出	日常性支出	#人员劳务费	资产性支出	#仪器和设备	#政府资金	#企业资金
总　　计	**950335.3**	**902262.5**	**249017.1**	**48072.8**	**45474.4**	**185599.4**	**748768.4**
内资企业	**876057.7**	**833962.2**	**229322.4**	**42095.5**	**39579.9**	**184561.5**	**675897.2**
国有企业	109904.9	108535.4	13367.6	1369.5	1369.0	66327.3	43577.6
集体企业	193.3	193.3	180.2				193.3
股份合作企业	1253.8	1091.9	441.2	161.9	151.0	200.0	1053.8
联营企业							
国有联营企业							
集体联营企业							
国有与集体联营企业							
其他联营企业							
有限责任公司	629151.7	596479.0	178464.1	32672.7	30704.9	113658.1	501578.4
国有独资公司	91397.7	87877.6	7988.2	3520.1	3461.0	48093.4	38202.8
其他有限责任公司	537754.0	508601.4	170475.9	29152.6	27243.9	65564.7	463375.6
股份有限公司	104738.7	101526.3	30877.5	3212.4	2795.5	2571.0	102070.8
私营企业	30815.3	26136.3	5991.8	4679.0	4559.5	1805.1	27423.3
私营独资企业	520.8	510.8	101.6	10.0	10.0	20.0	500.8
私营合伙企业	189.0	189.0	15.0				189.0
私营有限责任公司	26083.7	22400.7	5469.9	3683.0	3570.5	1723.4	22797.7
私营股份有限公司	4021.8	3035.8	405.3	986.0	979.0	61.7	3935.8
其他企业							
港、澳、台商投资企业	**23867.1**	**23069.2**	**3013.8**	**797.9**	**797.5**	**185.0**	**23468.2**
合资经营企业(港或澳、台资)	2766.2	2475.7	750.8	290.5	290.5	185.0	2581.2
合作经营企业(港或澳、台资)							
港、澳、台商独资经营企业	20423.4	19916.0	1837.5	507.4	507.0		20209.5
港、澳、台商投资股份有限公司	677.5	677.5	425.5				677.5
其他港澳台投资企业							
外商投资企业	**50410.5**	**45231.1**	**16680.9**	**5179.4**	**5097.0**	**852.9**	**49403.0**
中外合资经营企业	35261.7	30997.8	14239.5	4263.9	4220.4	626.9	34480.2
中外合作经营企业							
外资企业	10239.3	10158.3	1750.5	81.0	76.9	116.0	10123.3
外商投资股份有限公司	4909.5	4075.0	690.9	834.5	799.7	110.0	4799.5
其他外商投资企业							

3-D-1.2　分登记注册类型大中型企业R&D经费内部支出情况

单位：万元

登记注册类型	R&D经费内部支出	日常性支出	#人员劳务费	资产性支出	#仪器和设备	#政府资金	#企业资金
总　计	**880467.6**	**841285.5**	**231348.8**	**39182.1**	**36733.8**	**182020.5**	**683339.1**
按登记注册类型分组							
内资企业	**811635.3**	**778330.0**	**213908.8**	**33305.3**	**30933.4**	**181226.9**	**615514.3**
国有企业	108402.7	107033.2	12507.7	1369.5	1369.0	66327.3	42075.4
集体企业							
股份合作企业							
联营企业							
国有联营企业							
集体联营企业							
国有与集体联营企业							
其他联营企业							
有限责任公司	597857.6	570332.5	171460.7	27525.1	25609.8	112464.9	471722.3
国有独资公司	90425.7	86953.1	7563.3	3472.6	3413.5	48093.4	37230.8
其他有限责任公司	507431.9	483379.4	163897.4	24052.5	22196.3	64371.5	434491.5
股份有限公司	97349.3	94341.3	28522.4	3008.0	2598.8	2226.5	95122.8
私营企业	8025.7	6623.0	1418.0	1402.7	1355.8	208.2	6593.8
私营独资企业							
私营合伙企业							
私营有限责任公司	7977.2	6574.5	1413.6	1402.7	1355.8	208.2	6569.6
私营股份有限公司	48.5	48.5	4.4				24.2
其他企业							
港、澳、台商投资企业	**20856.1**	**20083.4**	**1695.1**	**772.7**	**772.7**		**20642.2**
合资经营企业(港或澳、台资)	1172.4	881.9	188.1	290.5	290.5		1172.4
合作经营企业(港或澳、台资)							
港、澳、台商独资经营企业	19683.7	19201.5	1507.0	482.2	482.2		19469.8
港、澳、台商投资股份有限公司							
其他港澳台投资企业							
外商投资企业	**47976.2**	**42872.1**	**15744.9**	**5104.1**	**5027.7**	**793.6**	**47182.6**
中外合资经营企业	33720.3	29496.7	13476.9	4223.6	4182.0	583.6	33136.7
中外合作经营企业							
外资企业	9346.4	9300.4	1577.1	46.0	46.0	100.0	9246.4
外商投资股份有限公司	4909.5	4075.0	690.9	834.5	799.7	110.0	4799.5
其他外商投资企业							

3-D-1.3 分行业企业R&D经费内部支出情况

单位：万元

行业	R&D经费内部支出	日常性支出	#人员劳务费	资产性支出	#仪器和设备	#政府资金	#企业资金
总计	**950335.3**	**902262.5**	**249017.1**	**48072.8**	**45474.4**	**185599.4**	**748768.4**
采矿业	**244040.2**	**233783.5**	**96183.2**	**10256.7**	**8652.6**	**8578.7**	**235461.5**
煤炭开采和洗选业	13830.1	12656.1	1234.9	1174.0	1169.0	1023.9	12806.2
石油和天然气开采业	229135.1	220502.4	94873.3	8632.7	7033.6	7554.8	221580.3
黑色金属矿采选业							
有色金属矿采选业							
非金属矿采选业							
开采辅助活动	1075.0	625.0	75.0	450.0	450.0		1075.0
其他采矿业							
制造业	**677662.1**	**640077.0**	**150671.0**	**37585.1**	**36599.5**	**177020.7**	**484673.9**
农副食品加工业	12099.3	10318.8	2359.0	1780.5	1768.5	216.4	11838.6
食品制造业	7116.7	6105.7	1001.1	1011.0	975.8	710.9	6405.8
酒、饮料和精制茶制造业	9101.3	8590.8	1211.1	510.5	500.4	257.0	8844.3
烟草制品业	938.5	510.6	230.9	427.9	427.9		938.5
纺织业	500.0	500.0	16.0				500.0
纺织服装、服饰业							
皮革、毛皮、羽毛及其制品和制鞋业							
木材加工和木、竹、藤、棕、草制品业	177.5	147.5	41.0	30.0	30.0	49.0	128.5
家具制造业	216.0	216.0	19.0				216.0
造纸和纸制品业	3179.8	2993.7	1065.0	186.1	186.1	10.0	3169.8
印刷和记录媒介复制业	2034.1	1173.5	284.9	860.6	838.7	140.0	1894.1
文教、工美、体育和娱乐用品制造业							
石油加工、炼焦和核燃料加工业	7198.3	6838.4	1453.5	359.9	292.5	30.0	7168.3
化学原料和化学制品制造业	12425.1	12013.4	3353.8	411.7	381.5	203.0	11912.1
医药制造业	66358.6	54865.3	20339.3	11493.3	11048.3	1186.9	65171.7
化学纤维制造业	232.7	222.3	47.5	10.4	10.4	9.7	223.0
橡胶和塑料制品业	19230.1	18608.2	1405.4	621.9	617.3	25.6	18990.6
非金属矿物制品业	5483.5	5072.5	1575.1	411.0	403.1	297.9	5185.6
黑色金属冶炼和压延加工业	30272.1	30160.1	6396.7	112.0	112.0	194.5	30077.6
有色金属冶炼和压延加工业	3096.0	2931.7	270.4	164.3	164.3	871.1	2217.8
金属制品业	5350.2	5286.8	1956.1	63.4	63.4	464.9	4866.2
通用设备制造业	212883.2	207127.6	40225.5	5755.6	5640.1	72010.3	140799.8
专用设备制造业	49747.1	48613.2	17744.8	1133.9	1133.9	2304.4	45871.8
汽车制造业	23071.0	21203.0	5117.1	1868.0	1828.7	8096.1	14960.6
铁路、船舶、航空航天和其他运输设备制造业	155890.6	151499.9	31868.0	4390.7	4322.8	87197.2	55462.7
电气机械和器材制造业	38276.3	33951.0	7632.9	4325.3	4203.8	1897.1	36162.0
计算机、通信和其他电子设备制造业	4507.2	4483.6	2208.6	23.6	23.6	339.7	4029.2
仪器仪表制造业	7944.3	6310.8	2795.5	1633.5	1626.4	469.0	7346.7
其他制造业	332.6	332.6	52.8			40.0	292.6
废弃资源综合利用业							
金属制品、机械和设备修理业							
电力、热力、燃气及水生产和供应业	**28633.0**	**28402.0**	**2162.9**	**231.0**	**222.3**		**28633.0**
电力、热力生产和供应业	28007.7	27776.7	2011.0	231.0	222.3		28007.7
燃气生产和供应业	625.3	625.3	151.9				625.3
水的生产和供应业							

3-D-1.4　分行业大中型企业R&D经费内部支出情况

单位：万元

行　　业	R&D经费内部支出	日常性支出	#人员劳务费	资产性支出	#仪器和设备	#政府资金	#企业资金
总　计	**880467.6**	**841285.5**	**231348.8**	**39182.1**	**36733.8**	**182020.5**	**683339.1**
采矿业	**242965.2**	**233158.5**	**96108.2**	**9806.7**	**8202.6**	**8578.7**	**234386.5**
煤炭开采和洗选业	13830.1	12656.1	1234.9	1174.0	1169.0	1023.9	12806.2
石油和天然气开采业	229135.1	220502.4	94873.3	8632.7	7033.6	7554.8	221580.3
黑色金属矿采选业							
有色金属矿采选业							
非金属矿采选业							
开采辅助活动							
其他采矿业							
制造业	**609532.7**	**580388.3**	**133250.4**	**29144.4**	**28308.9**	**173441.8**	**420982.9**
农副食品加工业	9943.3	8270.9	1946.0	1672.4	1660.4	96.6	9822.4
食品制造业	5336.3	4501.8	749.4	834.5	799.7	323.4	5012.9
酒、饮料和精制茶制造业	7290.7	7260.4	894.1	30.3	30.0	101.0	7189.7
烟草制品业	938.5	510.6	230.9	427.9	427.9		938.5
纺织业	500.0	500.0	16.0				500.0
纺织服装、服饰业							
皮革、毛皮、羽毛及其制品和制鞋业							
木材加工和木、竹、藤、棕、草制品业	4.5	4.5	2.5				4.5
家具制造业							
造纸和纸制品业	2955.8	2814.7	965.0	141.1	141.1	10.0	2945.8
印刷和记录媒介复制业							
文教、工美、体育和娱乐用品制造业							
石油加工、炼焦和核燃料加工业	7198.3	6838.4	1453.5	359.9	292.5	30.0	7168.3
化学原料和化学制品制造业	8746.4	8593.2	1786.3	153.2	133.6	18.0	8535.4
医药制造业	54856.7	46122.9	17599.1	8733.8	8296.4	660.6	54196.1
化学纤维制造业							
橡胶和塑料制品业	17616.4	17189.3	1012.3	427.1	427.1		17402.5
非金属矿物制品业	2053.8	2053.8	391.7			120.0	1933.8
黑色金属冶炼和压延加工业	29734.8	29622.8	6354.5	112.0	112.0	194.5	29540.3
有色金属冶炼和压延加工业	2234.6	2165.3	117.7	69.3	69.3	752.1	1475.4
金属制品业	3708.9	3703.8	1383.8	5.1	5.1	395.3	3313.6
通用设备制造业	201333.5	196684.4	37974.1	4649.1	4593.0	71778.2	129482.8
专用设备制造业	41806.0	40995.0	15687.2	811.0	811.0	1618.4	39181.2
汽车制造业	19501.0	17819.9	4379.4	1681.1	1647.3	7936.1	11550.6
铁路、船舶、航空航天和其他运输设备制造业	152457.8	148281.4	30481.9	4176.4	4125.0	87197.2	52029.9
电气机械和器材制造业	34554.3	30730.0	7039.0	3824.3	3702.8	1841.2	32495.9
计算机、通信和其他电子设备制造业	1996.1	1986.5	1171.9	9.6	9.6	19.2	1976.9
仪器仪表制造业	4765.0	3738.7	1614.1	1026.3	1025.1	350.0	4286.4
其他制造业							
废弃资源综合利用业							
金属制品、机械和设备修理业							
电力、热力、燃气及水生产和供应业	**27969.7**	**27738.7**	**1990.2**	**231.0**	**222.3**		**27969.7**
电力、热力生产和供应业	27969.7	27738.7	1990.2	231.0	222.3		27969.7
燃气生产和供应业							
水的生产和供应业							

3-D-1.5 分行业内资企业R&D经费内部支出情况

单位：万元

行　　业	R&D经费内部支出	日常性支出	#人员劳务费	资产性支出	#仪器和设备	#政府资金	#企业资金
总　计	**876057.7**	**833962.2**	**229322.4**	**42095.5**	**39579.9**	**184561.5**	**675897.2**
采矿业	**244040.2**	**233783.5**	**96183.2**	**10256.7**	**8652.6**	**8578.7**	**235461.5**
煤炭开采和洗选业	13830.1	12656.1	1234.9	1174.0	1169.0	1023.9	12806.2
石油和天然气开采业	229135.1	220502.4	94873.3	8632.7	7033.6	7554.8	221580.3
黑色金属矿采选业							
有色金属矿采选业							
非金属矿采选业							
开采辅助活动	1075.0	625.0	75.0	450.0	450.0		1075.0
其他采矿业							
制造业	**604048.8**	**572441.0**	**131146.2**	**31607.8**	**30705.0**	**175982.8**	**412467.0**
农副食品加工业	11975.7	10195.2	2336.6	1780.5	1768.5	216.4	11715.0
食品制造业	1532.1	1380.8	222.2	151.3	151.3	415.9	1116.2
酒、饮料和精制茶制造业	1890.2	1379.7	333.6	510.5	500.4	157.0	1733.2
烟草制品业	938.5	510.6	230.9	427.9	427.9		938.5
纺织业	500.0	500.0	16.0				500.0
纺织服装、服饰业							
皮革、毛皮、羽毛及其制品和制鞋业							
木材加工和木、竹、藤、棕、草制品业	173.0	143.0	38.5	30.0	30.0	49.0	124.0
家具制造业	216.0	216.0	19.0				216.0
造纸和纸制品业	3179.8	2993.7	1065.0	186.1	186.1	10.0	3169.8
印刷和记录媒介复制业	1799.3	979.0	207.4	820.3	800.3	140.0	1659.3
文教、工美、体育和娱乐用品制造业							
石油加工、炼焦和核燃料加工业	7198.3	6838.4	1453.5	359.9	292.5	30.0	7168.3
化学原料和化学制品制造业	11871.2	11459.5	3014.4	411.7	381.5	203.0	11358.2
医药制造业	35304.1	27788.1	8018.1	7516.0	7103.1	657.3	34646.8
化学纤维制造业	232.7	222.3	47.5	10.4	10.4	9.7	223.0
橡胶和塑料制品业	1613.7	1418.9	393.1	194.8	190.2	25.6	1588.1
非金属矿物制品业	5483.5	5072.5	1575.1	411.0	403.1	297.9	5185.6
黑色金属冶炼和压延加工业	30272.1	30160.1	6396.7	112.0	112.0	194.5	30077.6
有色金属冶炼和压延加工业	3096.0	2931.7	270.4	164.3	164.3	871.1	2217.8
金属制品业	5317.6	5254.2	1953.5	63.4	63.4	464.9	4849.9
通用设备制造业	212883.2	207127.6	40225.5	5755.6	5640.1	72010.3	140799.8
专用设备制造业	44739.3	43689.9	16329.0	1049.4	1049.4	2304.4	40864.0
汽车制造业	18512.9	17031.5	3299.6	1481.4	1442.1	8026.1	10472.5
铁路、船舶、航空航天和其他运输设备制造业	155268.9	150878.2	31586.9	4390.7	4322.8	87197.2	54841.0
电气机械和器材制造业	37586.4	33462.9	7320.8	4123.5	4015.6	1897.1	35472.1
计算机、通信和其他电子设备制造业	4187.4	4163.8	1944.6	23.6	23.6	296.4	3891.0
仪器仪表制造业	7944.3	6310.8	2795.5	1633.5	1626.4	469.0	7346.7
其他制造业	332.6	332.6	52.8			40.0	292.6
废弃资源综合利用业							
金属制品、机械和设备修理业							
电力、热力、燃气及水生产和供应业	**27968.7**	**27737.7**	**1993.0**	**231.0**	**222.3**		**27968.7**
电力、热力生产和供应业	27968.7	27737.7	1993.0	231.0	222.3		27968.7
燃气生产和供应业							
水的生产和供应业							

3-D-1.6　分行业港澳台商投资企业R&D经费内部支出情况

单位：万元

行　业	R&D经费内部支出	日常性支出	#人员劳务费	资产性支出	#仪器和设备	#政府资金	#企业资金
总　计	**23867.1**	**23069.2**	**3013.8**	**797.9**	**797.5**	**185.0**	**23468.2**
采矿业							
煤炭开采和洗选业							
石油和天然气开采业							
黑色金属矿采选业							
有色金属矿采选业							
非金属矿采选业							
开采辅助活动							
其他采矿业							
制造业	**23241.8**	**22443.9**	**2861.9**	**797.9**	**797.5**	**185.0**	**22842.9**
农副食品加工业							
食品制造业	675.1	649.9	88.0	25.2	24.8	185.0	490.1
酒、饮料和精制茶制造业							
烟草制品业							
纺织业							
纺织服装、服饰业							
皮革、毛皮、羽毛及其制品和制鞋业							
木材加工和木、竹、藤、棕、草制品业							
家具制造业							
造纸和纸制品业							
印刷和记录媒介复制业							
文教、工美、体育和娱乐用品制造业							
石油加工、炼焦和核燃料加工业							
化学原料和化学制品制造业	553.9	553.9	339.4				553.9
医药制造业	2220.5	1884.5	763.0	336.0	336.0		2220.5
化学纤维制造业							
橡胶和塑料制品业	17616.4	17189.3	1012.3	427.1	427.1		17402.5
非金属矿物制品业							
黑色金属冶炼和压延加工业							
有色金属冶炼和压延加工业							
金属制品业							
通用设备制造业							
专用设备制造业	2175.9	2166.3	659.2	9.6	9.6		2175.9
汽车制造业							
铁路、船舶、航空航天和其他运输设备制造业							
电气机械和器材制造业							
计算机、通信和其他电子设备制造业							
仪器仪表制造业							
其他制造业							
废弃资源综合利用业							
金属制品、机械和设备修理业							
电力、热力、燃气及水生产和供应业	**625.3**	**625.3**	**151.9**				**625.3**
电力、热力生产和供应业							
燃气生产和供应业	625.3	625.3	151.9				625.3
水的生产和供应业							

3-D-1.7 分行业外商投资企业R&D经费内部支出情况

单位：万元

行业	R&D经费内部支出	日常性支出	#人员劳务费	资产性支出	#仪器和设备	#政府资金	#企业资金
总计	**50410.5**	**45231.1**	**16680.9**	**5179.4**	**5097.0**	**852.9**	**49403.0**
采矿业							
煤炭开采和洗选业							
石油和天然气开采业							
黑色金属矿采选业							
有色金属矿采选业							
非金属矿采选业							
开采辅助活动							
其他采矿业							
制造业	**50371.5**	**45192.1**	**16662.9**	**5179.4**	**5097.0**	**852.9**	**49364.0**
农副食品加工业	123.6	123.6	22.4				123.6
食品制造业	4909.5	4075.0	690.9	834.5	799.7	110.0	4799.5
酒、饮料和精制茶制造业	7211.1	7211.1	877.5			100.0	7111.1
烟草制品业							
纺织业							
纺织服装、服饰业							
皮革、毛皮、羽毛及其制品和制鞋业							
木材加工和木、竹、藤、棕、草制品业	4.5	4.5	2.5				4.5
家具制造业							
造纸和纸制品业							
印刷和记录媒介复制业	234.8	194.5	77.5	40.3	38.4		234.8
文教、工美、体育和娱乐用品制造业							
石油加工、炼焦和核燃料加工业							
化学原料和化学制品制造业							
医药制造业	28834.0	25192.7	11558.2	3641.3	3609.2	529.6	28304.4
化学纤维制造业							
橡胶和塑料制品业							
非金属矿物制品业							
黑色金属冶炼和压延加工业							
有色金属冶炼和压延加工业							
金属制品业	32.6	32.6	2.6				16.3
通用设备制造业							
专用设备制造业	2831.9	2757.0	756.6	74.9	74.9		2831.9
汽车制造业	4558.1	4171.5	1817.5	386.6	386.6	70.0	4488.1
铁路、船舶、航空航天和其他运输设备制造业	621.7	621.7	281.1				621.7
电气机械和器材制造业	689.9	488.1	312.1	201.8	188.2		689.9
计算机、通信和其他电子设备制造业	319.8	319.8	264.0			43.3	138.2
仪器仪表制造业							
其他制造业							
废弃资源综合利用业							
金属制品、机械和设备修理业							
电力、热力、燃气及水生产和供应业	**39.0**	**39.0**	**18.0**				**39.0**
电力、热力生产和供应业	39.0	39.0	18.0				39.0
燃气生产和供应业							
水的生产和供应业							

3-D-2.1　分登记注册类型企业R&D经费外部支出情况

单位：万元

登记注册类型	R&D经费外部支出	#对境内研究机构支出	#对境内高等学校支出
总　计	**53156.6**	**23231.1**	**17515.7**
内资企业	**48407.4**	**21858.6**	**17028.2**
国有企业	723.9	435.6	288.3
集体企业	0.6	0.6	
股份合作企业			
联营企业			
国有联营企业			
集体联营企业			
国有与集体联营企业			
其他联营企业			
有限责任公司	41638.2	18080.8	14627.0
国有独资公司	2251.7	1091.3	1092.9
其他有限责任公司	39386.5	16989.5	13534.1
股份有限公司	5179.6	3034.2	1562.0
私营企业	865.1	307.4	550.9
私营独资企业			
私营合伙企业			
私营有限责任公司	850.0	307.4	535.8
私营股份有限公司	15.1		15.1
其他企业			
港、澳、台商投资企业	**343.4**	**220.9**	**122.5**
合资经营企业(港或澳、台资)	107.0	20.0	87.0
合作经营企业(港或澳、台资)			
港、澳、台商独资经营企业	236.4	200.9	35.5
港、澳、台商投资股份有限公司			
其他港澳台投资企业			
外商投资企业	**4405.8**	**1151.6**	**365.0**
中外合资经营企业	4402.8	1151.6	365.0
中外合作经营企业			
外资企业	3.0		
外商投资股份有限公司			
其他外商投资企业			

3-D-2.2 分登记注册类型大中型企业R&D经费外部支出情况

单位：万元

登记注册类型	R&D经费外部支出	#对境内研究机构支出	#对境内高等学校支出
总　计	**51079.6**	**21975.7**	**16702.3**
内资企业	**46507.4**	**20693.2**	**16301.8**
国有企业	691.6	403.3	288.3
集体企业			
股份合作企业			
联营企业			
国有联营企业			
集体联营企业			
国有与集体联营企业			
其他联营企业			
有限责任公司	40678.7	17338.8	14409.5
国有独资公司	2251.7	1091.3	1092.9
其他有限责任公司	38427.0	16247.5	13316.6
股份有限公司	5031.9	2945.9	1504.0
私营企业	105.2	5.2	100.0
私营独资企业			
私营合伙企业			
私营有限责任公司	105.2	5.2	100.0
私营股份有限公司			
其他企业			
港、澳、台商投资企业	**236.4**	**200.9**	**35.5**
合资经营企业(港或澳、台资)			
合作经营企业(港或澳、台资)			
港、澳、台商独资经营企业	236.4	200.9	35.5
港、澳、台商投资股份有限公司			
其他港澳台投资企业			
外商投资企业	**4335.8**	**1081.6**	**365.0**
中外合资经营企业	4332.8	1081.6	365.0
中外合作经营企业			
外资企业	3.0		
外商投资股份有限公司			
其他外商投资企业			

3-D-2.3　分行业企业R&D经费外部支出情况

单位：万元

行　　业	R&D经费外部支出	#对境内研究机构支出	#对境内高等学校支出
总　计	**53156.6**	**23231.1**	**17515.7**
采矿业	**13412.3**	**5512.8**	**3953.8**
煤炭开采和洗选业	2357.3	691.8	1665.5
石油和天然气开采业	11055.0	4821.0	2288.3
黑色金属矿采选业			
有色金属矿采选业			
非金属矿采选业			
开采辅助活动			
其他采矿业			
制造业	**39696.5**	**17670.5**	**13561.9**
农副食品加工业	425.0	210.0	215.0
食品制造业	184.5	21.7	156.0
酒、饮料和精制茶制造业	239.2	8.0	231.2
烟草制品业	21.8	11.5	10.3
纺织业			
纺织服装、服饰业			
皮革、毛皮、羽毛及其制品和制鞋业			
木材加工和木、竹、藤、棕、草制品业			
家具制造业			
造纸和纸制品业			
印刷和记录媒介复制业			
文教、工美、体育和娱乐用品制造业			
石油加工、炼焦和核燃料加工业	542.6	215.4	327.3
化学原料和化学制品制造业	358.5	310.9	47.6
医药制造业	6214.7	4611.7	506.1
化学纤维制造业	6.1		6.1
橡胶和塑料制品业	41.3	5.8	35.5
非金属矿物制品业	10.0		10.0
黑色金属冶炼和压延加工业			
有色金属冶炼和压延加工业	126.3	36.5	22.3
金属制品业	5.2	5.2	
通用设备制造业	8150.4	740.1	4700.9
专用设备制造业	1821.2	611.6	627.6
汽车制造业	4050.4	601.9	486.8
铁路、船舶、航空航天和其他运输设备制造业	16056.9	9812.0	5369.1
电气机械和器材制造业	1314.4	408.2	742.1
计算机、通信和其他电子设备制造业			
仪器仪表制造业	128.0	60.0	68.0
其他制造业			
废弃资源综合利用业			
金属制品、机械和设备修理业			
电力、热力、燃气及水生产和供应业	**47.8**	**47.8**	
电力、热力生产和供应业	47.8	47.8	
燃气生产和供应业			
水的生产和供应业			

3-D-2.4 分行业大中型企业R&D经费外部支出情况

单位：万元

行业	R&D经费外部支出	#对境内研究机构支出	#对境内高等学校支出
总 计	**51079.6**	**21975.7**	**16702.3**
采矿业	**13412.3**	**5512.8**	**3953.8**
煤炭开采和洗选业	2357.3	691.8	1665.5
石油和天然气开采业	11055.0	4821.0	2288.3
黑色金属矿采选业			
有色金属矿采选业			
非金属矿采选业			
开采辅助活动			
其他采矿业			
制造业	**37619.5**	**16415.1**	**12748.5**
农副食品加工业	310.0	210.0	100.0
食品制造业			
酒、饮料和精制茶制造业	15.0	8.0	7.0
烟草制品业	21.8	11.5	10.3
纺织业			
纺织服装、服饰业			
皮革、毛皮、羽毛及其制品和制鞋业			
木材加工和木、竹、藤、棕、草制品业			
家具制造业			
造纸和纸制品业			
印刷和记录媒介复制业			
文教、工美、体育和娱乐用品制造业			
石油加工、炼焦和核燃料加工业	542.6	215.4	327.3
化学原料和化学制品制造业	175.4	153.9	21.5
医药制造业	4938.9	3606.5	235.5
化学纤维制造业			
橡胶和塑料制品业	35.5		35.5
非金属矿物制品业			
黑色金属冶炼和压延加工业			
有色金属冶炼和压延加工业	126.3	36.5	22.3
金属制品业	5.2	5.2	
通用设备制造业	8146.7	737.8	4700.9
专用设备制造业	1810.4	600.8	627.6
汽车制造业	4045.8	601.3	482.8
铁路、船舶、航空航天和其他运输设备制造业	16003.5	9760.0	5367.7
电气机械和器材制造业	1314.4	408.2	742.1
计算机、通信和其他电子设备制造业			
仪器仪表制造业	128.0	60.0	68.0
其他制造业			
废弃资源综合利用业			
金属制品、机械和设备修理业			
电力、热力、燃气及水生产和供应业	**47.8**	**47.8**	
电力、热力生产和供应业	47.8	47.8	
燃气生产和供应业			
水的生产和供应业			

3-D-2.5　分行业内资企业R&D经费外部支出情况

单位：万元

行　业	R&D经费外部支出	#对境内研究机构支出	#对境内高等学校支出
总　计	**48407.4**	**21858.6**	**17028.2**
采矿业	**13412.3**	**5512.8**	**3953.8**
煤炭开采和洗选业	2357.3	691.8	1665.5
石油和天然气开采业	11055.0	4821.0	2288.3
黑色金属矿采选业			
有色金属矿采选业			
非金属矿采选业			
开采辅助活动			
其他采矿业			
制造业	**34947.3**	**16298.0**	**13074.4**
农副食品加工业	425.0	210.0	215.0
食品制造业	77.5	1.7	69.0
酒、饮料和精制茶制造业	239.2	8.0	231.2
烟草制品业	21.8	11.5	10.3
纺织业			
纺织服装、服饰业			
皮革、毛皮、羽毛及其制品和制鞋业			
木材加工和木、竹、藤、棕、草制品业			
家具制造业			
造纸和纸制品业			
印刷和记录媒介复制业			
文教、工美、体育和娱乐用品制造业			
石油加工、炼焦和核燃料加工业	542.6	215.4	327.3
化学原料和化学制品制造业	358.5	310.9	47.6
医药制造业	4804.8	3299.7	411.2
化学纤维制造业	6.1		6.1
橡胶和塑料制品业	5.8	5.8	
非金属矿物制品业	10.0		10.0
黑色金属冶炼和压延加工业			
有色金属冶炼和压延加工业	126.3	36.5	22.3
金属制品业	5.2	5.2	
通用设备制造业	8150.4	740.1	4700.9
专用设备制造业	1821.2	611.6	627.6
汽车制造业	1148.6	598.5	474.6
铁路、船舶、航空航天和其他运输设备制造业	16056.9	9812.0	5369.1
电气机械和器材制造业	1019.4	371.1	484.2
计算机、通信和其他电子设备制造业			
仪器仪表制造业	128.0	60.0	68.0
其他制造业			
废弃资源综合利用业			
金属制品、机械和设备修理业			
电力、热力、燃气及水生产和供应业	**47.8**	**47.8**	
电力、热力生产和供应业	47.8	47.8	
燃气生产和供应业			
水的生产和供应业			

3-D-2.6 分行业港澳台商投资企业R&D经费外部支出情况

单位：万元

行业	R&D经费外部支出	#对境内研究机构支出	#对境内高等学校支出
总计	**343.4**	**220.9**	**122.5**
采矿业			
煤炭开采和洗选业			
石油和天然气开采业			
黑色金属矿采选业			
有色金属矿采选业			
非金属矿采选业			
开采辅助活动			
其他采矿业			
制造业	**343.4**	**220.9**	**122.5**
农副食品加工业			
食品制造业	107.0	20.0	87.0
酒、饮料和精制茶制造业			
烟草制品业			
纺织业			
纺织服装、服饰业			
皮革、毛皮、羽毛及其制品和制鞋业			
木材加工和木、竹、藤、棕、草制品业			
家具制造业			
造纸和纸制品业			
印刷和记录媒介复制业			
文教、工美、体育和娱乐用品制造业			
石油加工、炼焦和核燃料加工业			
化学原料和化学制品制造业			
医药制造业	200.9	200.9	
化学纤维制造业			
橡胶和塑料制品业	35.5		35.5
非金属矿物制品业			
黑色金属冶炼和压延加工业			
有色金属冶炼和压延加工业			
金属制品业			
通用设备制造业			
专用设备制造业			
汽车制造业			
铁路、船舶、航空航天和其他运输设备制造业			
电气机械和器材制造业			
计算机、通信和其他电子设备制造业			
仪器仪表制造业			
其他制造业			
废弃资源综合利用业			
金属制品、机械和设备修理业			
电力、热力、燃气及水生产和供应业			
电力、热力生产和供应业			
燃气生产和供应业			
水的生产和供应业			

3-D-2.7　分行业外商投资企业R&D经费外部支出情况

单位：万元

行　业	R&D经费外部支出	#对境内研究机构支出	#对境内高等学校支出
总　计	**4405.8**	**1151.6**	**365.0**
采矿业			
煤炭开采和洗选业			
石油和天然气开采业			
黑色金属矿采选业			
有色金属矿采选业			
非金属矿采选业			
开采辅助活动			
其他采矿业			
制造业	**4405.8**	**1151.6**	**365.0**
农副食品加工业			
食品制造业			
酒、饮料和精制茶制造业			
烟草制品业			
纺织业			
纺织服装、服饰业			
皮革、毛皮、羽毛及其制品和制鞋业			
木材加工和木、竹、藤、棕、草制品业			
家具制造业			
造纸和纸制品业			
印刷和记录媒介复制业			
文教、工美、体育和娱乐用品制造业			
石油加工、炼焦和核燃料加工业			
化学原料和化学制品制造业			
医药制造业	1209.0	1111.1	94.9
化学纤维制造业			
橡胶和塑料制品业			
非金属矿物制品业			
黑色金属冶炼和压延加工业			
有色金属冶炼和压延加工业			
金属制品业			
通用设备制造业			
专用设备制造业			
汽车制造业	2901.8	3.4	12.2
铁路、船舶、航空航天和其他运输设备制造业			
电气机械和器材制造业	295.0	37.1	257.9
计算机、通信和其他电子设备制造业			
仪器仪表制造业			
其他制造业			
废弃资源综合利用业			
金属制品、机械和设备修理业			
电力、热力、燃气及水生产和供应业			
电力、热力生产和供应业			
燃气生产和供应业			
水的生产和供应业			

E．企业R&D项目情况

3-E-1　分登记注册类型企业全部R&D项目情况

登记注册类型	项目数(项)	参加项目人员(人)	项目人员折合全时当量(人年)	项目经费内部支出(万元)
总　　计	**4307**	**46073**	**33607**	**835447.2**
内资企业	**3999**	**41893**	**30743**	**770141.8**
国有企业	121	1170	1027	104668.3
集体企业	3	33	33	31.0
股份合作企业	10	77	60	713.2
联营企业				
国有联营企业				
集体联营企业				
国有与集体联营企业				
其他联营企业				
有限责任公司	3113	30415	21567	545220.6
国有独资公司	253	2995	2386	81563.2
其他有限责任公司	2860	27420	19181	463657.4
股份有限公司	539	8200	6909	94853.8
私营企业	213	1998	1146	24654.9
私营独资企业	2	18	7	520.8
私营合伙企业	1	5	5	189.0
私营有限责任公司	179	1779	1009	21338.5
私营股份有限公司	31	196	125	2606.6
其他企业				
港、澳、台商投资企业	**107**	**806**	**636**	**22216.6**
合资经营企业(港或澳、台资)	30	258	182	2529.7
合作经营企业(港或澳、台资)				
港、澳、台商独资经营企业	76	502	408	19009.4
港、澳、台商投资股份有限公司	1	46	46	677.5
其他港澳台投资企业				
外商投资企业	**201**	**3374**	**2228**	**43088.8**
中外合资经营企业	183	2483	1730	28176.1
中外合作经营企业				
外资企业	13	432	360	10052.1
外商投资股份有限公司	5	459	138	4860.6
其他外商投资企业				

3-E-2 分登记注册类型大中型企业全部R&D项目情况

登记注册类型	项目数(项)	参加项目人员(人)	项目人员折合全时当量(人年)	项目经费内部支出(万元)
总计	**3731**	**41081**	**30351**	**775132.5**
内资企业	**3473**	**37446**	**27962**	**715089.4**
国有企业	103	1020	933	103218.4
集体企业				
股份合作企业				
联营企业				
国有联营企业				
集体联营企业				
国有与集体联营企业				
其他联营企业				
有限责任公司	2864	28025	20081	517957.3
国有独资公司	244	2931	2326	80605.3
其他有限责任公司	2620	25094	17755	437352.0
股份有限公司	470	7816	6643	87836.0
私营企业	36	585	304	6077.7
私营独资企业				
私营合伙企业				
私营有限责任公司	35	571	297	6029.2
私营股份有限公司	1	14	8	48.5
其他企业				
港、澳、台商投资企业	**85**	**531**	**401**	**19230.8**
合资经营企业(港或澳、台资)	11	86	45	935.9
合作经营企业(港或澳、台资)				
港、澳、台商独资经营企业	74	445	355	18294.9
港、澳、台商投资股份有限公司				
其他港澳台投资企业				
外商投资企业	**173**	**3104**	**1988**	**40812.3**
中外合资经营企业	163	2286	1542	26752.7
中外合作经营企业				
外资企业	5	359	308	9199.0
外商投资股份有限公司	5	459	138	4860.6
其他外商投资企业				

3-E-3 分行业企业全部R&D项目情况

行业	项目数(项)	参加项目人员(人)	项目人员折合全时当量(人年)	项目经费内部支出(万元)
总计	**4307**	**46073**	**33607**	**835447.2**
采矿业	**1449**	**14494**	**9530**	**213375.3**
煤炭开采和洗选业	69	1205	563	11615.1
石油和天然气开采业	1371	13268	8952	201705.2
黑色金属矿采选业				
有色金属矿采选业				
非金属矿采选业				
开采辅助活动	9	21	15	55.0
其他采矿业				
制造业	**2800**	**30920**	**23521**	**601900.6**
农副食品加工业	46	408	279	8915.5
食品制造业	21	703	243	6565.5
酒、饮料和精制茶制造业	7	364	305	8397.3
烟草制品业	7	31	31	690.0
纺织业	1	33	32	70.0
纺织服装、服饰业				
皮革、毛皮、羽毛及其制品和制鞋业				
木材加工和木、竹、藤、棕、草制品业	3	17	14	128.5
家具制造业	8	20	16	206.0
造纸和纸制品业	22	133	76	2732.4
印刷和记录媒介复制业	10	102	90	1700.5
文教、工美、体育和娱乐用品制造业				
石油加工、炼焦和核燃料加工业	22	178	110	3981.5
化学原料和化学制品制造业	77	622	360	11601.7
医药制造业	500	4405	3114	54487.7
化学纤维制造业	5	39	25	210.6
橡胶和塑料制品业	81	424	277	17767.4
非金属矿物制品业	53	476	384	4822.8
黑色金属冶炼和压延加工业	69	695	362	26052.5
有色金属冶炼和压延加工业	30	335	246	2779.7
金属制品业	77	733	627	4873.5
通用设备制造业	675	6603	4912	199050.6
专用设备制造业	213	4609	4288	46237.9
汽车制造业	87	2239	1548	17103.6
铁路、船舶、航空航天和其他运输设备制造业	583	4795	3623	139153.2
电气机械和器材制造业	112	1816	1514	33149.8
计算机、通信和其他电子设备制造业	26	427	367	4298.0
仪器仪表制造业	63	693	658	6591.8
其他制造业	2	20	20	332.6
废弃资源综合利用业				
金属制品、机械和设备修理业				
电力、热力、燃气及水生产和供应业	**58**	**659**	**556**	**20171.3**
电力、热力生产和供应业	53	589	493	19546.0
燃气生产和供应业	5	70	63	625.3
水的生产和供应业				

3-E-4　分行业大中型企业全部R&D项目情况

行　　业	项目数（项）	参加项目人　员（人）	项目人员折合全时当量（人年）	项目经费内部支出（万元）
总　计	**3731**	**41081**	**30351**	**775132.5**
采矿业	**1440**	**14473**	**9515**	**213320.3**
煤炭开采和洗选业	69	1205	563	11615.1
石油和天然气开采业	1371	13268	8952	201705.2
黑色金属矿采选业				
有色金属矿采选业				
非金属矿采选业				
开采辅助活动				
其他采矿业				
制造业	**2240**	**26037**	**20347**	**542304.2**
农副食品加工业	20	252	170	6809.0
食品制造业	7	483	141	5074.0
酒、饮料和精制茶制造业	2	273	226	7115.0
烟草制品业	7	31	31	690.0
纺织业	1	33	32	70.0
纺织服装、服饰业				
皮革、毛皮、羽毛及其制品和制鞋业				
木材加工和木、竹、藤、棕、草制品业	1	7	4	4.5
家具制造业				
造纸和纸制品业	20	114	74	2589.9
印刷和记录媒介复制业				
文教、工美、体育和娱乐用品制造业				
石油加工、炼焦和核燃料加工业	22	178	110	3981.5
化学原料和化学制品制造业	35	402	180	8433.3
医药制造业	395	3355	2454	44690.8
化学纤维制造业				
橡胶和塑料制品业	63	265	179	16427.5
非金属矿物制品业	22	131	122	1959.9
黑色金属冶炼和压延加工业	57	685	361	25515.2
有色金属冶炼和压延加工业	21	299	225	2051.8
金属制品业	66	615	549	3268.3
通用设备制造业	611	6129	4681	188668.3
专用设备制造业	146	4155	3954	39574.1
汽车制造业	66	1771	1373	13951.7
铁路、船舶、航空航天和其他运输设备制造业	552	4498	3404	135981.5
电气机械和器材制造业	95	1629	1376	29695.9
计算机、通信和其他电子设备制造业	5	241	228	1967.3
仪器仪表制造业	26	491	475	3784.7
其他制造业				
废弃资源综合利用业				
金属制品、机械和设备修理业				
电力、热力、燃气及水生产和供应业	**51**	**571**	**488**	**19508.0**
电力、热力生产和供应业	51	571	488	19508.0
燃气生产和供应业				
水的生产和供应业				

3-E-5 分行业内资企业全部R&D项目情况

行业	项目数(项)	参加项目人员(人)	项目人员折合全时当量(人年)	项目经费内部支出(万元)
总计	**3999**	**41893**	**30743**	**770141.8**
采矿业	**1449**	**14494**	**9530**	**213375.3**
煤炭开采和洗选业	69	1205	563	11615.1
石油和天然气开采业	1371	13268	8952	201705.2
黑色金属矿采选业				
有色金属矿采选业				
非金属矿采选业				
开采辅助活动	9	21	15	55.0
其他采矿业				
制造业	**2498**	**26819**	**20725**	**537259.5**
农副食品加工业	45	403	274	8791.9
食品制造业	12	176	63	1055.0
酒、饮料和精制茶制造业	5	121	79	1288.4
烟草制品业	7	31	31	690.0
纺织业	1	33	32	70.0
纺织服装、服饰业				
皮革、毛皮、羽毛及其制品和制鞋业				
木材加工和木、竹、藤、棕、草制品业	2	10	10	124.0
家具制造业	8	20	16	206.0
造纸和纸制品业	22	133	76	2732.4
印刷和记录媒介复制业	7	49	39	1545.5
文教、工美、体育和娱乐用品制造业				
石油加工、炼焦和核燃料加工业	22	178	110	3981.5
化学原料和化学制品制造业	69	572	314	11047.8
医药制造业	319	2171	1561	30664.7
化学纤维制造业	5	39	25	210.6
橡胶和塑料制品业	18	159	97	1339.9
非金属矿物制品业	53	476	384	4822.8
黑色金属冶炼和压延加工业	69	695	362	26052.5
有色金属冶炼和压延加工业	30	335	246	2779.7
金属制品业	76	728	624	4840.9
通用设备制造业	675	6603	4912	199050.6
专用设备制造业	198	4280	4013	41474.0
汽车制造业	83	2123	1456	12545.5
铁路、船舶、航空航天和其他运输设备制造业	576	4729	3561	138531.5
电气机械和器材制造业	110	1660	1437	32473.5
计算机、通信和其他电子设备制造业	21	382	322	4016.4
仪器仪表制造业	63	693	658	6591.8
其他制造业	2	20	20	332.6
废弃资源综合利用业				
金属制品、机械和设备修理业				
电力、热力、燃气及水生产和供应业	**52**	**580**	**488**	**19507.0**
电力、热力生产和供应业	52	580	488	19507.0
燃气生产和供应业				
水的生产和供应业				

3-E-6　分行业港澳台商投资企业全部R&D项目情况

行　业	项目数（项）	参加项目人员（人）	项目人员折合全时当量（人年）	项目经费内部支出（万元）
总　计	**107**	**806**	**636**	**22216.6**
采矿业				
煤炭开采和洗选业				
石油和天然气开采业				
黑色金属矿采选业				
有色金属矿采选业				
非金属矿采选业				
开采辅助活动				
其他采矿业				
制造业	**102**	**736**	**573**	**21591.3**
农副食品加工业				
食品制造业	4	68	42	649.9
酒、饮料和精制茶制造业				
烟草制品业				
纺织业				
纺织服装、服饰业				
皮革、毛皮、羽毛及其制品和制鞋业				
木材加工和木、竹、藤、棕、草制品业				
家具制造业				
造纸和纸制品业				
印刷和记录媒介复制业				
文教、工美、体育和娱乐用品制造业				
石油加工、炼焦和核燃料加工业				
化学原料和化学制品制造业	8	50	46	553.9
医药制造业	20	176	130	1955.6
化学纤维制造业				
橡胶和塑料制品业	63	265	179	16427.5
非金属矿物制品业				
黑色金属冶炼和压延加工业				
有色金属冶炼和压延加工业				
金属制品业				
通用设备制造业				
专用设备制造业	7	177	175	2004.4
汽车制造业				
铁路、船舶、航空航天和其他运输设备制造业				
电气机械和器材制造业				
计算机、通信和其他电子设备制造业				
仪器仪表制造业				
其他制造业				
废弃资源综合利用业				
金属制品、机械和设备修理业				
电力、热力、燃气及水生产和供应业	**5**	**70**	**63**	**625.3**
电力、热力生产和供应业				
燃气生产和供应业	5	70	63	625.3
水的生产和供应业				

3-E-7 分行业外商投资企业全部R&D项目情况

行业	项目数(项)	参加项目人员(人)	项目人员折合全时当量(人年)	项目经费内部支出(万元)
总计	**201**	**3374**	**2228**	**43088.8**
采矿业				
煤炭开采和洗选业				
石油和天然气开采业				
黑色金属矿采选业				
有色金属矿采选业				
非金属矿采选业				
开采辅助活动				
其他采矿业				
制造业	**200**	**3365**	**2223**	**43049.8**
农副食品加工业	1	5	5	123.6
食品制造业	5	459	138	4860.6
酒、饮料和精制茶制造业	2	243	225	7108.9
烟草制品业				
纺织业				
纺织服装、服饰业				
皮革、毛皮、羽毛及其制品和制鞋业				
木材加工和木、竹、藤、棕、草制品业	1	7	4	4.5
家具制造业				
造纸和纸制品业				
印刷和记录媒介复制业	3	53	51	155.0
文教、工美、体育和娱乐用品制造业				
石油加工、炼焦和核燃料加工业				
化学原料和化学制品制造业				
医药制造业	161	2058	1423	21867.4
化学纤维制造业				
橡胶和塑料制品业				
非金属矿物制品业				
黑色金属冶炼和压延加工业				
有色金属冶炼和压延加工业				
金属制品业	1	5	3	32.6
通用设备制造业				
专用设备制造业	8	152	99	2759.5
汽车制造业	4	116	92	4558.1
铁路、船舶、航空航天和其他运输设备制造业	7	66	61	621.7
电气机械和器材制造业	2	156	77	676.3
计算机、通信和其他电子设备制造业	5	45	45	281.6
仪器仪表制造业				
其他制造业				
废弃资源综合利用业				
金属制品、机械和设备修理业				
电力、热力、燃气及水生产和供应业	**1**	**9**	**5**	**39.0**
电力、热力生产和供应业	1	9	5	39.0
燃气生产和供应业				
水的生产和供应业				

F．企业办研发机构情况

3−F−1　分登记注册类型企业办研发机构情况

登记注册类型	机构数（个）	机构人员数（人）			机构经费支出（万元）	仪器和设备原价（万元）
			#博士	#硕士		
总　计	**258**	**24143**	**444**	**3376**	**329347.2**	**397907.4**
内资企业	**227**	**22055**	**407**	**3064**	**292752.4**	**363181.5**
国有企业	9	237	2	28	2457.3	9164.3
集体企业	1	17		5	5.2	0.9
股份合作企业	1	23			40.0	201.8
联营企业						
国有联营企业						
集体联营企业						
国有与集体联营企业						
其他联营企业						
有限责任公司	108	14789	253	2025	223474.7	273525.5
国有独资公司	16	2530	14	319	22311.8	75697.8
其他有限责任公司	92	12259	239	1706	201162.9	197827.7
股份有限公司	46	5740	90	883	55143.6	54421.9
私营企业	62	1249	62	123	11631.6	25867.1
私营独资企业						
私营合伙企业	1	7			48.0	245.0
私营有限责任公司	51	1105	40	112	11041.0	24720.3
私营股份有限公司	10	137	22	11	542.6	901.8
其他企业						
港、澳、台商投资企业	**12**	**710**	**16**	**89**	**8482.2**	**8627.6**
合资经营企业(港或澳、台资)	6	296		15	2728.3	3116.6
合作经营企业(港或澳、台资)						
港、澳、台商独资经营企业	6	414	16	74	5753.9	5511.0
港、澳、台商投资股份有限公司						
其他港澳台投资企业						
外商投资企业	**19**	**1378**	**21**	**223**	**28112.6**	**26098.3**
中外合资经营企业	13	833	18	211	19344.8	21066.2
中外合作经营企业						
外资企业	5	443	2	9	7652.8	3972.1
外商投资股份有限公司	1	102	1	3	1115.0	1060.0
其他外商投资企业						

3-F-2 分登记注册类型大中型企业办研发机构情况

登记注册类型	机构数(个)	机构人员数(人)	#博士	#硕士	机构经费支出(万元)	仪器和设备原价(万元)
总 计	**121**	**21141**	**377**	**3095**	**296280.5**	**347175.8**
内资企业	**100**	**19432**	**343**	**2810**	**262145.8**	**316799.9**
国有企业	7	219	2	27	2430.4	7789.3
集体企业						
股份合作企业						
联营企业						
国有联营企业						
集体联营企业						
国有与集体联营企业						
其他联营企业						
有限责任公司	53	13419	233	1907	205462.1	255520.4
国有独资公司	15	2513	14	319	21961.8	74697.8
其他有限责任公司	38	10906	219	1588	183500.3	180822.6
股份有限公司	28	5390	86	843	50340.3	51551.8
私营企业	12	404	22	33	3913.0	1938.4
私营独资企业						
私营合伙企业						
私营有限责任公司	8	326		24	3457.0	1384.0
私营股份有限公司	4	78	22	9	456.0	554.4
其他企业						
港、澳、台商投资企业	**7**	**554**	**15**	**77**	**6793.5**	**6846.9**
合资经营企业(港或澳、台资)	2	175		5	1374.5	1360.7
合作经营企业(港或澳、台资)						
港、澳、台商独资经营企业	5	379	15	72	5419.0	5486.2
港、澳、台商投资股份有限公司						
其他港澳台投资企业						
外商投资企业	**14**	**1155**	**19**	**208**	**27341.2**	**23529.0**
中外合资经营企业	9	663	16	197	18641.2	18554.5
中外合作经营企业						
外资企业	4	390	2	8	7585.0	3914.5
外商投资股份有限公司	1	102	1	3	1115.0	1060.0
其他外商投资企业						

3-F-3　分行业企业办研发机构情况

行　　业	机构数（个）	机构人员数（人）	#博士	#硕士	机构经费支出（万元）	仪器和设备原价（万元）
总　计	**258**	**24143**	**444**	**3376**	**329347.2**	**397907.4**
采矿业	**9**	**5780**	**179**	**913**	**53055.9**	**78812.2**
煤炭开采和洗选业	4	272	4	47	1874.7	3649.8
石油和天然气开采业	4	5500	175	866	51126.2	75118.4
黑色金属矿采选业						
有色金属矿采选业						
非金属矿采选业						
开采辅助活动	1	8			55.0	44.0
其他采矿业						
制造业	**243**	**17757**	**256**	**2352**	**273409.1**	**285083.5**
农副食品加工业	16	229	26	38	2323.7	4120.9
食品制造业	9	272	8	19	2322.6	1604.2
酒、饮料和精制茶制造业	9	354	3	14	7962.7	4129.0
烟草制品业	1	58	1	20	1808.0	6613.0
纺织业	1	36			500.0	9.6
纺织服装、服饰业						
皮革、毛皮、羽毛及其制品和制鞋业						
木材加工和木、竹、藤、棕、草制品业	1	12	4	5	56.0	208.0
家具制造业						
造纸和纸制品业	2	54	1	7	2392.7	4407.5
印刷和记录媒介复制业	2	81	3	9	90.0	65.2
文教、工美、体育和娱乐用品制造业						
石油加工、炼焦和核燃料加工业	3	152	12	16	812.4	7615.9
化学原料和化学制品制造业	16	375	14	62	6747.5	7000.9
医药制造业	49	1827	28	327	34535.5	19219.0
化学纤维制造业						
橡胶和塑料制品业	5	308	14	63	4853.8	4935.8
非金属矿物制品业	9	266	6	9	2562.9	20550.1
黑色金属冶炼和压延加工业	3	746		4	28997.9	3103.8
有色金属冶炼和压延加工业	3	342	3	19	4688.8	6746.2
金属制品业	8	772	7	29	3502.1	6162.9
通用设备制造业	30	2978	24	395	73821.1	43787.0
专用设备制造业	28	4039	53	660	31386.2	23867.7
汽车制造业	9	1168	3	132	18376.4	41635.6
铁路、船舶、航空航天和其他运输设备制造业	11	2240	9	304	30176.5	44714.5
电气机械和器材制造业	11	796	28	144	8345.4	24461.0
计算机、通信和其他电子设备制造业	3	61		2	1082.1	565.1
仪器仪表制造业	10	534	9	73	5595.5	8368.3
其他制造业	3	30		1	342.0	1140.7
废弃资源综合利用业						
金属制品、机械和设备修理业	1	27			127.3	51.6
电力、热力、燃气及水生产和供应业	**6**	**606**	**9**	**111**	**2882.2**	**34011.7**
电力、热力生产和供应业	4	550	8	108	2096.9	33691.0
燃气生产和供应业	2	56	1	3	785.3	320.7
水的生产和供应业						

3-F-4　分行业大中型企业办研发机构情况

行业	机构数（个）	机构人员数（人）	#博士	#硕士	机构经费支出（万元）	仪器和设备原价（万元）
总　计	**121**	**21141**	**377**	**3095**	**296280.5**	**347175.8**
采矿业	**8**	**5772**	**179**	**913**	**53000.9**	**78768.2**
煤炭开采和洗选业	4	272	4	47	1874.7	3649.8
石油和天然气开采业	4	5500	175	866	51126.2	75118.4
黑色金属矿采选业						
有色金属矿采选业						
非金属矿采选业						
开采辅助活动						
其他采矿业						
制造业	**109**	**14819**	**190**	**2074**	**241182.7**	**234716.6**
农副食品加工业	6	138	20	19	1473.6	1194.9
食品制造业	2	123	1	5	1470.7	1102.9
酒、饮料和精制茶制造业	3	298	2	5	7103.0	3870.0
烟草制品业	1	58	1	20	1808.0	6613.0
纺织业	1	36			500.0	9.6
纺织服装、服饰业						
皮革、毛皮、羽毛及其制品和制鞋业						
木材加工和木、竹、藤、棕、草制品业	1	12	4	5	56.0	208.0
家具制造业						
造纸和纸制品业	1	48	1	6	2392.2	4362.5
印刷和记录媒介复制业						
文教、工美、体育和娱乐用品制造业						
石油加工、炼焦和核燃料加工业	3	152	12	16	812.4	7615.9
化学原料和化学制品制造业	3	148	3	35	5019.9	4532.1
医药制造业	24	1382	18	286	29595.2	12779.5
化学纤维制造业						
橡胶和塑料制品业	1	201	14	60	4722.4	4861.6
非金属矿物制品业	3	194	2	4	1862.2	1211.3
黑色金属冶炼和压延加工业	3	746		4	28997.9	3103.8
有色金属冶炼和压延加工业	1	293	1	14	3970.9	5616.2
金属制品业	3	673		10	3182.6	5307.7
通用设备制造业	14	2609	16	358	66146.7	39401.1
专用设备制造业	15	3627	50	634	27624.0	22265.3
汽车制造业	4	1026	2	124	16188.0	36499.6
铁路、船舶、航空航天和其他运输设备制造业	8	1970	9	276	28104.4	42229.3
电气机械和器材制造业	7	714	27	138	7330.7	24106.7
计算机、通信和其他电子设备制造业						
仪器仪表制造业	3	341	7	55	2693.6	7772.0
其他制造业	1	3			1.0	2.0
废弃资源综合利用业						
金属制品、机械和设备修理业	1	27			127.3	51.6
电力、热力、燃气及水生产和供应业	**4**	**550**	**8**	**108**	**2096.9**	**33691.0**
电力、热力生产和供应业	4	550	8	108	2096.9	33691.0
燃气生产和供应业						
水的生产和供应业						

3-F-5　分行业内资企业办研发机构情况

行　业	机构数（个）	机构人员数（人）	#博士	#硕士	机构经费支出（万元）	仪器和设备原价（万元）
总　计	**227**	**22055**	**407**	**3064**	**292752.4**	**363181.5**
采矿业	**9**	**5780**	**179**	**913**	**53055.9**	**78812.2**
煤炭开采和洗选业	4	272	4	47	1874.7	3649.8
石油和天然气开采业	4	5500	175	866	51126.2	75118.4
黑色金属矿采选业						
有色金属矿采选业						
非金属矿采选业						
开采辅助活动	1	8			55.0	44.0
其他采矿业						
制造业	**213**	**15717**	**219**	**2042**	**237578.6**	**250672.8**
农副食品加工业	16	229	26	38	2323.7	4120.9
食品制造业	6	125	6	13	742.7	469.4
酒、饮料和精制茶制造业	6	81	1	8	853.8	149.0
烟草制品业	1	58	1	20	1808.0	6613.0
纺织业	1	36			500.0	9.6
纺织服装、服饰业						
皮革、毛皮、羽毛及其制品和制鞋业						
木材加工和木、竹、藤、棕、草制品业	1	12	4	5	56.0	208.0
家具制造业						
造纸和纸制品业	2	54	1	7	2392.7	4407.5
印刷和记录媒介复制业	1	8	1	1	22.0	10.2
文教、工美、体育和娱乐用品制造业						
石油加工、炼焦和核燃料加工业	3	152	12	16	812.4	7615.9
化学原料和化学制品制造业	15	336	14	61	6443.6	6188.0
医药制造业	39	1190	18	145	21671.7	12377.4
化学纤维制造业						
橡胶和塑料制品业	4	107		3	131.4	74.2
非金属矿物制品业	9	266	6	9	2562.9	20550.1
黑色金属冶炼和压延加工业	3	746		4	28997.9	3103.8
有色金属冶炼和压延加工业	3	342	3	19	4688.8	6746.2
金属制品业	7	756	7	27	3497.1	6123.4
通用设备制造业	30	2978	24	395	73821.1	43787.0
专用设备制造业	22	3744	53	651	30619.8	23221.6
汽车制造业	8	966	3	108	10761.9	28528.6
铁路、船舶、航空航天和其他运输设备制造业	10	2164	9	301	29554.8	42417.3
电气机械和器材制造业	9	715	21	135	8169.4	23826.0
计算机、通信和其他电子设备制造业	3	61		2	1082.1	565.1
仪器仪表制造业	10	534	9	73	5595.5	8368.3
其他制造业	3	30		1	342.0	1140.7
废弃资源综合利用业						
金属制品、机械和设备修理业	1	27			127.3	51.6
电力、热力、燃气及水生产和供应业	**5**	**558**	**9**	**109**	**2117.9**	**33696.5**
电力、热力生产和供应业	4	550	8	108	2096.9	33691.0
燃气生产和供应业	1	8	1	1	21.0	5.5
水的生产和供应业						

3-F-6 分行业港澳台商投资企业办研发机构情况

行业	机构数(个)	机构人员数(人)	#博士	#硕士	机构经费支出(万元)	仪器和设备原价(万元)
总计	**12**	**710**	**16**	**89**	**8482.2**	**8627.6**
采矿业						
煤炭开采和洗选业						
石油和天然气开采业						
黑色金属矿采选业						
有色金属矿采选业						
非金属矿采选业						
开采辅助活动						
其他采矿业						
制造业	**11**	**662**	**16**	**87**	**7717.9**	**8312.4**
农副食品加工业						
食品制造业	2	45	1	3	464.9	74.8
酒、饮料和精制茶制造业						
烟草制品业						
纺织业						
纺织服装、服饰业						
皮革、毛皮、羽毛及其制品和制鞋业						
木材加工和木、竹、藤、棕、草制品业						
家具制造业						
造纸和纸制品业						
印刷和记录媒介复制业						
文教、工美、体育和娱乐用品制造业						
石油加工、炼焦和核燃料加工业						
化学原料和化学制品制造业	1	39		1	303.9	812.9
医药制造业	4	257	1	18	2013.1	2029.1
化学纤维制造业						
橡胶和塑料制品业	1	201	14	60	4722.4	4861.6
非金属矿物制品业						
黑色金属冶炼和压延加工业						
有色金属冶炼和压延加工业						
金属制品业						
通用设备制造业						
专用设备制造业	3	120		5	213.6	534.0
汽车制造业						
铁路、船舶、航空航天和其他运输设备制造业						
电气机械和器材制造业						
计算机、通信和其他电子设备制造业						
仪器仪表制造业						
其他制造业						
废弃资源综合利用业						
金属制品、机械和设备修理业						
电力、热力、燃气及水生产和供应业	**1**	**48**		**2**	**764.3**	**315.2**
电力、热力生产和供应业						
燃气生产和供应业	1	48		2	764.3	315.2
水的生产和供应业						

3-F-7　分行业外商投资企业办研发机构情况

行　业	机构数（个）	机构人员数（人）			机构经费支出（万元）	仪器和设备原价（万元）
			#博士	#硕士		
总　计	**19**	**1378**	**21**	**223**	**28112.6**	**26098.3**
采矿业						
煤炭开采和洗选业						
石油和天然气开采业						
黑色金属矿采选业						
有色金属矿采选业						
非金属矿采选业						
开采辅助活动						
其他采矿业						
制造业	**19**	**1378**	**21**	**223**	**28112.6**	**26098.3**
农副食品加工业						
食品制造业	1	102	1	3	1115.0	1060.0
酒、饮料和精制茶制造业	3	273	2	6	7108.9	3980.0
烟草制品业						
纺织业						
纺织服装、服饰业						
皮革、毛皮、羽毛及其制品和制鞋业						
木材加工和木、竹、藤、棕、草制品业						
家具制造业						
造纸和纸制品业						
印刷和记录媒介复制业	1	73	2	8	68.0	55.0
文教、工美、体育和娱乐用品制造业						
石油加工、炼焦和核燃料加工业						
化学原料和化学制品制造业						
医药制造业	6	380	9	164	10850.7	4812.5
化学纤维制造业						
橡胶和塑料制品业						
非金属矿物制品业						
黑色金属冶炼和压延加工业						
有色金属冶炼和压延加工业						
金属制品业	1	16		2	5.0	39.5
通用设备制造业						
专用设备制造业	3	175		4	552.8	112.1
汽车制造业	1	202		24	7614.5	13107.0
铁路、船舶、航空航天和其他运输设备制造业	1	76		3	621.7	2297.2
电气机械和器材制造业	2	81	7	9	176.0	635.0
计算机、通信和其他电子设备制造业						
仪器仪表制造业						
其他制造业						
废弃资源综合利用业						
金属制品、机械和设备修理业						
电力、热力、燃气及水生产和供应业						
电力、热力生产和供应业						
燃气生产和供应业						
水的生产和供应业						

G. 企业新产品开发及销售情况

3-G-1 分登记注册类型企业新产品开发及销售情况

单位：万元

登记注册类型	新产品开发项目数(项)	新产品开发经费支出	新产品销售收入	#出口
总　计	**3438**	**782853.6**	**5825023.3**	**394351.2**
内资企业	**3146**	**709674.3**	**5067711.3**	**355972.7**
国有企业	242	112629.9	191712.2	
集体企业	3	193.3	822.0	
股份合作企业	12	972.3	4164.5	1800.0
联营企业				
国有联营企业				
集体联营企业				
国有与集体联营企业				
其他联营企业				
有限责任公司	2069	485788.4	3566541.3	303658.7
国有独资公司	231	91234.0	313289.0	3100.0
其他有限责任公司	1838	394554.4	3253252.3	300558.7
股份有限公司	590	69923.4	1062204.0	15038.8
私营企业	230	40167.0	242267.3	35475.2
私营独资企业	1	245.0		
私营合伙企业			356.0	
私营有限责任公司	199	34863.2	192676.4	33990.0
私营股份有限公司	30	5058.8	49234.9	1485.2
其他企业				
港、澳、台商投资企业	**83**	**16827.2**	**211623.9**	**10.0**
合资经营企业(港或澳、台资)	16	758.6	13537.0	10.0
合作经营企业(港或澳、台资)				
港、澳、台商独资经营企业	66	15391.1	198086.9	
港、澳、台商投资股份有限公司	1	677.5		
其他港澳台投资企业				
外商投资企业	**209**	**56352.1**	**545688.1**	**38368.5**
中外合资经营企业	185	36757.6	233915.0	34953.3
中外合作经营企业				
外资企业	16	14156.7	285276.5	3415.2
外商投资股份有限公司	8	5437.8	26496.6	
其他外商投资企业				

3－G－2　分登记注册类型大中型企业新产品开发及销售情况

单位：万元

登记注册类型	新产品开发项目数(项)	新产品开发经费支出	新产品销售收入	#出口
总　计	**2828**	**698922.6**	**5360727.6**	**381942.8**
内资企业	**2572**	**630120.0**	**4629494.5**	**343946.3**
国有企业	227	111559.8	183991.2	
集体企业				
股份合作企业				
联营企业				
国有联营企业				
集体联营企业				
国有与集体联营企业				
其他联营企业				
有限责任公司	1781	445032.6	3329000.1	299008.4
国有独资公司	220	90103.6	301689.0	
其他有限责任公司	1561	354929.0	3027311.1	299008.4
股份有限公司	522	62183.5	1034370.8	14974.8
私营企业	42	11344.1	82132.4	29963.1
私营独资企业				
私营合伙企业				
私营有限责任公司	39	9637.8	74032.4	29963.1
私营股份有限公司	3	1706.3	8100.0	
其他企业				
港、澳、台商投资企业	**79**	**15716.9**	**198086.9**	
合资经营企业(港或澳、台资)	14	685.9		
合作经营企业(港或澳、台资)				
港、澳、台商独资经营企业	65	15031.0	198086.9	
港、澳、台商投资股份有限公司				
其他港澳台投资企业				
外商投资企业	**177**	**53085.7**	**533146.2**	**37996.5**
中外合资经营企业	161	34289.9	231868.2	34640.5
中外合作经营企业				
外资企业	8	13358.0	274781.4	3356.0
外商投资股份有限公司	8	5437.8	26496.6	
其他外商投资企业				

3-G-3　分行业企业新产品开发及销售情况

单位：万元

行　业	新产品开发项目数(项)	新产品开发经费支出	新产品销售收入	#出口
总　计	**3438**	**782853.6**	**5825023.3**	**394351.2**
采矿业	**260**	**41145.5**	**2141.0**	
煤炭开采和洗选业	20	5342.5		
石油和天然气开采业	240	35803.0	2141.0	
黑色金属矿采选业				
有色金属矿采选业				
非金属矿采选业				
开采辅助活动				
其他采矿业				
制造业	**3120**	**736277.4**	**5822882.3**	**394351.2**
农副食品加工业	60	14671.1	10499.2	170.1
食品制造业	21	6767.1	42954.0	1495.2
酒、饮料和精制茶制造业	12	11119.7	194180.1	
烟草制品业	9	1264.9	6029.3	
纺织业	1	500.0	1100.0	1100.0
纺织服装、服饰业				
皮革、毛皮、羽毛及其制品和制鞋业				
木材加工和木、竹、藤、棕、草制品业	2	1282.6	90.9	64.0
家具制造业	3	196.0		
造纸和纸制品业	22	3179.8	112869.3	
印刷和记录媒介复制业	13	2458.2	3377.4	
文教、工美、体育和娱乐用品制造业				
石油加工、炼焦和核燃料加工业	28	4900.6	203100.0	
化学原料和化学制品制造业	64	11574.9	196493.0	26.9
医药制造业	541	70414.1	237310.6	1328.6
化学纤维制造业	6	304.0	310.8	
橡胶和塑料制品业	85	18977.2	232786.9	3356.0
非金属矿物制品业	56	7018.8	67509.7	6883.1
黑色金属冶炼和压延加工业	59	33652.7	728310.3	17526.0
有色金属冶炼和压延加工业	58	13212.8	59314.4	3100.0
金属制品业	85	5919.0	35169.7	353.2
通用设备制造业	787	213484.7	920078.0	30365.9
专用设备制造业	248	51234.3	865196.4	39387.7
汽车制造业	97	24591.8	417268.0	2174.0
铁路、船舶、航空航天和其他运输设备制造业	591	156792.0	876935.7	242249.3
电气机械和器材制造业	174	66593.5	551559.4	42763.9
计算机、通信和其他电子设备制造业	36	7343.3	7210.4	
仪器仪表制造业	55	7651.5	51729.6	2007.3
其他制造业	7	1172.8		
废弃资源综合利用业				
金属制品、机械和设备修理业			1499.2	
电力、热力、燃气及水生产和供应业	**58**	**5430.7**		
电力、热力生产和供应业	57	5369.6		
燃气生产和供应业	1	61.1		
水的生产和供应业				

3-G-4　分行业大中型企业新产品开发及销售情况

单位：万元

行　业	新产品开发项目数(项)	新产品开发经费支出	新产品销售收入	#出口
总　计	**2828**	**698922.6**	**5360727.6**	**381942.8**
采矿业	**260**	**41145.5**	**2141.0**	
煤炭开采和洗选业	20	5342.5		
石油和天然气开采业	240	35803.0	2141.0	
黑色金属矿采选业				
有色金属矿采选业				
非金属矿采选业				
开采辅助活动				
其他采矿业				
制造业	**2511**	**652407.5**	**5358586.6**	**381942.8**
农副食品加工业	28	10977.1	769.3	
食品制造业	8	5368.6	26496.6	
酒、饮料和精制茶制造业	2	7290.7	193446.1	
烟草制品业	9	1264.9	6029.3	
纺织业	1	500.0	1100.0	1100.0
纺织服装、服饰业				
皮革、毛皮、羽毛及其制品和制鞋业				
木材加工和木、竹、藤、棕、草制品业	1	1210.6		
家具制造业				
造纸和纸制品业	20	2955.8	112869.3	
印刷和记录媒介复制业				
文教、工美、体育和娱乐用品制造业				
石油加工、炼焦和核燃料加工业	28	4900.6	203100.0	
化学原料和化学制品制造业	25	6162.6	167739.0	
医药制造业	440	57483.0	192919.4	1328.6
化学纤维制造业				
橡胶和塑料制品业	54	16706.8	204641.0	3356.0
非金属矿物制品业	28	2570.5	28692.1	4134.5
黑色金属冶炼和压延加工业	43	32056.2	721310.3	17526.0
有色金属冶炼和压延加工业	47	12193.0	55749.4	
金属制品业	71	4099.4	7826.0	40.4
通用设备制造业	724	201601.5	852722.0	30162.1
专用设备制造业	161	39507.8	801113.7	35328.5
汽车制造业	76	20309.6	409159.7	2174.0
铁路、船舶、航空航天和其他运输设备制造业	553	153382.6	847990.0	242192.8
电气机械和器材制造业	158	63215.9	501733.4	42763.9
计算机、通信和其他电子设备制造业	8	3885.3		
仪器仪表制造业	26	4765.0	21680.8	1836.0
其他制造业				
废弃资源综合利用业				
金属制品、机械和设备修理业			1499.2	
电力、热力、燃气及水生产和供应业	**57**	**5369.6**		
电力、热力生产和供应业	57	5369.6		
燃气生产和供应业				
水的生产和供应业				

3-G-5 分行业内资企业新产品开发及销售情况

单位：万元

行业	新产品开发项目数(项)	新产品开发经费支出	新产品销售收入	#出口
总计	**3146**	**709674.3**	**5067711.3**	**355972.7**
采矿业	**260**	**41145.5**	**2141.0**	
煤炭开采和洗选业	20	5342.5		
石油和天然气开采业	240	35803.0	2141.0	
黑色金属矿采选业				
有色金属矿采选业				
非金属矿采选业				
开采辅助活动				
其他采矿业				
制造业	**2830**	**663594.1**	**5065570.3**	**355972.7**
农副食品加工业	59	14547.5	10499.2	170.1
食品制造业	12	1392.5	15037.4	1485.2
酒、饮料和精制茶制造业	10	3908.6	734.0	
烟草制品业	9	1264.9	6029.3	
纺织业	1	500.0	1100.0	1100.0
纺织服装、服饰业				
皮革、毛皮、羽毛及其制品和制鞋业				
木材加工和木、竹、藤、棕、草制品业	2	1282.6	90.9	64.0
家具制造业	3	196.0		
造纸和纸制品业	22	3179.8	112869.3	
印刷和记录媒介复制业	8	2173.4	3377.4	
文教、工美、体育和娱乐用品制造业				
石油加工、炼焦和核燃料加工业	28	4900.6	203100.0	
化学原料和化学制品制造业	64	11574.9	184376.0	26.9
医药制造业	355	38749.8	126040.6	6.0
化学纤维制造业	6	304.0	310.8	
橡胶和塑料制品业	31	2270.4	28145.9	
非金属矿物制品业	55	6432.3	67509.7	6883.1
黑色金属冶炼和压延加工业	59	33652.7	728310.3	17526.0
有色金属冶炼和压延加工业	58	13212.8	59314.4	3100.0
金属制品业	83	5596.6	33159.7	40.4
通用设备制造业	787	213484.7	920078.0	30365.9
专用设备制造业	236	46883.0	800557.9	39328.5
汽车制造业	92	19895.4	337443.0	2174.0
铁路、船舶、航空航天和其他运输设备制造业	584	156170.3	876935.7	242249.3
电气机械和器材制造业	173	66173.5	490148.4	9446.0
计算机、通信和其他电子设备制造业	31	7023.5	7173.6	
仪器仪表制造业	55	7651.5	51729.6	2007.3
其他制造业	7	1172.8		
废弃资源综合利用业				
金属制品、机械和设备修理业			1499.2	
电力、热力、燃气及水生产和供应业	**56**	**4934.7**		
电力、热力生产和供应业	55	4873.6		
燃气生产和供应业	1	61.1		
水的生产和供应业				

3-G-6　分行业港澳台商投资企业新产品开发及销售情况

单位：万元

行　业	新产品开发项目数(项)	新产品开发经费支出	新产品销售收入	#出口
总　计	**83**	**16827.2**	**211623.9**	**10.0**
采矿业				
煤炭开采和洗选业				
石油和天然气开采业				
黑色金属矿采选业				
有色金属矿采选业				
非金属矿采选业				
开采辅助活动				
其他采矿业				
制造业	**83**	**16827.2**	**211623.9**	**10.0**
农副食品加工业				
食品制造业	3	432.8	1420.0	10.0
酒、饮料和精制茶制造业				
烟草制品业				
纺织业				
纺织服装、服饰业				
皮革、毛皮、羽毛及其制品和制鞋业				
木材加工和木、竹、藤、棕、草制品业				
家具制造业				
造纸和纸制品业				
印刷和记录媒介复制业				
文教、工美、体育和娱乐用品制造业				
石油加工、炼焦和核燃料加工业				
化学原料和化学制品制造业			12117.0	
医药制造业	23	1902.9	20617.1	
化学纤维制造业				
橡胶和塑料制品业	51	12695.2	150343.3	
非金属矿物制品业				
黑色金属冶炼和压延加工业				
有色金属冶炼和压延加工业				
金属制品业				
通用设备制造业				
专用设备制造业	6	1796.3	27126.5	
汽车制造业				
铁路、船舶、航空航天和其他运输设备制造业				
电气机械和器材制造业				
计算机、通信和其他电子设备制造业				
仪器仪表制造业				
其他制造业				
废弃资源综合利用业				
金属制品、机械和设备修理业				
电力、热力、燃气及水生产和供应业				
电力、热力生产和供应业				
燃气生产和供应业				
水的生产和供应业				

3-G-7 分行业外商投资企业新产品开发及销售情况

单位：万元

行　　业	新产品开发项目数(项)	新产品开发经费支出	新产品销售收入	#出口
总　计	**209**	**56352.1**	**545688.1**	**38368.5**
采矿业				
煤炭开采和洗选业				
石油和天然气开采业				
黑色金属矿采选业				
有色金属矿采选业				
非金属矿采选业				
开采辅助活动				
其他采矿业				
制造业	**207**	**55856.1**	**545688.1**	**38368.5**
农副食品加工业	1	123.6		
食品制造业	6	4941.8	26496.6	
酒、饮料和精制茶制造业	2	7211.1	193446.1	
烟草制品业				
纺织业				
纺织服装、服饰业				
皮革、毛皮、羽毛及其制品和制鞋业				
木材加工和木、竹、藤、棕、草制品业				
家具制造业				
造纸和纸制品业				
印刷和记录媒介复制业	5	284.8		
文教、工美、体育和娱乐用品制造业				
石油加工、炼焦和核燃料加工业				
化学原料和化学制品制造业				
医药制造业	163	29761.4	90652.9	1322.6
化学纤维制造业				
橡胶和塑料制品业	3	4011.6	54297.7	3356.0
非金属矿物制品业	1	586.5		
黑色金属冶炼和压延加工业				
有色金属冶炼和压延加工业				
金属制品业	2	322.4	2010.0	312.8
通用设备制造业				
专用设备制造业	6	2555.0	37512.0	59.2
汽车制造业	5	4696.4	79825.0	
铁路、船舶、航空航天和其他运输设备制造业	7	621.7		
电气机械和器材制造业	1	420.0	61411.0	33317.9
计算机、通信和其他电子设备制造业	5	319.8	36.8	
仪器仪表制造业				
其他制造业				
废弃资源综合利用业				
金属制品、机械和设备修理业				
电力、热力、燃气及水生产和供应业	**2**	**496.0**		
电力、热力生产和供应业	2	496.0		
燃气生产和供应业				
水的生产和供应业				

H．企业自主知识产权及相关情况

3－H－1　分登记注册类型企业自主知识产权及相关情况

登记注册类型	专　利申请数(件)	#发明专利	有效发明专利数(件)	专利所有权转让及许可数(件)	专利所有权转让及许可收入(万元)	拥有注册商标数(件)	形成国家或行业标准数(项)
总　　计	**4282**	**1683**	**2342**	**51**	**5275.0**	**6784**	**77**
内资企业	**4025**	**1537**	**2175**	**45**	**2275.0**	**3694**	**74**
国有企业	147	75	100	1		154	5
集体企业	20	1				9	
股份合作企业	10		5			7	1
联营企业						2	
国有联营企业							
集体联营企业							
国有与集体联营企业						2	
其他联营企业							
有限责任公司	2400	1034	1350	37	9.0	1600	60
国有独资公司	511	261	203	9		40	10
其他有限责任公司	1889	773	1147	28	9.0	1560	50
股份有限公司	548	189	252	4	2236.0	756	1
私营企业	881	228	443	3	30.0	1159	7
私营独资企业			3			30	
私营合伙企业						1	
私营有限责任公司	723	187	333	3	30.0	1041	5
私营股份有限公司	158	41	107			87	2
其他企业	19	10	25			7	
港、澳、台商投资企业	**65**	**47**	**31**			**874**	**1**
合资经营企业(港或澳、台资)	3	2	20			819	1
合作经营企业(港或澳、台资)						2	
港、澳、台商独资经营企业	62	45	11			23	
港、澳、台商投资股份有限公司						30	
其他港澳台投资企业							
外商投资企业	**192**	**99**	**136**	**6**	**3000.0**	**2216**	**2**
中外合资经营企业	156	95	113	6	3000.0	1460	1
中外合作经营企业						2	
外资企业	33	2	9			114	1
外商投资股份有限公司	3	2	14			640	
其他外商投资企业							

3-H-2 分登记注册类型大中型企业自主知识产权及相关情况

登记注册类型	专利申请数(件)	#发明专利	有效发明专利数(件)	专利所有权转让及许可数(件)	专利所有权转让及许可收入(万元)	拥有注册商标数(件)	形成国家或行业标准数(项)
总计	**3150**	**1279**	**1625**	**42**	**2245.0**	**4401**	**62**
内资企业	**2928**	**1141**	**1494**	**42**	**2245.0**	**1489**	**60**
国有企业	145	73	100	1		142	5
集体企业	20	1				6	
股份合作企业							
联营企业							
国有联营企业							
集体联营企业							
国有与集体联营企业							
其他联营企业							
有限责任公司	1956	837	1121	37	9.0	677	50
国有独资公司	501	256	198	9		29	10
其他有限责任公司	1455	581	923	28	9.0	648	40
股份有限公司	447	144	172	4	2236.0	557	
私营企业	341	76	76			106	5
私营独资企业						14	
私营合伙企业							
私营有限责任公司	238	61	69			68	3
私营股份有限公司	103	15	7			24	2
其他企业	19	10	25			1	
港、澳、台商投资企业	**58**	**44**	**10**			**754**	**1**
合资经营企业(港或澳、台资)	2	1	6			707	1
合作经营企业(港或澳、台资)							
港、澳、台商独资经营企业	56	43	4			17	
港、澳、台商投资股份有限公司						30	
其他港澳台投资企业							
外商投资企业	**164**	**94**	**121**			**2158**	**1**
中外合资经营企业	143	91	105			1422	
中外合作经营企业						1	
外资企业	18	1	2			95	1
外商投资股份有限公司	3	2	14			640	
其他外商投资企业							

3-H-3　分行业企业自主知识产权及相关情况

行　业	专利申请数（件）	#发明专利	有效发明专利数（件）	专利所有权转让及许可数（件）	专利所有权转让及许可收入（万元）	拥有注册商标数（件）	形成国家或行业标准数（项）
总　计	**4282**	**1683**	**2342**	**51**	**5275.0**	**6784**	**77**
采矿业	**300**	**58**	**479**			**27**	**11**
煤炭开采和洗选业	22	1	14			2	
石油和天然气开采业	272	55	465			12	11
黑色金属矿采选业						1	
有色金属矿采选业						2	
非金属矿采选业						4	
开采辅助活动	6	2				6	
其他采矿业							
制造业	**3700**	**1494**	**1834**	**51**	**5275.0**	**6750**	**66**
农副食品加工业	65	35	32			914	4
食品制造业	98	41	43			966	
酒、饮料和精制茶制造业	10	6	6			331	2
烟草制品业	12	1	2			123	
纺织业						20	
纺织服装、服饰业						5	
皮革、毛皮、羽毛及其制品和制鞋业							
木材加工和木、竹、藤、棕、草制品业	116	24	15			68	
家具制造业	5					45	
造纸和纸制品业	8	6	13			20	
印刷和记录媒介复制业	6	4	4	6	3000.0	8	
文教、工美、体育和娱乐用品制造业						8	
石油加工、炼焦和核燃料加工业	124	30	42	14	2050.0	22	
化学原料和化学制品制造业	151	69	153	1		313	3
医药制造业	252	155	335	2	216.0	3252	10
化学纤维制造业	6	6	3			2	
橡胶和塑料制品业	82	52	49			40	7
非金属矿物制品业	82	38	43	10		85	6
黑色金属冶炼和压延加工业	133	26	25	11		12	
有色金属冶炼和压延加工业	26	17	75			10	4
金属制品业	75	18	45			33	7
通用设备制造业	693	276	219			70	9
专用设备制造业	479	122	219			78	
汽车制造业	196	70	59			129	
铁路、船舶、航空航天和其他运输设备制造业	601	325	226	7	9.0	88	7
电气机械和器材制造业	234	92	95			57	5
计算机、通信和其他电子设备制造业	62	16	11			5	
仪器仪表制造业	128	59	111			42	
其他制造业	48	5	3			4	2
废弃资源综合利用业							
金属制品、机械和设备修理业	8	1	6				
电力、热力、燃气及水生产和供应业	**282**	**131**	**29**			**7**	
电力、热力生产和供应业	274	126	24			6	
燃气生产和供应业	8	5	3			1	
水的生产和供应业			2				

3-H-4 分行业大中型企业自主知识产权及相关情况

行业	专利申请数(件)	#发明专利	有效发明专利数(件)	专利所有权转让及许可数(件)	专利所有权转让及许可收入(万元)	拥有注册商标数(件)	形成国家或行业标准数(项)
总计	**3150**	**1279**	**1625**	**42**	**2245.0**	**4401**	**62**
采矿业	**294**	**56**	**479**			**17**	**11**
煤炭开采和洗选业	22	1	14			2	
石油和天然气开采业	272	55	465			12	11
黑色金属矿采选业							
有色金属矿采选业						1	
非金属矿采选业						2	
开采辅助活动							
其他采矿业							
制造业	**2582**	**1097**	**1122**	**42**	**2245.0**	**4381**	**51**
农副食品加工业	43	26	24			279	
食品制造业	53	4	20			742	
酒、饮料和精制茶制造业	3	1				106	1
烟草制品业	12	1	2			123	
纺织业						17	
纺织服装、服饰业							
皮革、毛皮、羽毛及其制品和制鞋业							
木材加工和木、竹、藤、棕、草制品业	109	22	12			21	
家具制造业						6	
造纸和纸制品业	8	6	11			5	
印刷和记录媒介复制业							
文教、工美、体育和娱乐用品制造业						5	
石油加工、炼焦和核燃料加工业	124	30	42	14	2050.0	11	
化学原料和化学制品制造业	91	39	101			23	3
医药制造业	193	105	179	1	186.0	2666	10
化学纤维制造业							
橡胶和塑料制品业	43	40	2			10	
非金属矿物制品业	17	10	17	9		24	5
黑色金属冶炼和压延加工业	110	7	10	11		7	
有色金属冶炼和压延加工业	10	10	67			5	4
金属制品业	31	5	28			4	7
通用设备制造业	465	195	105			35	9
专用设备制造业	234	95	97			31	
汽车制造业	162	60	53			116	
铁路、船舶、航空航天和其他运输设备制造业	573	311	212	7	9.0	84	7
电气机械和器材制造业	197	87	71			27	5
计算机、通信和其他电子设备制造业	56	14	1				
仪器仪表制造业	30	23	62			32	
其他制造业	10	5				2	
废弃资源综合利用业							
金属制品、机械和设备修理业	8	1	6				
电力、热力、燃气及水生产和供应业	**274**	**126**	**24**			**3**	
电力、热力生产和供应业	274	126	24			3	
燃气生产和供应业							
水的生产和供应业							

3-H-5 分行业内资企业自主知识产权及相关情况

行业	专利申请数(件)	#发明专利	有效发明专利数(件)	专利所有权转让及许可数(件)	专利所有权转让及许可收入(万元)	拥有注册商标数(件)	形成国家或行业标准数(项)
总计	**4025**	**1537**	**2175**	**45**	**2275.0**	**3694**	**74**
采矿业	**300**	**58**	**479**			**26**	**11**
煤炭开采和洗选业	22	1	14			2	
石油和天然气开采业	272	55	465			12	11
黑色金属矿采选业						1	
有色金属矿采选业						1	
非金属矿采选业						4	
开采辅助活动	6	2				6	
其他采矿业							
制造业	**3444**	**1348**	**1667**	**45**	**2275.0**	**3664**	**63**
农副食品加工业	59	35	32			892	3
食品制造业	96	39	24			242	
酒、饮料和精制茶制造业	7	5	5			296	1
烟草制品业	12	1	2			123	
纺织业						18	
纺织服装、服饰业						5	
皮革、毛皮、羽毛及其制品和制鞋业							
木材加工和木、竹、藤、棕、草制品业	108	16	8			53	
家具制造业	5					45	
造纸和纸制品业	8	6	13			17	
印刷和记录媒介复制业	6	4	4			8	
文教、工美、体育和娱乐用品制造业						7	
石油加工、炼焦和核燃料加工业	124	30	42	14	2050.0	22	
化学原料和化学制品制造业	150	68	151	1		229	3
医药制造业	162	77	230	2	216.0	1090	9
化学纤维制造业	6	6	3			2	
橡胶和塑料制品业	39	12	47			30	7
非金属矿物制品业	79	38	43	10		82	6
黑色金属冶炼和压延加工业	133	26	25	11		12	
有色金属冶炼和压延加工业	26	17	75			10	4
金属制品业	73	16	43			21	7
通用设备制造业	693	276	219			67	9
专用设备制造业	439	120	205			71	
汽车制造业	147	61	52			128	
铁路、船舶、航空航天和其他运输设备制造业	599	323	226	7	9.0	88	7
电气机械和器材制造业	227	91	87			55	5
计算机、通信和其他电子设备制造业	62	16	11			5	
仪器仪表制造业	128	59	111			42	
其他制造业	48	5	3			4	2
废弃资源综合利用业							
金属制品、机械和设备修理业	8	1	6				
电力、热力、燃气及水生产和供应业	**281**	**131**	**29**			**4**	
电力、热力生产和供应业	273	126	24			3	
燃气生产和供应业	8	5	3			1	
水的生产和供应业			2				

3-H-6 分行业港澳台商投资企业自主知识产权及相关情况

行业	专利申请数（件）	#发明专利	有效发明专利数（件）	专利所有权转让及许可数（件）	专利所有权转让及许可收入（万元）	拥有注册商标数（件）	形成国家或行业标准数（项）
总计	**65**	**47**	**31**			**874**	**1**
采矿业							
煤炭开采和洗选业							
石油和天然气开采业							
黑色金属矿采选业							
有色金属矿采选业							
非金属矿采选业							
开采辅助活动							
其他采矿业							
制造业	**65**	**47**	**31**			**871**	**1**
农副食品加工业						5	
食品制造业			5			1	
酒、饮料和精制茶制造业						33	
烟草制品业							
纺织业						2	
纺织服装、服饰业							
皮革、毛皮、羽毛及其制品和制鞋业							
木材加工和木、竹、藤、棕、草制品业						1	
家具制造业							
造纸和纸制品业						1	
印刷和记录媒介复制业							
文教、工美、体育和娱乐用品制造业							
石油加工、炼焦和核燃料加工业							
化学原料和化学制品制造业	1	1	2			82	
医药制造业	5	4	16			742	1
化学纤维制造业							
橡胶和塑料制品业	40	40	1			2	
非金属矿物制品业						1	
黑色金属冶炼和压延加工业							
有色金属冶炼和压延加工业							
金属制品业							
通用设备制造业							
专用设备制造业	19	2	7			1	
汽车制造业							
铁路、船舶、航空航天和其他运输设备制造业							
电气机械和器材制造业							
计算机、通信和其他电子设备制造业							
仪器仪表制造业							
其他制造业							
废弃资源综合利用业							
金属制品、机械和设备修理业							
电力、热力、燃气及水生产和供应业						**3**	
电力、热力生产和供应业						3	
燃气生产和供应业							
水的生产和供应业							

3-H-7　分行业外商投资企业自主知识产权及相关情况

行　业	专利申请数（件）	#发明专利	有效发明专利数（件）	专利所有权转让及许可数（件）	专利所有权转让及许可收入（万元）	拥有注册商标数（件）	形成国家或行业标准数（项）
总　计	**192**	**99**	**136**	**6**	**3000.0**	**2216**	**2**
采矿业						**1**	
煤炭开采和洗选业							
石油和天然气开采业							
黑色金属矿采选业							
有色金属矿采选业						1	
非金属矿采选业							
开采辅助活动							
其他采矿业							
制造业	**191**	**99**	**136**	**6**	**3000.0**	**2215**	**2**
农副食品加工业	6					17	1
食品制造业	2	2	14			723	
酒、饮料和精制茶制造业	3	1	1			2	1
烟草制品业							
纺织业							
纺织服装、服饰业							
皮革、毛皮、羽毛及其制品和制鞋业							
木材加工和木、竹、藤、棕、草制品业	8	8	7			14	
家具制造业							
造纸和纸制品业						2	
印刷和记录媒介复制业				6	3000.0		
文教、工美、体育和娱乐用品制造业						1	
石油加工、炼焦和核燃料加工业							
化学原料和化学制品制造业						2	
医药制造业	85	74	89			1420	
化学纤维制造业							
橡胶和塑料制品业	3		1			8	
非金属矿物制品业	3					2	
黑色金属冶炼和压延加工业							
有色金属冶炼和压延加工业							
金属制品业	2	2	2			12	
通用设备制造业						3	
专用设备制造业	21		7			6	
汽车制造业	49	9	7			1	
铁路、船舶、航空航天和其他运输设备制造业	2	2					
电气机械和器材制造业	7	1	8			2	
计算机、通信和其他电子设备制造业							
仪器仪表制造业							
其他制造业							
废弃资源综合利用业							
金属制品、机械和设备修理业							
电力、热力、燃气及水生产和供应业	**1**						
电力、热力生产和供应业	1						
燃气生产和供应业							
水的生产和供应业							

Ⅰ. 企业政府相关政策落实情况

3-Ⅰ-1 分登记注册类型企业政府相关政策落实情况

单位：万元

登记注册类型	使用来自政府部门的科技活动资金	研究开发费用加计扣除减免税	高新技术企业减免税
总　计	**193266.2**	**21229.1**	**50340.9**
内资企业	**192212.3**	**18375.0**	**41757.4**
国有企业	66327.3	26.9	1883.3
集体企业			
股份合作企业	200.0	1.9	27.9
联营企业			
国有联营企业			
集体联营企业			
国有与集体联营企业			
其他联营企业			
有限责任公司	119191.5	15365.3	17167.0
国有独资公司	49142.3	2035.0	358.3
其他有限责任公司	70049.2	13330.3	16808.7
股份有限公司	3320.9	2510.4	21215.8
私营企业	3172.6	470.5	1463.4
私营独资企业	21.1		
私营合伙企业			
私营有限责任公司	2823.5	315.8	1174.7
私营股份有限公司	328.0	154.7	288.7
其他企业			
港、澳、台商投资企业	**185.0**	**195.5**	**2999.5**
合资经营企业(港或澳、台资)	185.0	52.0	747.6
合作经营企业(港或澳、台资)			
港、澳、台商独资经营企业		143.5	2251.9
港、澳、台商投资股份有限公司			
其他港澳台投资企业			
外商投资企业	**868.9**	**2658.6**	**5584.0**
中外合资经营企业	626.9	2567.9	5115.9
中外合作经营企业			
外资企业	132.0	90.7	468.1
外商投资股份有限公司	110.0		
其他外商投资企业			

3-I-2　分登记注册类型大中型企业政府相关政策落实情况

单位：万元

登记注册类型	使用来自政府部门的科技活动资金	研究开发费用加计扣除减免税	高新技术企业减免税
总　计	**188058.6**	**17933.9**	**44813.4**
内资企业	**187265.0**	**15222.5**	**36917.1**
国有企业	66327.3	26.9	1883.3
集体企业			
股份合作企业			
联营企业			
国有联营企业			
集体联营企业			
国有与集体联营企业			
其他联营企业			
有限责任公司	117307.4	12573.7	13524.4
国有独资公司	49142.3	2035.0	226.0
其他有限责任公司	68165.1	10538.7	13298.4
股份有限公司	2377.1	2474.9	21087.8
私营企业	1253.2	147.0	421.6
私营独资企业			
私营合伙企业			
私营有限责任公司	1058.2		154.6
私营股份有限公司	195.0	147.0	267.0
其他企业			
港、澳、台商投资企业		**143.5**	**2798.1**
合资经营企业(港或澳、台资)			546.2
合作经营企业(港或澳、台资)			
港、澳、台商独资经营企业		143.5	2251.9
港、澳、台商投资股份有限公司			
其他港澳台投资企业			
外商投资企业	**793.6**	**2567.9**	**5098.2**
中外合资经营企业	583.6	2567.9	5098.2
中外合作经营企业			
外资企业	100.0		
外商投资股份有限公司	110.0		
其他外商投资企业			

3-I-3 分行业企业政府相关政策落实情况

单位：万元

行　　业	使用来自政府部门的科技活动资金	研究开发费用加计扣除减免税	高新技术企业减免税
总　计	**193266.2**	**21229.1**	**50340.9**
采矿业	**8584.8**		
煤炭开采和洗选业	1030.0		
石油和天然气开采业	7554.8		
黑色金属矿采选业			
有色金属矿采选业			
非金属矿采选业			
开采辅助活动			
其他采矿业			
制造业	**184676.4**	**21124.7**	**50340.9**
农副食品加工业	376.6		562.9
食品制造业	856.2		
酒、饮料和精制茶制造业	257.0		
烟草制品业			
纺织业			
纺织服装、服饰业			
皮革、毛皮、羽毛及其制品和制鞋业			
木材加工和木、竹、藤、棕、草制品业	219.0		
家具制造业			
造纸和纸制品业	10.0		
印刷和记录媒介复制业	140.0		7.3
文教、工美、体育和娱乐用品制造业			
石油加工、炼焦和核燃料加工业	30.0	45.0	
化学原料和化学制品制造业	208.7	49.1	1763.3
医药制造业	1593.5	2344.8	18271.1
化学纤维制造业	16.0	7.7	21.7
橡胶和塑料制品业	36.0		1444.7
非金属矿物制品业	354.0	378.4	5190.7
黑色金属冶炼和压延加工业	222.0	120.6	74.6
有色金属冶炼和压延加工业	1966.0	277.7	
金属制品业	649.3	136.1	217.1
通用设备制造业	72558.9	5779.3	10413.2
专用设备制造业	2566.9	1281.3	2263.9
汽车制造业	8097.5	1678.5	1090.2
铁路、船舶、航空航天和其他运输设备制造业	87197.2	4669.5	5483.6
电气机械和器材制造业	5521.0	4251.8	3182.4
计算机、通信和其他电子设备制造业	1291.6		323.5
仪器仪表制造业	469.0	104.9	30.7
其他制造业	40.0		
废弃资源综合利用业			
金属制品、机械和设备修理业			
电力、热力、燃气及水生产和供应业	**5.0**	**104.4**	
电力、热力生产和供应业		104.4	
燃气生产和供应业	5.0		
水的生产和供应业			

3-I-4　分行业大中型企业政府相关政策落实情况

单位：万元

行　　业	使用来自政府部门的科技活动资金	研究开发费用加计扣除减免税	高新技术企业减免税
总　计	**188058.6**	**17933.9**	**44813.4**
采矿业	**8584.8**		
煤炭开采和洗选业	1030.0		
石油和天然气开采业	7554.8		
黑色金属矿采选业			
有色金属矿采选业			
非金属矿采选业			
开采辅助活动			
其他采矿业			
制造业	**179473.8**	**17829.5**	**44813.4**
农副食品加工业	166.8		562.9
食品制造业	465.7		
酒、饮料和精制茶制造业	101.0		
烟草制品业			
纺织业			
纺织服装、服饰业			
皮革、毛皮、羽毛及其制品和制鞋业			
木材加工和木、竹、藤、棕、草制品业	170.0		
家具制造业			
造纸和纸制品业	10.0		
印刷和记录媒介复制业			
文教、工美、体育和娱乐用品制造业			
石油加工、炼焦和核燃料加工业	30.0	45.0	
化学原料和化学制品制造业	18.0		
医药制造业	835.6	2200.1	17343.7
化学纤维制造业			
橡胶和塑料制品业			1429.8
非金属矿物制品业	124.0	378.4	5173.4
黑色金属冶炼和压延加工业	222.0		
有色金属冶炼和压延加工业	1797.0	250.2	
金属制品业	395.3	136.1	5.1
通用设备制造业	71797.6	3329.2	9764.6
专用设备制造业	1618.4	845.6	1536.9
汽车制造业	7937.5	1642.6	968.1
铁路、船舶、航空航天和其他运输设备制造业	87197.2	4647.5	4584.1
电气机械和器材制造业	5417.7	4251.8	3121.3
计算机、通信和其他电子设备制造业	820.0		323.5
仪器仪表制造业	350.0	103.0	
其他制造业			
废弃资源综合利用业			
金属制品、机械和设备修理业			
电力、热力、燃气及水生产和供应业		**104.4**	
电力、热力生产和供应业		104.4	
燃气生产和供应业			
水的生产和供应业			

3-I-5 分行业内资企业政府相关政策落实情况

单位：万元

行 业	使用来自政府部门的科技活动资金	研究开发费用加计扣除减免税	高新技术企业减免税
总 计	**192212.3**	**18375.0**	**41757.4**
采矿业	**8584.8**		
煤炭开采和洗选业	1030.0		
石油和天然气开采业	7554.8		
黑色金属矿采选业			
有色金属矿采选业			
非金属矿采选业			
开采辅助活动			
其他采矿业			
制造业	**183622.5**	**18270.6**	**41757.4**
农副食品加工业	376.6		562.9
食品制造业	561.2		
酒、饮料和精制茶制造业	157.0		
烟草制品业			
纺织业			
纺织服装、服饰业			
皮革、毛皮、羽毛及其制品和制鞋业			
木材加工和木、竹、藤、棕、草制品业	219.0		
家具制造业			
造纸和纸制品业	10.0		
印刷和记录媒介复制业	140.0		
文教、工美、体育和娱乐用品制造业			
石油加工、炼焦和核燃料加工业	30.0	45.0	
化学原料和化学制品制造业	208.7	5.6	1568.1
医药制造业	1047.9	735.0	12615.8
化学纤维制造业	16.0	7.7	21.7
橡胶和塑料制品业	36.0		14.9
非金属矿物制品业	354.0	378.4	5190.7
黑色金属冶炼和压延加工业	222.0	120.6	74.6
有色金属冶炼和压延加工业	1966.0	277.7	
金属制品业	649.3	136.1	206.7
通用设备制造业	72558.9	5779.3	10413.2
专用设备制造业	2566.9	1155.8	1795.8
汽车制造业	8027.5	603.2	272.8
铁路、船舶、航空航天和其他运输设备制造业	87197.2	4669.5	5483.6
电气机械和器材制造业	5521.0	4251.8	3182.4
计算机、通信和其他电子设备制造业	1248.3		323.5
仪器仪表制造业	469.0	104.9	30.7
其他制造业	40.0		
废弃资源综合利用业			
金属制品、机械和设备修理业			
电力、热力、燃气及水生产和供应业	**5.0**	**104.4**	
电力、热力生产和供应业		104.4	
燃气生产和供应业	5.0		
水的生产和供应业			

3-I-6　分行业港澳台商投资企业政府相关政策落实情况

单位：万元

行　　业	使用来自政府部门的科技活动资金	研究开发费用加计扣除减免税	高新技术企业减免税
总　计	**185.0**	**195.5**	**2999.5**
采矿业			
煤炭开采和洗选业			
石油和天然气开采业			
黑色金属矿采选业			
有色金属矿采选业			
非金属矿采选业			
开采辅助活动			
其他采矿业			
制造业	**185.0**	**195.5**	**2999.5**
农副食品加工业			
食品制造业	185.0		
酒、饮料和精制茶制造业			
烟草制品业			
纺织业			
纺织服装、服饰业			
皮革、毛皮、羽毛及其制品和制鞋业			
木材加工和木、竹、藤、棕、草制品业			
家具制造业			
造纸和纸制品业			
印刷和记录媒介复制业			
文教、工美、体育和娱乐用品制造业			
石油加工、炼焦和核燃料加工业			
化学原料和化学制品制造业		43.5	195.2
医药制造业		117.2	1374.5
化学纤维制造业			
橡胶和塑料制品业			1429.8
非金属矿物制品业			
黑色金属冶炼和压延加工业			
有色金属冶炼和压延加工业			
金属制品业			
通用设备制造业			
专用设备制造业		34.8	
汽车制造业			
铁路、船舶、航空航天和其他运输设备制造业			
电气机械和器材制造业			
计算机、通信和其他电子设备制造业			
仪器仪表制造业			
其他制造业			
废弃资源综合利用业			
金属制品、机械和设备修理业			
电力、热力、燃气及水生产和供应业			
电力、热力生产和供应业			
燃气生产和供应业			
水的生产和供应业			

3-I-7 分行业外商投资企业政府相关政策落实情况

单位：万元

行 业	使用来自政府部门的科技活动资金	研究开发费用加计扣除减免税	高新技术企业减免税
总 计	**868.9**	**2658.6**	**5584.0**
采矿业			
煤炭开采和洗选业			
石油和天然气开采业			
黑色金属矿采选业			
有色金属矿采选业			
非金属矿采选业			
开采辅助活动			
其他采矿业			
制造业	**868.9**	**2658.6**	**5584.0**
农副食品加工业			
食品制造业	110.0		
酒、饮料和精制茶制造业	100.0		
烟草制品业			
纺织业			
纺织服装、服饰业			
皮革、毛皮、羽毛及其制品和制鞋业			
木材加工和木、竹、藤、棕、草制品业			
家具制造业			
造纸和纸制品业			
印刷和记录媒介复制业			7.3
文教、工美、体育和娱乐用品制造业			
石油加工、炼焦和核燃料加工业			
化学原料和化学制品制造业			
医药制造业	545.6	1492.6	4280.8
化学纤维制造业			
橡胶和塑料制品业			
非金属矿物制品业			
黑色金属冶炼和压延加工业			
有色金属冶炼和压延加工业			
金属制品业			10.4
通用设备制造业			
专用设备制造业		90.7	468.1
汽车制造业	70.0	1075.3	817.4
铁路、船舶、航空航天和其他运输设备制造业			
电气机械和器材制造业			
计算机、通信和其他电子设备制造业	43.3		
仪器仪表制造业			
其他制造业			
废弃资源综合利用业			
金属制品、机械和设备修理业			
电力、热力、燃气及水生产和供应业			
电力、热力生产和供应业			
燃气生产和供应业			
水的生产和供应业			

J．企业技术获取和技术改造情况

3-J-1　分登记注册类型企业技术获取和技术改造情况

单位：万元

登记注册类型	引进技术经费支出	消化吸收经费支出	购买国内技术经费支出	技术改造经费支出
总　计	**19690.9**	**5399.6**	**13544.5**	**524368.1**
内资企业	**19659.9**	**5390.6**	**13158.8**	**487188.2**
国有企业				40320.2
集体企业				
股份合作企业				14.0
联营企业				
国有联营企业				
集体联营企业				
国有与集体联营企业				
其他联营企业				
有限责任公司	19421.9	3143.9	1712.2	291882.4
国有独资公司	6348.0	200.0	136.3	115283.2
其他有限责任公司	13073.9	2943.9	1575.9	176599.2
股份有限公司	58.0	2017.7	4648.0	140458.8
私营企业	180.0	229.0	6798.6	14512.8
私营独资企业				
私营合伙企业				
私营有限责任公司		193.0	6784.6	3791.8
私营股份有限公司	180.0	36.0	14.0	10721.0
其他企业				
港、澳、台商投资企业			**34.7**	**1056.6**
合资经营企业(港或澳、台资)			34.7	10.0
合作经营企业(港或澳、台资)				
港、澳、台商独资经营企业				1046.6
港、澳、台商投资股份有限公司				
其他港澳台投资企业				
外商投资企业	**31.0**	**9.0**	**351.0**	**36123.3**
中外合资经营企业	31.0	9.0	351.0	32289.4
中外合作经营企业				
外资企业				17.9
外商投资股份有限公司				3816.0
其他外商投资企业				

3－J－2 分登记注册类型大中型企业技术获取和技术改造情况

单位：万元

登记注册类型	引进技术经费支出	消化吸收经费支出	购买国内技术经费支出	技术改造经费支出
总　计	**19601.9**	**5347.6**	**6554.4**	**516687.6**
内资企业	**19601.9**	**5347.6**	**6225.4**	**479598.6**
国有企业				40164.0
集体企业				
股份合作企业				
联营企业				
国有联营企业				
集体联营企业				
国有与集体联营企业				
其他联营企业				
有限责任公司	19421.9	3143.9	1682.4	288194.3
国有独资公司	6348.0	200.0	136.3	115283.2
其他有限责任公司	13073.9	2943.9	1546.1	172911.1
股份有限公司		2017.7	4518.0	139019.8
私营企业	180.0	186.0	25.0	12220.5
私营独资企业				
私营合伙企业				
私营有限责任公司		150.0	20.0	1499.5
私营股份有限公司	180.0	36.0	5.0	10721.0
其他企业				
港、澳、台商投资企业				**1046.6**
合资经营企业(港或澳、台资)				
合作经营企业(港或澳、台资)				
港、澳、台商独资经营企业				1046.6
港、澳、台商投资股份有限公司				
其他港澳台投资企业				
外商投资企业			**329.0**	**36042.4**
中外合资经营企业			329.0	32226.4
中外合作经营企业				
外资企业				
外商投资股份有限公司				3816.0
其他外商投资企业				

3—J—3　分行业企业技术获取和技术改造情况

单位：万元

行　业	引进技术经费支出	消化吸收经费支出	购买国内技术经费支出	技术改造经费支出
总　计	**19690.9**	**5399.6**	**13544.5**	**524368.1**
采矿业		**823.0**	**4566.0**	**7500.0**
煤炭开采和洗选业		823.0	4566.0	7500.0
石油和天然气开采业				
黑色金属矿采选业				
有色金属矿采选业				
非金属矿采选业				
开采辅助活动				
其他采矿业				
制造业	**19690.9**	**4576.6**	**8978.5**	**393871.5**
农副食品加工业		6.5	13.5	90.0
食品制造业			10.0	3883.0
酒、饮料和精制茶制造业	58.0		140.0	870.0
烟草制品业				39884.0
纺织业				2.0
纺织服装、服饰业				
皮革、毛皮、羽毛及其制品和制鞋业				
木材加工和木、竹、藤、棕、草制品业	180.0	36.0	5.0	401.0
家具制造业				36.0
造纸和纸制品业				2068.3
印刷和记录媒介复制业	31.0	9.0	22.0	63.0
文教、工美、体育和娱乐用品制造业				212.2
石油加工、炼焦和核燃料加工业				59740.3
化学原料和化学制品制造业		1493.0	6572.6	9910.4
医药制造业		130.2	765.2	22760.0
化学纤维制造业				
橡胶和塑料制品业				1805.9
非金属矿物制品业				882.4
黑色金属冶炼和压延加工业	7488.0			40764.0
有色金属冶炼和压延加工业	6348.0			15479.0
金属制品业				2350.0
通用设备制造业	4167.3	707.6	997.9	7703.1
专用设备制造业		94.7		54533.8
汽车制造业				7833.5
铁路、船舶、航空航天和其他运输设备制造业	199.6	659.3	452.3	107312.0
电气机械和器材制造业	1219.0	1440.3		14831.6
计算机、通信和其他电子设备制造业				
仪器仪表制造业				162.7
其他制造业				293.3
废弃资源综合利用业				
金属制品、机械和设备修理业				
电力、热力、燃气及水生产和供应业				**122996.6**
电力、热力生产和供应业				122996.6
燃气生产和供应业				
水的生产和供应业				

3-J-4 分行业大中型企业技术获取和技术改造情况

单位：万元

行业	引进技术经费支出	消化吸收经费支出	购买国内技术经费支出	技术改造经费支出
总　计	**19601.9**	**5347.6**	**6554.4**	**516687.6**
采矿业		**823.0**	**4566.0**	**7500.0**
煤炭开采和洗选业		823.0	4566.0	7500.0
石油和天然气开采业				
黑色金属矿采选业				
有色金属矿采选业				
非金属矿采选业				
开采辅助活动				
其他采矿业				
制造业	**19601.9**	**4524.6**	**1988.4**	**387391.0**
农副食品加工业		6.5	13.5	90.0
食品制造业				3816.0
酒、饮料和精制茶制造业				
烟草制品业				39884.0
纺织业				2.0
纺织服装、服饰业				
皮革、毛皮、羽毛及其制品和制鞋业				
木材加工和木、竹、藤、棕、草制品业	180.0	36.0	5.0	401.0
家具制造业				
造纸和纸制品业				2068.3
印刷和记录媒介复制业				
文教、工美、体育和娱乐用品制造业				56.0
石油加工、炼焦和核燃料加工业				59740.3
化学原料和化学制品制造业		1450.0	82.0	9756.1
医药制造业		130.2	438.5	22101.4
化学纤维制造业				
橡胶和塑料制品业				
非金属矿物制品业				774.5
黑色金属冶炼和压延加工业	7488.0			40764.0
有色金属冶炼和压延加工业	6348.0			15479.0
金属制品业				2350.0
通用设备制造业	4167.3	707.6	997.1	6722.1
专用设备制造业		94.7		53604.1
汽车制造业				7713.5
铁路、船舶、航空航天和其他运输设备制造业	199.6	659.3	452.3	107088.4
电气机械和器材制造业	1219.0	1440.3		14831.6
计算机、通信和其他电子设备制造业				
仪器仪表制造业				148.7
其他制造业				
废弃资源综合利用业				
金属制品、机械和设备修理业				
电力、热力、燃气及水生产和供应业				**121796.6**
电力、热力生产和供应业				121796.6
燃气生产和供应业				
水的生产和供应业				

3-J-5　分行业内资企业技术获取和技术改造情况

单位：万元

行　业	引进技术经费支出	消化吸收经费支出	购买国内技术经费支出	技术改造经费支出
总　计	**19659.9**	**5390.6**	**13158.8**	**487188.2**
采矿业		**823.0**	**4566.0**	**7500.0**
煤炭开采和洗选业		823.0	4566.0	7500.0
石油和天然气开采业				
黑色金属矿采选业				
有色金属矿采选业				
非金属矿采选业				
开采辅助活动				
其他采矿业				
制造业	**19659.9**	**4567.6**	**8592.8**	**371089.6**
农副食品加工业		6.5	13.5	90.0
食品制造业				57.0
酒、饮料和精制茶制造业	58.0		140.0	870.0
烟草制品业				39884.0
纺织业				2.0
纺织服装、服饰业				
皮革、毛皮、羽毛及其制品和制鞋业				
木材加工和木、竹、藤、棕、草制品业	180.0	36.0	5.0	401.0
家具制造业				36.0
造纸和纸制品业				2068.3
印刷和记录媒介复制业				
文教、工美、体育和娱乐用品制造业				212.2
石油加工、炼焦和核燃料加工业				59740.3
化学原料和化学制品制造业		1493.0	6572.6	9910.4
医药制造业		130.2	411.5	11930.7
化学纤维制造业				
橡胶和塑料制品业				1805.9
非金属矿物制品业				882.4
黑色金属冶炼和压延加工业	7488.0			40764.0
有色金属冶炼和压延加工业	6348.0			15479.0
金属制品业				2350.0
通用设备制造业	4167.3	707.6	997.9	7703.1
专用设备制造业		94.7		54370.2
汽车制造业				7833.5
铁路、船舶、航空航天和其他运输设备制造业	199.6	659.3	452.3	107312.0
电气机械和器材制造业	1219.0	1440.3		6931.6
计算机、通信和其他电子设备制造业				
仪器仪表制造业				162.7
其他制造业				293.3
废弃资源综合利用业				
金属制品、机械和设备修理业				
电力、热力、燃气及水生产和供应业				**108598.6**
电力、热力生产和供应业				108598.6
燃气生产和供应业				
水的生产和供应业				

3-J-6 分行业港澳台商投资企业技术获取和技术改造情况

单位：万元

行业	引进技术经费支出	消化吸收经费支出	购买国内技术经费支出	技术改造经费支出
总 计			**34.7**	**1056.6**
采矿业				
煤炭开采和洗选业				
石油和天然气开采业				
黑色金属矿采选业				
有色金属矿采选业				
非金属矿采选业				
开采辅助活动				
其他采矿业				
制造业			**34.7**	**1056.6**
农副食品加工业				
食品制造业			10.0	10.0
酒、饮料和精制茶制造业				
烟草制品业				
纺织业				
纺织服装、服饰业				
皮革、毛皮、羽毛及其制品和制鞋业				
木材加工和木、竹、藤、棕、草制品业				
家具制造业				
造纸和纸制品业				
印刷和记录媒介复制业				
文教、工美、体育和娱乐用品制造业				
石油加工、炼焦和核燃料加工业				
化学原料和化学制品制造业				
医药制造业			24.7	883.0
化学纤维制造业				
橡胶和塑料制品业				
非金属矿物制品业				
黑色金属冶炼和压延加工业				
有色金属冶炼和压延加工业				
金属制品业				
通用设备制造业				
专用设备制造业				163.6
汽车制造业				
铁路、船舶、航空航天和其他运输设备制造业				
电气机械和器材制造业				
计算机、通信和其他电子设备制造业				
仪器仪表制造业				
其他制造业				
废弃资源综合利用业				
金属制品、机械和设备修理业				
电力、热力、燃气及水生产和供应业				
电力、热力生产和供应业				
燃气生产和供应业				
水的生产和供应业				

3-J-7　分行业外商投资企业技术获取和技术改造情况

单位：万元

行　　业	引进技术经费支出	消化吸收经费支出	购买国内技术经费支出	技术改造经费支出
总　计	**31.0**	**9.0**	**351.0**	**36123.3**
采矿业				
煤炭开采和洗选业				
石油和天然气开采业				
黑色金属矿采选业				
有色金属矿采选业				
非金属矿采选业				
开采辅助活动				
其他采矿业				
制造业	**31.0**	**9.0**	**351.0**	**21725.3**
农副食品加工业				
食品制造业				3816.0
酒、饮料和精制茶制造业				
烟草制品业				
纺织业				
纺织服装、服饰业				
皮革、毛皮、羽毛及其制品和制鞋业				
木材加工和木、竹、藤、棕、草制品业				
家具制造业				
造纸和纸制品业				
印刷和记录媒介复制业	31.0	9.0	22.0	63.0
文教、工美、体育和娱乐用品制造业				
石油加工、炼焦和核燃料加工业				
化学原料和化学制品制造业				
医药制造业			329.0	9946.3
化学纤维制造业				
橡胶和塑料制品业				
非金属矿物制品业				
黑色金属冶炼和压延加工业				
有色金属冶炼和压延加工业				
金属制品业				
通用设备制造业				
专用设备制造业				
汽车制造业				
铁路、船舶、航空航天和其他运输设备制造业				
电气机械和器材制造业				7900.0
计算机、通信和其他电子设备制造业				
仪器仪表制造业				
其他制造业				
废弃资源综合利用业				
金属制品、机械和设备修理业				
电力、热力、燃气及水生产和供应业				**14398.0**
电力、热力生产和供应业				14398.0
燃气生产和供应业				
水的生产和供应业				

第4篇

建筑业企业生产经营及财务状况

A.全社会建筑业企业

4-A-1　各地区全社会建筑业企业个数

单位：个

地　区	企业合计	总承包和专业承包企业	劳务分包企业	资质以外企业
全　省	**6148**	**2441**	**148**	**3559**
哈尔滨	2966	1117	78	1771
齐齐哈尔	397	133	15	249
鸡　西	164	94	2	68
鹤　岗	158	73		85
双鸭山	165	62		103
大　庆	532	288	28	216
伊　春	178	79	11	88
佳木斯	157	84	1	72
七台河	85	49		36
牡丹江	610	173	12	425
黑　河	182	60		122
绥　化	220	138	1	81
大兴安岭	110	29		81
农垦总局	176	49		127
绥芬河	42	10		32
抚　远	6	3		3

4-A-2　各地区全社会建筑业企业年末从业人员

单位：人

地　区	企业合计	总承包和专业承包企业	劳务分包企业	资质以外企业
全　省	**501908**	**440146**	**3777**	**57985**
哈尔滨	186498	162711	1186	22601
齐齐哈尔	25728	21751	965	3012
鸡　西	17247	16363	9	875
鹤　岗	13210	11621		1589
双鸭山	14878	12888		1990
大　庆	60107	55914	1104	3089
伊　春	11553	9942	137	1474
佳木斯	33990	32706	28	1256
七台河	4833	4440		393
牡丹江	74848	62234	337	12277
黑　河	9661	7940		1721
绥　化	27859	25992	11	1856
大兴安岭	6690	5422		1268
农垦总局	13907	9733		4174
绥芬河	731	356		375
抚　远	168	133		35

4-A-3 各地区全社会建筑业企业资产总计

单位：万元

地区	企业合计	总承包和专业承包企业	劳务分包企业	资质以外企业
全省	**19980154**	**18033052**	**40322**	**1906780**
哈尔滨	9902028	8952225	29372	920431
齐齐哈尔	745676	625059	1348	119270
鸡西	498776	429500	83	69193
鹤岗	323786	283018		40768
双鸭山	408518	358167		50351
大庆	3868534	3789465	5755	73314
伊春	313372	248798	161	64413
佳木斯	795264	761097	27	34140
七台河	252206	232185		20021
牡丹江	1232840	927706	3576	301558
黑河	176606	136468		40138
绥化	522141	492588		29553
大兴安岭	232887	198906		33981
农垦总局	660787	563319		97468
绥芬河	44221	32800		11421
抚远	2511	1751		760

4-A-4 各地区全社会建筑业企业实收资本

单位：万元

地区	企业合计	总承包和专业承包企业	劳务分包企业	资质以外企业
全省	**4899896**	**4066183**	**9464**	**824249**
哈尔滨	2382428	1945087	6840	430501
齐齐哈尔	247241	198661	324	48257
鸡西	155101	135807	100	19194
鹤岗	99227	85105		14122
双鸭山	113231	93666		19565
大庆	654727	607724	946	46056
伊春	88865	75996	89	12780
佳木斯	179823	167574		12249
七台河	75427	67813		7614
牡丹江	383045	279586	1165	102294
黑河	88898	60153		28745
绥化	221574	205471		16103
大兴安岭	72499	56762		15737
农垦总局	114753	73484		41269
绥芬河	21401	12193		9208
抚远	1655	1100		555

4-A-5　各行业全社会建筑业企业个数

单位：个

行　　业	企业合计	总承包和专业承包企业	劳务分包企业	资质以外企业
总　　计	**6148**	**2441**	**148**	**3559**
房屋建筑业	1771	1120	60	591
土木工程建筑业	1026	432	13	581
铁路、道路、隧道和桥梁工程建筑	433	237	1	195
水利和内河港口工程建筑	171	65		106
海洋工程建筑				
工矿工程建筑	36	16		20
架线和管道工程建筑	151	78	4	69
其他土木工程建筑	232	36	5	191
建筑安装业	1089	425	33	631
建筑装饰和其他建筑业	2262	464	42	1756

4-A-6　各行业全社会建筑业企业年末从业人员

单位：人

行　　业	企业合计	总承包和专包企业	劳务分包企业	资质以外企业
总　　计	**501908**	**440146**	**3777**	**57985**
房屋建筑业	251779	234282	1429	16068
土木工程建筑业	131010	117467	321	13222
铁路、道路、隧道和桥梁工程建筑	51757	46439	5	5313
水利和内河港口工程建筑	13004	11034		1970
海洋工程建筑				
工矿工程建筑	43369	42457		912
架线和管道工程建筑	17669	16223	208	1238
其他土木工程建筑	5211	1314	108	3789
建筑安装业	48271	36022	992	11257
建筑装饰和其他建筑业	71848	52375	1035	18438

4-A-7 各行业全社会建筑业企业资产总计

单位：万元

行业	企业合计	总承包和专业承包企业	劳务分包企业	资质以外企业
总计	**19980154**	**18033052**	**40322**	**1906780**
房屋建筑业	8678705	8201731	10277	466697
土木工程建筑业	7289496	6689487	15226	584783
铁路、道路、隧道和桥梁工程建筑	3225908	3080566	666	144677
水利和内河港口工程建筑	430919	391255		39664
海洋工程建筑				
工矿工程建筑	2337841	2326393		11448
架线和管道工程建筑	880044	829093	1611	49340
其他土木工程建筑	414784	62180	12950	339654
建筑安装业	1975877	1582662	9970	383245
建筑装饰和其他建筑业	2036077	1559173	4849	472055

4-A-8 各行业全社会建筑业企业实收资本

单位：万元

行业	企业合计	总承包和专业承包企业	劳务分包企业	资质以外企业
总计	**4899896**	**4066183**	**9464**	**824249**
房屋建筑业	2246423	2032826	2101	211496
土木工程建筑业	1433310	1243394	1880	188036
铁路、道路、隧道和桥梁工程建筑	771852	675509	536	95807
水利和内河港口工程建筑	167158	151155		16003
海洋工程建筑				
工矿工程建筑	260829	254770		6059
架线和管道工程建筑	146740	129317	1073	16350
其他土木工程建筑	86731	32643	271	53817
建筑安装业	593558	421794	3621	168142
建筑装饰和其他建筑业	626607	368170	1863	256574

B.总承包和专业承包建筑业企业

4-B-1.1　按经济类型划分的总承包和专业承包企业主要经济指标

指标名称	单位	合计	内资企业	#国有	#集体	港澳台商投资企业	#港澳台商独资企业	外商投资企业	#外商独资企业
企业个数	个	2008	2001	133	119	2		5	1
从业人员	人	431868	431498	66225	26234	39		331	101
自有固定资产原价	万元	3101164	3094941	459618	178581	1348		4874	1945
自有固定资产净价	万元	1854672	1851354	246025	123496	905		2413	850
自有机械设备年末总台数	台	134516	134360	27536	5925	10		146	137
自有机械设备年末净值	万元	770020	768257	88058	32216	905		858	850
自有机械设备年末总功率	千瓦	2835022	2829411	535544	87334	40		5571	5113
建筑业总产值	万元	24719359	24554360	4534429	1864385	2447		162553	3883
建筑业增加值	万元	3281511	3275729	438674	226658	189		5587	596
本年固定资产折旧	万元	148020	147860	19422	7134			160	43
应付职工薪酬	万元	1831658	1828544	294879	115599	95		3020	220
主营业务税金及附加	万元	596881	594902	84332	51864	98		1881	311
管理费用中的税金	万元	53720	53692	3406	4015	1		27	4
房屋建筑施工面积	平方米	81747622	81718645	12020536	5261444			28977	28977
房屋建筑竣工面积	平方米	43900544	43871567	4502435	3348702			28977	28977
利润总额	万元	669765	669361	34793	45703	-8		411	5
税金总额	万元	650601	648594	87737	55879	99		1908	314
劳动生产率									
按总产值计算	元/人	242528	242258	268319	230006	287824		290792	485425
按增加值计算	元/人	32196	32319	25958	27962	22278		9994	74438
技术装备率	元/人	17830	17804	13297	12280	232103		25909	84149
动力装备率	千瓦/人	6.6	6.6	8.1	3.3	1.0		16.8	50.6
房屋建筑面积竣工率	%	53.7	53.7	37.5	63.6			100.0	100.0
产值利润率	%	2.7	2.7	0.8	2.5	-0.3		0.3	0.1
产值利税率	%	5.3	5.4	2.7	5.4	3.7		1.4	8.2

注：本表数据为所有具有资质等级的有工作量的施工总承包、专业承包建筑业建筑业企业(不含劳务分包建筑业企业)数据。以后各表同。

4-B-1.2 总承包和专业承包企业主要经济指标完成情况

指标名称	单位	2013年	2012年	2013年比2012年增减(%)
建筑业企业个数	个	2008	2038	-1.5
直接从事生产经营活动的平均人数	人	1019239	872045	16.9
签订的合同额	万元	33029827	34462933	-4.2
#本年新签合同额	万元	22145932	20560427	7.7
建筑业总产值	万元	24719359	23739606	4.1
建筑工程产值	万元	20063128	19454598	3.1
安装工程产值	万元	3942343	3450528	14.3
其他产值	万元	713888	834480	-14.5
竣工产值	万元	12603228	12260364	2.8
建筑业增加值	万元	3281511	3589824	-8.6
本年固定资产折旧	万元	148020	177358	-16.5
应付职工薪酬	万元	1831658	2076029	-11.8
主营业务税金及附加	万元	596881	673474	-11.4
管理费用中的税金	万元	53720	47519	13.0
房屋建筑施工面积	万平方米	8174.8	8563.5	-4.5
房屋建筑竣工面积	万平方米	4390.1	4340.8	1.1
年末自有施工机械设备净值	万元	770020	804716	-4.3
年末自有施工机械设备总功率	万千瓦	283.5	312.5	-9.3
实收资本	万元	4066183	4010791	1.4
资产合计	万元	18033052	16398329	10.0
#流动资产	万元	14701724	13223460	11.2
#固定资产	万元	2293774	2340515	-2.0
负债合计	万元	12573102	11079601	13.5
#流动负债	万元	11774016	10408843	13.1
利润总额	万元	669765	617830	8.4
税金总额	万元	605601	720993	1.7
按建筑业总产值计算的劳动生产率	元/人	242528	272229	
按建筑业增加值计算的劳动生产率	元/人	32196	41166	
技术装备率	元/人	17830	16393	
动力装备率	千瓦/人	6.6	6.4	
人均利税	元/人	12954	15353	
房屋建筑面积竣工率	%	53.7	50.7	
资产负债率	%	69.7	67.6	
产值利润率	%	2.7	2.6	
产值利税率	%	5.3	5.6	

4-B-1.3　各地区总承包和专业承包企业签订合同情况

单位：万元

地　区	合同总额	上年结转合同额	本年新签合同额
全　省	**33029827**	**10883894**	**22145932**
哈尔滨	20911329	7693628	13217701
齐齐哈尔	853860	193705	660156
鸡　西	468528	98591	369937
鹤　岗	364914	172026	192888
双鸭山	223271	54995	168276
大　庆	3255880	962544	2293336
伊　春	284537	20881	263656
佳木斯	1505787	690436	815351
七台河	150626	24680	125946
牡丹江	2017181	235492	1781689
黑　河	586537	22011	564526
绥　化	724420	7914	716505
大兴安岭	237171	28034	209136
农垦总局	1379615	661114	718501
绥芬河	65110	17844	47266
抚　远	1062		1062

4-B-1.4　各地区总承包和专业承包企业承包工程完成情况

单位：万元

地　区	直接从建设单位承揽工程完成的产值	自行完成施工产值	分包出去工程的产值	从建设单位以外承揽工程完成的产值
全　省	**24871601**	**24670677**	**200925**	**48683**
哈尔滨	15609510	15594556	14954	20614
齐齐哈尔	721024	715640	5385	368
鸡　西	400196	399996	200	1508
鹤　岗	244386	244386		748
双鸭山	191593	191593		
大　庆	2292347	2113087	179260	5885
伊　春	266990	266977	13	
佳木斯	973031	972971	60	60
七台河	121670	121670		
牡丹江	1751336	1750858	478	10499
黑　河	565099	565099		310
绥　化	776436	776367	69	119
大兴安岭	209091	208584	507	
农垦总局	720883	720883		8571
绥芬河	26950	26950		
抚　远	1062	1062		

4-B-1.5 各地区总承包和专业承包企业建筑业总产值和竣工产值

单位：万元

地区	建筑业总产值	#装饰装修产值	#在外省完成的产值	按构成分组			竣工产值
				建筑工程产值	安装工程产值	其他产值	
全省	**24719359**	**704956**	**2179856**	**20063128**	**3942343**	**713888**	**12603228**
哈尔滨	15615170	469593	1277786	13081825	2241603	291742	5596245
齐齐哈尔	716008	6729	36752	589640	92198	34170	527262
鸡西	401504	1473	90426	371214	26853	3438	164862
鹤岗	245134	7074	9870	221039	11271	12824	195600
双鸭山	191593	7432		173500	15890	2203	128794
大庆	2118971	30796	178013	880028	1112806	126137	1814298
伊春	266977	33854		238461	15415	13101	244283
佳木斯	973031	24193	86257	874103	73336	25591	725108
七台河	121670	1958		113559	5810	2300	124092
牡丹江	1761358	30269	429265	1481198	205982	74178	1400784
黑河	565409	7070		459572	103506	2330	523645
绥化	776486	73875	1500	656769	30754	88964	708565
大兴安岭	208584	7594	12286	180148	383	28053	141193
农垦总局	729454	3046	57701	721430	4155	3869	292768
绥芬河	26950			19582	2380	4988	14668
抚远	1062			1062			1062

4-B-1.6 各地区总承包和专业承包企业房屋建筑面积

地区	房屋建筑施工面积(平方米)	#本年新开工	#实行投标承包面积		房屋建筑竣工面积(平方米)	房屋建筑面积竣工率(%)
				#本年新开工		
全省	**81747622**	**47427645**	**60235666**	**36976899**	**43900544**	**53.7**
哈尔滨	43369141	20972831	34486262	16825507	18505018	42.7
齐齐哈尔	3270603	2073050	1780102	1294667	1971588	60.3
鸡西	1649529	926011	1000129	687729	832884	50.5
鹤岗	2835204	970603	2149319	832711	992847	35.0
双鸭山	1273137	875699	832435	676850	639268	50.2
大庆	3079549	2021095	1871623	1297751	2732126	88.7
伊春	1764939	1435697	845577	824281	1475435	83.6
佳木斯	5570913	4348876	3548554	3436464	4172333	74.9
七台河	955401	509626	476006	464701	546763	57.2
牡丹江	7114890	4720225	4804830	3268832	4336443	60.9
黑河	1922849	1765078	1524496	1430354	1563274	81.3
绥化	4127104	4050656	3817626	3755270	3704018	89.7
大兴安岭	1354812	938572	1153876	737636	1006910	74.3
农垦总局	2971911	1519678	1644883	1144198	1352990	45.5
绥芬河	478376	290684	290684	290684	59383	12.4
抚远	9264	9264	9264	9264	9264	100.0

4-B-1.7　各地区按主要用途分的总承包和专业承包企业房屋建筑竣工面积

单位：平方米

地　区	合计	住宅房屋	商业及服务用房屋	商厦房屋(批发和零售用房)	宾馆用房屋(住宿用房)	餐饮用房屋(餐饮用房)	商务会展用房屋	其他商业及服务用房屋(居民服务业用房)	办公用房屋
全　省	**43900544**	**35639382**	**2096631**	**432410**	**152645**	**121383**	**51782**	**1338411**	**1469924**
哈尔滨	18505018	15892325	546980	99534	22183	29600	3850	391813	186851
齐齐哈尔	1971588	1375640	82378	50364				32014	296474
鸡　西	832884	664385	61853	33265				28588	25152
鹤　岗	992847	821468	46164				3512	42652	61398
双鸭山	639268	458843	30338					30338	53509
大　庆	2732126	1906653	196102	4000				192102	202956
伊　春	1475435	1296719	4647					4647	13316
佳木斯	4172333	3066414	412217	164937	55500	78500	1500	111780	210321
七台河	546763	465089	1865	696				1169	4349
牡丹江	4336443	3584655	199356	9123	57930	4800	38700	88803	156234
黑　河	1563274	1195875	205724	34243	2000	220	2300	166961	32565
绥　化	3704018	3213933	155708	22870	5966			126872	40446
大兴安岭	1006910	813672	44962	13378	9066	8263	1920	12335	74561
农垦总局	1352990	817064	106337					106337	111792
绥芬河	59383	57383	2000					2000	
抚　远	9264	9264							

4-B-1.7　续表

单位：平方米

地　区	科研、教育和医疗用房屋	科学研究用房屋	教育用房屋	医疗用房屋(卫生医疗用房)	文化、体育和娱乐用房屋	厂房及建筑物	#厂房	仓　库	其他未列明的房屋建筑物
全　省	**1267103**	**40747**	**707236**	**519120**	**232032**	**2304116**	**1316410**	**164833**	**726523**
哈尔滨	603783	29231	187696	386856	138509	882385	697303	36686	217499
齐齐哈尔	60870		60870		20355	70369	65339	23323	42179
鸡　西	18789	150	14952	3687	2022	59459	14729	1224	
鹤　岗	8989	577	8412		150	32191	10591	1000	21487
双鸭山	50097		47750	2347	500	42681	31537	3300	
大　庆	191144	1200	179724	10220		56857	17357		178414
伊　春	19692		17532	2160		116328	96408	110	24623
佳木斯	31440		26440	5000	39900	361176	185580	37670	13195
七台河	5100		5100		120	60030	7680	110	10100
牡丹江	117989		64299	53690	3298	240431	49081	34330	150
黑　河	18626		18626			51121		11680	47683
绥　化	59431	8979	31381	19071	6270	218466	118466	1000	8764
大兴安岭	14146	610	12866	670	3165	7700	7700	8100	40604
农垦总局	67007		31588	35419	17743	104922	14639	6300	121825
绥芬河									
抚　远									

4-B-1.8 各地区按主要用途分的总承包和专业承包企业房屋建筑竣工价值

单位：万元

地　区	合计	住宅房屋	商业及服务用房屋	商厦房屋(批发和零售用房)	宾馆用房屋(住宿用房)	餐饮用房屋(餐饮用房)	商务会展用房屋	其他商业及服务用房屋(居民服务业用房)	办公用房屋
全　省	**6727044**	**5303915**	**332233**	**67008**	**20331**	**17539**	**11031**	**216324**	**265240**
哈尔滨	3093597	2569769	90704	18848	5258	4863	1801	59933	60132
齐齐哈尔	286242	177499	13015	8669				4345	59135
鸡　西	115132	87293	9052	5537				3515	3828
鹤　岗	128017	104584	6324				600	5724	6335
双鸭山	94070	63734	5219					5219	6441
大　庆	448853	296582	32836	760				32076	40090
伊　春	169892	139136	580					580	1575
佳木斯	562681	408252	55586	22992	6703	10435	155	15301	26419
七台河	88308	77326	322	198				124	592
牡丹江	714358	601058	32057	1130	5992	1070	7673	16192	21944
黑　河	224869	169038	35298	3871	429	46	533	30418	5072
绥　化	517822	431552	29626	2609	679			26339	7453
大兴安岭	104424	75561	7494	2393	1269	1125	269	2438	11895
农垦总局	170869	95111	13631					13631	14330
绥芬河	6849	6358	491					491	
抚　远	1062	1062							

4-B-1.8 续表

单位：万元

地　区	科研、教育和医疗用房屋	科学研究用房屋	教育用房屋	医疗用房屋(卫生医疗用房)	文化、体育和娱乐用房屋	厂房及建筑物	#厂房	仓　库	其他未列明的房屋建筑物
全　省	**236018**	**12018**	**120108**	**103892**	**39276**	**420124**	**247051**	**23028**	**107211**
哈尔滨	123798	9851	30795	83153	22582	188513	146870	7529	30570
齐齐哈尔	11776		11776		2578	15285	14107	2710	4244
鸡　西	3364	20	2244	1100	397	11019	2679	179	
鹤　岗	2259	150	2109		302	4603	1363	200	3409
双鸭山	11228		10785	443	100	7151	5915	198	
大　庆	32379	540	30195	1644		11001	2741		35966
伊　春	3151		2706	446		22639	20889	14	2797
佳木斯	4664		4155	509	5105	54447	22616	4514	3695
七台河	1156		1156		4	8576	1520	3	329
牡丹江	18376		9478	8898	534	36213	6259	4156	20
黑　河	3228		3228			7663		1500	3071
绥　化	9239	1372	5425	2441	1178	37654	18624	100	1019
大兴安岭	2223	85	2043	94	443	1050	1050	1107	4653
农垦总局	9177		4013	5164	6053	14309	2420	819	17439
绥芬河									
抚　远									

4-B-1.9　各地区总承包和专业承包企业施工机械设备情况

地　区	年末自有施工机械设备总台数（台）	年末自有施工机械设备总功率（千瓦）	年末自有施工机械设备净值（万元）	技　术装备率（元/人）	动　力装备率（千瓦/人）
全　省	**134516**	**2835022**	**770020**	**17830**	**6.6**
哈尔滨	51322	1003514	248501	15534	6.3
齐齐哈尔	5843	115796	39558	18763	5.5
鸡　西	3951	91120	35656	21857	5.6
鹤　岗	3403	52984	16460	15432	5.0
双鸭山	2874	26549	7311	6003	2.2
大　庆	33096	772887	192426	34895	14.0
伊　春	2213	63506	19501	19995	6.5
佳木斯	9168	140593	37806	11807	4.4
七台河	1157	57187	13737	31747	13.2
牡丹江	3161	89563	41496	6703	1.4
黑　河	3268	45519	13859	17643	5.8
绥　化	10353	173711	74803	29711	6.9
大兴安岭	3020	138126	15194	28311	25.7
农垦总局	1393	53921	9437	9712	5.5
绥芬河	209	9801	4238	121793	28.2
抚　远	85	245	36	7388	5.0

4-B-1.10　各地区总承包和专业承包企业建筑材料消耗情况

地　区	钢材（吨）	木材（立方米）	水泥（吨）	玻璃		铝材（吨）
				重量箱	平方米	
全　省	**5302750**	**2772673**	**17191862**	**2162280**	**15450326**	**933559**
哈尔滨	2825220	1210654	9261877	1495424	10111287	102968
齐齐哈尔	203348	188838	699585	48529	373030	5269
鸡　西	101741	64036	545007	31763	231592	352
鹤　岗	76849	47815	398646	31281	202605	2683
双鸭山	44984	40787	479147	19783	151541	551
大　庆	792387	434262	1286829	55996	368376	615732
伊　春	73041	35447	261817	67031	455057	2180
佳木斯	550993	191365	1158792	73171	685884	15821
七台河	26363	13037	128968	20778	147905	184
牡丹江	220974	133928	586808	102450	839221	1404
黑　河	70355	39190	265992	36779	328734	4073
绥　化	184188	140774	882508	60606	606060	6523
大兴安岭	27890	19788	240532	38210	258130	173253
农垦总局	95657	167432	954207	66588	552297	2297
绥芬河	8480	45135	39644	13860	138327	238
抚　远	280	185	1503	31	280	31

4-B-1.11 各地区总承包和专业承包企业主要生产效益指标

地区	建筑业企业个数（个）	直接从事生产经营活动的平均人数（人）	按总产值计算的劳动生产率（元/人）	人均竣工产值（元/人）	人均施工面积（平方米/人）	人均竣工面积（平方米/人）
全省	**2008**	**1019239**	**242528**	**123653**	**80.2**	**43.1**
哈尔滨	908	639536	244164	87505	67.8	28.9
齐齐哈尔	114	32425	220820	162610	100.9	60.8
鸡西	87	16729	240005	98549	98.6	49.8
鹤岗	61	14295	171482	136831	198.3	69.5
双鸭山	47	10177	188261	126554	125.1	62.8
大庆	231	57414	369069	316003	53.6	47.6
伊春	59	11765	226925	207635	150.0	125.4
佳木斯	69	43894	221677	165195	126.9	95.1
七台河	37	6154	197708	201645	155.2	88.8
牡丹江	153	67587	260606	207256	105.3	64.2
黑河	53	28931	195434	180998	66.5	54.0
绥化	107	42071	184566	168421	98.1	88.0
大兴安岭	26	9240	225740	152806	146.6	109.0
农垦总局	45	37783	193064	77487	78.7	35.8
绥芬河	9	1166	231134	125799	410.3	50.9
抚远	2	72	147444	147444	128.7	128.7

4-B-1.12 各地区总承包和专业承包企业营业额

单位：万元

地区	企业营业额	在境外完成的营业额	企业总产值	#建筑业总产值
全省	**26287203**	**569650**	**25717553**	**24719359**
哈尔滨	16030875	147630	15883245	15615170
齐齐哈尔	741682	20623	721059	716008
鸡西	405850	3726	402124	401504
鹤岗	260340		260340	245134
双鸭山	191663		191663	191593
大庆	3036324	226266	2810058	2118971
伊春	266990		266990	266977
佳木斯	973594		973594	973031
七台河	127598		127598	121670
牡丹江	1933048	169272	1763776	1761358
黑河	568983		568983	565409
绥化	778703	2134	776569	776486
大兴安岭	208584		208584	208584
农垦总局	734652		734652	729454
绥芬河	27256		27256	26950
抚远	1062		1062	1062

4-B-1.13 各地区总承包和专业承包企业资产构成

单位：万元

地区	资产合计	#流动资产合计	#存货	#非流动资产合计	#固定资产合计
全省	**18033052**	**14701724**	**2698433**	**3331329**	**2293774**
哈尔滨	8952225	7555179	1562440	1397046	922697
齐齐哈尔	625059	469119	54259	155940	111409
鸡西	429500	325588	40860	103911	94416
鹤岗	283018	221338	30365	61680	51787
双鸭山	358167	214390	11979	143777	56955
大庆	3789465	3265171	512767	524293	371097
伊春	248798	174301	13685	74497	72107
佳木斯	761097	560425	58802	200673	132219
七台河	232185	178394	59324	53791	40536
牡丹江	927706	692172	111377	235534	133793
黑河	136468	83493	13431	52975	48655
绥化	492588	321811	85057	170777	141478
大兴安岭	198906	132388	18747	66519	59788
农垦总局	563319	488136	117560	75183	48639
绥芬河	32800	19420	7681	13380	7348
抚远	1751	400	100	1351	851

4-B-1.14 各地区总承包和专业承包企业固定资产情况

单位：万元

地区	固定资产合计	固定资产原价	固定资产折旧	#本年折旧	在建工程
全省	**2293774**	**3101164**	**1246491**	**148020**	**197535**
哈尔滨	922697	1214251	493869	57223	63537
齐齐哈尔	111409	159518	59231	6199	762
鸡西	94416	122891	40004	7185	8866
鹤岗	51787	54212	20215	5553	4166
双鸭山	56955	64714	25496	1658	11171
大庆	371097	676907	343614	37026	29479
伊春	72107	60359	19540	2090	28334
佳木斯	132219	167738	50051	3789	5733
七台河	40536	53130	17418	2512	3252
牡丹江	133793	167365	55063	14370	3008
黑河	48655	42665	9249	835	5246
绥化	141478	189154	62112	5261	6375
大兴安岭	59788	47211	15614	1144	23184
农垦总局	48639	67926	30092	2553	4421
绥芬河	7348	12152	4804	610	
抚远	851	971	120	14	

4-B-1.15 各地区总承包和专业承包企业负债及所有者权益

单位：万元

地　区	负债合计	#流动负债	#应付账款	所有者权益	#实收资本
全　省	**12573102**	**11774016**	**4309602**	**5459950**	**4066183**
哈尔滨	6257421	5987541	2044923	2694804	1945087
齐齐哈尔	378977	361468	144570	246082	198661
鸡　西	252805	227487	52420	176694	135807
鹤　岗	165284	137202	41719	117735	85105
双鸭山	231899	168772	48476	126268	93666
大　庆	3066471	2824963	1317894	722993	607724
伊　春	150534	138757	33752	98264	75996
佳木斯	465437	440480	153270	295661	167574
七台河	137950	137907	47118	94235	67813
牡丹江	589461	541805	131738	338245	279586
黑　河	57725	54252	9418	78743	60153
绥　化	216113	198853	72604	276475	205471
大兴安岭	129161	118524	31043	69745	56762
农垦总局	460611	422911	175394	102708	73484
绥芬河	12652	12522	5265	20148	12193
抚　远	602	572		1149	1100

4-B-1.16 各地区总承包和专业承包企业实收资本

单位：万元

地　区	合计	国家资本	集体资本	法人资本	个人资本	港澳台资本	外商资本
全　省	**4066183**	**682386**	**377039**	**1260071**	**1732515**	**1233**	**12940**
哈尔滨	1945087	402317	168539	538029	832030	1233	2940
齐齐哈尔	198661	60132	15370	51406	71753		
鸡　西	135807	20324	19568	36605	59310		
鹤　岗	85105	9000	14466	26372	35268		
双鸭山	93666	23996	16034	21894	31742		
大　庆	607724	68892	26170	282060	220602		10000
伊　春	75996	10664	14664	19584	31085		
佳木斯	167574	23279	16999	63423	63872		
七台河	67813	7986	2072	29088	28667		
牡丹江	279586	18107	46415	74747	140316		
黑　河	60153	7926	13282	21256	17690		
绥　化	205471	10970	19411	52378	122712		
大兴安岭	56762	2737	1483	16023	36520		
农垦总局	73484	16056	1767	25307	30355		
绥芬河	12193		800	1400	9993		
抚　远	1100			500	600		

4-B-1.17 各地区总承包和专业承包企业收入情况

单位：万元

地区	主营业务收入	#主营业务成本	#主营业务税金及附加	其他业务收入	#其他业务成本	#其他业务利润
全省	**18277311**	**15866272**	**596881**	**115282**	**386061**	**10676**
哈尔滨	8770737	7626896	273586	70616	251200	3329
齐齐哈尔	688761	599897	23754	1003	18499	351
鸡西	386453	342914	14282	928	227	629
鹤岗	236726	200630	8221	106	16325	
双鸭山	198911	174369	6607	4640	7673	-523
大庆	2754562	2594481	56169	10432	2451	4527
伊春	263178	220905	12846	818	7074	-194
佳木斯	903821	717060	40079	16713	44650	514
七台河	115079	87620	5762	1215	6511	682
牡丹江	1746433	1430962	73030	5064	10136	454
黑河	559271	440208	34745	1824	5097	243
绥化	770152	656360	30590	1078	7681	252
大兴安岭	188332	167031	7904	310	1	301
农垦总局	672666	588382	8250	531	8536	105
绥芬河	21168	17656	944	5		5
抚远	1062	902	111			

4-B-1.18 各地区总承包和专业承包企业费用情况

单位：万元

地区	管理费用	#税金	销售费用	财务费用	#利息收入	#利息支出
全省	**722986**	**53720**	**73751**	**79052**	**15050**	**62468**
哈尔滨	373814	16232	22099	44332	11280	39095
齐齐哈尔	31141	1799	912	1498	79	659
鸡西	17845	826	351	641	37	571
鹤岗	12357	737	515	676	39	698
双鸭山	9332	1599	158	1641	7	489
大庆	98114	15542	3713	6618	107	5480
伊春	5843	558	314	947	8	860
佳木斯	33977	3026	21115	2816	33	631
七台河	8544	372	13	949	2	808
牡丹江	51472	7893	13827	9429	924	2468
黑河	27644	269	1971	365	123	166
绥化	26693	3308	5673	3946	10	3306
大兴安岭	6152	205	25	710	18	649
农垦总局	18881	1249	3036	4200	2383	6331
绥芬河	1154	106	29	286	1	257
抚远	25	1				

4-B-1.19 各地区总承包和专业承包企业利润及税金情况

单位：万元

地　　区	利润总额	#应交所得税	税金总额	主营业务税金及附加	管理费用中的税金
全　　省	**669765**	**147088**	**650601**	**596881**	**53720**
哈 尔 滨	235981	53376	289818	273586	16232
齐齐哈尔	13955	8965	25553	23754	1799
鸡　　西	10398	3706	15108	14282	826
鹤　　岗	-3455	3571	8958	8221	737
双 鸭 山	4876	3109	8206	6607	1599
大　　庆	41711	11519	71711	56169	15542
伊　　春	14992	2512	13404	12846	558
佳 木 斯	58267	16809	43105	40079	3026
七 台 河	6988	1861	6134	5762	372
牡 丹 江	168411	17528	80923	73030	7893
黑　　河	51544	4380	35014	34745	269
绥　　化	39985	10984	33898	30590	3308
大兴安岭	7117	2715	8109	7904	205
农垦总局	17857	5825	9499	8250	1249
绥 芬 河	1113	226	1050	944	106
抚　　远	24	4	112	111	1

4-B-1.20 各地区总承包和专业承包企业应收工程款及企业亏损情况

地　　区	应收工程款（万元）	企业个数（个）	#亏损企业个数	亏损企业的比重（%）
全　　省	**4127862**	**2008**	**445**	**22.2**
哈 尔 滨	2314921	908	268	29.5
齐齐哈尔	197130	114	23	20.2
鸡　　西	105499	87	19	21.8
鹤　　岗	81809	61	10	16.4
双 鸭 山	77407	47	7	14.9
大　　庆	535085	231	49	21.2
伊　　春	48422	59	1	1.7
佳 木 斯	174066	69	13	18.8
七 台 河	42320	37	10	27.0
牡 丹 江	186692	153	29	19.0
黑　　河	17255	53	5	9.4
绥　　化	89164	107	6	5.6
大兴安岭	40235	26	3	11.5
农垦总局	213682	45	2	4.4
绥 芬 河	4176	9		
抚　　远		2		

4-B-1.21　各地区总承包和专业承包企业主要经济效益指标

地　区	产值利润率(%)	产值利税率(%)	资本利润率(%)	资本利税率(%)	人均利润(元/人)	人均利税(元/人)	资产负债率(%)
全　省	**2.7**	**5.3**	**16.5**	**32.5**	**6571**	**12954**	**69.7**
哈尔滨	1.5	3.4	12.1	27.0	3690	8222	69.9
齐齐哈尔	1.9	5.5	7.0	19.9	4304	12184	60.6
鸡　西	2.6	6.4	7.7	18.8	6216	15247	58.9
鹤　岗	-1.4	2.2	-4.1	6.5	-2417	3850	58.4
双鸭山	2.5	6.8	5.2	14.0	4791	12854	64.7
大　庆	2.0	5.4	6.9	18.7	7265	19755	80.9
伊　春	5.6	10.6	19.7	37.4	12743	24136	60.5
佳木斯	6.0	10.4	34.8	60.5	13274	23095	61.2
七台河	5.7	10.8	10.3	19.4	11356	21322	59.4
牡丹江	9.6	14.2	60.2	89.2	24918	36891	63.5
黑　河	9.1	15.3	85.7	143.9	17816	29919	42.3
绥　化	5.1	9.5	19.5	36.0	9504	17562	43.9
大兴安岭	3.4	7.3	12.5	26.8	7702	16479	64.9
农垦总局	2.4	3.8	24.3	37.2	4726	7241	81.8
绥芬河	4.1	8.0	9.1	17.7	9548	18553	38.6
抚　远	2.2	12.7	2.2	12.3	3292	18778	34.4

4-B-2.1　各地区国有总承包和专业承包企业签订合同情况

单位：万元

地　区	合同总额		
		上年结转合同额	本年新签合同额
全　省	**7802498**	**2929967**	**4872531**
哈尔滨	5042779	2052122	2990657
齐齐哈尔	80413	41132	39282
鸡　西	171510	23066	148444
鹤　岗	7026	6351	675
双鸭山	5567	2060	3507
大　庆	1941722	768708	1173014
伊　春	31518	348	31170
佳木斯	183432	19287	164146
七台河	16931		16931
牡丹江	99432	6555	92877
黑　河	73824	909	72915
绥　化	52421	1400	51021
大兴安岭	29140	8030	21110
农垦总局	66784		66784
绥芬河			
抚　远			

4–B–2.2 各地区国有总承包和专业承包企业承包工程完成情况

单位：万元

地　区	直接从建设单位承揽工程完成的产值			从建设单位以外承揽工程完成的产值
		自行完成施工产值	分包出去工程的产值	
全　省	**5791034**	**5607988**	**183046**	**8894**
哈尔滨	3881178	3877585	3593	8354
齐齐哈尔	45600	45600		
鸡　西	168969	168789	180	180
鹤　岗	7026	7026		
双鸭山	5357	5357		
大　庆	1171070	991810	179260	
伊　春	31163	31150	13	
佳木斯	170586	170586		
七台河	17453	17453		
牡丹江	84586	84586		
黑　河	73514	73514		310
绥　化	52371	52371		50
大兴安岭	24645	24645		
农垦总局	57517	57517		
绥芬河				
抚　远				

4–B–2.3 各地区国有总承包和专业承包企业建筑业总产值和竣工产值

单位：万元

地　区	建筑业总产值			按构成分组			竣工产值
		#装饰装修产值	#在外省完成的产值	建筑工程产值	安装工程产值	其他产值	
全　省	**5616882**	**16079**	**723549**	**3672111**	**1837284**	**107487**	**2464194**
哈尔滨	3885939	7618	500228	2815495	984577	85867	1109651
齐齐哈尔	45600		617	45600			61996
鸡　西	168969		45456	160360	8606	3	33563
鹤　岗	7026			6481	393	152	7026
双鸭山	5357			3717	1589	50	3716
大　庆	991810		177247	222172	759562	10076	805006
伊　春	31150	2240		25613	30	5507	28615
佳木斯	170586	1937		157865	12721		127099
七台河	17453			17253	200		10598
牡丹江	84586			84586			78697
黑　河	73824			9724	64100		73824
绥　化	52421	4283		46579	5476	366	52851
大兴安岭	24645			20516	30	4099	14035
农垦总局	57517			56150		1367	57517
绥芬河							
抚　远							

4-B-2.4　各地区国有总承包和专业承包企业房屋建筑面积

地　区	房屋建筑施工面积(平方米)	#本年新开工	#实行投标承包面积	#本年新开工	房屋建筑竣工面积(平方米)	房屋建筑面积竣工率(%)
全　省	**13396697**	**7450438**	**11154403**	**6089714**	**4852344**	**36.2**
哈尔滨	10816682	5253620	9506484	4582668	3134801	29.0
齐齐哈尔						
鸡　西	150165	111664	55412	41212	127211	84.7
鹤　岗	720	720	720	720	720	100.0
双鸭山	7500	7500	7500	7500	7500	100.0
大　庆	207887	207887	171887	171887	207887	100.0
伊　春	190782	190782	94782	94782	171062	89.7
佳木斯	374762	374762	374762	374762	174570	46.6
七台河	374549	156526	156526	156526	67943	18.1
牡丹江	137246	117246	129886	109886	135060	98.4
黑　河	104854	104854	24038	24038	74028	70.6
绥　化	333128	333128	227868	227868	326606	98.0
大兴安岭	197893	91220	197893	91220	89982	45.5
农垦总局	500529	500529	206645	206645	334974	66.9
绥芬河						
抚　远						

4-B-2.5　各地区按主要用途分的国有总承包和专业承包企业房屋建筑竣工面积

单位：平方米

地　区	合计	住宅房屋	商业及服务用房屋	商厦房屋(批发和零售用房)	宾馆用房屋(住宿用房)	餐饮用房屋(餐饮用房)	商务会展用房屋	其他商业及服务用房屋(居民服务业用房)	办公用房屋
全　省	**4852344**	**3612254**	**50462**	**6519**	**15032**	**3263**	**1920**	**23728**	**134356**
哈尔滨	3134801	2464936	6887	560				6327	81406
齐齐哈尔									
鸡　西	127211	122735							2851
鹤　岗	720								
双鸭山	7500	7500							
大　庆	207887	2261							
伊　春	171062	167846							3216
佳木斯	174570	25425	14020	3000				11020	16600
七台河	67943	13616							2087
牡丹江	135060	124600							
黑　河	74028	62389							5317
绥　化	326606	276968	11112		5966			5146	12000
大兴安岭	89982	48505	18443	2959	9066	3263	1920	1235	10225
农垦总局	334974	295473							654
绥芬河									
抚　远									

4-B-2.5 续表

单位：平方米

地区	科研、教育和医疗用房屋	科学研究用房屋	教育用房屋	医疗用房屋(卫生医疗用房)	文化、体育和娱乐用房屋	厂房及建筑物	#厂房	仓库	其他未列明的房屋建筑物
全省	**193069**	**7845**	**96396**	**88828**	**20642**	**600028**	**510163**	**14606**	**226927**
哈尔滨	140116	2035	68499	69582		399163	399163	2096	40197
齐齐哈尔									
鸡西						1625			
鹤岗						720	720		
双鸭山									
大庆	2462		2462			36000			167164
伊春									
佳木斯						99720	99720	5610	13195
七台河						52240			
牡丹江						7360	7360	3100	
黑河	6322		6322						
绥化	17556	5200	12356		3270				5700
大兴安岭	2040	610	760	670	3165	3200	3200	3800	604
农垦总局	24573		5997	18576	14207				67
绥芬河									
抚远									

4-B-2.6 各地区按主要用途分的国有总承包和专业承包企业房屋建筑竣工价值

单位：万元

地区	合计	住宅房屋	商业及服务用房屋	商厦房屋(批发和零售用房)	宾馆用房屋(住宿用房)	餐饮用房屋(餐饮用房)	商务会展用房屋	其他商业及服务用房屋(居民服务业用房)	办公用房屋
全省	**775463**	**507497**	**7052**	**959**	**1948**	**457**	**269**	**3419**	**49617**
哈尔滨	543534	375467	1303	165				1138	41357
齐齐哈尔									
鸡西	15844	15128							456
鹤岗	130								
双鸭山	1000	1000							
大庆	43662	339							
伊春	23155	22459							696
佳木斯	23060	3051	1691	380				1311	1992
七台河	9172	1838							282
牡丹江	24426	22480							
黑河	4951	2900							1063
绥化	39991	32217	1476		679			797	2120
大兴安岭	12535	6791	2582	414	1269	457	269	173	1432
农垦总局	34004	23828							219
绥芬河									
抚远									

4-B-2.6　续表

单位：万元

地　区	科研、教育和医疗用房屋	科学研究用房屋	教育用房屋	医疗用房屋（卫生医疗用房）	文化、体育和娱乐用房屋	厂房及建筑物	#厂房	仓　库	其他未列明的房屋建筑物
全　省	**38595**	**1090**	**14486**	**23019**	**7241**	**117475**	**102602**	**2211**	**45777**
哈尔滨	30343	383	9682	20278		88733	88733	394	5938
齐齐哈尔									
鸡　西						260			
鹤　岗						130	130		
双鸭山									
大　庆	491		491			7560			35272
伊　春									
佳木斯						11967	11967	664	3695
七台河						7052			
牡丹江						1325	1325	621	
黑　河	988		988						
绥　化	2569	622	1947		878				730
大兴安岭	286	85	106	94	443	448	448	532	22
农垦总局	3919		1272	2647	5919				120
绥芬河									
抚　远									

4-B-2.7　各地区国有总承包和专业承包企业施工机械设备情况

地　区	年末自有施工机械设备总台数（台）	年末自有施工机械设备总功率（千瓦）	年末自有施工机械设备净值（万元）	技术装备率（元/人）	动力装备率（千瓦/人）
全　省	**45859**	**954500**	**201044**	**20123**	**9.6**
哈尔滨	17639	273923	38909	8451	5.9
齐齐哈尔	899	5955	5862	35589	3.6
鸡　西	1814	49511	15660	22359	7.1
鹤　岗	343	9550	2837	43855	14.8
双鸭山	153	3205	769	18812	7.8
大　庆	20737	502686	116133	38520	16.7
伊　春	227	6594	1204	7753	4.2
佳木斯	2742	38247	9500	25537	10.3
七台河	48	1644	618	9303	2.5
牡丹江	141	10386	855	5385	6.5
黑　河	124	5662	1109	15314	7.8
绥　化	667	18444	2705	13006	8.9
大兴安岭	301	27985	3941	34422	24.4
农垦总局	24	708	942	3715	0.3
绥芬河					
抚　远					

4-B-2.8 各地区国有总承包和专业承包企业主要生产效益指标

地区	建筑业企业个数（个）	直接从事生产经营活动的平均人数（人）	按总产值计算的劳动生产率（元/人）	人均竣工产值（元/人）	人均施工面积（平方米/人）	人均竣工面积（平方米/人）
全省	**154**	**202373**	**277551**	**121765**	**66.2**	**24.0**
哈尔滨	63	141137	275331	78622	76.6	22.2
齐齐哈尔	3	3055	149262	202934		
鸡西	12	6273	269360	53504	23.9	20.3
鹤岗	3	369	190396	190396	2.0	2.0
双鸭山	6	350	153049	106183	21.4	21.4
大庆	14	24819	399617	324351	8.4	8.4
伊春	7	1261	247026	226923	151.3	135.7
佳木斯	9	6719	253886	189164	55.8	26.0
七台河	4	1356	128712	78156	276.2	50.1
牡丹江	7	4279	197678	183914	32.1	31.6
黑河	5	4376	168701	168701	24.0	16.9
绥化	14	3621	144768	145956	92.0	90.2
大兴安岭	3	1338	184193	104895	147.9	67.3
农垦总局	4	3420	168178	168178	146.4	97.9
绥芬河						
抚远						

4-B-2.9 各地区国有总承包和专业承包企业营业额

单位：万元

地区	企业营业额	在境外完成的营业额	企业总产值	#建筑业总产值
全省	**6471883**	**138606**	**6333277**	**5616882**
哈尔滨	3998355	74797	3923558	3885939
齐齐哈尔	62293	16693	45600	45600
鸡西	169569		169569	168969
鹤岗	7026		7026	7026
双鸭山	5357		5357	5357
大庆	1713526	47116	1666410	991810
伊春	31163		31163	31150
佳木斯	170653		170653	170586
七台河	17453		17453	17453
牡丹江	86328		86328	84586
黑河	73824		73824	73824
绥化	52421		52421	52421
大兴安岭	24645		24645	24645
农垦总局	59272		59272	57517
绥芬河				
抚远				

4-B-2.10　各地区国有总承包和专业承包企业资产构成

单位：万元

地　区	资产合计	#流动资产合计	#存货	#非流动资产合计	#固定资产合计
全　省	**4672794**	**3983452**	**694251**	**689342**	**490492**
哈尔滨	1939705	1654163	212573	285542	186922
齐齐哈尔	44205	30804	5597	13401	13401
鸡　西	154193	123722	12093	30471	29594
鹤　岗	16836	12137	4363	4698	4676
双鸭山	23085	12182	955	10902	4561
大　庆	2195435	1929991	399662	265445	177578
伊　春	26368	19844	1404	6524	6524
佳木斯	62904	37671	4663	25233	24125
七台河	65990	64059	39260	1931	1925
牡丹江	20317	10634	45	9684	7612
黑　河	24312	18768	1891	5545	5229
绥　化	24341	13915	1718	10426	9816
大兴安岭	16279	1511	103	14768	14685
农垦总局	58824	54053	9926	4772	3845
绥芬河					
抚　远					

4-B-2.11　各地区国有总承包和专业承包企业固定资产情况

单位：万元

地　区	固定资产合计	固定资产原价	固定资产折旧	#本年折旧	在建工程
全　省	**490492**	**881769**	**448336**	**42756**	**40858**
哈尔滨	186922	317767	153475	12545	13943
齐齐哈尔	13401	25343	11944	354	2
鸡　西	29594	44922	16227	3688	899
鹤　岗	4676	5362	1005	392	318
双鸭山	4561	5593	3032	378	
大　庆	177578	388807	225497	22982	14665
伊　春	6524	8790	2875	296	488
佳木斯	24125	40200	18876	1372	1484
七台河	1925	5374	3495	48	
牡丹江	7612	10268	2903	239	
黑　河	5229	3828	1495	83	
绥　化	9816	13770	4132	256	105
大兴安岭	14685	6540	1875	79	8956
农垦总局	3845	5207	1507	46	
绥芬河					
抚　远					

4-B-2.12 各地区国有总承包和专业承包企业负债及所有者权益

单位：万元

地区	负债合计	#流动负债	#应付账款	所有者权益	#实收资本
全省	**3964580**	**3835363**	**1671163**	**708214**	**696876**
哈尔滨	1537952	1450933	551941	401753	326300
齐齐哈尔	26404	26404	18275	17800	18971
鸡西	123441	115099	30194	30752	25489
鹤岗	12475	12407	7197	4360	4292
双鸭山	10362	1991	1040	12723	12474
大庆	2061384	2043202	983933	134051	232785
伊春	18725	18055	7029	7643	6363
佳木斯	22655	19361	7138	40249	21059
七台河	50522	50522	26236	15468	7986
牡丹江	8861	8851	1534	11457	11017
黑河	17769	17748	5158	6543	8173
绥化	12781	10096	1227	11561	10028
大兴安岭	8795	8585		7484	6125
农垦总局	52453	52110	30261	6371	5815
绥芬河					
抚远					

4-B-2.13 各地区国有总承包和专业承包企业实收资本

单位：万元

地区	合计	国家资本	集体资本	法人资本	个人资本	港澳台资本	外商资本
全省	**696876**	**415841**	**5010**	**239283**	**36742**		
哈尔滨	326300	248160	2000	41293	34846		
齐齐哈尔	18971	18971					
鸡西	25489	14197		11291			
鹤岗	4292	4292					
双鸭山	12474	12474					
大庆	232785	51485		181300			
伊春	6363	4963		630	770		
佳木斯	21059	20979		80			
七台河	7986	7986					
牡丹江	11017	10017			1000		
黑河	8173	4447	3000	600	126		
绥化	10028	10018	10				
大兴安岭	6125	2037		4088			
农垦总局	5815	5815					
绥芬河							
抚远							

4-B-2.14 各地区国有总承包和专业承包企业收入情况

单位：万元

地区	主营业务收入	#主营业务成本	#主营业务税金及附加	其他业务收入	#其他业务成本	#其他业务利润
全省	**4404394**	**4031373**	**112389**	**37433**	**72525**	**4967**
哈尔滨	2046049	1841608	62629	29882	58082	1697
齐齐哈尔	45600	42138	944	69	1191	
鸡西	160367	140838	5411	238	144	79
鹤岗	7026	5623	141			
双鸭山	5397	4742	180			
大庆	1689356	1634102	22471	4104	719	3146
伊春	29091	19990	1272		5341	
佳木斯	123203	105461	4236	3081	2992	35
七台河	17453	10889	2205			
牡丹江	86241	71877	3924	47	3	
黑河	73824	49078	4412			
绥化	51233	40714	2147	1	4053	1
大兴安岭	12040	10750	446			
农垦总局	57517	53565	1973	10		10
绥芬河						
抚远						

4-B-2.15 各地区国有总承包和专业承包企业费用情况

单位：万元

地区	管理费用	#税金	销售费用	财务费用	#利息收入	#利息支出
全省	**175919**	**15393**	**8150**	**9876**	**695**	**8100**
哈尔滨	78162	1667	996	5967	606	4587
齐齐哈尔	1333	371		1	6	1
鸡西	10970	573	83	355	17	282
鹤岗	766	8	1	10		10
双鸭山	376	55	58	4	1	
大庆	52992	12180	928	2889	-12	2888
伊春	1072	35	10	91		93
佳木斯	5462	140	3278	129	5	119
七台河	1528	12		41	2	41
牡丹江	2449	176	1267	288	63	10
黑河	16649	14	45	8	1	1
绥化	1963	126	1483	77		62
大兴安岭	652	5	1	22	4	3
农垦总局	1545	31		-4	1	2
绥芬河						
抚远						

4-B-2.16 各地区国有总承包和专业承包企业利润及税金情况

单位：万元

地　区	利润总额	#应交所得税	税金总额	主营业务税金及附加	管理费用中的税金
全　省	**69804**	**14904**	**127781**	**112389**	**15393**
哈尔滨	26986	9378	64296	62629	1667
齐齐哈尔	1095	282	1315	944	371
鸡　西	2230	640	5984	5411	573
鹤　岗	217	77	149	141	8
双鸭山	57	56	235	180	55
大　庆	18522	1938	34651	22471	12180
伊　春	946	238	1307	1272	35
佳木斯	4766	1029	4376	4236	140
七台河	2918	520	2217	2205	12
牡丹江	6995	165	4100	3924	176
黑　河	3628	8	4426	4412	14
绥　化	800	207	2273	2147	126
大兴安岭	169	101	451	446	5
农垦总局	476	266	2004	1973	31
绥芬河					
抚　远					

4-B-2.17 各地区国有总承包和专业承包企业应收工程款及企业亏损情况

地　区	应收工程款(万元)	企业个数(个)	#亏损企业个数	亏损企业的比重(%)
全　省	**1056963**	**154**	**29**	**18.8**
哈尔滨	697024	63	15	23.8
齐齐哈尔	20776	3		
鸡　西	53360	12	3	25.0
鹤　岗	7116	3		
双鸭山	1766	6	3	50.0
大　庆	197985	14	3	21.4
伊　春	8612	7		
佳木斯	19189	9		
七台河	1845	4	1	25.0
牡丹江	3578	7	1	14.3
黑　河	5622	5	1	20.0
绥　化	1805	14	2	14.3
大兴安岭	233	3		
农垦总局	38052	4		
绥芬河				
抚　远				

4-B-2.18　各地区国有总承包和专业承包企业主要经济效益指标

地　区	产值利润率(%)	产值利税率(%)	资本利润率(%)	资本利税率(%)	人均利润(元/人)	人均利税(元/人)	资产负债率(%)
全　省	**1.2**	**3.5**	**10.0**	**28.4**	**3449**	**9763**	**84.8**
哈尔滨	0.7	2.3	8.3	28.0	1912	6468	79.3
齐齐哈尔	2.4	5.3	5.8	12.7	3584	7887	59.7
鸡　西	1.3	4.9	8.7	32.2	3554	13092	80.1
鹤　岗	3.1	5.2	5.1	8.5	5878	9927	74.1
双鸭山	1.1	5.4	0.5	2.3	1623	8329	44.9
大　庆	1.9	5.4	8.0	22.8	7463	21424	93.9
伊　春	3.0	7.2	14.9	35.4	7500	17866	71.0
佳木斯	2.8	5.4	22.6	43.4	7093	13605	36.0
七台河	16.7	29.4	36.5	64.3	21520	37867	76.6
牡丹江	8.3	13.1	63.5	100.7	16347	25928	43.6
黑　河	4.9	10.9	44.4	98.5	8290	18405	73.1
绥　化	1.5	5.9	8.0	30.6	2209	8486	52.5
大兴安岭	0.7	2.5	2.8	10.1	1265	4632	54.0
农垦总局	0.8	4.3	8.2	42.7	1392	7252	89.2
绥芬河							
抚　远							

4-B-2.19　各地区集体总承包和专业承包企业签订合同情况

单位：万元

地　区	合同总额	上年结转合同额	本年新签合同额
全　省	**1786589**	**279365**	**1507224**
哈尔滨	1153832	249452	904380
齐齐哈尔	3027	3027	
鸡　西	22307	7806	14501
鹤　岗	2822	1724	1098
双鸭山	14036	4973	9063
大　庆	46523		46523
伊　春	48826	1500	47326
佳木斯	145559		145559
七台河	8895	10	8885
牡丹江	190324	5678	184647
黑　河	89600		89600
绥　化	23627		23627
大兴安岭	37210	5195	32015
农垦总局			
绥芬河			
抚　远			

4-B-2.20 各地区集体总承包和专业承包企业承包工程完成情况

单位：万元

地　区	直接从建设单位承揽工程完成的产值	自行完成施工产值	分包出去工程的产值	从建设单位以外承揽工程完成的产值
全　省	**1897202**	**1897160**	**43**	**2720**
哈尔滨	1276858	1276858		2690
齐齐哈尔	3056	3056		
鸡　西	20132	20132		
鹤　岗	2544	2544		30
双鸭山	8079	8079		
大　庆	45529	45529		
伊　春	48826	48826		
佳木斯	152032	152032		
七台河	8551	8551		
牡丹江	184459	184417	43	
黑　河	89600	89600		
绥　化	23627	23627		
大兴安岭	33910	33910		
农垦总局				
绥芬河				
抚　远				

4-B-2.21 各地区集体总承包和专业承包企业建筑业总产值和竣工产值

单位：万元

地　区	建筑业总产值	#装饰装修产值	#在外省完成的产值	按构成分组			竣工产值
				建筑工程产值	安装工程产值	其他产值	
全　省	**1899880**	**127643**	**120460**	**1684499**	**185104**	**30277**	**1079341**
哈尔滨	1279548	90448	4787	1116345	160419	2784	557288
齐齐哈尔	3056			3056			3027
鸡　西	20132			17183	2949		17232
鹤　岗	2574			1478		1096	2005
双鸭山	8079	1327		8079			7298
大　庆	45529	1949		23064	6827	15638	40276
伊　春	48826	29126		42362	236	6229	48826
佳木斯	152032	2028		150422	1610		138248
七台河	8551			4683	1868	2000	8551
牡丹江	184417		115673	180500	3917		124753
黑　河	89600	25		82227	5843	1530	89047
绥　化	23627	2742		21486	1141	1000	23627
大兴安岭	33910			33615	295		19164
农垦总局							
绥芬河							
抚　远							

4-B-2.22　各地区集体总承包和专业承包企业房屋建筑面积

地　区	房屋建筑施工面积(平方米)	#本年新开工	#实行投标承包面积	#本年新开工	房屋建筑竣工面积(平方米)	房屋建筑面积竣工率(%)
全　省	**5427339**	**4395573**	**4377972**	**3509694**	**3514597**	**64.8**
哈尔滨	2546651	1792010	1957939	1320819	1030161	40.5
齐齐哈尔	33000	33000			33000	100.0
鸡　西	121482	81482	121482	81482	108822	89.6
鹤　岗	15023	4008	3812	3812	10711	71.3
双鸭山	115200	73774	93731	52557	64911	56.3
大　庆	144406	129706	100806	100806	144206	99.9
伊　春	246845	234345	216395	216395	246845	100.0
佳木斯	1025537	1025537	939537	939537	963107	93.9
七台河	37695	37695	37695	37695	2000	5.3
牡丹江	275642	275642	270662	270662	149911	54.4
黑　河	256675	249175	212666	212666	256675	100.0
绥　化	178970	178970	178970	178970	156970	87.7
大兴安岭	430213	280229	244277	94293	347278	80.7
农垦总局						
绥芬河						
抚　远						

4-B-2.23　各地区按主要用途分的集体总承包和专业承包企业房屋建筑竣工面积

单位：平方米

地　区	合计	住宅房屋	商业及服务用房屋	商厦房屋(批发和零售用房)	宾馆用房屋(住宿用房)	餐饮用房屋(餐饮用房)	商务会展用房屋	其他商业及服务用房屋(居民服务业用房)
全　省	**3514597**	**2956289**	**259070**	**154558**	**2000**	**12620**	**2300**	**87592**
哈尔滨	1030161	873040	77943	23700		9400		44843
齐齐哈尔	33000	33000						
鸡　西	108822	82840	17995	17995				
鹤　岗	10711	6100						
双鸭山	64911	54963						
大　庆	144206	71726	2400					2400
伊　春	246845	246845						
佳木斯	963107	738455	130783	112723		3000		15060
七台河	2000							
牡丹江	149911	141267	7600					7600
黑　河	256675	244775	6500	140	2000	220	2300	1840
绥　化	156970	116000	15849					15849
大兴安岭	347278	347278						
农垦总局								
绥芬河								
抚　远								

4-B-2.23 续表

单位：平方米

地区	办公用房屋	科研、教育和医疗用房屋	科学研究用房屋	教育用房屋	医疗用房屋(卫生医疗用房)	文化、体育和娱乐用房屋	厂房及建筑物	#厂房	仓库	其他未列明的房屋建筑物
全省	**100140**	**94248**	**3779**	**83511**	**6958**		**81204**	**70276**	**8100**	**15546**
哈尔滨	12000	3042		3042			48786	48786		15350
齐齐哈尔										
鸡西		7987		4300	3687					
鹤岗	1130	3285		3285						196
双鸭山	2520						7428			
大庆	1300	65280		65280			3500			
伊春										
佳木斯	64279						21490	21490	8100	
七台河	2000									
牡丹江	1044									
黑河	5400									
绥化	10467	14654	3779	7604	3271					
大兴安岭										
农垦总局										
绥芬河										
抚远										

4-B-2.24 各地区按主要用途分的集体总承包和专业承包企业房屋建筑竣工价值

单位：万元

地区	合计	住宅房屋	商业及服务用房屋	商厦房屋(批发和零售用房)	宾馆用房屋(住宿用房)	餐饮用房屋(餐饮用房)	商务会展用房屋	其他商业及服务用房屋(居民服务业用房)	办公用房屋
全省	**494955**	**407178**	**41764**	**20579**	**429**	**2239**	**533**	**17984**	**16934**
哈尔滨	184051	151842	18190	4622		1833		11736	3900
齐齐哈尔	3027	3027							
鸡西	14933	10700	2483	2483					
鹤岗	1955	842							240
双鸭山	7298	6355							423
大庆	19439	9759	280					280	186
伊春	26747	26747							
佳木斯	138248	110171	15961	13436		360		2165	8357
七台河	302								302
牡丹江	26464	24905	1328					1328	231
黑河	31182	28741	1303	38	429	46	533	257	1138
绥化	23486	16264	2219					2219	2157
大兴安岭	17824	17824							
农垦总局									
绥芬河									
抚远									

4-B-2.24 续表

单位：万元

地区	科研、教育和医疗用房屋	科学研究用房屋	教育用房屋	医疗用房屋（卫生医疗用房）	文化、体育和娱乐用房屋	厂房及建筑物	#厂房	仓库	其他未列明的房屋建筑物
全省	**14463**	**750**	**11958**	**1754**		**10627**	**9407**	**906**	**3084**
哈尔滨	553		553			6554	6554		3012
齐齐哈尔									
鸡西	1750		650	1100					
鹤岗	801		801						72
双鸭山						520			
大庆	8514		8514			700			
伊春									
佳木斯						2853	2853	906	
七台河									
牡丹江									
黑河									
绥化	2846	750	1441	654					
大兴安岭									
农垦总局									
绥芬河									
抚远									

4-B-2.25 各地区集体总承包和专业承包企业施工机械设备情况

地区	年末自有施工机械设备总台数（台）	年末自有施工机械设备总功率（千瓦）	年末自有施工机械设备净值（万元）	技术装备率（元/人）	动力装备率（千瓦/人）
全省	**6035**	**91246**	**35875**	**13326**	**3.4**
哈尔滨	2816	31082	11268	10062	2.8
齐齐哈尔					
鸡西	296	2692	1036	19801	5.1
鹤岗					
双鸭山	171	1858	486	19217	7.3
大庆	889	10975	3462	25895	8.2
伊春	255	7805	4159	35156	6.6
佳木斯	335	6868	305	846	1.9
七台河	48	420	175	4177	1.0
牡丹江	207	5715	7885	18384	1.3
黑河	682	9415	1934	13094	6.4
绥化	202	2870	4502	23206	1.5
大兴安岭	134	11546	664	12938	22.5
农垦总局					
绥芬河					
抚远					

4-B-2.26 各地区集体总承包和专业承包企业主要生产效益指标

地区	建筑业企业个数(个)	直接从事生产经营活动的平均人数(人)	按总产值计算的劳动生产率(元/人)	人均竣工产值(元/人)	人均施工面积(平方米/人)	人均竣工面积(平方米/人)
全省	**122**	**82178**	**231191**	**131342**	**66.0**	**42.8**
哈尔滨	49	56471	226585	98686	45.1	18.2
齐齐哈尔	2	122	250475	248139	270.5	270.5
鸡西	4	809	248849	213003	150.2	134.5
鹤岗	2	126	204286	159127	119.2	85.0
双鸭山	6	534	151288	136657	215.7	121.6
大庆	12	1704	267189	236364	84.7	84.6
伊春	6	1856	263073	263073	133.0	133.0
佳木斯	7	6211	244778	222585	165.1	155.1
七台河	3	381	224425	224425	98.9	5.2
牡丹江	12	7124	258867	175117	38.7	21.0
黑河	10	3618	247651	246123	70.9	70.9
绥化	6	1927	122608	122608	92.9	81.5
大兴安岭	3	1295	261855	147983	332.2	268.2
农垦总局						
绥芬河						
抚远						

4-B-2.27 各地区集体总承包和专业承包企业营业额

单位：万元

地区	企业营业额	在境外完成的营业额	企业总产值	#建筑业总产值
全省	**2023954**		**2023954**	**1899880**
哈尔滨	1403612		1403612	1279548
齐齐哈尔	3056		3056	3056
鸡西	20132		20132	20132
鹤岗	2584		2584	2574
双鸭山	8079		8079	8079
大庆	45529		45529	45529
伊春	48826		48826	48826
佳木斯	152032		152032	152032
七台河	8551		8551	8551
牡丹江	184417		184417	184417
黑河	89600		89600	89600
绥化	23627		23627	23627
大兴安岭	33910		33910	33910
农垦总局				
绥芬河				
抚远				

4-B-2.28 各地区集体总承包和专业承包企业资产构成

单位：万元

地 区	资产合计	#流动资产合计	#存货	#非流动资产合计	#固定资产合计
全 省	**902812**	**721989**	**221591**	**180823**	**143595**
哈尔滨	472143	411719	172916	60424	48252
齐齐哈尔	17162	16868	8640	293	293
鸡 西	30080	20301	456	9779	9679
鹤 岗	3613	3299	40	314	41
双鸭山	11902	4828	16	7074	2832
大 庆	108628	97187	6851	11441	10013
伊 春	23157	16924	1421	6233	6229
佳木斯	113667	74379	15570	39288	38255
七台河	4672	2574	113	2098	334
牡丹江	57022	34863	5707	22159	11468
黑 河	19721	10033	1277	9687	9136
绥 化	13202	6666	570	6537	6303
大兴安岭	27844	22348	8015	5497	761
农垦总局					
绥芬河					
抚 远					

4-B-2.29 各地区集体总承包和专业承包企业固定资产情况

单位：万元

地 区	固定资产合计	固定资产原价	固定资产折旧	#本年折旧	在建工程
全 省	**143595**	**183091**	**57338**	**7406**	**740**
哈尔滨	48252	61886	21382	1956	209
齐齐哈尔	293	469	265	3	59
鸡 西	9679	14843	5164	1552	
鹤 岗	41	90	49	3	
双鸭山	2832	3866	1035	13	
大 庆	10013	15826	6217	759	
伊 春	6229	7088	3447	521	72
佳木斯	38255	45525	7495	339	112
七台河	334	700	369	16	
牡丹江	11468	17126	7943	1830	271
黑 河	9136	6493	1839	280	
绥 化	6303	6936	651	102	18
大兴安岭	761	2244	1483	32	
农垦总局					
绥芬河					
抚 远					

4-B-2.30 各地区集体总承包和专业承包企业负债及所有者权益

单位：万元

地区	负债合计	#流动负债	#应付账款	所有者权益	#实收资本
全省	**698407**	**682442**	**123873**	**204405**	**141940**
哈尔滨	384507	379986	27429	87636	62431
齐齐哈尔	17117	17117	549	45	371
鸡西	11946	11855	1592	18135	15221
鹤岗	1908	1801	106	1705	1443
双鸭山	6073	3799	684	5829	5500
大庆	83984	83910	64038	24644	11918
伊春	16877	16877	1872	6280	6018
佳木斯	94944	94368	6404	18723	11064
七台河	2999	2999	161	1673	768
牡丹江	40345	37241	12547	16677	14734
黑河	8168	7884	1013	11553	5346
绥化	7539	7340	328	5663	5645
大兴安岭	22001	17265	7150	5844	1483
农垦总局					
绥芬河					
抚远					

4-B-2.31 各地区集体总承包和专业承包企业实收资本

单位：万元

地区	合计	国家资本	集体资本	法人资本	个人资本	港澳台资本	外商资本
全省	**141940**	**4747**	**121120**	**11668**	**4404**		
哈尔滨	62431	43	52281	5707	4400		
齐齐哈尔	371		371				
鸡西	15221	4627	10595				
鹤岗	1443		1443				
双鸭山	5500		5500				
大庆	11918	36	6624	5257			
伊春	6018		5926	92			
佳木斯	11064		11064				
七台河	768		156	612			
牡丹江	14734	41	14693				
黑河	5346		5346				
绥化	5645		5641		4		
大兴安岭	1483		1483				
农垦总局							
绥芬河							
抚远							

4-B-2.32　各地区集体总承包和专业承包企业收入情况

单位：万元

地　　区	主营业务收　　入	#主营业务成　　本	#主营业务税金及附加	其他业务收　　入	#其他业务成　　本	#其他业务利　　润
全　　省	**1145403**	**964774**	**56628**	**14891**	**19730**	**232**
哈 尔 滨	547857	470764	17280	721	5298	213
齐齐哈尔	444	390	16	130	121	
鸡　　西	18932	16883	742			
鹤　　岗	2593	2033	118			
双 鸭 山	7936	7136	414			
大　　庆	55087	49057	2336	150	37	-16
伊　　春	48810	40461	4789	17	1	
佳 木 斯	128354	101879	10988	13047	11712	-96
七 台 河	1974	256	82	555	1601	50
牡 丹 江	188154	156764	7858	115	39	
黑　　河	87806	71964	8992	77	923	
绥　　化	23547	20521	1096	80		80
大兴安岭	33910	26666	1918			
农垦总局						
绥 芬 河						
抚　　远						

4-B-2.33　各地区集体总承包和专业承包企业费用情况

单位：万元

地　　区	管理费用	#税金	销售费用	财务费用	#利息收入	#利息支出
全　　省	**65787**	**4048**	**5087**	**-85**	**1591**	**438**
哈 尔 滨	46606	2504	206	-1243	1409	99
齐齐哈尔	354	2	1			
鸡　　西	1031	23		45	1	45
鹤　　岗	254	6	1	12		
双 鸭 山	296	11	5	19		15
大　　庆	3563	491	382	-83	59	30
伊　　春	536	41	144	32	2	22
佳 木 斯	5167	126	2661	537	5	45
七 台 河	179	11	1	94		4
牡 丹 江	4491	733	510	261	107	37
黑　　河	1341	61	852	145	5	44
绥　　化	423	4	323	92	2	90
大兴安岭	1547	36		5	2	7
农垦总局						
绥 芬 河						
抚　　远						

4-B-2.34 各地区集体总承包和专业承包企业利润及税金情况

单位：万元

地区	利润总额	#应交所得税	税金总额	主营业务税金及附加	管理费用中的税金
全省	**46612**	**8670**	**60676**	**56628**	**4048**
哈尔滨	8718	2146	19784	17280	2504
齐齐哈尔	-317	9	18	16	2
鸡西	224	184	765	742	23
鹤岗	121	79	124	118	6
双鸭山	86	28	425	414	11
大庆	-24	772	2827	2336	491
伊春	2416	453	4830	4789	41
佳木斯	8536	2852	11114	10988	126
七台河	320	41	93	82	11
牡丹江	17922	1132	8591	7858	733
黑河	3665	339	9053	8992	61
绥化	1172	294	1100	1096	4
大兴安岭	3775	342	1954	1918	36
农垦总局					
绥芬河					
抚远					

4-B-2.35 各地区集体总承包和专业承包企业应收工程款及企业亏损情况

地区	应收工程款(万元)	企业个数(个)	#亏损企业个数	亏损企业的比重(%)
全省	**125543**	**122**	**27**	**22.1**
哈尔滨	53621	49	14	28.6
齐齐哈尔	3010	2	2	100.0
鸡西	7089	4		
鹤岗	1177	2	1	50.0
双鸭山	3253	6	1	16.7
大庆	35128	12	4	33.3
伊春	6850	6		
佳木斯	1319	7	3	42.9
七台河	600	3		
牡丹江	7185	12	1	8.3
黑河	433	10		
绥化	1587	6		
大兴安岭	4291	3	1	33.3
农垦总局				
绥芬河				
抚远				

4-B-2.36　各地区集体总承包和专业承包企业主要经济效益指标

地　区	产值利润率(%)	产值利税率(%)	资本利润率(%)	资本利税率(%)	人均利润(元/人)	人均利税(元/人)	资产负债率(%)
全　省	**2.5**	**5.6**	**32.8**	**75.6**	**5672**	**13056**	**77.4**
哈尔滨	0.7	2.2	14.0	45.7	1544	5047	81.4
齐齐哈尔	-10.4	-9.8	-85.6	-80.7	-26016	-24541	99.7
鸡　西	1.1	4.9	1.5	6.5	2765	12219	39.7
鹤　岗	4.7	9.5	8.4	17.0	9611	19413	52.8
双鸭山	1.1	6.3	1.6	9.3	1618	9575	51.0
大　庆	-0.1	6.2	-0.2	23.5	-141	16453	77.3
伊　春	4.9	14.8	40.2	120.4	13019	39039	72.9
佳木斯	5.6	12.9	77.1	177.6	13743	31637	83.5
七台河	3.7	4.8	41.7	53.8	8394	10848	64.2
牡丹江	9.7	14.4	121.6	179.9	25157	37215	70.8
黑　河	4.1	14.2	68.6	237.9	10129	35150	41.4
绥　化	5.0	9.6	20.8	40.2	6080	11786	57.1
大兴安岭	11.1	16.9	254.5	386.3	29151	44240	79.0
农垦总局							
绥芬河							
抚　远							

4-B-2.37　各地区私营总承包和专业承包企业签订合同情况

单位：万元

地　区	合同总额		
		上年结转合同额	本年新签合同额
全　省	**5217482**	**1321977**	**3895505**
哈尔滨	3321215	1022598	2298617
齐齐哈尔	110459	9459	101000
鸡　西	155804	39398	116407
鹤　岗	119357	51549	67807
双鸭山	81801	9986	71815
大　庆	410080	92422	317658
伊　春	91030	4215	86815
佳木斯	178292	18166	160126
七台河	36251	6920	29331
牡丹江	420646	50063	370584
黑　河	138286	5782	132504
绥　化	32921	921	32001
大兴安岭	29355	2270	27085
农垦总局	90923	8230	82693
绥芬河			
抚　远	1062		1062

4-B-2.38 各地区私营总承包和专业承包企业承包工程完成情况

单位：万元

地 区	直接从建设单位承揽工程完成的产值	自行完成施工产值	分包出去工程的产值	从建设单位以外承揽工程完成的产值
全 省	**5153277**	**5148308**	**4970**	**26342**
哈 尔 滨	3581485	3576811	4675	6140
齐齐哈尔	73982	73982		
鸡 西	116289	116289		1328
鹤 岗	93271	93271		718
双 鸭 山	44783	44783		
大 庆	323442	323442		792
伊 春	75772	75772		
佳 木 斯	172724	172724		
七 台 河	30294	30294		
牡 丹 江	363877	363582	295	10473
黑 河	131191	131191		
绥 化	23940	23940		
大兴安岭	30870	30870		
农垦总局	90295	90295		6891
绥 芬 河				
抚 远	1062	1062		

4-B-2.39 各地区私营总承包和专业承包企业建筑业总产值和竣工产值

单位：万元

地 区	建筑业总产值	#装饰装修产 值	#在外省完成的产值	按构成分组			竣工产值
				建筑工程产 值	安装工程产 值	其他产值	
全 省	**5174649**	**317863**	**154274**	**4400259**	**597675**	**176715**	**2658513**
哈 尔 滨	3582951	264005	65175	2991066	496061	95825	1342786
齐齐哈尔	73982	1205	33408	42105	31581	297	73772
鸡 西	117618	683	43906	116582	330	706	60739
鹤 岗	93989	244	1200	82904		11085	74674
双 鸭 山	44783	3601		37086	6784	913	39735
大 庆	324234	13107	586	265440	35115	23679	274132
伊 春	75772	1865		71896	2646	1230	63391
佳 木 斯	172724	10568		172101	602	21	130442
七 台 河	30294	1635		28185	2109		23320
牡 丹 江	374054	12743	10000	318513	12581	42961	320376
黑 河	131191	1630		124391	6800		116308
绥 化	23940	2472		21052	2888		23964
大兴安岭	30870	1700		30870			22230
农垦总局	97186	2405		97007	179		91583
绥 芬 河							
抚 远	1062			1062			1062

4-B-2.40　各地区私营总承包和专业承包企业房屋建筑面积

地　区	房屋建筑施工面积（平方米）	#本年新开工	#实行投标承包面积	#本年新开工	房屋建筑竣工面积（平方米）	房屋建筑面积竣工率（%）
全　省	**17728141**	**11002706**	**11877703**	**7968500**	**10105334**	**57.0**
哈尔滨	9352351	5342183	6608824	4129882	5220595	55.8
齐齐哈尔	375030	359358	152030	136358	234884	62.6
鸡　西	678621	333689	291783	255918	293138	43.2
鹤　岗	1165886	510900	924910	432329	433327	37.2
双鸭山	380325	297824	359940	280269	117145	30.8
大　庆	1041277	628572	146098	99533	904842	86.9
伊　春	760506	525518	174302	174302	522420	68.7
佳木斯	1439416	1385151	1199886	1160196	945308	65.7
七台河	37318	26798	7298	7298	33458	89.7
牡丹江	1071959	398942	804814	253394	402559	37.6
黑　河	582426	465143	450446	387143	377627	64.8
绥　化	160619	151715	133025	133025	55555	34.6
大兴安岭	119374	51466	119374	51466	44577	37.3
农垦总局	553769	516183	495709	458123	510635	92.2
绥芬河						
抚　远	9264	9264	9264	9264	9264	100.0

4-B-2.41　各地区按主要用途分的私营总承包和专业承包企业房屋建筑竣工面积

单位：平方米

地　区	合计	住宅房屋	商业及服务用房屋	商厦房屋（批发和零售用房）	宾馆用房屋（住宿用房）	餐饮用房屋（餐饮用房）	商务会展用房屋	其他商业及服务用房屋（居民服务业用房）	办公用房屋
全　省	**10105334**	**8053800**	**503440**	**64769**	**33153**	**35100**	**7362**	**363056**	**368715**
哈尔滨	5220595	4398636	143013	25163	15153	20200	3850	78647	68137
齐齐哈尔	234884	134080	2780	1580				1200	81124
鸡　西	293138	234522	40358	15270				25088	1876
鹤　岗	433327	362982	9683				3512	6171	27168
双鸭山	117145	97611	5400					5400	
大　庆	904842	735072	4000	4000					150610
伊　春	522420	478148	3547					3547	10000
佳木斯	945308	726249	36600	6000	13000	11500		6100	22019
七台河	33458	24708	268					268	262
牡丹江	402559	342113	54446	9123	5000	3400		36923	5000
黑　河	377627	155899	136154	3633				132521	2316
绥　化	55555	55555							
大兴安岭	44577	39577	5000					5000	
农垦总局	510635	259384	62191					62191	203
绥芬河									
抚　远	9264	9264							

4-B-2.41 续表

单位：平方米

地区	科研、教育和医疗用房屋	科学研究用房屋	教育用房屋	医疗用房屋(卫生医疗用房)	文化、体育和娱乐用房屋	厂房及建筑物	#厂房	仓库	其他未列明的房屋建筑物
全省	**291033**	**6072**	**90147**	**194814**	**171921**	**453026**	**190623**	**39604**	**223795**
哈尔滨	206433	5495	24696	176242	136801	173143	93107	1180	93252
齐齐哈尔	1260		1260			1030		12260	2350
鸡西	3909		3909			12049	12049	424	
鹤岗	2777	577	2200			23600	2000		7117
双鸭山	8856		6509	2347		5278	2778		
大庆	13160		13160						2000
伊春	11365		9205	2160		19360			
佳木斯	10000		5000	5000	34000	108790	58370	7650	
七台河	100		100		120	7790	7680	110	100
牡丹江					1000				
黑河	7274		7274			51121		11680	13183
绥化									
大兴安岭									
农垦总局	25899		16834	9065		50865	14639	6300	105793
绥芬河									
抚远									

4-B-2.42 各地区按主要用途分的私营总承包和专业承包企业房屋建筑竣工价值

单位：万元

地区	合计	住宅房屋	商业及服务用房屋	商厦房屋(批发和零售用房)	宾馆用房屋(住宿用房)	餐饮用房屋(餐饮用房)	商务会展用房屋	其他商业及服务用房屋(居民服务业用房)	办公用房屋
全省	**1511821**	**1175141**	**80181**	**10022**	**4863**	**5068**	**2401**	**57827**	**55085**
哈尔滨	872421	716405	24222	3773	2272	3030	1801	13345	8376
齐齐哈尔	27929	18583	345	213				132	6699
鸡西	39537	30539	5881	3054				2827	280
鹤岗	51546	40778	1267				600	667	3730
双鸭山	12980	10031	713					713	
大庆	125634	91457	760	760					31190
伊春	55967	51411	443					443	867
佳木斯	109840	82629	3897	629	1340	1188		740	2306
七台河	4969	3416	8					8	8
牡丹江	64154	53068	9586	1130	1250	850		6356	1250
黑河	61271	22741	26319	463				25856	345
绥化	9826	9826							
大兴安岭	8289	6839	1450					1450	
农垦总局	66396	36358	5290					5290	35
绥芬河									
抚远	1062	1062							

4-B-2.42 续表　　单位：万元

地　区	科研、教育和医疗用房屋	科学研究用房屋	教育用房屋	医疗用房屋（卫生医疗用房）	文化、体育和娱乐用房屋	厂房及建筑物	#厂房	仓　库	其他未列明的房屋建筑物
全　省	**56867**	**1436**	**12626**	**42805**	**26544**	**75911**	**33046**	**5127**	**36965**
哈尔滨	45917	1286	3983	40648	22149	36263	19327	271	18820
齐齐哈尔	178		178			163		1644	317
鸡　西	622		622			2148	2148	66	
鹤　岗	926	150	776			3332	92		1514
双鸭山	1292		850	443		944	451		
大　庆	1892		1892						334
伊　春	1566		1120	446		1681			
佳木斯	1018		509	509	4142	15026	7088	823	
七台河	3		3		4	1523	1520	3	3
牡丹江					250				
黑　河	1284		1284			7663		1500	1419
绥　化									
大兴安岭									
农垦总局	2169		1410	759		7168	2420	819	14558
绥芬河									
抚　远									

4-B-2.43 各地区私营总承包和专业承包企业施工机械设备情况

地　区	年末自有施工机械设备总台数（台）	年末自有施工机械设备总功率（千瓦）	年末自有施工机械设备净值（万元）	技　术装备率（元/人）	动　力装备率（千瓦/人）
全　省	**21530**	**499190**	**163230**	**14242**	**4.4**
哈尔滨	11838	250219	66017	15628	5.9
齐齐哈尔	683	12919	10266	58000	7.3
鸡　西	922	17469	10685	27652	4.5
鹤　岗	633	10870	5467	26346	5.2
双鸭山	513	4879	1477	8163	2.7
大　庆	2804	94148	31008	37599	11.4
伊　春	396	10603	3004	8153	2.9
佳木斯	570	7780	5723	8992	1.2
七台河	418	29769	2410	25314	31.3
牡丹江	707	24304	14273	3897	0.7
黑　河	1096	14506	4228	22991	7.9
绥　化	136	4845	3985	37453	4.6
大兴安岭	204	4630	1535	9058	2.7
农垦总局	525	12004	3117	13388	5.2
绥芬河					
抚　远	85	245	36	7388	5.0

4-B-2.44 各地区私营总承包和专业承包企业主要生产效益指标

地区	建筑业企业个数（个）	直接从事生产经营活动的平均人数（人）	按总产值计算的劳动生产率（元/人）	人均竣工产值（元/人）	人均施工面积（平方米/人）	人均竣工面积（平方米/人）
全省	**797**	**232793**	**222285**	**114201**	**76.2**	**43.4**
哈尔滨	420	168214	213000	79826	55.6	31.0
齐齐哈尔	17	2900	255112	254388	129.3	81.0
鸡西	38	4772	246475	127282	142.2	61.4
鹤岗	25	4366	215275	171036	267.0	99.3
双鸭山	15	1330	336715	298762	286.0	88.1
大庆	131	10193	318094	268942	102.2	88.8
伊春	19	4148	182672	152823	183.3	125.9
佳木斯	18	7870	219471	165745	182.9	120.1
七台河	11	1280	236672	182185	29.2	26.1
牡丹江	47	14652	255292	218657	73.2	27.5
黑河	11	5231	250795	222343	111.3	72.2
绥化	12	1124	212989	213206	142.9	49.4
大兴安岭	6	2060	149855	107913	57.9	21.6
农垦总局	25	4581	212151	199918	120.9	111.5
绥芬河						
抚远	2	72	147444	147444	128.7	128.7

4-B-2.45 各地区私营总承包和专业承包企业营业额

单位：万元

地区	企业营业额	在境外完成的营业额	企业总产值	#建筑业总产值
全省	**5407886**	**203402**	**5204484**	**5174649**
哈尔滨	3614309	10526	3603783	3582951
齐齐哈尔	73982		73982	73982
鸡西	121344	3726	117618	117618
鹤岗	98040		98040	93989
双鸭山	44783		44783	44783
大庆	506911	179150	327761	324234
伊春	75772		75772	75772
佳木斯	172724		172724	172724
七台河	30447		30447	30294
牡丹江	384696	10000	374696	374054
黑河	131821		131821	131191
绥化	23940		23940	23940
大兴安岭	30870		30870	30870
农垦总局	97186		97186	97186
绥芬河				
抚远	1062		1062	1062

4-B-2.46 各地区私营总承包和专业承包企业资产构成

单位：万元

地区	资产合计	#流动资产合计	#存货	#非流动资产合计	#固定资产合计
全省	**3699161**	**2981572**	**654630**	**717589**	**543250**
哈尔滨	1977154	1679435	466488	297719	208413
齐齐哈尔	98963	64610	9801	34353	24576
鸡西	130631	89628	21680	41003	36194
鹤岗	97341	79283	7853	18058	12478
双鸭山	78938	57974	5487	20963	11902
大庆	736162	596419	48463	139743	107536
伊春	65433	28304	5172	37129	35617
佳木斯	86516	67446	15716	19070	13932
七台河	30798	19567	2444	11231	10236
牡丹江	221876	186352	62364	35524	30519
黑河	18800	11018	2016	7783	7687
绥化	30368	21057	1768	9310	8778
大兴安岭	61511	43547	2711	17964	16778
农垦总局	62919	36532	2568	26387	17752
绥芬河					
抚远	1751	400	100	1351	851

4-B-2.47 各地区私营总承包和专业承包企业固定资产情况

单位：万元

地区	固定资产合计	固定资产原价	固定资产折旧	#本年折旧	在建工程
全省	**543250**	**642844**	**217451**	**33900**	**86285**
哈尔滨	208413	281119	107976	17506	30786
齐齐哈尔	24576	23602	7521	1199	267
鸡西	36194	38812	11207	1048	7123
鹤岗	12478	16561	4897	815	510
双鸭山	11902	10454	3548	205	4750
大庆	107536	143748	47507	7335	8878
伊春	35617	13019	3023	341	25504
佳木斯	13932	17965	4165	982	6
七台河	10236	13229	3238	316	141
牡丹江	30519	39009	10876	2116	210
黑河	7687	6560	1058	150	1000
绥化	8778	5974	930	189	
大兴安岭	16778	8260	1300	132	6920
农垦总局	17752	23562	10087	1552	191
绥芬河					
抚远	851	971	120	14	

4-B-2.48 各地区私营总承包和专业承包企业负债及所有者权益

单位：万元

地 区	负债合计	#流动负债	#应付账款	所有者权益	#实收资本
全 省	**1989306**	**1705313**	**501915**	**1709855**	**1226311**
哈尔滨	1119108	1087774	340520	858046	663477
齐齐哈尔	30274	24711	6081	68689	42592
鸡 西	44210	29553	9609	86421	58746
鹤 岗	55787	48728	14143	41555	30134
双鸭山	46213	39471	7184	32725	28281
大 庆	373365	171994	34604	362797	214818
伊 春	34783	33695	6298	30650	20323
佳木斯	48640	46920	30512	37876	14800
七台河	11238	11238	4076	19561	16684
牡丹江	144900	137519	33125	76976	66458
黑 河	2621	1481	551	16180	11714
绥 化	5211	4801	1695	25157	14652
大兴安岭	44236	39015	8211	17275	13673
农垦总局	28121	27840	5307	34799	28860
绥芬河					
抚 远	602	572		1149	1100

4-B-2.49 各地区私营总承包和专业承包企业实收资本

单位：万元

地 区	合计	国家资本	集体资本	法人资本	个人资本	港澳台资本	外商资本
全 省	**1226311**	**8009**	**19839**	**360566**	**837897**		
哈尔滨	663477	2703	8231	181189	471354		
齐齐哈尔	42592	607		15970	26016		
鸡 西	58746		43	17358	41345		
鹤 岗	30134		2046	7074	21014		
双鸭山	28281		896	14000	13385		
大 庆	214818		1000	54091	159727		
伊 春	20323			11776	8546		
佳木斯	14800	2300		4401	8099		
七台河	16684		716	8459	7508		
牡丹江	66458	150	4640	14343	47325		
黑 河	11714	2248		3800	5666		
绥 化	14652		500	7000	7152		
大兴安岭	13673			3185	10488		
农垦总局	28860		1767	17421	9672		
绥芬河							
抚 远	1100			500	600		

4-B-2.50　各地区私营总承包和专业承包企业收入情况

单位：万元

地　　区	主营业务收　　入	#主营业务成　　本	#主营业务税金及附加	其他业务收　　入	#其他业务成　　本	#其他业务利　　润
全　　省	**3397193**	**2842986**	**116626**	**13773**	**72330**	**1467**
哈 尔 滨	1892516	1642920	55335	10743	16537	881
齐齐哈尔	70046	56006	3361	13		13
鸡　　西	110373	96921	4586	62	43	24
鹤　　岗	88812	63424	3613		13917	
双 鸭 山	42268	37082	1429	23	1336	20
大　　庆	286129	239454	11634	928	151	411
伊　　春	76036	64893	2960		756	
佳 木 斯	174386	107633	5257	10	29771	1
七 台 河	30393	28625	1132	20		20
牡 丹 江	349028	278903	13480	1969	7645	97
黑　　河	130240	110800	6397			
绥　　化	25128	20742	1642		1211	
大兴安岭	33015	29404	1682	6		
农垦总局	87763	65277	4009		963	
绥 芬 河						
抚　　远	1062	902	111			

4-B-2.51　各地区私营总承包和专业承包企业费用情况

单位：万元

地　　区	管理费用	#税金	销售费用	财务费用	#利息收入	#利息支出
全　　省	**139662**	**9931**	**16000**	**18727**	**774**	**13196**
哈 尔 滨	71092	3867	4582	12325	513	8728
齐齐哈尔	4976	152	718	494	27	87
鸡　　西	2233	114	70	186	18	201
鹤　　岗	3083	219	253	355	32	319
双 鸭 山	1601	21	1	619	1	186
大　　庆	16495	570	344	1602	34	1255
伊　　春	2051	250	113	259	3	212
佳 木 斯	10352	2069	7689	171		154
七 台 河	1274	54	1	125		124
牡 丹 江	17577	1938	677	901	59	420
黑　　河	3182	52	249	147	80	50
绥　　化	622	51	185	66	1	61
大兴安岭	706	48	1	232	1	231
农垦总局	4394	525	1117	1246	6	1170
绥 芬 河						
抚　　远	25	1				

4-B-2.52 各地区私营总承包和专业承包企业利润及税金情况

单位：万元

地区	利润总额	#应交所得税	税金总额	主营业务税金及附加	管理费用中的税金
全省	**192759**	**41954**	**126557**	**116626**	**9931**
哈尔滨	91732	21523	59202	55335	3867
齐齐哈尔	4281	1364	3513	3361	152
鸡西	6384	1995	4700	4586	114
鹤岗	3676	1826	3832	3613	219
双鸭山	1534	811	1450	1429	21
大庆	16860	5107	12204	11634	570
伊春	4802	674	3210	2960	250
佳木斯	11882	3035	7326	5257	2069
七台河	-702	301	1186	1132	54
牡丹江	31670	2948	15418	13480	1938
黑河	9457	304	6449	6397	52
绥化	660	225	1693	1642	51
大兴安岭	991	469	1730	1682	48
农垦总局	9512	1368	4534	4009	525
绥芬河					
抚远	24	4	112	111	1

4-B-2.53 各地区私营总承包和专业承包企业应收工程款及企业亏损情况

地区	应收工程款(万元)	企业个数(个)	#亏损企业个数	亏损企业的比重(%)
全省	**807815**	**797**	**194**	**24.3**
哈尔滨	447399	420	130	31.0
齐齐哈尔	26234	17	3	17.6
鸡西	21760	38	9	23.7
鹤岗	26879	25	2	8.0
双鸭山	15022	15	1	6.7
大庆	135278	131	25	19.1
伊春	6463	19		
佳木斯	33970	18	4	22.2
七台河	8829	11	4	36.4
牡丹江	50652	47	14	29.8
黑河	2113	11		
绥化	10911	12	1	8.3
大兴安岭	5477	6		
农垦总局	16828	25	1	4.0
绥芬河				
抚远		2		

4-B-2.54　各地区私营总承包和专业承包企业主要经济效益指标

地　区	产值利润率(%)	产值利税率(%)	资本利润率(%)	资本利税率(%)	人均利润(元/人)	人均利税(元/人)	资产负债率(%)
全　省	**3.7**	**6.2**	**15.7**	**26.0**	**8280**	**13717**	**53.8**
哈尔滨	2.6	4.2	13.8	22.7	5453	8973	56.6
齐齐哈尔	5.8	10.5	10.0	18.3	14760	26873	30.6
鸡　西	5.4	9.4	10.9	18.9	13378	23227	33.8
鹤　岗	3.9	8.0	12.2	24.9	8419	17195	57.3
双鸭山	3.4	6.7	5.4	10.6	11532	22435	58.5
大　庆	5.2	9.0	7.8	13.5	16541	28514	50.7
伊　春	6.3	10.6	23.6	39.4	11576	19314	53.2
佳木斯	6.9	11.1	80.3	129.8	15098	24407	56.2
七台河	-2.3	1.6	-4.2	2.9	-5488	3773	36.5
牡丹江	8.5	12.6	47.7	70.9	21615	32137	65.3
黑　河	7.2	12.1	80.7	135.8	18078	30406	13.9
绥　化	2.8	9.8	4.5	16.1	5871	20937	17.2
大兴安岭	3.2	8.8	7.2	19.9	4809	13206	71.9
农垦总局	9.8	14.5	33.0	48.7	20763	30661	44.7
绥芬河							
抚　远	2.2	12.7	2.2	12.3	3292	18778	34.4

4-B-2.55　各地区联营总承包和专业承包企业签订合同情况

单位：万元

地　区	合同总额		
		上年结转合同额	本年新签合同额
全　省	**15253**	**9028**	**6225**
哈尔滨	15253	9028	6225
齐齐哈尔			
鸡　西			
鹤　岗			
双鸭山			
大　庆			
伊　春			
佳木斯			
七台河			
牡丹江			
黑　河			
绥　化			
大兴安岭			
农垦总局			
绥芬河			
抚　远			

4-B-2.56 各地区联营总承包和专业承包企业承包工程完成情况

单位：万元

地区	直接从建设单位承揽工程完成的产值	自行完成施工产值	分包出去工程的产值	从建设单位以外承揽工程完成的产值
全省	**10736**	**10736**		
哈尔滨	10736	10736		
齐齐哈尔				
鸡西				
鹤岗				
双鸭山				
大庆				
伊春				
佳木斯				
七台河				
牡丹江				
黑河				
绥化				
大兴安岭				
农垦总局				
绥芬河				
抚远				

4-B-2.57 各地区联营总承包和专业承包企业建筑业总产值和竣工产值

单位：万元

地区	建筑业总产值	#装饰装修产值	#在外省完成的产值	按构成分组			竣工产值
				建筑工程产值	安装工程产值	其他产值	
全省	**10736**			**10736**			**9246**
哈尔滨	10736			10736			9246
齐齐哈尔							
鸡西							
鹤岗							
双鸭山							
大庆							
伊春							
佳木斯							
七台河							
牡丹江							
黑河							
绥化							
大兴安岭							
农垦总局							
绥芬河							
抚远							

4-B-2.58　各地区联营总承包和专业承包企业房屋建筑面积

地　区	房屋建筑施工面积(平方米)	#本年新开工	#实行投标承包面积	#本年新开工	房屋建筑竣工面积(平方米)	房屋建筑面积竣工率(%)
全　省	**75631**	**40293**	**75631**	**40293**	**54194**	**71.7**
哈尔滨	75631	40293	75631	40293	54194	71.7
齐齐哈尔						
鸡　西						
鹤　岗						
双鸭山						
大　庆						
伊　春						
佳木斯						
七台河						
牡丹江						
黑　河						
绥　化						
大兴安岭						
农垦总局						
绥芬河						
抚　远						

4-B-2.59　各地区按主要用途分的联营总承包和专业承包企业房屋建筑竣工面积

单位：平方米

地　区	合计	住宅房屋	商业及服务用房屋	商厦房屋(批发和零售用房)	宾馆用房屋(住宿用房)	餐饮用房屋(餐饮用房)	商务会展用房屋	其他商业及服务用房屋(居民服务业用房)	办公用房屋
全　省	**54194**	**47046**							
哈尔滨	54194	47046							
齐齐哈尔									
鸡　西									
鹤　岗									
双鸭山									
大　庆									
伊　春									
佳木斯									
七台河									
牡丹江									
黑　河									
绥　化									
大兴安岭									
农垦总局									
绥芬河									
抚　远									

4-8-2.59 续表

单位：平方米

地　区	科研、教育和医疗用房屋	科学研究用房屋	教育用房屋	医疗用房屋(卫生医疗用房)	文化、体育和娱乐用房屋	厂房及建筑物	#厂房	仓　库	其他未列明的房屋建筑物
全　省	**7148**		**7148**						
哈尔滨	7148		7148						
齐齐哈尔									
鸡　西									
鹤　岗									
双鸭山									
大　庆									
伊　春									
佳木斯									
七台河									
牡丹江									
黑　河									
绥　化									
大兴安岭									
农垦总局									
绥芬河									
抚　远									

4-B-2.60　各地区按主要用途分的联营总承包和专业承包企业房屋建筑竣工价值

单位：万元

地　区	合计	住宅房屋	商业及服务用房屋	商厦房屋(批发和零售用房)	宾馆用房屋(住宿用房)	餐饮用房屋(餐饮用房)	商务会展用房屋	其他商业及服务用房屋(居民服务业用房)	办公用房屋
全　省	**9246**	**7742**							
哈尔滨	9246	7742							
齐齐哈尔									
鸡　西									
鹤　岗									
双鸭山									
大　庆									
伊　春									
佳木斯									
七台河									
牡丹江									
黑　河									
绥　化									
大兴安岭									
农垦总局									
绥芬河									
抚　远									

4-B-2.60 续表

单位：万元

地 区	科研、教育和医疗用房屋	科学研究用房屋	教育用房屋	医疗用房屋（卫生医疗用房）	文化、体育和娱乐用房屋	厂房及建筑物	#厂房	仓 库	其他未列明的房屋建筑物
全 省	**1505**		**1505**						
哈尔滨	1505		1505						
齐齐哈尔									
鸡 西									
鹤 岗									
双鸭山									
大 庆									
伊 春									
佳木斯									
七台河									
牡丹江									
黑 河									
绥 化									
大兴安岭									
农垦总局									
绥芬河									
抚 远									

4-B-2.61 各地区联营总承包和专业承包企业施工机械设备情况

地 区	年末自有施工机械设备总台数（台）	年末自有施工机械设备总功率（千瓦）	年末自有施工机械设备净值（万元）	技 术 装备率（元/人）	动 力 装备率（千瓦/人）
全 省	**613**	**3566**	**847**	**43421**	**18.3**
哈尔滨	613	3566	847	43421	18.3
齐齐哈尔					
鸡 西					
鹤 岗					
双鸭山					
大 庆					
伊 春					
佳木斯					
七台河					
牡丹江					
黑 河					
绥 化					
大兴安岭					
农垦总局					
绥芬河					
抚 远					

4-B-2.62 各地区联营总承包和专业承包企业主要生产效益指标

地区	建筑业企业个数（个）	直接从事生产经营活动的平均人数（人）	按总产值计算的劳动生产率（元/人）	人均竣工产值（元/人）	人均施工面积（平方米/人）	人均竣工面积（平方米/人）
全省	**2**	**388**	**276711**	**238309**	**194.9**	**139.7**
哈尔滨	2	388	276711	238309	194.9	139.7
齐齐哈尔						
鸡西						
鹤岗						
双鸭山						
大庆						
伊春						
佳木斯						
七台河						
牡丹江						
黑河						
绥化						
大兴安岭						
农垦总局						
绥芬河						
抚远						

4-B-2.63 各地区联营总承包和专业承包企业营业额

单位：万元

地区	企业营业额	在境外完成的营业额	企业总产值	#建筑业总产值
全省	**10736**		**10736**	**10736**
哈尔滨	10736		10736	10736
齐齐哈尔				
鸡西				
鹤岗				
双鸭山				
大庆				
伊春				
佳木斯				
七台河				
牡丹江				
黑河				
绥化				
大兴安岭				
农垦总局				
绥芬河				
抚远				

4-B-2.64　各地区联营总承包和专业承包企业资产构成

单位：万元

地　区	资产合计	#流动资产合计	#存货	#非流动资产合计	#固定资产合计
全　省	**8006**	**6911**	**859**	**1096**	**1058**
哈尔滨	8006	6911	859	1096	1058
齐齐哈尔					
鸡　西					
鹤　岗					
双鸭山					
大　庆					
伊　春					
佳木斯					
七台河					
牡丹江					
黑　河					
绥　化					
大兴安岭					
农垦总局					
绥芬河					
抚　远					

4-B-2.65　各地区联营总承包和专业承包企业固定资产情况

单位：万元

地　区	固定资产合计	固定资产原价	固定资产折旧	#本年折旧	在建工程
全　省	**1058**	**1469**	**781**	**65**	**297**
哈尔滨	1058	1469	781	65	297
齐齐哈尔					
鸡　西					
鹤　岗					
双鸭山					
大　庆					
伊　春					
佳木斯					
七台河					
牡丹江					
黑　河					
绥　化					
大兴安岭					
农垦总局					
绥芬河					
抚　远					

4-B-2.66 各地区联营总承包和专业承包企业负债及所有者权益

单位：万元

地　区	负债合计	#流动负债	#应付账款	所有者权益	#实收资本
全　省	**5373**	**5338**		**2633**	**2868**
哈尔滨	5373	5338		2633	2868
齐齐哈尔					
鸡　西					
鹤　岗					
双鸭山					
大　庆					
伊　春					
佳木斯					
七台河					
牡丹江					
黑　河					
绥　化					
大兴安岭					
农垦总局					
绥芬河					
抚　远					

4-B-2.67 各地区联营总承包和专业承包企业实收资本

单位：万元

地　区	合计	国家资本	集体资本	法人资本	个人资本	港澳台资本	外商资本
全　省	**2868**	**50**	**2354**	**464**			
哈尔滨	2868	50	2354	464			
齐齐哈尔							
鸡　西							
鹤　岗							
双鸭山							
大　庆							
伊　春							
佳木斯							
七台河							
牡丹江							
黑　河							
绥　化							
大兴安岭							
农垦总局							
绥芬河							
抚　远							

4-B-2.68　各地区联营总承包和专业承包企业收入情况

单位：万元

地　区	主营业务收入	#主营业务成本	#主营业务税金及附加	其他业务收入	#其他业务成本	#其他业务利润
全　省	**10736**	**9809**	**277**			
哈尔滨	10736	9809	277			
齐齐哈尔						
鸡　西						
鹤　岗						
双鸭山						
大　庆						
伊　春						
佳木斯						
七台河						
牡丹江						
黑　河						
绥　化						
大兴安岭						
农垦总局						
绥芬河						
抚　远						

4-B-2.69　各地区联营总承包和专业承包企业费用情况

单位：万元

地　区	管理费用	#税金	销售费用	财务费用	#利息收入	#利息支出
全　省	**766**	**6**		**22**	**1**	
哈尔滨	766	6		22	1	
齐齐哈尔						
鸡　西						
鹤　岗						
双鸭山						
大　庆						
伊　春						
佳木斯						
七台河						
牡丹江						
黑　河						
绥　化						
大兴安岭						
农垦总局						
绥芬河						
抚　远						

4-B-2.70 各地区联营总承包和专业承包企业利润及税金情况

单位：万元

地区	利润总额		税金总额		
		#应交所得税		主营业务税金及附加	管理费用中的税金
全省	**-167**	**12**	**283**	**277**	**6**
哈尔滨	-167	12	283	277	6
齐齐哈尔					
鸡西					
鹤岗					
双鸭山					
大庆					
伊春					
佳木斯					
七台河					
牡丹江					
黑河					
绥化					
大兴安岭					
农垦总局					
绥芬河					
抚远					

4-B-2.71 各地区联营总承包和专业承包企业应收工程款及企业亏损情况

地区	应收工程款（万元）	企业个数（个）		亏损企业的比重（%）
			#亏损企业个数	
全省		**2**	**1**	**50.0**
哈尔滨		2	1	50.0
齐齐哈尔				
鸡西				
鹤岗				
双鸭山				
大庆				
伊春				
佳木斯				
七台河				
牡丹江				
黑河				
绥化				
大兴安岭				
农垦总局				
绥芬河				
抚远				

4-B-2.72　各地区联营总承包和专业承包企业主要经济效益指标

地　区	产值利润率(%)	产值利税率(%)	资本利润率(%)	资本利税率(%)	人均利润(元/人)	人均利税(元/人)	资产负债率(%)
全　省	**-1.6**	**1.1**	**-5.8**	**4.0**	**-4309**	**2979**	**67.1**
哈尔滨	-1.6	1.1	-5.8	4.0	-4309	2979	67.1
齐齐哈尔							
鸡　西							
鹤　岗							
双鸭山							
大　庆							
伊　春							
佳木斯							
七台河							
牡丹江							
黑　河							
绥　化							
大兴安岭							
农垦总局							
绥芬河							
抚　远							

4-B-2.73　各地区股份制总承包和专业承包企业签订合同情况

单位：万元

地　区	合同总额		
		上年结转合同额	本年新签合同额
全　省	**17990761**	**6330828**	**11659933**
哈尔滨	11186617	4356260	6830357
齐齐哈尔	659961	140087	519874
鸡　西	118907	28322	90585
鹤　岗	224816	107723	117092
双鸭山	121867	37976	83892
大　庆	851958	97530	754429
伊　春	113163	14818	98345
佳木斯	998504	652984	345520
七台河	88549	17750	70799
牡丹江	1306778	173196	1133582
黑　河	275706	15321	260385
绥　化	615451	5594	609857
大兴安岭	141466	12540	128926
农垦总局	1221907	652883	569024
绥芬河	65110	17844	47266
抚　远			

4-B-2.74 各地区股份制总承包和专业承包企业承包工程完成情况

单位：万元

地区	直接从建设单位承揽工程完成的产值	自行完成施工产值	分包出去工程的产值	从建设单位以外承揽工程完成的产值
全省	**11845881**	**11833014**	**12867**	**10727**
哈尔滨	6706997	6700311	6686	3430
齐齐哈尔	598386	593002	5385	368
鸡西	94805	94785	20	
鹤岗	133334	133334		
双鸭山	133374	133374		
大庆	748422	748422		5093
伊春	111229	111229		
佳木斯	477690	477630	60	60
七台河	65372	65372		
牡丹江	1118413	1118273	140	27
黑河	261673	261673		
绥化	676499	676430	69	69
大兴安岭	119665	119158	507	
农垦总局	573071	573071		1680
绥芬河	26950	26950		
抚远				

4-B-2.75 各地区股份制总承包和专业承包企业建筑业总产值和竣工产值

单位：万元

地区	建筑业总产值	#装饰装修产值	#在外省完成的产值	按构成分组			竣工产值
				建筑工程产值	安装工程产值	其他产值	
全省	**11843740**	**237343**	**1181208**	**10126529**	**1317803**	**399408**	**6368009**
哈尔滨	6703741	101494	707230	6000405	596070	107266	2571246
齐齐哈尔	593370	5525	2727	498880	60617	33874	388466
鸡西	94785	790	1064	77089	14968	2729	53329
鹤岗	133334	6831	8670	121964	10879	491	108715
双鸭山	133374	2504		124618	7517	1240	78045
大庆	753515	15740	180	365468	311302	76745	689288
伊春	111229	623		98590	12503	136	103450
佳木斯	477690	9660	86257	393716	58404	25570	329319
七台河	65372	323		63439	1633	300	81624
牡丹江	1118300	17525	303592	897599	189485	31217	876958
黑河	261673	5415		234110	26764	800	235345
绥化	676499	64378	1500	567652	21250	87598	608124
大兴安岭	119158	5894	12286	95146	58	23954	85764
农垦总局	574751	641	57701	568274	3976	2502	143669
绥芬河	26950			19582	2380	4988	14668
抚远							

4–B–2.76　各地区股份制总承包和专业承包企业房屋建筑面积

单位：万元

地　区	房屋建筑施工面积(平方米)	#本年新开工	#实行投标承包面积		房屋建筑竣工面积(平方米)	房屋建筑面积竣工率(%)
				#本年新开工		
全　省	**45083537**	**24509658**	**32713680**	**19339721**	**25341938**	**56.2**
哈尔滨	20577826	8544725	16337384	6751845	9065267	44.1
齐齐哈尔	2862573	1680692	1628072	1158309	1703704	59.5
鸡　西	699261	399176	531452	309117	303713	43.4
鹤　岗	1646275	454975	1212577	395850	544929	33.1
双鸭山	770112	496601	371264	336524	449712	58.4
大　庆	1657002	1025953	1423855	896548	1446214	87.3
伊　春	566806	485052	360098	338802	535108	94.4
佳木斯	2731198	1563426	1034369	961969	2089348	76.5
七台河	505839	288607	274487	263182	443362	87.6
牡丹江	5630043	3928395	3599468	2634890	3648913	64.8
黑　河	978894	945906	837346	806507	854944	87.3
绥　化	3454387	3386843	3277763	3215407	3164887	91.6
大兴安岭	607332	515657	592332	500657	525073	86.5
农垦总局	1917613	502966	942529	479430	507381	26.5
绥芬河	478376	290684	290684	290684	59383	12.4
抚　远						

4–B–2.77　各地区按主要用途分的股份制总承包和专业承包企业房屋建筑竣工面积

单位：平方米

地　区	合计	住宅房屋	商业及服务用房屋	商厦房屋(批发和零售用房)	宾馆用房屋(住宿用房)	餐饮用房屋(餐饮用房)	商务会展用房屋	其他商业及服务用房屋(居民服务业用房)	办公用房屋
全　省	**25341938**	**20966833**	**1283659**	**206564**	**102460**	**70400**	**40200**	**864035**	**837736**
哈尔滨	9065267	8108667	319137	50111	7030			261996	25308
齐齐哈尔	1703704	1208560	79598	48784				30814	215350
鸡　西	303713	224288	3500					3500	20425
鹤　岗	544929	449226	36481					36481	33100
双鸭山	449712	298769	24938					24938	50989
大　庆	1446214	1097594	189702					189702	22069
伊　春	535108	403880	1100					1100	100
佳木斯	2089348	1576285	230814	43214	42500	64000	1500	79600	107423
七台河	443362	426765	1597	696				901	
牡丹江	3648913	2976675	137310		52930	1400	38700	44280	150190
黑　河	854944	732812	63070	30470				32600	19532
绥　化	3164887	2765410	128747	22870				105877	17979
大兴安岭	525073	378312	21519	10419		5000		6100	64336
农垦总局	507381	262207	44146					44146	110935
绥芬河	59383	57383	2000					2000	
抚　远									

4-B-2.77 续表

单位：平方米

地区	科研、教育和医疗用房屋	科学研究用房屋	教育用房屋	医疗用房屋（卫生医疗用房）	文化、体育和娱乐用房屋	厂房及建筑物	#厂房	仓库	其他未列明的房屋建筑物
全省	**681605**	**23051**	**430034**	**228520**	**39469**	**1169858**	**545348**	**102523**	**260255**
哈尔滨	247044	21701	84311	141032	1708	261293	156247	33410	68700
齐齐哈尔	59610		59610		20355	69339	65339	11063	39829
鸡西	6893	150	6743		2022	45785	2680	800	
鹤岗	2927		2927		150	7871	7871	1000	14174
双鸭山	41241		41241		500	29975	28759	3300	
大庆	110242	1200	98822	10220		17357	17357		9250
伊春	8327		8327			96968	96408	110	24623
佳木斯	21440		21440		5900	131176	6000	16310	
七台河	5000		5000						10000
牡丹江	117989		64299	53690	2298	233071	41721	31230	150
黑河	5030		5030						34500
绥化	27221		11421	15800	3000	218466	118466	1000	3064
大兴安岭	12106		12106			4500	4500	4300	40000
农垦总局	16535		8757	7778	3536	54057			15965
绥芬河									
抚远									

4-B-2.78 各地区按主要用途分的股份制总承包和专业承包企业房屋建筑竣工价值

单位：万元

地区	合计	住宅房屋	商业及服务用房屋	商厦房屋（批发和零售用房）	宾馆用房屋（住宿用房）	餐饮用房屋（餐饮用房）	商务会展用房屋	其他商业及服务用房屋（居民服务业用房）	办公用房屋
全省	**3929645**	**3206040**	**203235**	**35448**	**13091**	**9775**	**7828**	**137094**	**138010**
哈尔滨	1484344	1318314	46989	10289	2986			33714	6499
齐齐哈尔	255286	155889	12669	8456				4213	52437
鸡西	44818	30926	688					688	3092
鹤岗	74067	62647	5057					5057	2365
双鸭山	72792	46349	4506					4506	6018
大庆	254524	195026	31796					31796	3118
伊春	64023	38519	137					137	12
佳木斯	291533	212400	34037	8548	5363	8887	155	11085	13765
七台河	73865	72072	314	198				116	
牡丹江	599314	500606	21142		4742	220	7673	8507	20463
黑河	127465	114655	7676	3370				4306	2526
绥化	444520	373245	25931	2609				23323	3176
大兴安岭	65776	44107	3462	1978		668		815	10463
农垦总局	70469	34926	8341					8341	14076
绥芬河	6849	6358	491					491	
抚远									

4-B-2.78　续表　　　　单位：万元

地　区	科研、教育和医疗用房屋	科学研究用房屋	教育用房屋	医疗用房屋（卫生医疗用房）	文化、体育和娱乐用房屋	厂房及建筑物	#厂房	仓　库	其他未列明的房屋建筑物
全　省	**124588**	**8741**	**79533**	**36314**	**5492**	**216110**	**101996**	**14784**	**21386**
哈尔滨	45481	8181	15073	22227	433	56964	32256	6864	2800
齐齐哈尔	11598		11598		2578	15122	14107	1066	3927
鸡　西	991	20	971		397	8611	531	113	
鹤　岗	532		532		302	1141	1141	200	1823
双鸭山	9936		9936		100	5687	5464	198	
大　庆	21483	540	19299	1644		2741	2741		360
伊　春	1586		1586			20959	20889	14	2797
佳木斯	3646		3646		964	24601	707	2120	
七台河	1153		1153						326
牡丹江	18376		9478	8898	284	34889	4934	3535	20
黑　河	956		956						1652
绥　化	3824		2037	1787	300	37654	18624	100	289
大兴安岭	1937		1937			602	602	575	4631
农垦总局	3090		1332	1758	134	7141			2761
绥芬河									
抚　远									

4-B-2.79　各地区股份制总承包和专业承包企业施工机械设备情况

地　区	年末自有施工机械设备总台数（台）	年末自有施工机械设备总功率（千瓦）	年末自有施工机械设备净值（万元）	技　术装备率（元/人）	动　力装备率（千瓦/人）
全　省	**60255**	**1279649**	**366523**	**19331**	**6.7**
哈尔滨	18397	444226	130548	21765	7.4
齐齐哈尔	4261	96922	23431	13307	5.5
鸡　西	919	21448	8275	16812	4.4
鹤　岗	2359	31304	7417	9763	4.1
双鸭山	2037	16607	4579	4717	1.7
大　庆	8529	159965	40973	26762	10.4
伊　春	1335	38504	11134	33415	11.6
佳木斯	5521	87698	22279	12151	4.8
七台河	643	25354	10535	45962	11.1
牡丹江	2106	49158	18483	9526	2.5
黑　河	1366	15936	6588	17296	4.2
绥　化	9348	147552	63611	31658	7.3
大兴安岭	2381	93965	9054	44955	46.7
农垦总局	844	41209	5378	11080	8.5
绥芬河	209	9801	4238	121793	28.2
抚　远					

4-B-2.80 各地区股份制总承包和专业承包企业主要生产效益指标

地区	建筑业企业个数(个)	直接从事生产经营活动的平均人数(人)	按总产值计算的劳动生产率(元/人)	人均竣工产值(元/人)	人均施工面积(平方米/人)	人均竣工面积(平方米/人)
全省	**924**	**495521**	**239016**	**128511**	**91.0**	**51.1**
哈尔滨	368	268060	250084	95921	76.8	33.8
齐齐哈尔	92	26348	225205	147437	108.6	64.7
鸡西	33	4875	194432	109392	143.4	62.3
鹤岗	30	9138	145911	118970	180.2	59.6
双鸭山	20	7963	167492	98009	96.7	56.5
大庆	73	20618	365465	334314	80.4	70.1
伊春	27	4500	247175	229889	126.0	118.9
佳木斯	35	23094	206846	142600	118.3	90.5
七台河	19	3137	208389	260198	161.2	141.3
牡丹江	87	41532	269262	211153	135.6	87.9
黑河	26	15362	170338	153199	63.7	55.7
绥化	75	35399	191107	171791	97.6	89.4
大兴安岭	14	4547	262059	188617	133.6	115.5
农垦总局	16	29782	192986	48240	64.4	17.0
绥芬河	9	1166	231134	125799	410.3	50.9
抚远						

4-B-2.81 各地区股份制总承包和专业承包企业营业额

单位：万元

地区	企业营业额	在境外完成的营业额	企业总产值	#建筑业总产值
全省	**12199274**	**227642**	**11971632**	**11843740**
哈尔滨	6851609	62307	6789302	6703741
齐齐哈尔	602352	3930	598422	593370
鸡西	94805		94805	94785
鹤岗	144479		144479	133334
双鸭山	133444		133444	133374
大庆	766475		766475	753515
伊春	111229		111229	111229
佳木斯	478186		478186	477690
七台河	71148		71148	65372
牡丹江	1277608	159272	1118336	1118300
黑河	264617		264617	261673
绥化	678716	2134	676582	676499
大兴安岭	119158		119158	119158
农垦总局	578194		578194	574751
绥芬河	27256		27256	26950
抚远				

4-B-2.82　各地区股份制总承包和专业承包企业资产构成

单位：万元

地　区	资产合计	#流动资产合计		#非流动资产合计	
			#存货		#固定资产合计
全　省	**8654297**	**6945202**	**1119763**	**1709095**	**1110787**
哈尔滨	4494110	3772471	702680	721639	476217
齐齐哈尔	464730	356837	30220	107893	73139
鸡　西	114596	91938	6631	22658	18949
鹤　岗	161079	123209	17783	37871	33853
双鸭山	244243	139405	5522	104837	37660
大　庆	720363	613548	57791	106815	75120
伊　春	133841	109230	5689	24611	23738
佳木斯	498011	380928	22853	117082	55906
七台河	130725	92195	17507	38530	28041
牡丹江	628491	460323	43261	168168	84194
黑　河	71785	42992	8160	28793	25435
绥　化	424678	280174	81001	144504	116582
大兴安岭	93272	64982	7919	28290	27564
农垦总局	441575	397551	105067	44024	27042
绥芬河	32800	19420	7681	13380	7348
抚　远					

4-B-2.83　各地区股份制总承包和专业承包企业固定资产情况

单位：万元

地　区	固定资产合计	固定资产原价	固定资产折旧		在建工程
				#本年折旧	
全　省	**1110787**	**1384449**	**519488**	**63718**	**69355**
哈尔滨	476217	548496	208576	25031	18302
齐齐哈尔	73139	110105	39501	4644	435
鸡　西	18949	24314	7406	898	845
鹤　岗	33853	31284	14088	4336	3338
双鸭山	37660	44802	17882	1062	6421
大　庆	75120	126582	63299	5907	5935
伊　春	23738	31462	10195	932	2271
佳木斯	55906	64048	19515	1096	4132
七台河	28041	33828	10317	2132	3111
牡丹江	84194	100963	33342	10185	2527
黑　河	25435	24615	4711	315	4246
绥　化	116582	162475	56399	4715	6253
大兴安岭	27564	30167	10956	900	7309
农垦总局	27042	39157	18498	955	4230
绥芬河	7348	12152	4804	610	
抚　远					

4-B-2.84 各地区股份制总承包和专业承包企业负债及所有者权益

单位：万元

地　区	负债合计	#流动负债	#应付账款	所有者权益	#实收资本
全　省	**5840091**	**5476083**	**1990085**	**2814206**	**1979683**
哈尔滨	3156142	3009180	1116314	1337969	884106
齐齐哈尔	305181	293235	119664	159548	136727
鸡　西	73209	70979	11025	41387	36351
鹤　岗	94090	73244	19638	66989	47236
双鸭山	169251	123511	39568	74992	47412
大　庆	528869	512645	222108	191494	138204
伊　春	80149	70130	18553	53692	43294
佳木斯	299198	279832	109216	198812	120651
七台河	73191	73148	16645	57534	42375
牡丹江	395356	358194	84533	233136	187377
黑　河	28053	26226	2695	43732	34321
绥　化	190583	176616	69353	234095	175146
大兴安岭	54130	53659	15682	39143	35481
农垦总局	380037	342961	139826	61538	38809
绥芬河	12652	12522	5265	20148	12193
抚　远					

4-B-2.85 各地区股份制总承包和专业承包企业实收资本

单位：万元

地　区	合计	国家资本	集体资本	法人资本	个人资本	港澳台资本	外商资本
全　省	**1979683**	**253000**	**228516**	**645487**	**850921**		**1759**
哈尔滨	884106	150621	103473	307373	320879		1759
齐齐哈尔	136727	40554	14999	35437	45737		
鸡　西	36351	1500	8930	7956	17965		
鹤　岗	47236	4707	10977	19298	12254		
双鸭山	47412	11522	9639	7894	18357		
大　庆	138204	17371	18546	41411	60875		
伊　春	43294	5701	8739	7085	21769		
佳木斯	120651		5936	58942	55773		
七台河	42375		1200	20016	21159		
牡丹江	187377	7899	27082	60405	91991		
黑　河	34321	1231	4936	16256	11898		
绥　化	175146	952	13260	45378	115556		
大兴安岭	35481	700		8750	26032		
农垦总局	38809	10241		7886	20682		
绥芬河	12193		800	1400	9993		
抚　远							

4-B-2.86 各地区股份制总承包和专业承包企业收入情况

单位：万元

地区	主营业务收入	#主营业务成本	#主营业务税金及附加	其他业务收入	#其他业务成本	#其他业务利润
全省	**9264845**	**7968756**	**308689**	**49185**	**221476**	**4010**
哈尔滨	4241767	3632832	136836	29269	171283	537
齐齐哈尔	572673	501364	19433	790	17187	338
鸡西	96781	88272	3544	628	39	526
鹤岗	130084	122288	4074	106	2408	
双鸭山	143310	125410	4585	4617	6337	-543
大庆	718395	667007	19417	5250	1545	986
伊春	109242	95561	3826	801	976	-194
佳木斯	477879	402087	19599	575	176	575
七台河	65258	47850	2343	640	4910	612
牡丹江	1123010	923418	47769	2933	2450	357
黑河	258280	200878	14489	1747	4175	243
绥化	670244	574384	25705	998	2417	172
大兴安岭	109367	100211	3859	304	1	301
农垦总局	527387	469540	2269	521	7573	96
绥芬河	21168	17656	944	5		5
抚远						

4-B-2.87 各地区股份制总承包和专业承包企业费用情况

单位：万元

地区	管理费用	#税金	销售费用	财务费用	#利息收入	#利息支出
全省	**338194**	**24310**	**44467**	**50342**	**11874**	**39662**
哈尔滨	175951	8175	16268	27227	8637	24746
齐齐哈尔	24478	1274	193	1003	47	571
鸡西	3610	116	198	55		42
鹤岗	8154	500	259	299	7	369
双鸭山	7060	1512	94	999	4	288
大庆	24758	2297	2059	2097	25	1194
伊春	2184	232	47	566	3	533
佳木斯	12997	691	7486	1979	23	314
七台河	5563	295	12	690		639
牡丹江	26956	5047	11372	7979	694	2002
黑河	5458	130	825	41	38	48
绥化	23685	3127	3683	3711	8	3093
大兴安岭	3246	117	23	451	11	409
农垦总局	12941	693	1918	2958	2376	5159
绥芬河	1154	106	29	286	1	257
抚远						

4-B-2.88 各地区股份制总承包和专业承包企业利润及税金情况

单位：万元

地区	利润总额	#应交所得税	税金总额	主营业务税金及附加	管理费用中的税金
全省	**359768**	**81305**	**332999**	**308689**	**24310**
哈尔滨	108441	20251	145011	136836	8175
齐齐哈尔	8897	7310	20707	19433	1274
鸡西	1561	887	3660	3544	116
鹤岗	-8043	1424	4574	4074	500
双鸭山	3199	2213	6097	4585	1512
大庆	6347	3701	21714	19417	2297
伊春	6828	1148	4058	3826	232
佳木斯	33083	9894	20290	19599	691
七台河	4453	999	2638	2343	295
牡丹江	111825	13283	52816	47769	5047
黑河	34658	3716	14619	14489	130
绥化	37354	10259	28832	25705	3127
大兴安岭	2182	1803	3976	3859	117
农垦总局	7870	4192	2962	2269	693
绥芬河	1113	226	1050	944	106
抚远					

4-B-2.89 各地区股份制总承包和专业承包企业应收工程款及企业亏损情况

地区	应收工程款(万元)	企业个数(个)	#亏损企业个数	亏损企业的比重(%)
全省	**2102032**	**924**	**191**	**20.7**
哈尔滨	1110120	368	105	28.5
齐齐哈尔	147111	92	18	19.6
鸡西	23291	33	7	21.2
鹤岗	44447	30	7	23.3
双鸭山	57366	20	2	10.0
大庆	140131	73	17	23.3
伊春	26497	27	1	3.7
佳木斯	119588	35	6	17.1
七台河	31046	19	5	26.3
牡丹江	125277	87	13	14.9
黑河	9087	26	4	15.4
绥化	74861	75	3	4.0
大兴安岭	30233	14	2	14.3
农垦总局	158801	16	1	6.3
绥芬河	4176	9		
抚远				

4-B-2.90　各地区股份制总承包和专业承包企业主要经济效益指标

地　区	产值利润率(%)	产值利税率(%)	资本利润率(%)	资本利税率(%)	人均利润(元/人)	人均利税(元/人)	资产负债率(%)
全　省	**3.0**	**5.8**	**18.2**	**35.0**	**7260**	**13981**	**67.5**
哈尔滨	1.6	3.8	12.3	28.7	4045	9455	70.2
齐齐哈尔	1.5	5.0	6.5	21.7	3377	11236	65.7
鸡　西	1.6	5.5	4.3	14.4	3202	10709	63.9
鹤　岗	-6.0	-2.6	-17.0	-7.3	-8801	-3797	58.4
双鸭山	2.4	7.0	6.7	19.6	4017	11673	69.3
大　庆	0.8	3.7	4.6	20.3	3079	13610	73.4
伊　春	6.1	9.8	15.8	25.1	15174	24190	59.9
佳木斯	6.9	11.2	27.4	44.2	14326	23111	60.1
七台河	6.8	10.8	10.5	16.7	14195	22603	56.0
牡丹江	10.0	14.7	59.7	87.9	26925	39642	62.9
黑　河	13.2	18.8	101.0	143.6	22561	32077	39.1
绥　化	5.5	9.8	21.3	37.8	10552	18697	44.9
大兴安岭	1.8	5.2	6.1	17.4	4798	13541	58.0
农垦总局	1.4	1.9	20.3	27.9	2642	3637	86.1
绥芬河	4.1	8.0	9.1	17.7	9548	18553	38.6
抚　远							

4-B-2.91　各地区外商投资总承包和专业承包企业签订合同情况

单位：万元

地　区	合同总额	上年结转合同额	本年新签合同额
全　省	**203644**	**7792**	**195852**
哈尔滨	188928	3909	185019
齐齐哈尔			
鸡　西			
鹤　岗			
双鸭山			
大　庆	5595	3883	1712
伊　春			
佳木斯			
七台河			
牡丹江			
黑　河	9121		9121
绥　化			
大兴安岭			
农垦总局			
绥芬河			
抚　远			

4-B-2.92 各地区外商投资总承包和专业承包企业承包工程完成情况

单位：万元

地区	直接从建设单位承揽工程完成的产值	自行完成施工产值	分包出去工程的产值	从建设单位以外承揽工程完成的产值
全省	**162553**	**162553**		
哈尔滨	149548	149548		
齐齐哈尔				
鸡西				
鹤岗				
双鸭山				
大庆	3883	3883		
伊春				
佳木斯				
七台河				
牡丹江				
黑河	9121	9121		
绥化				
大兴安岭				
农垦总局				
绥芬河				
抚远				

4-B-2.93 各地区外商投资总承包和专业承包企业建筑业总产值和竣工产值

单位：万元

地区	建筑业总产值	#装饰装修产值	#在外省完成的产值	按构成分组			竣工产值
				建筑工程产值	安装工程产值	其他产值	
全省	**162553**	**3627**	**365**	**158336**	**4217**		**18343**
哈尔滨	149548	3627	365	145332	4217		3627
齐齐哈尔							
鸡西							
鹤岗							
双鸭山							
大庆	3883			3883			5595
伊春							
佳木斯							
七台河							
牡丹江							
黑河	9121			9121			9121
绥化							
大兴安岭							
农垦总局							
绥芬河							
抚远							

4-B-2.94　各地区外商投资总承包和专业承包企业房屋建筑面积

单位：平方米

地　区	房屋建筑施工面积(平方米)	#本年新开工	#实行投标承包面积	#本年新开工	房屋建筑竣工面积(平方米)	房屋建筑面积竣工率(%)
全　省	**28977**	**28977**	**28977**	**28977**	**28977**	**100.0**
哈尔滨						
齐齐哈尔						
鸡　西						
鹤　岗						
双鸭山						
大　庆	28977	28977	28977	28977	28977	100.0
伊　春						
佳木斯						
七台河						
牡丹江						
黑　河						
绥　化						
大兴安岭						
农垦总局						
绥芬河						
抚　远						

4-B-2.95　各地区按主要用途分的外商投资总承包和专业承包企业房屋建筑竣工面积

单位：平方米

地　区	合计	住宅房屋	商业及服务用房屋	商厦房屋(批发和零售用房)	宾馆用房屋(住宿用房)	餐饮用房屋(餐饮用房)	商务会展用房屋	其他商业及服务用房屋(居民服务业用房)	办公用房屋
全　省	**28977**								**28977**
哈尔滨									
齐齐哈尔									
鸡　西									
鹤　岗									
双鸭山									
大　庆	28977								28977
伊　春									
佳木斯									
七台河									
牡丹江									
黑　河									
绥　化									
大兴安岭									
农垦总局									
绥芬河									
抚　远									

4-B-2.96 各地区按主要用途分的外商投资总承包和专业承包企业房屋建筑竣工价值

单位：万元

地区	合计	住宅房屋	商业及服务用房屋	商厦房屋(批发和零售用房)	宾馆用房屋(住宿用房)	餐饮用房屋(餐饮用房)	商务会展用房屋	其他商业及服务用房屋(居民服务业用房)	办公用房屋
全省	**5595**								**5595**
哈尔滨									
齐齐哈尔									
鸡西									
鹤岗									
双鸭山									
大庆	5595								5595
伊春									
佳木斯									
七台河									
牡丹江									
黑河									
绥化									
大兴安岭									
农垦总局									
绥芬河									
抚远									

4-B-2.97 各地区外商投资总承包和专业承包企业施工机械设备情况

地区	年末自有施工机械设备总台数(台)	年末自有施工机械设备总功率(千瓦)	年末自有施工机械设备净值(万元)	技术装备率(元/人)	动力装备率(千瓦/人)
全省	**146**	**5571**	**858**	**25909**	**16.8**
哈尔滨	9	458	8	344	2.0
齐齐哈尔					
鸡西					
鹤岗					
双鸭山					
大庆	137	5113	850	84149	50.6
伊春					
佳木斯					
七台河					
牡丹江					
黑河					
绥化					
大兴安岭					
农垦总局					
绥芬河					
抚远					

4-B-2.98 各地区外商投资总承包和专业承包企业主要生产效益指标

地 区	建筑业企业个数(个)	直接从事生产经营活动的平均人数(人)	按总产值计算的劳动生产率(元/人)	人均竣工产值(元/人)	人均施工面积(平方米/人)	人均竣工面积(平方米/人)
全 省	**5**	**5590**	**290792**	**32815**	**5.2**	**5.2**
哈尔滨	3	5166	289486	7020		
齐齐哈尔						
鸡 西						
鹤 岗						
双鸭山						
大 庆	1	80	485425	699425	362.2	362.2
伊 春						
佳木斯						
七台河						
牡丹江						
黑 河	1	344	265154	265154		
绥 化						
大兴安岭						
农垦总局						
绥芬河						
抚 远						

4-B-2.99 各地区外商投资总承包和专业承包企业营业额

单位：万元

地 区	企业营业额	在境外完成的营业额	企业总产值	#建筑业总产值
全 省	**162553**		**162553**	**162553**
哈尔滨	149548		149548	149548
齐齐哈尔				
鸡 西				
鹤 岗				
双鸭山				
大 庆	3883		3883	3883
伊 春				
佳木斯				
七台河				
牡丹江				
黑 河	9121		9121	9121
绥 化				
大兴安岭				
农垦总局				
绥芬河				
抚 远				

4-B-2.100 各地区外商投资总承包和专业承包企业资产构成

单位：万元

地区	资产合计	#流动资产合计	#存货	#非流动资产合计	#固定资产合计
全省	**87204**	**56752**	**6938**	**30452**	**2560**
哈尔滨	56477	28044	6851	28434	541
齐齐哈尔					
鸡西					
鹤岗					
双鸭山					
大庆	28877	28027		850	850
伊春					
佳木斯					
七台河					
牡丹江					
黑河	1850	682	87	1168	1168
绥化					
大兴安岭					
农垦总局					
绥芬河					
抚远					

4-B-2.101 各地区外商投资总承包和专业承包企业固定资产情况

单位：万元

地区	固定资产合计	固定资产原价	固定资产折旧	#本年折旧	在建工程
全省	**2560**	**4874**	**2461**	**160**	
哈尔滨	541	1762	1220	111	
齐齐哈尔					
鸡西					
鹤岗					
双鸭山					
大庆	850	1945	1095	43	
伊春					
佳木斯					
七台河					
牡丹江					
黑河	1168	1168	146	7	
绥化					
大兴安岭					
农垦总局					
绥芬河					
抚远					

4-B-2.102　各地区外商投资总承包和专业承包企业负债及所有者权益

单位：万元

地　区	负债合计	#流动负债	#应付账款	所有者权益	#实收资本
全　省	**73705**	**67847**	**21325**	**13499**	**13246**
哈尔滨	53723	53723	8114	2755	2646
齐齐哈尔					
鸡　西					
鹤　岗					
双鸭山					
大　庆	18869	13211	13211	10008	10000
伊　春					
佳木斯					
七台河					
牡丹江					
黑　河	1113	913		737	600
绥　化					
大兴安岭					
农垦总局					
绥芬河					
抚　远					

4-B-2.103　各地区外商投资总承包和专业承包企业实收资本

单位：万元

地　区	合计	国家资本	集体资本	法人资本	个人资本	港澳台资本	外商资本
全　省	**13246**	**639**		**1339**		**87**	**11181**
哈尔滨	2646	639		739		87	1181
齐齐哈尔							
鸡　西							
鹤　岗							
双鸭山							
大　庆	10000						10000
伊　春							
佳木斯							
七台河							
牡丹江							
黑　河	600			600			
绥　化							
大兴安岭							
农垦总局							
绥芬河							
抚　远							

4-B-2.104 各地区外商投资总承包和专业承包企业收入情况

单位：万元

地区	主营业务收入	#主营业务成本	#主营业务税金及附加	其他业务收入	#其他业务成本	#其他业务利润
全省	**43729**	**38776**	**1881**			
哈尔滨	29012	26426	1115			
齐齐哈尔						
鸡西						
鹤岗						
双鸭山						
大庆	5595	4861	311			
伊春						
佳木斯						
七台河						
牡丹江						
黑河	9121	7489	456			
绥化						
大兴安岭						
农垦总局						
绥芬河						
抚远						

4-B-2.105 各地区外商投资总承包和专业承包企业费用情况

单位：万元

地区	管理费用	#税金	销售费用	财务费用	#利息收入	#利息支出
全省	**2434**	**27**	**33**	**166**	**116**	**1072**
哈尔滨	1114	12	33	29	115	936
齐齐哈尔						
鸡西						
鹤岗						
双鸭山						
大庆	306	4		112	1	113
伊春						
佳木斯						
七台河						
牡丹江						
黑河	1015	11		25		23
绥化						
大兴安岭						
农垦总局						
绥芬河						
抚远						

4-B-2.106 各地区外商投资总承包和专业承包企业利润及税金情况

单位：万元

地区	利润总额	#应交所得税	税金总额	主营业务税金及附加	管理费用中的税金
全省	**411**	**79**	**1909**	**1881**	**27**
哈尔滨	268	64	1127	1115	12
齐齐哈尔					
鸡西					
鹤岗					
双鸭山					
大庆	5	2	315	311	4
伊春					
佳木斯					
七台河					
牡丹江					
黑河	137	13	467	456	11
绥化					
大兴安岭					
农垦总局					
绥芬河					
抚远					

4-B-2.107 各地区外商投资总承包和专业承包企业应收工程款及企业亏损情况

地区	应收工程款（万元）	企业个数（个）	#亏损企业个数	亏损企业的比重（%）
全省	**32184**	**5**	**1**	**20.0**
哈尔滨	5621	3	1	33.3
齐齐哈尔				
鸡西				
鹤岗				
双鸭山				
大庆	26563	1		
伊春				
佳木斯				
七台河				
牡丹江				
黑河		1		
绥化				
大兴安岭				
农垦总局				
绥芬河				
抚远				

4-B-2.108 各地区外商投资总承包和专业承包企业主要经济效益指标

地区	产值利润率(%)	产值利税率(%)	资本利润率(%)	资本利税率(%)	人均利润(元/人)	人均利税(元/人)	资产负债率(%)
全省	**0.3**	**1.4**	**3.1**	**17.5**	**735**	**4150**	**84.5**
哈尔滨	0.2	0.9	10.1	52.7	520	2701	95.1
齐齐哈尔							
鸡西							
鹤岗							
双鸭山							
大庆	0.1	8.2	0.1	3.2	663	39925	65.3
伊春							
佳木斯							
七台河							
牡丹江							
黑河	1.5	6.6	22.9	100.8	3994	17581	60.2
绥化							
大兴安岭							
农垦总局							
绥芬河							
抚远							

4-B-2.109 各地区港澳台商投资总承包和专业承包企业签订合同情况

单位：万元

地区	合同总额	上年结转合同额	本年新签合同额
全省	**2447**		**2447**
哈尔滨	2447		2447
齐齐哈尔			
鸡西			
鹤岗			
双鸭山			
大庆			
伊春			
佳木斯			
七台河			
牡丹江			
黑河			
绥化			
大兴安岭			
农垦总局			
绥芬河			
抚远			

4-B-2.110 各地区港澳台商投资总承包和专业承包企业承包工程完成情况

单位：万元

地区	直接从建设单位承揽工程完成的产值	自行完成施工产值	分包出去工程的产值	从建设单位以外承揽工程完成的产值
全省	**2447**	**2447**		
哈尔滨	2447	2447		
齐齐哈尔				
鸡西				
鹤岗				
双鸭山				
大庆				
伊春				
佳木斯				
七台河				
牡丹江				
黑河				
绥化				
大兴安岭				
农垦总局				
绥芬河				
抚远				

4-B-2.111 各地区港澳台商投资总承包和专业承包企业建筑业总产值和竣工产值

单位：万元

地区	建筑业总产值	#装饰装修产值	#在外省完成的产值	按构成分组			竣工产值
				建筑工程产值	安装工程产值	其他产值	
全省	**2447**	**2402**		**2447**			**2402**
哈尔滨	2447	2402		2447			2402
齐齐哈尔							
鸡西							
鹤岗							
双鸭山							
大庆							
伊春							
佳木斯							
七台河							
牡丹江							
黑河							
绥化							
大兴安岭							
农垦总局							
绥芬河							
抚远							

4-B-2.112 各地区港澳台商投资总承包和专业承包企业施工机械设备情况

地　　区	年末自有施工机械设备总台数(台)	年末自有施工机械设备总功率(千瓦)	年末自有施工机械设备净值(万元)	技　术装备率(元/人)	动　力装备率(千瓦/人)
全　　省	**10**	**40**	**905**	**232103**	**1.0**
哈 尔 滨	10	40	905	232103	1.0
齐齐哈尔					
鸡　　西					
鹤　　岗					
双 鸭 山					
大　　庆					
伊　　春					
佳 木 斯					
七 台 河					
牡 丹 江					
黑　　河					
绥　　化					
大兴安岭					
农垦总局					
绥 芬 河					
抚　　远					

4-B-2.113 各地区港澳台商投资总承包和专业承包企业主要生产效益指标

地　　区	建筑业企业个数(个)	直接从事生产经营活动的平均人数(人)	按总产值计算的劳动生产率(元/人)	人均竣工产　值(元/人)	人均施工面　积(平方米/人)	人均竣工面　积(平方米/人)
全　　省	**2**	**85**	**287824**	**282529**		
哈 尔 滨	2	85	287824	282529		
齐齐哈尔						
鸡　　西						
鹤　　岗						
双 鸭 山						
大　　庆						
伊　　春						
佳 木 斯						
七 台 河						
牡 丹 江						
黑　　河						
绥　　化						
大兴安岭						
农垦总局						
绥 芬 河						
抚　　远						

4-B-2.114 各地区港澳台商投资总承包和专业承包企业营业额

单位：万元

地 区	企业营业额	在境外完成的营业额	企业总产值	#建筑业总产值
全 省	**2447**		**2447**	**2447**
哈尔滨	2447		2447	2447
齐齐哈尔				
鸡 西				
鹤 岗				
双鸭山				
大 庆				
伊 春				
佳木斯				
七台河				
牡丹江				
黑 河				
绥 化				
大兴安岭				
农垦总局				
绥芬河				
抚 远				

4-B-2.115 各地区港澳台商投资总承包和专业承包企业资产构成

单位：万元

地 区	资产合计	#流动资产合计	#存货	#非流动资产合计	#固定资产合计
全 省	**3522**	**1717**		**1805**	**905**
哈尔滨	3522	1717		1805	905
齐齐哈尔					
鸡 西					
鹤 岗					
双鸭山					
大 庆					
伊 春					
佳木斯					
七台河					
牡丹江					
黑 河					
绥 化					
大兴安岭					
农垦总局					
绥芬河					
抚 远					

4-B-2.116 各地区港澳台商投资总承包和专业承包企业固定资产情况

单位：万元

地区	固定资产合计	固定资产原价	固定资产折旧		在建工程
				#本年折旧	
全省	**905**	**1348**	**443**		
哈尔滨	905	1348	443		
齐齐哈尔					
鸡西					
鹤岗					
双鸭山					
大庆					
伊春					
佳木斯					
七台河					
牡丹江					
黑河					
绥化					
大兴安岭					
农垦总局					
绥芬河					
抚远					

4-B-2.117 各地区港澳台商投资总承包和专业承包企业负债及所有者权益

单位：万元

地区	负债合计			所有者权益	
		#流动负债			#实收资本
			#应付账款		
全省	**539**	**530**	**527**	**2983**	**2260**
哈尔滨	539	530	527	2983	2260
齐齐哈尔					
鸡西					
鹤岗					
双鸭山					
大庆					
伊春					
佳木斯					
七台河					
牡丹江					
黑河					
绥化					
大兴安岭					
农垦总局					
绥芬河					
抚远					

4-B-2.118　各地区港澳台商投资总承包和专业承包企业实收资本

单位：万元

地　　区	合计	国家资本	集体资本	法人资本	个人资本	港澳台资本	外商资本
全　　省	**2260**			**664**	**450**	**1146**	
哈尔滨	2260			664	450	1146	
齐齐哈尔							
鸡　　西							
鹤　　岗							
双鸭山							
大　　庆							
伊　　春							
佳木斯							
七台河							
牡丹江							
黑　　河							
绥　　化							
大兴安岭							
农垦总局							
绥芬河							
抚　　远							

4-B-2.119　各地区港澳台商投资总承包和专业承包企业收入情况

单位：万元

地　　区	主营业务收　　入	#主营业务成　　本	#主营业务税金及附加	其他业务收　　入	#其他业务成　　本	#其他业务利　　润
全　　省	**2460**	**2257**	**98**			
哈尔滨	2460	2257	98			
齐齐哈尔						
鸡　　西						
鹤　　岗						
双鸭山						
大　　庆						
伊　　春						
佳木斯						
七台河						
牡丹江						
黑　　河						
绥　　化						
大兴安岭						
农垦总局						
绥芬河						
抚　　远						

4-B-2.120 各地区港澳台商投资总承包和专业承包企业费用情况

单位：万元

地区	管理费用	#税金	销售费用	财务费用	#利息收入	#利息支出
全省	**111**	**1**				
哈尔滨	111	1				
齐齐哈尔						
鸡西						
鹤岗						
双鸭山						
大庆						
伊春						
佳木斯						
七台河						
牡丹江						
黑河						
绥化						
大兴安岭						
农垦总局						
绥芬河						
抚远						

4-B-2.121 各地区港澳台商投资总承包和专业承包企业利润及税金情况

单位：万元

地区	利润总额	#应交所得税	税金总额	主营业务税金及附加	管理费用中的税金
全省	**-8**		**99**	**98**	**1**
哈尔滨	-8		99	98	1
齐齐哈尔					
鸡西					
鹤岗					
双鸭山					
大庆					
伊春					
佳木斯					
七台河					
牡丹江					
黑河					
绥化					
大兴安岭					
农垦总局					
绥芬河					
抚远					

4-B-2.122　各地区港澳台商投资总承包和专业承包企业应收工程款及企业亏损情况

地　区	应收工程款(万元)	企业个数(个)	#亏损企业个数	亏损企业的比重(%)
全　省	**900**	**2**	**2**	**100.0**
哈尔滨	900	2	2	100.0
齐齐哈尔				
鸡　西				
鹤　岗				
双鸭山				
大　庆				
伊　春				
佳木斯				
七台河				
牡丹江				
黑　河				
绥　化				
大兴安岭				
农垦总局				
绥芬河				
抚　远				

4-B-2.123　各地区港澳台商投资总承包和专业承包企业主要经济效益指标

地　区	产值利润率(%)	产值利税率(%)	资本利润率(%)	资本利税率(%)	人均利润(元/人)	人均利税(元/人)	资产负债率(%)
全　省	**-0.3**	**3.7**	**-0.3**	**4.0**	**-882**	**10729**	**15.3**
哈尔滨	-0.3	3.7	-0.3	4.0	-882	10729	15.3
齐齐哈尔							
鸡　西							
鹤　岗							
双鸭山							
大　庆							
伊　春							
佳木斯							
七台河							
牡丹江							
黑　河							
绥　化							
大兴安岭							
农垦总局							
绥芬河							
抚　远							

4-B-3.1 各行业总承包和专业承包企业签订合同情况

单位：万元

行业	合同总额		
		上年结转合同额	本年新签合同额
总 计	**33029827**	**10883894**	**22145932**
房屋建筑业	15582012	4913741	10668271
土木工程建筑业	9109300	2596707	6512594
铁路、道路、隧道和桥梁工程建筑	4373256	934258	3438998
水利和内河港口工程建筑	602607	178498	424109
海洋工程建筑			
工矿工程建筑	2705976	896051	1809925
架线和管道工程建筑	1250376	558408	691968
其他土木工程建筑	177086	29492	147594
建筑安装业	4000985	1870618	2130366
建筑装饰和其他建筑业	4337530	1502828	2834702

4-B-3.2 各行业总承包和专业承包企业承包工程完成情况

单位：万元

行业	直接从建设单位承揽工程完成的产值			从建设单位以外承揽工程完成的产值
		自行完成施工产值	分包出去工程的产值	
总 计	**24871601**	**24670677**	**200925**	**48683**
房屋建筑业	12710005	12697586	12419	28691
土木工程建筑业	6618689	6439241	179448	11022
铁路、道路、隧道和桥梁工程建筑	3538141	3537996	145	5929
水利和内河港口工程建筑	442542	442499	43	
海洋工程建筑				
工矿工程建筑	1781577	1602317	179260	
架线和管道工程建筑	732145	732145		5093
其他土木工程建筑	124285	124285		
建筑安装业	3125757	3122116	3641	6058
建筑装饰和其他建筑业	2417150	2411733	5417	2912

4-B-3.3　各行业总承包和专业承包企业建筑业总产值和竣工产值

单位：万元

行　业	建筑业总产值	#装饰装修产值	#在外省完成的产值	按构成分组			竣工产值
				建筑工程产值	安装工程产值	其他产值	
总　计	**24719359**	**704956**	**2179856**	**20063128**	**3942343**	**713888**	**12603228**
房屋建筑业	12726277	223271	433425	12167395	265908	292974	7711872
土木工程建筑业	6450264	10466	1166668	4359693	1803592	286978	3454412
铁路、道路、隧道和桥梁工程建筑	3543925	4541	608009	3320242	17010	206673	1428363
水利和内河港口工程建筑	442499	1880	8705	385084	42992	14423	266421
海洋工程建筑							
工矿工程建筑	1602317	526	440203	395615	1189359	17343	1234560
架线和管道工程建筑	737238		107552	176404	513986	46847	442256
其他土木工程建筑	124285	3519	2199	82348	40245	1692	82812
建筑安装业	3128173	21718	383029	1597034	1463612	67527	811170
建筑装饰和其他建筑业	2414645	449501	196734	1939006	409230	66409	625774

4-B-3.4　各行业总承包和专业承包企业房屋建筑面积

行　业	房屋建筑施工面积(平方米)	#本年新开工	#实行投标承包面积		房屋建筑竣工面积(平方米)	房屋建筑面积竣工率(%)
				#本年新开工		
总　计	**81747622**	**47427645**	**60235666**	**36976899**	**43900544**	**53.7**
房屋建筑业	78461275	45359631	57977982	35294231	41929731	53.4
土木工程建筑业	1326610	922752	997280	711120	1073669	80.9
铁路、道路、隧道和桥梁工程建筑	314225	137272	221963	115290	204114	65.0
水利和内河港口工程建筑	201152	193852	201152	193852	197012	97.9
海洋工程建筑						
工矿工程建筑	238885	203164	202885	167164	228885	95.8
架线和管道工程建筑	384128	247662	230928	94462	271956	70.8
其他土木工程建筑	188220	140802	140352	140352	171702	91.2
建筑安装业	1899720	1087722	1222864	934008	840726	44.3
建筑装饰和其他建筑业	60017	57540	37540	37540	56418	94.0

4-B-3.5 各行业总承包和专业承包企业机械设备情况

行业	年末自有施工机械设备总台数(台)	年末自有施工机械设备总功率(千瓦)	年末自有施工机械设备净值(万元)	技术装备率(元/人)	动力装备率(千瓦/人)
总计	**134516**	**2835022**	**770020**	**17830**	**6.6**
房屋建筑业	69435	1241024	344761	15025	5.4
土木工程建筑业	48794	1373282	353299	30554	11.9
铁路、道路、隧道和桥梁工程建筑	13220	574287	156434	34763	12.8
水利和内河港口工程建筑	4293	144316	37057	33991	13.2
海洋工程建筑					
工矿工程建筑	23541	550335	142765	33731	13.0
架线和管道工程建筑	7390	96366	12969	8044	6.0
其他土木工程建筑	350	7978	4075	31785	6.2
建筑安装业	12679	163936	50700	14422	4.7
建筑装饰和其他建筑业	3608	56780	21259	4118	1.1

4-B-3.6 按主要用途分的各行业总承包和专业承包企业房屋建筑竣工面积

单位：平方米

行业	合计	住宅房屋	商业及服务用房屋						办公用房屋
				商厦房屋(批发和零售用房)	宾馆用房屋(住宿用房)	餐饮用房屋(餐饮用房)	商务会展用房屋	其他商业及服务用房屋(居民服务业用房)	
总计	**43900544**	**35639382**	**2096631**	**432410**	**152645**	**121383**	**51782**	**1338411**	**1469924**
房屋建筑业	41929731	34319273	2053951	394730	152645	121383	51782	1333411	1434545
土木工程建筑业	1073669	644720	37680	37680					17879
铁路、道路、隧道和桥梁工程建筑	204114	172557	7210	7210					17879
水利和内河港口工程建筑	197012	166542	30470	30470					
海洋工程建筑									
工矿工程建筑	228885								
架线和管道工程建筑	271956	153200							
其他土木工程建筑	171702	152421							
建筑安装业	840726	624679							17500
建筑装饰和其他建筑业	56418	50710	5000					5000	

4-B-3.6　续表

单位：平方米

行　业	科研、教育和医疗用房屋	科学研究用房屋	教育用房屋	医疗用房屋(卫生医疗用房)	文化、体育和娱乐用房屋	厂房及建筑物	#厂房	仓　库	其他未列明的房屋建筑物
总　计	**1267103**	**40747**	**707236**	**519120**	**232032**	**2304116**	**1316410**	**164833**	**726523**
房屋建筑业	1217780	40747	674913	502120	230824	1957516	1070451	161553	554289
土木工程建筑业						201776	163333		171614
铁路、道路、隧道和桥梁工程建筑						6468	4025		
水利和内河港口工程建筑									
海洋工程建筑									
工矿工程建筑						61721	25721		167164
架线和管道工程建筑						114756	114756		4000
其他土木工程建筑						18831	18831		450
建筑安装业	49323		32323	17000	500	144824	82626	3280	620
建筑装饰和其他建筑业					708				

4-B-3.7　按主要用途分的各行业总承包和专业承包企业房屋建筑竣工价值

单位：万元

行　业	合计	住宅房屋	商业及服务用房屋	商厦房屋(批发和零售用房)	宾馆用房屋(住宿用房)	餐饮用房屋(餐饮用房)	商务会展用房屋	其他商业及服务用房屋(居民服务业用房)	办公用房屋
总　计	**6727044**	**5303915**	**332233**	**67008**	**20331**	**17539**	**11031**	**216324**	**265240**
房屋建筑业	6375328	5084268	326184	62410	20331	17539	11031	214874	259306
土木工程建筑业	186120	98248	4598	4598					2857
铁路、道路、隧道和桥梁工程建筑	32779	27414	1228	1228					2857
水利和内河港口工程建筑	23715	20345	3370	3370					
海洋工程建筑									
工矿工程建筑	48748								
架线和管道工程建筑	52535	23836							
其他土木工程建筑	28344	26653							
建筑安装业	154688	112144							3078
建筑装饰和其他建筑业	10907	9254	1450					1450	

4-B-3.7 续表

单位：万元

行业	科研、教育和医疗用房屋	科学研究用房屋	教育用房屋	医疗用房屋(卫生医疗用房)	文化、体育和娱乐用房屋	厂房及建筑物	#厂房	仓库	其他未列明的房屋建筑物
总计	**236018**	**12018**	**120108**	**103892**	**39276**	**420124**	**247051**	**23028**	**107211**
房屋建筑业	226693	12018	114183	100492	38973	345905	195642	22373	71626
土木工程建筑业						44995	36778		35422
铁路、道路、隧道和桥梁工程建筑						1280	623		
水利和内河港口工程建筑									
海洋工程建筑									
工矿工程建筑						13476	5916		35272
架线和管道工程建筑						28639	28639		60
其他土木工程建筑						1601	1601		90
建筑安装业	9325		5925	3400	100	29223	14631	655	163
建筑装饰和其他建筑业					203				

4-B-3.8 按主要用途分的各行业总承包和专业承包企业主要生产效益指标

行业	建筑业企业个数(个)	直接从事生产经营活动的平均人数(人)	按总产值计算的劳动生产率(元/人)	人均竣工产值(元/人)	人均施工面积(平方米/人)	人均竣工面积(平方米/人)
总计	**2008**	**1019239**	**242528**	**123653**	**80.2**	**43.1**
房屋建筑业	948	569242	223565	135476	137.8	73.7
土木工程建筑业	373	238062	270949	145106	5.6	4.5
铁路、道路、隧道和桥梁工程建筑	207	143746	246541	99367	2.2	1.4
水利和内河港口工程建筑	55	20773	213017	128254	9.7	9.5
海洋工程建筑						
工矿工程建筑	14	39262	408109	314441	6.1	5.8
架线和管道工程建筑	66	31697	232589	139526	12.1	8.6
其他土木工程建筑	31	2584	480980	320481	72.8	66.4
建筑安装业	341	113677	275181	71358	16.7	7.4
建筑装饰和其他建筑业	346	98258	245745	63687	0.6	0.6

4-B-3.9　按主要用途分的各行业总承包和专业承包企业营业额

单位：万元

行　业	企业营业额	在境外完成的营业额	企业总产值	#建筑业总产值
总　计	**26287203**	**569650**	**25717553**	**24719359**
房屋建筑业	13044380	136895	12907485	12726277
土木工程建筑业	7584505	406898	7177607	6450264
铁路、道路、隧道和桥梁工程建筑	3774674	209316	3565358	3543925
水利和内河港口工程建筑	450822		450822	442499
海洋工程建筑				
工矿工程建筑	2404284	125516	2278768	1602317
架线和管道工程建筑	826436	68341	758095	737238
其他土木工程建筑	128291	3726	124565	124285
建筑安装业	3162426	19555	3142871	3128173
建筑装饰和其他建筑业	2495893	6303	2489590	2414645

4-B-3.10　各行业总承包和专业承包企业资产构成

单位：万元

行　业	资产合计	#流动资产合　计	#存货	#非流动资产合计	#固定资产合计
总　计	**18033052**	**14701724**	**2698433**	**3331329**	**2293774**
房屋建筑业	8201731	6647834	1082616	1553897	1064955
土木工程建筑业	6689487	5477393	1282963	1212094	918550
铁路、道路、隧道和桥梁工程建筑	3080566	2430177	589635	650389	491769
水利和内河港口工程建筑	391255	283593	28368	107662	98203
海洋工程建筑					
工矿工程建筑	2326393	2082967	448257	243426	218171
架线和管道工程建筑	829093	638224	208589	190869	92360
其他土木工程建筑	62180	42431	8114	19748	18047
建筑安装业	1582662	1326439	216266	256223	189636
建筑装饰和其他建筑业	1559173	1250057	116588	309115	120634

4-B-3.11 各行业总承包和专业承包企业固定资产情况

单位：万元

行业	固定资产合计	固定资产原价	固定资产折旧		在建工程
				#本年折旧	
总　计	**2293774**	**3101164**	**1246491**	**148020**	**197535**
房屋建筑业	1064955	1284171	426014	53827	115136
土木工程建筑业	918550	1392453	661536	70515	54231
铁路、道路、隧道和桥梁工程建筑	491769	613477	268077	27091	28068
水利和内河港口工程建筑	98203	134460	45615	4544	4268
海洋工程建筑					
工矿工程建筑	218171	467909	266266	28894	14611
架线和管道工程建筑	92360	151975	72759	8130	6979
其他土木工程建筑	18047	24632	8818	1856	304
建筑安装业	189636	269407	108014	16414	19115
建筑装饰和其他建筑业	120634	155133	50928	7265	9053

4-B-3.12 各行业总承包和专业承包企业负债及所有者权益

单位：万元

行业	负债合计			所有者权益	
		#流动负债			#实收资本
			#应付账款		
总　计	**12573102**	**11774016**	**4309602**	**5459950**	**4066183**
房屋建筑业	5435402	4880084	1573595	2766329	2032826
土木工程建筑业	5271743	5096253	2113896	1417744	1243394
铁路、道路、隧道和桥梁工程建筑	2193451	2061171	822689	887115	675509
水利和内河港口工程建筑	216444	214911	106780	174811	151155
海洋工程建筑					
工矿工程建筑	2180798	2142947	1064480	145595	254770
架线和管道工程建筑	658090	655552	111336	171004	129317
其他土木工程建筑	22960	21672	8610	39219	32643
建筑安装业	940069	903095	259439	642593	421794
建筑装饰和其他建筑业	925889	894585	362672	633284	368170

4-B-3.13　各行业总承包和专业承包企业实收资本

单位：万元

行　业	合计	国家资本	集体资本	法人资本	个人资本	港澳台资本	外商资本
总　计	**4066183**	**682386**	**377039**	**1260071**	**1732515**	**1233**	**12940**
房屋建筑业	2032826	241818	231708	521450	1027700	150	10000
土木工程建筑业	1243394	324620	52697	479333	385367		1376
铁路、道路、隧道和桥梁工程建筑	675509	157796	23965	219758	272615		1376
水利和内河港口工程建筑	151155	70891	4367	27243	48654		
海洋工程建筑							
工矿工程建筑	254770	42579		208821	3370		
架线和管道工程建筑	129317	47536	24249	15737	41795		
其他土木工程建筑	32643	5819	117	7774	18933		
建筑安装业	421794	56349	29012	159361	176986	87	
建筑装饰和其他建筑业	368170	59599	63622	99927	142462	996	1564

4-B-3.14　各行业总承包和专业承包企业收入情况

单位：万元

行　业	主营业务收　入	#主营业务成　本	#主营业务税金及附加	其他业务收　入	#其他业务成　本	#其他业务利　润
总　计	**18277311**	**15866272**	**596881**	**115282**	**386061**	**10676**
房屋建筑业	9569386	8188897	349070	24752	246931	3322
土木工程建筑业	5727980	5155028	156362	48610	87542	4897
铁路、道路、隧道和桥梁工程建筑	2346185	2041158	83774	25506	65554	949
水利和内河港口工程建筑	418911	365542	14905	1068	5588	123
海洋工程建筑						
工矿工程建筑	2269471	2171470	34509	17705	12075	2499
架线和管道工程建筑	605472	506472	18986	3618	1132	1117
其他土木工程建筑	87941	70387	4188	714	3193	209
建筑安装业	1726939	1497306	56202	38451	46138	1165
建筑装饰和其他建筑业	1253008	1025041	35247	3469	5450	1291

4-B-3.15 各行业总承包和专业承包企业费用情况

单位：万元

行业	管理费用	#税金	销售费用	财务费用	#利息收入	#利息支出
总计	**722986**	**53720**	**73751**	**79052**	**15050**	**62468**
房屋建筑业	311830	26266	42639	41035	4317	29967
土木工程建筑业	248701	21734	9614	22157	4128	19985
铁路、道路、隧道和桥梁工程建筑	96036	3507	4703	14693	2287	13091
水利和内河港口工程建筑	17315	1382	1987	847	161	461
海洋工程建筑						
工矿工程建筑	70866	13175	192	2887	30	2232
架线和管道工程建筑	61261	3272	1740	3110	1637	4019
其他土木工程建筑	3224	398	991	620	13	182
建筑安装业	87352	2476	6586	8183	1007	6878
建筑装饰和其他建筑业	75103	3244	14912	7677	5599	5638

4-B-3.16 各行业总承包和专业承包企业利润及税金情况

单位：万元

行业	利润总额	#应交所得税	税金总额	工程结算税金及附加	管理费用中的税金
总计	**669765**	**147088**	**650601**	**596881**	**53720**
房屋建筑业	372565	88377	375336	349070	26266
土木工程建筑业	138263	28616	178096	156362	21734
铁路、道路、隧道和桥梁工程建筑	69019	16053	87281	83774	3507
水利和内河港口工程建筑	13872	2224	16287	14905	1382
海洋工程建筑					
工矿工程建筑	31760	5136	47684	34509	13175
架线和管道工程建筑	17535	4387	22258	18986	3272
其他土木工程建筑	6077	816	4586	4188	398
建筑安装业	64290	18495	58678	56202	2476
建筑装饰和其他建筑业	94647	11600	38491	35247	3244

4-B-3.17　各行业总承包和专业承包企业应收工程款及企业亏损情况

行　业	应收工程款(万元)	企业个数(个)		亏损企业的比重(%)
			#亏损企业个数	
总　计	**4127862**	**2008**	**445**	**22.2**
房屋建筑业	2166217	948	168	17.7
土木工程建筑业	1197983	373	82	22.0
铁路、道路、隧道和桥梁工程建筑	758033	207	44	21.3
水利和内河港口工程建筑	125307	55	11	20.0
海洋工程建筑				
工矿工程建筑	177834	14	2	14.3
架线和管道工程建筑	123407	66	18	27.3
其他土木工程建筑	13403	31	7	22.6
建筑安装业	422906	341	85	24.9
建筑装饰和其他建筑业	340756	346	110	31.8

4-B-3.18　各行业总承包和专业承包企业主要经济效益指标

行　业	产值利润率(%)	产值利税率(%)	资本利润率(%)	资本利税率(%)	人均利润(元/人)	人均利税(元/人)	资产负债率(%)
总　计	**2.7**	**5.3**	**16.5**	**32.5**	**6571**	**12954**	**69.7**
房屋建筑业	2.9	5.9	18.3	36.8	6545	13139	66.3
土木工程建筑业	2.1	4.9	11.1	25.4	5808	13289	78.8
铁路、道路、隧道和桥梁工程建筑	1.9	4.4	10.2	23.1	4801	10873	71.2
水利和内河港口工程建筑	3.1	6.8	9.2	20.0	6678	14518	55.3
海洋工程建筑							
工矿工程建筑	2.0	5.0	12.5	31.2	8089	20234	93.7
架线和管道工程建筑	2.4	5.4	13.6	30.8	5532	12554	79.4
其他土木工程建筑	4.9	8.6	18.6	32.7	23516	41266	36.9
建筑安装业	2.1	3.9	15.2	29.2	5656	10817	59.4
建筑装饰和其他建筑业	3.9	5.5	25.7	36.2	9633	13550	59.4

4-B-4.1 各地区中央总承包和专业承包企业签订合同情况

单位：万元

地区	合同总额	上年结转合同额	本年新签合同额
全省	**6736745**	**3269599**	**3467146**
哈尔滨	4806803	2496055	2310747
齐齐哈尔			
鸡西			
鹤岗			
双鸭山			
大庆	1920549	768508	1152041
伊春	3700		3700
佳木斯			
七台河			
牡丹江	5215	4565	650
黑河	478	470	8
绥化			
大兴安岭			
农垦总局			
绥芬河			
抚远			

4-B-4.2 各地区中央总承包和专业承包企业承包工程完成情况

单位：万元

地区	直接从建设单位承揽工程完成的产值	自行完成施工产值	分包出去工程的产值	从建设单位以外承揽工程完成的产值
全省	**2284687**	**2105427**	**179260**	
哈尔滨	1127538	1127538		
齐齐哈尔				
鸡西				
鹤岗				
双鸭山				
大庆	1148820	969560	179260	
伊春	3700	3700		
佳木斯				
七台河				
牡丹江	4150	4150		
黑河	480	480		
绥化				
大兴安岭				
农垦总局				
绥芬河				
抚远				

4-B-4.3 各地区中央总承包和专业承包企业建筑业总产值和竣工产值

单位：万元

地区	建筑业总产值	#装饰装修产值	#在外省完成的产值	按构成分组：建筑工程产值	按构成分组：安装工程产值	按构成分组：其他产值	竣工产值
全省	**2105427**	**6973**	**587517**	**972108**	**1103251**	**30068**	**1098125**
哈尔滨	1127538	6973	410270	761862	345684	19992	308993
齐齐哈尔							
鸡西							
鹤岗							
双鸭山							
大庆	969560		177247	202396	757088	10076	784782
伊春	3700			3700			3700
佳木斯							
七台河							
牡丹江	4150			4150			650
黑河	480				480		
绥化							
大兴安岭							
农垦总局							
绥芬河							
抚远							

4-B-4.4 各地区中央总承包和专业承包企业房屋建筑面积

地区	房屋建筑施工面积(平方米)	#本年新开工	#实行投标承包面积	#本年新开工	房屋建筑竣工面积(平方米)	房屋建筑面积竣工率(%)
全省	**712865**	**385590**	**601104**	**300487**	**406038**	**57.0**
哈尔滨	466120	138845	390359	89742	179024	38.4
齐齐哈尔						
鸡西						
鹤岗						
双鸭山						
大庆	203164	203164	167164	167164	203164	100.0
伊春	23850	23850	23850	23850	23850	100.0
佳木斯						
七台河						
牡丹江	19731	19731	19731	19731		
黑河						
绥化						
大兴安岭						
农垦总局						
绥芬河						
抚远						

4-B-4.5 各地区按主要用途分的中央总承包和专业承包企业房屋建筑竣工面积

单位：平方米

地区	合计	住宅房屋	商业及服务用房屋	商厦房屋(批发和零售用房)	宾馆用房屋(住宿用房)	餐饮用房屋(餐饮用房)	商务会展用房屋	其他商业及服务用房屋(居民服务业用房)	办公用房屋
全省	**406038**	**23850**							
哈尔滨	179024								
齐齐哈尔									
鸡西									
鹤岗									
双鸭山									
大庆	203164								
伊春	23850	23850							
佳木斯									
七台河									
牡丹江									
黑河									
绥化									
大兴安岭									
农垦总局									
绥芬河									
抚远									

4-B-4.5 续表

单位：平方米

地区	科研、教育和医疗用房屋	科学研究用房屋	教育用房屋	医疗用房屋(卫生医疗用房)	文化、体育和娱乐用房屋	厂房及建筑物	#厂房	仓库	其他未列明的房屋建筑物
全省						**215024**	**179024**		**167164**
哈尔滨						179024	179024		
齐齐哈尔									
鸡西									
鹤岗									
双鸭山									
大庆						36000			167164
伊春									
佳木斯									
七台河									
牡丹江									
黑河									
绥化									
大兴安岭									
农垦总局									
绥芬河									
抚远									

4-B-4.6　各地区按主要用途分的中央总承包和专业承包企业房屋建筑竣工价值

单位：万元

地　区	合计	住宅房屋	商业及服务用房屋	商厦房屋（批发和零售用房）	宾馆用房屋（住宿用房）	餐饮用房屋（餐饮用房）	商务会展用房屋	其他商业及服务用房屋(居民服务业用房)	办公用房屋
全　省	**86021**	**2385**							
哈尔滨	40804								
齐齐哈尔									
鸡　西									
鹤　岗									
双鸭山									
大　庆	42832								
伊　春	2385	2385							
佳木斯									
七台河									
牡丹江									
黑　河									
绥　化									
大兴安岭									
农垦总局									
绥芬河									
抚　远									

4-B-4.6　续表

单位：万元

地　区	科研、教育和医疗用房屋	科学研究用房屋	教育用房屋	医疗用房屋（卫生医疗用房）	文化、体育和娱乐用房屋	厂房及建筑物	#厂房	仓　库	其他未列明的房屋建筑物
全　省						**48364**	**40804**		**35272**
哈尔滨						40804	40804		
齐齐哈尔									
鸡　西									
鹤　岗									
双鸭山									
大　庆						7560			35272
伊　春									
佳木斯									
七台河									
牡丹江									
黑　河									
绥　化									
大兴安岭									
农垦总局									
绥芬河									
抚　远									

4-B-4.7 各地区中央总承包和专业承包企业施工机械设备情况

地区	年末自有施工机械设备总台数(台)	年末自有施工机械设备总功率(千瓦)	年末自有施工机械设备净值(万元)	技术装备率(元/人)	动力装备率(千瓦/人)
全省	**25929**	**594616**	**132979**	**34165**	**15.3**
哈尔滨	8065	96862	20898	23074	10.7
齐齐哈尔					
鸡西					
鹤岗					
双鸭山					
大庆	17832	497159	111985	39014	17.3
伊春	32	595	97	4959	3.1
佳木斯					
七台河					
牡丹江					
黑河					
绥化					
大兴安岭					
农垦总局					
绥芬河					
抚远					

4-B-4.8 各地区中央总承包和专业承包企业主要生产效益指标

地区	建筑业企业个数(个)	直接从事生产经营活动的平均人数(人)	按总产值计算的劳动生产率(元/人)	人均竣工产值(元/人)	人均施工面积(平方米/人)	人均竣工面积(平方米/人)
全省	**25**	**64353**	**327168**	**170641**	**11.1**	**6.3**
哈尔滨	17	40017	281765	77216	11.6	4.5
齐齐哈尔						
鸡西						
鹤岗						
双鸭山						
大庆	4	23362	415016	335923	8.7	8.7
伊春	1	151	245033	245033	157.9	157.9
佳木斯						
七台河						
牡丹江	2	703	59033	9246	28.1	
黑河	1	120	40000			
绥化						
大兴安岭						
农垦总局						
绥芬河						
抚远						

4-B-4.9　各地区中央总承包和专业承包企业营业额

单位：万元

地　区	企业营业额	在境外完成的营业额	企业总产值	#建筑业总产值
全　省	**2921178**	**117855**	**2803323**	**2105427**
哈尔滨	1221572	70739	1150833	1127538
齐齐哈尔				
鸡　西				
鹤　岗				
双鸭山				
大　庆	1691276	47116	1644160	969560
伊　春	3700		3700	3700
佳木斯				
七台河				
牡丹江	4150		4150	4150
黑　河	480		480	480
绥　化				
大兴安岭				
农垦总局				
绥芬河				
抚　远				

4-B-4.10　各地区中央总承包和专业承包企业资产构成

单位：万元

地　区	资产合计	#流动资产合计	#存货	#非流动资产合计	#固定资产合计
全　省	**2918873**	**2598959**	**518065**	**319915**	**235088**
哈尔滨	1016762	872393	118833	144369	67418
齐齐哈尔					
鸡　西					
鹤　岗					
双鸭山					
大　庆	1876751	1705824	394575	170927	166471
伊　春	4361	4033	568	328	328
佳木斯					
七台河					
牡丹江	20427	16635	4090	3792	619
黑　河	574	75		499	252
绥　化					
大兴安岭					
农垦总局					
绥芬河					
抚　远					

4-B-4.11 各地区中央总承包和专业承包企业固定资产情况

单位：万元

地 区	固定资产合计	固定资产原价	固定资产折旧		在建工程
				#本年折旧	
全 省	**235088**	**513255**	**295018**	**30039**	**16036**
哈尔滨	67418	138225	74180	7316	2235
齐齐哈尔					
鸡 西					
鹤 岗					
双鸭山					
大 庆	166471	372616	219543	22469	13801
伊 春	328	571	243	51	
佳木斯					
七台河					
牡丹江	619	1591	972	185	
黑 河	252	252	80	18	
绥 化					
大兴安岭					
农垦总局					
绥芬河					
抚 远					

4-B-4.12 各地区中央总承包和专业承包企业负债及所有者权益

单位：万元

地 区	负债合计			所有者权益	
		#流动负债			#实收资本
			#应付账款		
全 省	**2656805**	**2600160**	**1205745**	**262069**	**339728**
哈尔滨	856311	820041	328628	160450	127178
齐齐哈尔					
鸡 西					
鹤 岗					
双鸭山					
大 庆	1774131	1756904	870811	102620	210043
伊 春	3579	3579		782	600
佳木斯					
七台河					
牡丹江	22710	19607	6295	-2284	1677
黑 河	74	29	10	500	231
绥 化					
大兴安岭					
农垦总局					
绥芬河					
抚 远					

4-B-4.13 各地区中央总承包和专业承包企业实收资本

单位：万元

地区	合计	国家资本	集体资本	法人资本	个人资本	港澳台资本	外商资本
全省	**339728**	**130793**	**3165**	**205770**			
哈尔滨	127178	103819	889	22470			
齐齐哈尔							
鸡西							
鹤岗							
双鸭山							
大庆	210043	26743		183300			
伊春	600		600				
佳木斯							
七台河							
牡丹江	1677		1677				
黑河	231	231					
绥化							
大兴安岭							
农垦总局							
绥芬河							
抚远							

4-B-4.14 各地区中央总承包和专业承包企业收入情况

单位：万元

地区	主营业务收入	#主营业务成本	#主营业务税金及附加	其他业务收入	#其他业务成本	#其他业务利润
全省	**2649085**	**2494862**	**43486**	**10401**	**4763**	**4950**
哈尔滨	982529	876043	21737	6291	4043	1806
齐齐哈尔						
鸡西						
鹤岗						
双鸭山						
大庆	1653298	1607079	21362	4101	718	3144
伊春	3700	2790	116			
佳木斯						
七台河						
牡丹江	9077	8521	272	9	2	
黑河	480	430				
绥化						
大兴安岭						
农垦总局						
绥芬河						
抚远						

4-B-4.15 各地区中央总承包和专业承包企业费用情况

单位：万元

地区	管理费用		销售费用	财务费用		
		#税金			#利息收入	#利息支出
全省	**86036**	**13092**	**6868**	**10300**	**5824**	**7999**
哈尔滨	39287	1059	6704	10046	5810	7738
齐齐哈尔						
鸡西						
鹤岗						
双鸭山						
大庆	46455	11992		246	14	256
伊春	102	8	132	5		5
佳木斯						
七台河						
牡丹江	192	33	32	3	1	
黑河						
绥化						
大兴安岭						
农垦总局						
绥芬河						
抚远						

4-B-4.16 各地区中央总承包和专业承包企业利润及税金情况

单位：万元

地区	利润总额		税金总额		
		#应交所得税		主营业务税金及附加	管理费用中的税金
全省	**50637**	**4789**	**56578**	**43486**	**13092**
哈尔滨	31518	3085	22796	21737	1059
齐齐哈尔					
鸡西					
鹤岗					
双鸭山					
大庆	18486	1525	33354	21362	11992
伊春	556	154	124	116	8
佳木斯					
七台河					
牡丹江	27	13	305	272	33
黑河	50	12			
绥化					
大兴安岭					
农垦总局					
绥芬河					
抚远					

4-B-4.17 各地区中央总承包和专业承包企业应收工程款及企业亏损情况

地区	应收工程款(万元)	企业个数(个)	#亏损企业个数	亏损企业的比重(%)
全省	**327402**	**25**	**6**	**24.0**
哈尔滨	265490	17	5	29.4
齐齐哈尔				
鸡西				
鹤岗				
双鸭山				
大庆	56663	4	1	25.0
伊春	2900	1		
佳木斯				
七台河				
牡丹江	2349	2		
黑河		1		
绥化				
大兴安岭				
农垦总局				
绥芬河				
抚远				

4-B-4.18 各地区中央总承包和专业承包企业主要经济效益指标

地区	产值利润率(%)	产值利税率(%)	资本利润率(%)	资本利税率(%)	人均利润(元/人)	人均利税(元/人)	资产负债率(%)
全省	**2.4**	**5.1**	**14.9**	**31.6**	**7869**	**16660**	**91.0**
哈尔滨	2.8	4.8	24.8	42.7	7876	13573	84.2
齐齐哈尔							
鸡西							
鹤岗							
双鸭山							
大庆	1.9	5.3	8.8	24.7	7913	22190	94.5
伊春	15.0	18.4	92.7	113.3	36815	45000	82.1
佳木斯							
七台河							
牡丹江	0.7	8.0	1.6	19.8	390	4723	111.2
黑河	10.3	10.4	21.5	21.6	4133	4167	12.8
绥化							
大兴安岭							
农垦总局							
绥芬河							
抚远							

4-B-4.19 各地区地方总承包和专业承包企业签订合同情况

单位：万元

地 区	合同总额		
		上年结转合同额	本年新签合同额
全 省	**26293082**	**7614296**	**18678786**
哈 尔 滨	16104527	5197573	10906954
齐齐哈尔	853860	193705	660156
鸡 西	468528	98591	369937
鹤 岗	364914	172026	192888
双 鸭 山	223271	54995	168276
大 庆	1335331	194035	1141296
伊 春	280837	20881	259956
佳 木 斯	1505787	690436	815351
七 台 河	150626	24680	125946
牡 丹 江	2011966	230927	1781039
黑 河	586059	21541	564518
绥 化	724420	7914	716505
大兴安岭	237171	28034	209136
农垦总局	1379615	661114	718501
绥 芬 河	65110	17844	47266
抚 远	1062		1062

4-B-4.20 各地区地方总承包和专业承包企业承包工程完成情况

单位：万元

地 区	直接从建设单位承揽工程完成的产值			从建设单位以外承揽工程完成的产值
		自行完成施工产值	分包出去工程的产值	
全 省	**22586914**	**22565249**	**21665**	**48683**
哈 尔 滨	14481972	14467019	14954	20614
齐齐哈尔	721024	715640	5385	368
鸡 西	400196	399996	200	1508
鹤 岗	244386	244386		748
双 鸭 山	191593	191593		
大 庆	1143527	1143527		5885
伊 春	263290	263277	13	
佳 木 斯	973031	972971	60	60
七 台 河	121670	121670		
牡 丹 江	1747186	1746708	478	10499
黑 河	564619	564619		310
绥 化	776436	776367	69	119
大兴安岭	209091	208584	507	
农垦总局	720883	720883		8571
绥 芬 河	26950	26950		
抚 远	1062	1062		

4-B-4.21 各地区地方总承包和专业承包企业建筑业总产值和竣工产值

单位：万元

地 区	建筑业总产值	#装饰装修产值	#在外省完成的产值	按构成分组：建筑工程产值	按构成分组：安装工程产值	按构成分组：其他产值	竣工产值
全 省	**22613932**	**697983**	**1592339**	**19091020**	**2839092**	**683820**	**11505103**
哈尔滨	14487632	462620	867516	12319962	1895920	271750	5287252
齐齐哈尔	716008	6729	36752	589640	92198	34170	527262
鸡 西	401504	1473	90426	371214	26853	3438	164862
鹤 岗	245134	7074	9870	221039	11271	12824	195600
双鸭山	191593	7432		173500	15890	2203	128794
大 庆	1149411	30796	766	677632	355718	116061	1029516
伊 春	263277	33854		234761	15415	13101	240583
佳木斯	973031	24193	86257	874103	73336	25591	725108
七台河	121670	1958		113559	5810	2300	124092
牡丹江	1757208	30269	429265	1477048	205982	74178	1400134
黑 河	564929	7070		459572	103026	2330	523645
绥 化	776486	73875	1500	656769	30754	88964	708565
大兴安岭	208584	7594	12286	180148	383	28053	141193
农垦总局	729454	3046	57701	721430	4155	3869	292768
绥芬河	26950			19582	2380	4988	14668
抚 远	1062			1062			1062

4-B-4.22 各地区地方总承包和专业承包企业房屋建筑面积

地 区	房屋建筑施工面积(平方米)	#本年新开工	#实行投标承包面积	#本年新开工	房屋建筑竣工面积(平方米)	房屋建筑面积竣工率(%)
全 省	**81034757**	**47042055**	**59634562**	**36676412**	**43494506**	**53.7**
哈尔滨	42903021	20833986	34095903	16735765	18325994	42.7
齐齐哈尔	3270603	2073050	1780102	1294667	1971588	60.3
鸡 西	1649529	926011	1000129	687729	832884	50.5
鹤 岗	2835204	970603	2149319	832711	992847	35.0
双鸭山	1273137	875699	832435	676850	639268	50.2
大 庆	2876385	1817931	1704459	1130587	2528962	87.9
伊 春	1741089	1411847	821727	800431	1451585	83.4
佳木斯	5570913	4348876	3548554	3436464	4172333	74.9
七台河	955401	509626	476006	464701	546763	57.2
牡丹江	7095159	4700494	4785099	3249101	4336443	61.1
黑 河	1922849	1765078	1524496	1430354	1563274	81.3
绥 化	4127104	4050656	3817626	3755270	3704018	89.7
大兴安岭	1354812	938572	1153876	737636	1006910	74.3
农垦总局	2971911	1519678	1644883	1144198	1352990	45.5
绥芬河	478376	290684	290684	290684	59383	12.4
抚 远	9264	9264	9264	9264	9264	100.0

4-B-4.23 各地区按主要用途分的地方总承包和专业承包企业房屋建筑竣工面积

单位：平方米

地区	合计	住宅房屋	商业及服务用房屋	商厦房屋(批发和零售用房)	宾馆用房屋(住宿用房)	餐饮用房屋(餐饮用房)	商务会展用房屋	其他商业及服务用房屋(居民服务业用房)	办公用房屋
全省	**43494506**	**35615532**	**2096631**	**432410**	**152645**	**121383**	**51782**	**1338411**	**1469924**
哈尔滨	18325994	15892325	546980	99534	22183	29600	3850	391813	186851
齐齐哈尔	1971588	1375640	82378	50364				32014	296474
鸡西	832884	664385	61853	33265				28588	25152
鹤岗	992847	821468	46164				3512	42652	61398
双鸭山	639268	458843	30338					30338	53509
大庆	2528962	1906653	196102	4000				192102	202956
伊春	1451585	1272869	4647					4647	13316
佳木斯	4172333	3066414	412217	164937	55500	78500	1500	111780	210321
七台河	546763	465089	1865	696				1169	4349
牡丹江	4336443	3584655	199356	9123	57930	4800	38700	88803	156234
黑河	1563274	1195875	205724	34243	2000	220	2300	166961	32565
绥化	3704018	3213933	155708	22870	5966			126872	40446
大兴安岭	1006910	813672	44962	13378	9066	8263	1920	12335	74561
农垦总局	1352990	817064	106337					106337	111792
绥芬河	59383	57383	2000					2000	
抚远	9264	9264							

4-B-4.23 续表

单位：平方米

地区	科研、教育和医疗用房屋	科学研究用房屋	教育用房屋	医疗用房屋(卫生医疗用房)	文化、体育和娱乐用房屋	厂房及建筑物	#厂房	仓库	其他未列明的房屋建筑物
全省	**1267103**	**40747**	**707236**	**519120**	**232032**	**2089092**	**1137386**	**164833**	**559359**
哈尔滨	603783	29231	187696	386856	138509	703361	518279	36686	217499
齐齐哈尔	60870		60870		20355	70369	65339	23323	42179
鸡西	18789	150	14952	3687	2022	59459	14729	1224	
鹤岗	8989	577	8412		150	32191	10591	1000	21487
双鸭山	50097		47750	2347	500	42681	31537	3300	
大庆	191144	1200	179724	10220		20857	17357		11250
伊春	19692		17532	2160		116328	96408	110	24623
佳木斯	31440		26440	5000	39900	361176	185580	37670	13195
七台河	5100		5100		120	60030	7680	110	10100
牡丹江	117989		64299	53690	3298	240431	49081	34330	150
黑河	18626		18626			51121		11680	47683
绥化	59431	8979	31381	19071	6270	218466	118466	1000	8764
大兴安岭	14146	610	12866	670	3165	7700	7700	8100	40604
农垦总局	67007		31588	35419	17743	104922	14639	6300	121825
绥芬河									
抚远									

4-B-4.24　各地区按主要用途分的地方总承包和专业承包企业房屋建筑竣工价值

单位：万元

地　区	合计	住宅房屋	商业及服务用房屋	商厦房屋(批发和零售用房)	宾馆用房屋(住宿用房)	餐饮用房屋(餐饮用房)	商务会展用房屋	其他商业及服务用房屋(居民服务业用房)	办公用房屋
全　省	**6641023**	**5301530**	**332233**	**67008**	**20331**	**17539**	**11031**	**216324**	**265240**
哈尔滨	3052793	2569769	90704	18848	5258	4863	1801	59933	60132
齐齐哈尔	286242	177499	13015	8669				4345	59135
鸡　西	115132	87293	9052	5537				3515	3828
鹤　岗	128017	104584	6324				600	5724	6335
双鸭山	94070	63734	5219					5219	6441
大　庆	406021	296582	32836	760				32076	40090
伊　春	167507	136751	580					580	1575
佳木斯	562681	408252	55586	22992	6703	10435	155	15301	26419
七台河	88308	77326	322	198				124	592
牡丹江	714358	601058	32057	1130	5992	1070	7673	16192	21944
黑　河	224869	169038	35298	3871	429	46	533	30418	5072
绥　化	517822	431552	29626	2609	679			26339	7453
大兴安岭	104424	75561	7494	2393	1269	1125	269	2438	11895
农垦总局	170869	95111	13631					13631	14330
绥芬河	6849	6358	491					491	
抚　远	1062	1062							

4-B-4.24　续表

单位：万元

地　区	科研、教育和医疗用房屋	科学研究用房屋	教育用房屋	医疗用房屋(卫生医疗用房)	文化、体育和娱乐用房屋	厂房及建筑物	#厂房	仓　库	其他未列明的房屋建筑物
全　省	**236018**	**12018**	**120108**	**103892**	**39276**	**371760**	**206247**	**23028**	**71939**
哈尔滨	123798	9851	30795	83153	22582	147710	106066	7529	30570
齐齐哈尔	11776		11776		2578	15285	14107	2710	4244
鸡　西	3364	20	2244	1100	397	11019	2679	179	
鹤　岗	2259	150	2109		302	4603	1363	200	3409
双鸭山	11228		10785	443	100	7151	5915	198	
大　庆	32379	540	30195	1644		3441	2741		694
伊　春	3151		2706	446		22639	20889	14	2797
佳木斯	4664		4155	509	5105	54447	22616	4514	3695
七台河	1156		1156		4	8576	1520	3	329
牡丹江	18376		9478	8898	534	36213	6259	4156	20
黑　河	3228		3228			7663		1500	3071
绥　化	9239	1372	5425	2441	1178	37654	18624	100	1019
大兴安岭	2223	85	2043	94	443	1050	1050	1107	4653
农垦总局	9177		4013	5164	6053	14309	2420	819	17439
绥芬河									
抚　远									

4-B-4.25 各地区地方总承包和专业承包企业施工机械设备情况

地 区	年末自有施工机械设备总台数(台)	年末自有施工机械设备总功率(千瓦)	年末自有施工机械设备净值(万元)	技术装备率(元/人)	动力装备率(千瓦/人)
全 省	**108587**	**2240406**	**637041**	**16212**	**5.7**
哈尔滨	43257	906652	227603	15082	6.0
齐齐哈尔	5843	115796	39558	18763	5.5
鸡 西	3951	91120	35656	21857	5.6
鹤 岗	3403	52984	16460	15432	5.0
双鸭山	2874	26549	7311	6003	2.2
大 庆	15264	275728	80441	30424	10.4
伊 春	2181	62911	19405	20302	6.6
佳木斯	9168	140593	37806	11807	4.4
七台河	1157	57187	13737	31747	13.2
牡丹江	3161	89563	41496	6795	1.5
黑 河	3268	45519	13859	17936	5.9
绥 化	10353	173711	74803	29711	6.9
大兴安岭	3020	138126	15194	28311	25.7
农垦总局	1393	53921	9437	9712	5.5
绥芬河	209	9801	4238	121793	28.2
抚 远	85	245	36	7388	5.0

4-B-4.26 各地区地方总承包和专业承包企业主要生产效益指标

地 区	建筑业企业个数(个)	直接从事生产经营活动的平均人数(人)	按总产值计算的劳动生产率(元/人)	人均竣工产值(元/人)	人均施工面积(平方米/人)	人均竣工面积(平方米/人)
全 省	**1983**	**954886**	**236823**	**120487**	**84.9**	**45.5**
哈尔滨	891	599519	241654	88192	71.6	30.6
齐齐哈尔	114	32425	220820	162610	100.9	60.8
鸡 西	87	16729	240005	98549	98.6	49.8
鹤 岗	61	14295	171482	136831	198.3	69.5
双鸭山	47	10177	188261	126554	125.1	62.8
大 庆	227	34052	337546	302336	84.5	74.3
伊 春	58	11614	226690	207149	149.9	125.0
佳木斯	69	43894	221677	165195	126.9	95.1
七台河	37	6154	197708	201645	155.2	88.8
牡丹江	151	66884	262725	209338	106.1	64.8
黑 河	52	28811	196081	181752	66.7	54.3
绥 化	107	42071	184566	168421	98.1	88.0
大兴安岭	26	9240	225740	152806	146.6	109.0
农垦总局	45	37783	193064	77487	78.7	35.8
绥芬河	9	1166	231134	125799	410.3	50.9
抚 远	2	72	147444	147444	128.7	128.7

4-B-4.27　各地区地方总承包和专业承包企业营业额

单位：万元

地　区	企业营业额	在境外完成的营业额	企业总产值	#建筑业总产值
全　省	**23366026**	**451796**	**22914230**	**22613932**
哈尔滨	14809303	76891	14732412	14487632
齐齐哈尔	741682	20623	721059	716008
鸡　西	405850	3726	402124	401504
鹤　岗	260340		260340	245134
双鸭山	191663		191663	191593
大　庆	1345049	179150	1165899	1149411
伊　春	263290		263290	263277
佳木斯	973594		973594	973031
七台河	127598		127598	121670
牡丹江	1928898	169272	1759626	1757208
黑　河	568503		568503	564929
绥　化	778703	2134	776569	776486
大兴安岭	208584		208584	208584
农垦总局	734652		734652	729454
绥芬河	27256		27256	26950
抚　远	1062		1062	1062

4-B-4.28　各地区地方总承包和专业承包企业资产构成

单位：万元

地　区	资产合计	#流动资产合计	#存货	#非流动资产合计	#固定资产合计
全　省	**15114179**	**12102765**	**2180368**	**3011414**	**2058687**
哈尔滨	7935463	6682786	1443608	1252678	855279
齐齐哈尔	625059	469119	54259	155940	111409
鸡　西	429500	325588	40860	103911	94416
鹤　岗	283018	221338	30365	61680	51787
双鸭山	358167	214390	11979	143777	56955
大　庆	1912714	1559348	118192	353366	204626
伊　春	244437	170268	13117	74169	71779
佳木斯	761097	560425	58802	200673	132219
七台河	232185	178394	59324	53791	40536
牡丹江	907280	675537	107287	231742	133174
黑　河	135894	83418	13431	52477	48403
绥　化	492588	321811	85057	170777	141478
大兴安岭	198906	132388	18747	66519	59788
农垦总局	563319	488136	117560	75183	48639
绥芬河	32800	19420	7681	13380	7348
抚　远	1751	400	100	1351	851

4-B-4.29 各地区地方总承包和专业承包企业固定资产情况

单位：万元

地区	固定资产合计	固定资产原价	固定资产折旧	#本年折旧	在建工程
全省	**2058687**	**2587909**	**951474**	**117980**	**181499**
哈尔滨	855279	1076025	419689	49907	61302
齐齐哈尔	111409	159518	59231	6199	762
鸡西	94416	122891	40004	7185	8866
鹤岗	51787	54212	20215	5553	4166
双鸭山	56955	64714	25496	1658	11171
大庆	204626	304291	124071	14557	15678
伊春	71779	59788	19298	2039	28334
佳木斯	132219	167738	50051	3789	5733
七台河	40536	53130	17418	2512	3252
牡丹江	133174	165774	54091	14185	3008
黑河	48403	42413	9169	817	5246
绥化	141478	189154	62112	5261	6375
大兴安岭	59788	47211	15614	1144	23184
农垦总局	48639	67926	30092	2553	4421
绥芬河	7348	12152	4804	610	
抚远	851	971	120	14	

4-B-4.30 各地区地方总承包和专业承包企业负债及所有者权益

单位：万元

地区	负债合计	#流动负债	#应付账款	所有者权益	#实收资本
全省	**9916297**	**9173856**	**3103857**	**5197882**	**3726455**
哈尔滨	5401110	5167500	1716295	2534354	1817909
齐齐哈尔	378977	361468	144570	246082	198661
鸡西	252805	227487	52420	176694	135807
鹤岗	165284	137202	41719	117735	85105
双鸭山	231899	168772	48476	126268	93666
大庆	1292341	1068058	447083	620373	397682
伊春	146955	135178	33752	97482	75396
佳木斯	465437	440480	153270	295661	167574
七台河	137950	137907	47118	94235	67813
牡丹江	566751	522198	125443	340529	277909
黑河	57651	54224	9408	78243	59922
绥化	216113	198853	72604	276475	205471
大兴安岭	129161	118524	31043	69745	56762
农垦总局	460611	422911	175394	102708	73484
绥芬河	12652	12522	5265	20148	12193
抚远	602	572		1149	1100

4-B-4.31　各地区地方总承包和专业承包企业实收资本

单位：万元

地　区	合计	国家资本	集体资本	法人资本	个人资本	港澳台资本	外商资本
全　省	**3726455**	**551593**	**373874**	**1054301**	**1732515**	**1233**	**12940**
哈尔滨	1817909	298498	167650	515559	832030	1233	2940
齐齐哈尔	198661	60132	15370	51406	71753		
鸡　西	135807	20324	19568	36605	59310		
鹤　岗	85105	9000	14466	26372	35268		
双鸭山	93666	23996	16034	21894	31742		
大　庆	397682	42150	26170	98760	220602		10000
伊　春	75396	10664	14064	19584	31085		
佳木斯	167574	23279	16999	63423	63872		
七台河	67813	7986	2072	29088	28667		
牡丹江	277909	18107	44739	74747	140316		
黑　河	59922	7695	13282	21256	17690		
绥　化	205471	10970	19411	52378	122712		
大兴安岭	56762	2737	1483	16023	36520		
农垦总局	73484	16056	1767	25307	30355		
绥芬河	12193		800	1400	9993		
抚　远	1100			500	600		

4-B-4.32　各地区地方总承包和专业承包企业收入情况

单位：万元

地　区	主营业务收入	#主营业务成本	#主营业务税金及附加	其他业务收入	#其他业务成本	#其他业务利润
全　省	**15628226**	**13371410**	**553395**	**104881**	**381299**	**5726**
哈尔滨	7788208	6750853	251849	64324	247157	1523
齐齐哈尔	688761	599897	23754	1003	18499	351
鸡　西	386453	342914	14282	928	227	629
鹤　岗	236726	200630	8221	106	16325	
双鸭山	198911	174369	6607	4640	7673	-523
大　庆	1101263	987402	34807	6331	1733	1383
伊　春	259478	218115	12730	818	7074	-194
佳木斯	903821	717060	40079	16713	44650	514
七台河	115079	87620	5762	1215	6511	682
牡丹江	1737356	1422441	72758	5055	10134	454
黑　河	558791	439778	34745	1824	5097	243
绥　化	770152	656360	30590	1078	7681	252
大兴安岭	188332	167031	7904	310	1	301
农垦总局	672666	588382	8250	531	8536	105
绥芬河	21168	17656	944	5		5
抚　远	1062	902	111			

4-B-4.33 各地区地方总承包和专业承包企业费用情况

单位：万元

地　　区	管理费用	#税金	销售费用	财务费用	#利息收入	#利息支出
全　　省	**636950**	**40628**	**66883**	**68752**	**9226**	**54469**
哈 尔 滨	334527	15173	15394	34286	5471	31358
齐齐哈尔	31141	1799	912	1498	79	659
鸡　　西	17845	826	351	641	37	571
鹤　　岗	12357	737	515	676	39	698
双 鸭 山	9332	1599	158	1641	7	489
大　　庆	51659	3550	3713	6372	93	5223
伊　　春	5741	550	183	942	8	855
佳 木 斯	33977	3026	21115	2816	33	631
七 台 河	8544	372	13	949	2	808
牡 丹 江	51280	7860	13795	9425	923	2468
黑　　河	27644	268	1971	365	123	166
绥　　化	26693	3308	5673	3946	10	3306
大兴安岭	6152	205	25	710	18	649
农垦总局	18881	1249	3036	4200	2383	6331
绥 芬 河	1154	106	29	286	1	257
抚　　远	25	1				

4-B-4.34 各地区地方总承包和专业承包企业利润及税金情况

单位：万元

地　　区	利润总额	#应交所得税	税金总额	主营业务税金及附加	管理费用中的税金
全　　省	**619128**	**142299**	**594023**	**553395**	**40628**
哈 尔 滨	204463	50291	267022	251849	15173
齐齐哈尔	13955	8965	25553	23754	1799
鸡　　西	10398	3706	15108	14282	826
鹤　　岗	-3455	3571	8958	8221	737
双 鸭 山	4876	3109	8206	6607	1599
大　　庆	23224	9994	38357	34807	3550
伊　　春	14436	2358	13280	12730	550
佳 木 斯	58267	16809	43105	40079	3026
七 台 河	6988	1861	6134	5762	372
牡 丹 江	168384	17515	80618	72758	7860
黑　　河	51495	4368	35013	34745	268
绥　　化	39985	10984	33898	30590	3308
大兴安岭	7117	2715	8109	7904	205
农垦总局	17857	5825	9499	8250	1249
绥 芬 河	1113	226	1050	944	106
抚　　远	24	4	112	111	1

4-B-4.35　各地区地方总承包和专业承包企业应收工程款及企业亏损情况

地　区	应收工程款(万元)	企业个数(个)		亏损企业的比重(%)
			#亏损企业个数	
全　省	**3800460**	**1983**	**439**	**22.1**
哈尔滨	2049431	891	263	29.5
齐齐哈尔	197130	114	23	20.2
鸡　西	105499	87	19	21.8
鹤　岗	81809	61	10	16.4
双鸭山	77407	47	7	14.9
大　庆	478422	227	48	21.1
伊　春	45522	58	1	1.7
佳木斯	174066	69	13	18.8
七台河	42320	37	10	27.0
牡丹江	184343	151	29	19.2
黑　河	17255	52	5	9.6
绥　化	89164	107	6	5.6
大兴安岭	40235	26	3	11.5
农垦总局	213682	45	2	4.4
绥芬河	4176	9		
抚　远		2		

4-B-4.36　各地区地方总承包和专业承包企业主要经济效益指标

地　区	产值利润率(%)	产值利税率(%)	资本利润率(%)	资本利税率(%)	人均利润(元/人)	人均利税(元/人)	资产负债率(%)
全　省	**2.7**	**5.4**	**16.6**	**32.6**	**6484**	**12705**	**65.6**
哈尔滨	1.4	3.3	11.2	25.9	3411	7864	68.1
齐齐哈尔	1.9	5.5	7.0	19.9	4304	12184	60.6
鸡　西	2.6	6.4	7.7	18.8	6216	15247	58.9
鹤　岗	-1.4	2.2	-4.1	6.5	-2417	3850	58.4
双鸭山	2.5	6.8	5.2	14.0	4791	12854	64.7
大　庆	2.0	5.4	5.8	15.5	6820	18085	67.6
伊　春	5.5	10.5	19.1	36.8	12430	23864	60.1
佳木斯	6.0	10.4	34.8	60.5	13274	23095	61.2
七台河	5.7	10.8	10.3	19.4	11356	21322	59.4
牡丹江	9.6	14.2	60.6	89.6	25176	37229	62.5
黑　河	9.1	15.3	85.9	144.4	17873	30026	42.4
绥　化	5.1	9.5	19.5	36.0	9504	17562	43.9
大兴安岭	3.4	7.3	12.5	26.8	7702	16479	64.9
农垦总局	2.4	3.8	24.3	37.2	4726	7241	81.8
绥芬河	4.1	8.0	9.1	17.7	9548	18553	38.6
抚　远	2.2	12.7	2.2	12.3	3292	18778	34.4

C.总承包建筑业企业

4-C-1　各地区总承包企业签订合同情况

单位：万元

地　区	合同总额	上年结转合同额	本年新签合同额
全　省	**29310281**	**10405181**	**18905100**
哈尔滨	18247712	7272101	10975611
齐齐哈尔	674352	186681	487672
鸡　西	451879	98156	353723
鹤　岗	363176	172026	191150
双鸭山	199178	54795	144383
大　庆	3151249	957830	2193420
伊　春	264583	20805	243778
佳木斯	1489271	689021	800250
七台河	144696	24634	120062
牡丹江	1447569	192707	1254863
黑　河	491186	21519	469667
绥　化	705967	7914	698053
大兴安岭	233676	28034	205641
农垦总局	1379615	661114	718501
绥芬河	65110	17844	47266
抚　远	1062		1062

4-C-2　各地区总承包企业承包工程完成情况

单位：万元

地　区	直接从建设单位承揽工程完成的产值	自行完成施工产值	分包出去工程的产值	从建设单位以外承揽工程完成的产值
全　省	**20556655**	**20364753**	**191902**	**29647**
哈尔滨	12300521	12294275	6245	7572
齐齐哈尔	550211	544948	5263	
鸡　西	383518	383498	20	1328
鹤　岗	242648	242648		748
双鸭山	166098	166098		
大　庆	2197226	2017966	179260	439
伊　春	247036	247036		
佳木斯	957578	957518	60	60
七台河	115745	115745		
牡丹江	1203825	1203347	478	10499
黑　河	479775	479775		310
绥　化	757984	757915	69	119
大兴安岭	205596	205089	507	
农垦总局	720883	720883		8571
绥芬河	26950	26950		
抚　远	1062	1062		

4-C-3 各地区总承包企业建筑业总产值和竣工产值

单位：万元

地区	建筑业总产值	#装饰装修产值	#在外省完成的产值	按构成分组			竣工产值
				建筑工程产值	安装工程产值	其他产值	
全省	**20394400**	**235129**	**1771606**	**17160508**	**2677997**	**555894**	**11135281**
哈尔滨	12301847	55990	1129689	10748306	1349359	204183	4779019
齐齐哈尔	544948	6206	9585	496342	16591	32014	473090
鸡西	384826		90426	369605	13106	2115	161570
鹤岗	243396	6775	9870	220813	9832	12751	193862
双鸭山	166098	6431		158412	7547	140	106951
大庆	2018405	13087	177247	844168	1064590	109647	1735292
伊春	247036	32824		227837	15129	4070	224626
佳木斯	957578	22290	86257	870379	61629	25570	712478
七台河	115745	325		112777	668	2300	119808
牡丹江	1213847	8000	197045	1086168	90496	37183	1036713
黑河	480085	3165		453904	23850	2330	455563
绥化	758034	71097	1500	652746	18606	86682	690113
大兴安岭	205089	5894	12286	176978	58	28053	137698
农垦总局	729454	3046	57701	721430	4155	3869	292768
绥芬河	26950			19582	2380	4988	14668
抚远	1062			1062			1062

4-C-4 各地区总承包企业房屋建筑面积

地区	房屋建筑施工面积(平方米)	#本年新开工	#实行投标承包面积	#本年新开工	房屋建筑竣工面积(平方米)	房屋建筑面积竣工率(%)
全省	**80885379**	**46892109**	**59743813**	**36763968**	**43720820**	**54.1**
哈尔滨	42784712	20693909	34207340	16825507	18485018	43.2
齐齐哈尔	3216603	2040250	1763102	1277667	1917588	59.6
鸡西	1649529	926011	1000129	687729	832884	50.5
鹤岗	2835204	970603	2149319	832711	992847	35.0
双鸭山	1273137	875699	832435	676850	639268	50.2
大庆	3075451	2016997	1871623	1297751	2728028	88.7
伊春	1714664	1385422	811302	790006	1425160	83.1
佳木斯	5563128	4341091	3548554	3436464	4164548	74.9
七台河	955401	509626	476006	464701	546763	57.2
牡丹江	6972065	4577400	4662005	3126007	4311708	61.8
黑河	1922849	1765078	1524496	1430354	1563274	81.3
绥化	4108273	4031825	3798795	3736439	3685187	89.7
大兴安岭	1354812	938572	1153876	737636	1006910	74.3
农垦总局	2971911	1519678	1644883	1144198	1352990	45.5
绥芬河	478376	290684	290684	290684	59383	12.4
抚远	9264	9264	9264	9264	9264	100.0

4-C-5 各地区按主要用途分的总承包企业房屋建筑竣工面积

单位：平方米

地区	合计	住宅房屋	商业及服务用房屋	商厦房屋(批发和零售用房)	宾馆用房屋(住宿用房)	餐饮用房屋(餐饮用房)	商务会展用房屋	其他商业及服务用房屋(居民服务业用房)	办公用房屋
全省	**43720820**	**35541700**	**2094883**	**432410**	**152645**	**121383**	**51782**	**1336663**	**1428911**
哈尔滨	18485018	15892325	546980	99534	22183	29600	3850	391813	186851
齐齐哈尔	1917588	1358640	82378	50364				32014	259474
鸡西	832884	664385	61853	33265				28588	25152
鹤岗	992847	821468	46164				3512	42652	61398
双鸭山	639268	458843	30338					30338	53509
大庆	2728028	1906653	194354	4000				190354	201056
伊春	1425160	1246444	4647					4647	13316
佳木斯	4164548	3060742	412217	164937	55500	78500	1500	111780	208208
七台河	546763	465089	1865	696				1169	4349
牡丹江	4311708	3559920	199356	9123	57930	4800	38700	88803	156234
黑河	1563274	1195875	205724	34243	2000	220	2300	166961	32565
绥化	3685187	3213933	155708	22870	5966			126872	40446
大兴安岭	1006910	813672	44962	13378	9066	8263	1920	12335	74561
农垦总局	1352990	817064	106337					106337	111792
绥芬河	59383	57383	2000					2000	
抚远	9264	9264							

4-C-5 续表

单位：平方米

地区	科研、教育和医疗用房屋	科学研究用房屋	教育用房屋	医疗用房屋(卫生医疗用房)	文化、体育和娱乐用房屋	厂房及建筑物	#厂房	仓库	其他未列明的房屋建筑物
全省	**1267103**	**40747**	**707236**	**519120**	**212032**	**2285285**	**1297579**	**164833**	**726073**
哈尔滨	603783	29231	187696	386856	118509	882385	697303	36686	217499
齐齐哈尔	60870		60870		20355	70369	65339	23323	42179
鸡西	18789	150	14952	3687	2022	59459	14729	1224	
鹤岗	8989	577	8412		150	32191	10591	1000	21487
双鸭山	50097		47750	2347	500	42681	31537	3300	
大庆	191144	1200	179724	10220		56857	17357		177964
伊春	19692		17532	2160		116328	96408	110	24623
佳木斯	31440		26440	5000	39900	361176	185580	37670	13195
七台河	5100		5100		120	60030	7680	110	10100
牡丹江	117989		64299	53690	3298	240431	49081	34330	150
黑河	18626		18626			51121		11680	47683
绥化	59431	8979	31381	19071	6270	199635	99635	1000	8764
大兴安岭	14146	610	12866	670	3165	7700	7700	8100	40604
农垦总局	67007		31588	35419	17743	104922	14639	6300	121825
绥芬河									
抚远									

4-C-6　各地区按主要用途分的总承包企业房屋建筑竣工价值

单位：万元

地　区	合计	住宅房屋	商业及服务用房屋	商厦房屋(批发和零售用房)	宾馆用房屋(住宿用房)	餐饮用房屋(餐饮用房)	商务会展用　房　屋	其他商业及服务用房屋(居民服务业用房)	办公用房　屋
全　省	**6701172**	**5291876**	**332131**	**67008**	**20331**	**17539**	**11031**	**216222**	**256699**
哈尔滨	3090097	2569769	90704	18848	5258	4863	1801	59933	60132
齐齐哈尔	276050	175464	13015	8669				4345	50979
鸡　西	115132	87293	9052	5537				3515	3828
鹤　岗	128017	104584	6324				600	5724	6335
双鸭山	94070	63734	5219					5219	6441
大　庆	448552	296582	32734	760				31974	39980
伊　春	163819	133063	580					580	1575
佳木斯	561725	407571	55586	22992	6703	10435	155	15301	26144
七台河	88308	77326	322	198				124	592
牡丹江	711108	597808	32057	1130	5992	1070	7673	16192	21944
黑　河	224869	169038	35298	3871	429	46	533	30418	5072
绥　化	516222	431552	29626	2609	679			26339	7453
大兴安岭	104424	75561	7494	2393	1269	1125	269	2438	11895
农垦总局	170869	95111	13631					13631	14330
绥芬河	6849	6358	491					491	
抚　远	1062	1062							

4-C-6　续表

单位：万元

地　区	科研、教育和医疗用房屋	科学研究用房屋	教育用房　屋	医疗用房屋(卫生医疗用房)	文化、体育和娱乐用房屋	厂房及建筑物	#厂房	仓　库	其他未列明的房屋建筑物
全　省	**236018**	**12018**	**120108**	**103892**	**35776**	**418523**	**245450**	**23028**	**107122**
哈尔滨	123798	9851	30795	83153	19082	188513	146870	7529	30570
齐齐哈尔	11776		11776		2578	15285	14107	2710	4244
鸡　西	3364	20	2244	1100	397	11019	2679	179	
鹤　岗	2259	150	2109		302	4603	1363	200	3409
双鸭山	11228		10785	443	100	7151	5915	198	
大　庆	32379	540	30195	1644		11001	2741		35876
伊　春	3151		2706	446		22639	20889	14	2797
佳木斯	4664		4155	509	5105	54447	22616	4514	3695
七台河	1156		1156		4	8576	1520	3	329
牡丹江	18376		9478	8898	534	36213	6259	4156	20
黑　河	3228		3228			7663		1500	3071
绥　化	9239	1372	5425	2441	1178	36054	17023	100	1019
大兴安岭	2223	85	2043	94	443	1050	1050	1107	4653
农垦总局	9177		4013	5164	6053	14309	2420	819	17439
绥芬河									
抚　远									

4-C-7 各地区总承包企业机械设备情况

地区	年末自有施工机械设备总台数（台）	年末自有施工机械设备总功率（千瓦）	年末自有施工机械设备净值（万元）	技术装备率（元/人）	动力装备率（千瓦/人）
全省	**122388**	**2668749**	**716940**	**20602**	**7.7**
哈尔滨	43831	887994	224782	17275	6.8
齐齐哈尔	5359	112863	38326	20219	6.0
鸡西	3630	88086	33189	21776	5.8
鹤岗	3403	52984	16460	15859	5.1
双鸭山	2825	26037	7120	6105	2.2
大庆	30837	757835	187879	36736	14.8
伊春	1953	56745	18533	21865	6.7
佳木斯	8585	136529	33161	10766	4.4
七台河	1157	57187	13737	34919	14.5
牡丹江	2799	84887	28447	13446	4.0
黑河	3225	41963	13405	20151	6.3
绥化	10116	167368	73515	30273	6.9
大兴安岭	2981	134304	14675	28860	26.4
农垦总局	1393	53921	9437	9712	5.5
绥芬河	209	9801	4238	121793	28.2
抚远	85	245	36	7388	5.0

4-C-8 各地区总承包企业主要生产效益指标

地区	建筑业企业个数（个）	直接从事生产经营活动的平均人数（人）	按总产值计算的劳动生产率（元/人）	人均竣工产值（元/人）	人均施工面积（平方米/人）	人均竣工面积（平方米/人）
全省	**1309**	**848351**	**240400**	**131258**	**95.3**	**51.5**
哈尔滨	447	504122	244025	94799	84.9	36.7
齐齐哈尔	86	30719	177398	154006	104.7	62.4
鸡西	66	15690	245269	102976	105.1	53.1
鹤岗	56	14010	173730	138374	202.4	70.9
双鸭山	38	9811	169298	109012	129.8	65.2
大庆	163	53473	377462	324518	57.5	51.0
伊春	49	10153	243314	221241	168.9	140.4
佳木斯	55	42761	223937	166619	130.1	97.4
七台河	29	5787	200009	207030	165.1	94.5
牡丹江	111	48294	251345	214667	144.4	89.3
黑河	41	24718	194225	184304	77.8	63.2
绥化	89	40791	185834	169183	100.7	90.3
大兴安岭	23	9001	227851	152981	150.5	111.9
农垦总局	45	37783	193064	77487	78.7	35.8
绥芬河	9	1166	231134	125799	410.3	50.9
抚远	2	72	147444	147444	128.7	128.7

4-C-9　各地区总承包企业营业额

单位：万元

地　区	企业营业额	在境外完成的营业额	企业总产值	#建筑业总产值
全　省	**21792402**	**484316**	**21308087**	**20394400**
哈尔滨	12627104	140695	12486409	12301847
齐齐哈尔	570623	20623	550000	544948
鸡　西	389172	3726	385446	384826
鹤　岗	258602		258602	243396
双鸭山	166168		166168	166098
大　庆	2934845	226266	2708579	2018405
伊　春	247036		247036	247036
佳木斯	958142		958142	957578
七台河	121674		121674	115745
牡丹江	1307070	90872	1216198	1213847
黑　河	483659		483659	480085
绥　化	760251	2134	758117	758034
大兴安岭	205089		205089	205089
农垦总局	734652		734652	729454
绥芬河	27256		27256	26950
抚　远	1062		1062	1062

4-C-10　各地区总承包企业资产构成

单位：万元

地　区	资产合计	#流动资产小计	#存货	#非流动资产合计	#固定资产合计
全　省	**15800354**	**12919968**	**2302749**	**2880386**	**2040897**
哈尔滨	7396223	6269397	1260719	1126826	772478
齐齐哈尔	569081	424174	46084	144906	101053
鸡　西	416641	317782	40390	98859	89431
鹤　岗	280579	219343	30356	61236	51597
双鸭山	324669	192010	10660	132659	49316
大　庆	3594713	3099255	500852	495458	347035
伊　春	229739	159297	11755	70441	69076
佳木斯	735166	544261	54003	190905	122914
七台河	223202	172109	59088	51093	39688
牡丹江	687199	530808	56811	156391	113987
黑　河	106841	65637	12190	41205	37413
绥　化	444947	289260	77737	155687	130811
大兴安岭	193486	128680	16766	64806	59261
农垦总局	563319	488136	117560	75183	48639
绥芬河	32800	19420	7681	13380	7348
抚　远	1751	400	100	1351	851

4-C-11 各地区总承包企业固定资产情况

单位：万元

地　区	固定资产合计	固定资产原价	固定资产折旧	#本年折旧	在建工程
全　省	**2040897**	**2754886**	**1116146**	**131234**	**172932**
哈尔滨	772478	988863	405008	45935	53518
齐齐哈尔	101053	142562	52050	5422	550
鸡　西	89431	117022	38517	7064	8263
鹤　岗	51597	53742	19935	5460	4166
双鸭山	49316	59431	23101	1480	6421
大　庆	347035	645886	330123	34682	23194
伊　春	69076	56390	18294	1825	28263
佳木斯	122914	158953	48647	3528	5429
七台河	39688	51858	16949	2478	3252
牡丹江	113987	142498	48148	13402	2953
黑　河	37413	32884	7205	734	5246
绥　化	130811	177196	57671	4939	4072
大兴安岭	59261	46552	15482	1107	23184
农垦总局	48639	67926	30092	2553	4421
绥芬河	7348	12152	4804	610	
抚　远	851	971	120	14	

4-C-12 各地区总承包企业负债及所有者权益

单位：万元

地　区	负债合计	#流动负债	#应付账款	所有者权益	#实收资本
全　省	**11309160**	**10536238**	**3990644**	**4491194**	**3466043**
哈尔滨	5391255	5130978	1839524	2004968	1537795
齐齐哈尔	362652	346432	135785	206428	171079
鸡　西	246107	220806	50830	170534	128905
鹤　岗	164639	136650	41604	115940	83664
双鸭山	206060	145733	42883	118609	87934
大　庆	2967917	2733780	1276034	626796	550753
伊　春	141402	129723	27844	88337	68662
佳木斯	455081	430399	151459	280085	156486
七台河	133023	132980	47028	90179	64574
牡丹江	414043	366582	95557	273156	235245
黑　河	38268	35189	9251	68573	50568
绥　化	187314	173681	61144	257633	190647
大兴安岭	127536	117302	31043	65950	52954
农垦总局	460611	422911	175394	102708	73484
绥芬河	12652	12522	5265	20148	12193
抚　远	602	572		1149	1100

4-C-13　各地区总承包企业实收资本

单位：万元

地　区	合计	国家资本	集体资本	法人资本	个人资本	港澳台资本	外商资本
全　省	**3466043**	**623660**	**285805**	**1074438**	**1471051**	**150**	**10940**
哈尔滨	1537795	366498	91995	430677	647535	150	940
齐齐哈尔	171079	57586	14182	32340	66970		
鸡　西	128905	18374	18975	36555	55001		
鹤　岗	83664	9000	14466	25626	34573		
双鸭山	87934	22763	15919	19394	29858		
大　庆	550753	57992	23476	269796	189489		10000
伊　春	68662	10622	13322	18584	26135		
佳木斯	156486	23279	16879	61436	54892		
七台河	64574	7953	1916	26288	28417		
牡丹江	235245	17917	46326	44662	126341		
黑　河	50568	2922	10799	20018	16830		
绥　化	190647	10521	13566	49018	117543		
大兴安岭	52954	2178	1419	12838	36520		
农垦总局	73484	16056	1767	25307	30355		
绥芬河	12193		800	1400	9993		
抚　远	1100			500	600		

4-C-14　各地区总承包企业收入情况

单位：万元

地　区	主营业务收入	#主营业务成本	#主营业务税金及附加	其他业务收入	#其他业务成本	#其他业务利润
全　省	**16148430**	**14139707**	**526539**	**101490**	**341548**	**8632**
哈尔滨	7546649	6641012	234749	61572	212595	2064
齐齐哈尔	602058	524219	20896	945	18422	351
鸡　西	369587	327833	13720	891	199	629
鹤　岗	234925	200412	8208	106	15209	
双鸭山	174883	153164	5729	4620	6337	-543
大　庆	2642834	2506418	52050	8212	2137	4114
伊　春	242990	203566	12205	801	7073	-194
佳木斯	887986	704631	39228	16713	44474	514
七台河	109419	84166	5539	916	4910	682
牡丹江	1234283	1002228	56862	4939	10048	359
黑　河	473682	381631	30293	713	4566	27
绥　化	749400	639573	30053	217	7041	217
大兴安岭	184838	163915	7703	310	1	301
农垦总局	672666	588382	8250	531	8536	105
绥芬河	21168	17656	944	5		5
抚　远	1062	902	111			

4-C-15 各地区总承包企业费用情况

单位：万元

地 区	管理费用	#税金	销售费用	财务费用	#利息收入	#利息支出
全 省	**570801**	**46995**	**58845**	**72788**	**12940**	**55089**
哈尔滨	278890	11790	11649	40274	9294	33198
齐齐哈尔	27703	1612	384	1254	59	457
鸡 西	16619	805	176	636	37	568
鹤 岗	12035	733	513	675	39	697
双鸭山	8582	1487	99	1207	7	489
大 庆	88704	15170	2035	5753	89	4638
伊 春	5176	464	299	945	5	857
佳木斯	32711	2937	20531	2609	32	547
七台河	8233	367	13	947	2	807
牡丹江	30959	6637	13459	9119	883	2283
黑 河	9620	253	1081	353	85	119
绥 化	25538	3186	5516	3822	7	3192
大兴安岭	5972	198	25	709	18	649
农垦总局	18881	1249	3036	4200	2383	6331
绥芬河	1154	106	29	286	1	257
抚 远	25	1				

4-C-16 各地区总承包企业利润及税金情况

单位：万元

地 区	利润总额	#应交所得税	税金总额	工程结算税金及附加	管理费用中的税金
全 省	**539185**	**123648**	**573534**	**526539**	**46995**
哈尔滨	174266	39782	246539	234749	11790
齐齐哈尔	10049	7676	22508	20896	1612
鸡 西	10578	3683	14525	13720	805
鹤 岗	-3523	3535	8941	8208	733
双鸭山	4176	2721	7216	5729	1487
大 庆	32357	9315	67220	52050	15170
伊 春	13683	2194	12669	12205	464
佳木斯	57848	16733	42165	39228	2937
七台河	6705	1715	5906	5539	367
牡丹江	122172	12776	63499	56862	6637
黑 河	46832	4009	30546	30293	253
绥 化	37929	10756	33239	30053	3186
大兴安岭	7119	2698	7901	7703	198
农垦总局	17857	5825	9499	8250	1249
绥芬河	1113	226	1050	944	106
抚 远	24	4	112	111	1

4-C-17　各地区总承包企业应收工程款及企业亏损情况

地　区	应收工程款(万元)	企业个数(个)	#亏损企业个数	亏损企业的比重(%)
全　省	**3658199**	**1309**	**247**	**18.9**
哈尔滨	2032607	447	124	27.7
齐齐哈尔	170410	86	15	17.4
鸡　西	104306	66	11	16.7
鹤　岗	81753	56	9	16.1
双鸭山	68667	38	6	15.8
大　庆	460631	163	38	23.3
伊　春	44823	49	1	2.0
佳木斯	171991	55	7	12.7
七台河	40508	29	9	31.0
牡丹江	134082	111	18	16.2
黑　河	13892	41	3	7.3
绥　化	76438	89	2	2.2
大兴安岭	40235	23	2	8.7
农垦总局	213682	45	2	4.4
绥芬河	4176	9		
抚　远		2		

4-C-18　各地区总承包企业主要经济效益指标

地　区	产值利润率(%)	产值利税率(%)	资本利润率(%)	资本利税率(%)	人均利润(元/人)	人均利税(元/人)	资产负债率(%)
全　省	**2.6**	**5.5**	**15.6**	**32.1**	**6356**	**13116**	**71.6**
哈尔滨	1.4	3.4	11.3	27.4	3457	8347	72.9
齐齐哈尔	1.8	6.0	5.9	19.0	3271	10598	63.7
鸡　西	2.7	6.5	8.2	19.5	6742	15999	59.1
鹤　岗	-1.4	2.2	-4.2	6.5	-2515	3867	58.7
双鸭山	2.5	6.9	4.7	13.0	4256	11611	63.5
大　庆	1.6	4.9	5.9	18.1	6051	18622	82.6
伊　春	5.5	10.7	19.9	38.4	13477	25955	61.5
佳木斯	6.0	10.4	37.0	63.9	13528	23389	61.9
七台河	5.8	10.9	10.4	19.5	11586	21792	59.6
牡丹江	10.1	15.3	51.9	78.9	25297	38446	60.3
黑　河	9.8	16.1	92.6	153.0	18947	31304	35.8
绥　化	5.0	9.4	19.9	37.3	9298	17447	42.1
大兴安岭	3.5	7.3	13.4	28.4	7910	16687	65.9
农垦总局	2.4	3.8	24.3	37.2	4726	7241	81.8
绥芬河	4.1	8.0	9.1	17.7	9548	18553	38.6
抚　远	2.2	12.7	2.2	12.3	3292	18778	34.4

4-C-19 各地区按资质等级划分的总承包企业单位数

单位：个

地 区	合计	特级	一级	二级	三级及以下
全 省	**1309**	**3**	**119**	**515**	**672**
哈尔滨	447	2	68	246	131
齐齐哈尔	86		8	29	49
鸡 西	66		4	21	41
鹤 岗	56		1	24	31
双鸭山	38		5	11	22
大 庆	163	1	6	60	96
伊 春	49			6	43
佳木斯	55		9	10	36
七台河	29		2	7	20
牡丹江	111		8	33	70
黑 河	41			12	29
绥 化	89		4	30	55
大兴安岭	23		1	7	15
农垦总局	45		3	17	25
绥芬河	9			2	7
抚 远	2				2

4-C-20 各地区按资质等级划分的总承包企业从业人员

单位：人

地 区	合计	特级	一级	二级	三级及以下
全 省	**348001**	**42084**	**98318**	**108491**	**99108**
哈尔滨	130118	15797	48032	47270	19019
齐齐哈尔	18956		3673	8835	6448
鸡 西	15241		7373	4641	3227
鹤 岗	10379		3277	4036	3066
双鸭山	11661		4719	4681	2261
大 庆	51143	26287	8594	10010	6252
伊 春	8476			1178	7298
佳木斯	30802		8381	3038	19383
七台河	3934		1196	1640	1098
牡丹江	21156		2354	6434	12368
黑 河	6652			2240	4412
绥 化	24284		8308	7565	8411
大兴安岭	5085		417	1080	3588
农垦总局	9717		1994	5723	2000
绥芬河	348			120	228
抚 远	49				49

4-C-21　各地区按资质等级划分的总承包企业建筑业总产值

单位：万元

地区	合计	特级	一级	二级	三级及以下
全　省	**20394400**	**1958568**	**8970479**	**5282283**	**4183070**
哈尔滨	12301848	1136572	6682899	3271849	1210528
齐齐哈尔	544949		160720	241470	142759
鸡　西	384827		196637	109108	79082
鹤　岗	243396		36316	141046	66034
双鸭山	166098		70025	57659	38414
大　庆	2018405	821996	602572	345816	248021
伊　春	247036			42286	204750
佳木斯	957579		234613	175922	547044
七台河	115745		35216	53764	26765
牡丹江	1213847		185077	228480	800290
黑　河	480085			72426	407659
绥　化	758034		210956	338019	209059
大兴安岭	205088		37008	53574	114506
农垦总局	729455		518441	138316	72698
绥芬河	26950			12548	14402
抚　远	1062				1062

4-C-22　各地区按资质等级划分的总承包企业签订合同额

单位：万元

地区	合计	特级	一级	二级	三级及以下
全　省	**29310281**	**3222319**	**13221315**	**8542368**	**4324279**
哈尔滨	18247712	1446772	9536735	6093353	1170852
齐齐哈尔	674352		170382	352273	151697
鸡　西	451879		223562	124474	103843
鹤　岗	363175		37170	210102	115903
双鸭山	199178		91650	67930	39598
大　庆	3151249	1775547	684354	426149	265199
伊　春	264583			44576	220007
佳木斯	1489272		770294	182658	536320
七台河	144697		49683	66252	28762
牡丹江	1447570		305893	295288	846389
黑　河	491185			80337	410848
绥　化	705967		142518	338037	225412
大兴安岭	233676		48011	68158	117507
农垦总局	1379614		1161063	148637	69914
绥芬河	65110			44144	20966
抚　远	1062				1062

4-C-23 各地区按资质等级划分的总承包企业竣工产值

单位：万元

地区	合计	特级	一级	二级	三级及以下
全省	**11135281**	**866852**	**3824352**	**3069130**	**3374948**
哈尔滨	4779019	189633	2505615	1398623	685148
齐齐哈尔	473090		154030	192789	126271
鸡西	161570		10098	96505	54967
鹤岗	193862		15383	119151	59328
双鸭山	106952		45511	42494	18947
大庆	1735292	677219	545016	296188	216869
伊春	224627			35168	189459
佳木斯	712477		103863	133287	475327
七台河	119808		67797	29776	22235
牡丹江	1036713		129507	164256	742950
黑河	455563			50514	405049
绥化	690113		142518	339083	208512
大兴安岭	137698		17840	34349	85509
农垦总局	292768		87174	131958	73636
绥芬河	14668			4988	9680
抚远	1062				1062

4-C-24 各地区按资质等级划分的总承包企业房屋施工面积

单位：平方米

地区	合计	特级	一级	二级	三级及以下
全省	**80885379**	**6143084**	**32710329**	**22440196**	**19591770**
哈尔滨	42784712	5975920	23378351	10446557	2983884
齐齐哈尔	3216603		644627	1657181	914795
鸡西	1649529		149195	742135	758199
鹤岗	2835204		140414	1948317	746473
双鸭山	1273137		595444	266297	411396
大庆	3075451	167164	1032964	683068	1192255
伊春	1714664			136543	1578121
佳木斯	5563128		1017841	1131155	3414132
七台河	955401		712695	120985	121721
牡丹江	6972065		2438179	1484587	3049299
黑河	1922849			483403	1439446
绥化	4108273		712872	1863118	1532283
大兴安岭	1354812		108500	393221	853091
农垦总局	2971911		1779247	798629	394035
绥芬河	478376			285000	193376
抚远	9264				9264

4-C-25　各地区按资质等级划分的总承包企业房屋竣工面积

单位：平方米

地　区	合计	特级	一级	二级	三级及以下
全　省	**43720820**	**1116426**	**14306222**	**12120053**	**16178119**
哈尔滨	18485018	949262	9677165	5189843	2668748
齐齐哈尔	1917588		492651	568452	856485
鸡　西	832884		55468	458017	319399
鹤　岗	992847		109878	580012	302957
双鸭山	639268		265596	216260	157412
大　庆	2728028	167164	852162	585833	1122869
伊　春	1425160			85125	1340035
佳木斯	4164548		526881	872098	2765569
七台河	546763		406089	68222	72452
牡丹江	4311708		729977	784515	2797216
黑　河	1563274			286604	1276670
绥　化	3685187		712872	1583118	1389197
大兴安岭	1006910		108468	248750	649692
农垦总局	1352990		369015	593204	390771
绥芬河	59383				59383
抚　远	9264				9264

4-C-26 各地区按资质等级划分的总承包企业自有施工机械设备台数

单位：台

地　区	合计	特级	一级	二级	三级及以下
全　省	**122388**	**18284**	**41680**	**35228**	**27196**
哈尔滨	43831	3314	22093	13862	4562
齐齐哈尔	5359		1463	1524	2372
鸡　西	3630		1773	1238	619
鹤　岗	3403		1801	1074	528
双鸭山	2825		1956	330	539
大　庆	30837	14970	6881	5276	3710
伊　春	1953			861	1092
佳木斯	8585		2619	2487	3479
七台河	1157		203	702	252
牡丹江	2799		1029	1245	525
黑　河	3225			1046	2179
绥　化	10116		374	3528	6214
大兴安岭	2981		1223	1195	563
农垦总局	1393		265	731	397
绥芬河	209			129	80
抚　远	85				85

4-C-27 各地区按资质等级划分的总承包企业自有施工机械设备总功率

单位：千瓦

地区	合计	特级	一级	二级	三级及以下
全省	**2668749**	**440482**	**1063983**	**734508**	**429776**
哈尔滨	887994	78982	533011	219735	56266
齐齐哈尔	112863		45930	27249	39684
鸡西	88086		47757	24287	16042
鹤岗	52984		13851	24087	15046
双鸭山	26037		13116	5334	7587
大庆	757835	361500	200969	106016	89350
伊春	56745			16509	40236
佳木斯	136529		79755	30700	26074
七台河	57187		15642	37335	4210
牡丹江	84887		26167	39144	19576
黑河	41963			18071	23892
绥化	167368		15634	98904	52830
大兴安岭	134304		56770	48386	29148
农垦总局	53921		15381	31194	7346
绥芬河	9801			7557	2244
抚远	245				245

4-C-28 各地区按资质等级划分的总承包企业实收资本

单位：万元

地区	合计	特级	一级	二级	三级及以下
全省	**3466043**	**277114**	**908571**	**1449680**	**830679**
哈尔滨	1537795	96314	507164	727230	207087
齐齐哈尔	171080		55251	71978	43851
鸡西	128905		38538	52939	37428
鹤岗	83664		5201	50780	27683
双鸭山	268733	180800	27988	30562	29383
大庆	369954		67517	169311	133126
伊春	68662			16635	52027
佳木斯	156486		69260	45522	41704
七台河	64575		12427	31365	20783
牡丹江	235246		54113	93822	87311
黑河	50568			27066	23502
绥化	190647		42218	70274	78155
大兴安岭	52954		6000	23743	23211
农垦总局	73484		22895	32794	17795
绥芬河	12193			5660	6533
抚远	1100				1100

4-C-29　各地区按资质等级划分的总承包企业资产

单位：万元

地　区	合计	特级	一级	二级	三级及以下
全　省	**15800354**	**2543693**	**5672862**	**5251744**	**2332055**
哈尔滨	7396223	783817	3398560	2713252	500594
齐齐哈尔	569081		158684	234896	175501
鸡　西	416640		183077	142683	90880
鹤　岗	280580		33271	179978	67331
双鸭山	324669		146380	104566	73723
大　庆	3594714	1759877	510229	854950	469658
伊　春	229739			67948	161791
佳木斯	735166		377856	125983	231327
七台河	223202		90682	98789	33731
牡丹江	687200		212567	290851	183782
黑　河	106841			55311	51530
绥　化	444947		161460	163732	119755
大兴安岭	193486		12707	77907	102872
农垦总局	563319		387388	124940	50991
绥芬河	32800			15959	16841
抚　远	1751				1751

4-C-30　各地区按资质等级划分的总承包企业所有者权益

单位：万元

地　区	合计	特级	一级	二级	三级及以下
全　省	**4491194**	**292790**	**1255146**	**1848667**	**1094590**
哈尔滨	2004967	137834	746878	890076	230179
齐齐哈尔	206429		58947	84680	62802
鸡　西	170534		54900	73144	42490
鹤　岗	115941		2321	75501	38119
双鸭山	118610		47295	39298	32017
大　庆	626797	154956	9074	232232	230535
伊　春	88337			20496	67841
佳木斯	280084		143968	59781	76335
七台河	90179		23876	39632	26671
牡丹江	273156		62340	103209	107607
黑　河	68573			30772	37801
绥　化	257633		57735	122025	77873
大兴安岭	65950		6367	29258	30325
农垦总局	102709		41446	39416	21847
绥芬河	20148			9148	11000
抚　远	1149				1149

4-C-31 各地区按资质等级划分的总承包企业负债

单位：万元

地　区	合计	特级	一级	二级	三级及以下
全　省	**11309160**	**2250903**	**4417715**	**3403077**	**1237465**
哈尔滨	5391256	645982	2651683	1823176	270415
齐齐哈尔	362653		99738	150216	112699
鸡　西	246107		128178	69539	48390
鹤　岗	164639		30950	104477	29212
双鸭山	206060		99086	65268	41706
大　庆	2967917	1604921	501155	622718	239123
伊　春	141401			47452	93949
佳木斯	455080		233888	66201	154991
七台河	133023		66806	59157	7060
牡丹江	414043		150227	187642	76174
黑　河	38269			24539	13730
绥　化	187313		103724	41707	41882
大兴安岭	127536		6339	48650	72547
农垦总局	460611		345943	85524	29144
绥芬河	12652			6811	5841
抚　远	602				602

4-C-32 各地区按资质等级划分的总承包企业营业收入

单位：万元

地　区	合计	特级	一级	二级	三级及以下
全　省	**16249920**	**2146337**	**6470242**	**4107648**	**3525693**
哈尔滨	7608222	636572	4186426	2108519	676705
齐齐哈尔	603003		220857	247683	134463
鸡　西	370477		197090	109561	63826
鹤　岗	235031		36534	138074	60423
双鸭山	179502		69807	64199	45496
大　庆	1141281		594072	315451	231758
伊　春	1753558	1509766		43088	200704
佳木斯	904700		234894	167441	502365
七台河	110335		35856	53725	20754
牡丹江	1239222		185458	250679	803085
黑　河	474394			72017	402377
绥　化	749617		203125	336109	210383
大兴安岭	185148		37008	52406	95734
农垦总局	673197		469115	135994	68088
绥芬河	21173			12703	8470
抚　远	1062				1062

4-C-33 各地区按资质等级划分的总承包企业利税总额

单位：万元

地 区	合计	特级	一级	二级	三级及以下
全 省	**1112719**	**84072**	**295972**	**312922**	**419753**
哈 尔 滨	420805	26245	212568	142560	39432
齐齐哈尔	32558		4664	16618	11276
鸡 西	25103		13458	7736	3909
鹤 岗	5418		-6928	9596	2750
双 鸭 山	11392		4431	5071	1890
大 庆	41751		7539	19515	14697
伊 春	84179	57827		2465	23887
佳 木 斯	100014		20202	13856	65956
七 台 河	12611		6466	1866	4279
牡 丹 江	185671		12346	33332	139993
黑 河	77378			2312	75066
绥 化	71168		13204	41749	16215
大兴安岭	15020		2077	3370	9573
农垦总局	27357		5946	12066	9345
绥 芬 河	2164			812	1352
抚 远	135				135

4-C-34 各地区按资质等级划分的总承包企业利润总额

单位：万元

地 区	合计	特级	一级	二级	三级及以下
全 省	**539185**	**32897**	**103640**	**158628**	**244021**
哈 尔 滨	174266	4262	79042	73861	17101
齐齐哈尔	10049		-1169	4977	6241
鸡 西	10579		6668	3047	864
鹤 岗	-3523		-7881	4199	159
双 鸭 山	4176		456	2754	966
大 庆	32357	28634	-7666	7262	4127
伊 春	13684			966	12718
佳 木 斯	57848		11747	5850	40251
七 台 河	6705		3601	-90	3194
牡 丹 江	122171		5919	21722	94530
黑 河	46833			-55	46888
绥 化	37929		6465	26145	5319
大兴安岭	7119		811	1461	4847
农垦总局	17857		5646	6213	5998
绥 芬 河	1114			318	796
抚 远	24				24

4-C-35 各地区按资质等级划分的总承包企业税金总额

单位：万元

地区	合计	特级	一级	二级	三级及以下
全省	**573534**	**51176**	**192332**	**154294**	**175732**
哈尔滨	246540	21983	133526	68699	22332
齐齐哈尔	22508		5832	11641	5035
鸡西	14525		6790	4690	3045
鹤岗	8940		953	5397	2590
双鸭山	7214		3975	2316	923
大庆	67221	29193	15205	12253	10570
伊春	12669			1499	11170
佳木斯	42166		8454	8007	25705
七台河	5907		2866	1956	1085
牡丹江	63499		6427	11610	45462
黑河	30546			2367	28179
绥化	33240		6739	15605	10896
大兴安岭	7901		1265	1909	4727
农垦总局	9500		300	5853	3347
绥芬河	1050			494	556
抚远	112				112

4-C-36 各地区按资质等级划分的总承包企业主营业务收入

单位：万元

地区	合计	特级	一级	二级	三级及以下
全省	**16148430**	**2142306**	**6411802**	**4089350**	**3504973**
哈尔滨	7546650	636572	4153627	2094065	662386
齐齐哈尔	602059		220559	247304	134196
鸡西	369587		196353	109536	63698
鹤岗	234925		36534	138074	60317
双鸭山	174883		65261	64129	45493
大庆	2642835	1505734	592063	314383	230655
伊春	242990			42286	200704
佳木斯	887987		221252	167441	499294
七台河	109419		35216	53705	20498
牡丹江	1234283		181719	249640	802924
黑河	473681			71958	401723
绥化	749401		203125	336053	210223
大兴安岭	184838		37008	52096	95734
农垦总局	672666		469086	135984	67596
绥芬河	21168			12698	8470
抚远	1062				1062

4-C-37　各地区按资质等级划分的总承包企业管理费用

单位：万元

地　区	合计	特级	一级	二级	三级及以下
全　省	**570801**	**47467**	**192546**	**202869**	**127919**
哈尔滨	278890	4814	124984	108582	40510
齐齐哈尔	27703		8411	12149	7143
鸡　西	16618		8511	5194	2913
鹤　岗	12035		2290	5956	3789
双鸭山	8582		5109	2303	1170
大　庆	88705	42654	9324	19782	16945
伊　春	5175			1521	3654
佳木斯	32711		7634	7238	17839
七台河	8233		4225	2662	1346
牡丹江	30959		5506	12030	13423
黑　河	9620			2657	6963
绥　化	25538		6826	14116	4596
大兴安岭	5971		810	1492	3669
农垦总局	18880		8916	6671	3293
绥芬河	1154			515	639
抚　远	25				25

4-C-38　各地区按资质等级划分的总承包企业财务费用

单位：万元

地　区	合计	特级	一级	二级	三级及以下
全　省	**72788**	**4208**	**27989**	**23733**	**16858**
哈尔滨	40275	3962	20622	13658	2033
齐齐哈尔	1254		298	434	522
鸡　西	637		343	240	54
鹤　岗	675		202	251	222
双鸭山	1208		221	767	220
大　庆	5753	246	682	1295	3530
伊　春	945			169	776
佳木斯	2609		1503	647	459
七台河	948		58	763	127
牡丹江	9119		534	1985	6600
黑　河	353			85	268
绥　化	3822		1008	2432	382
大兴安岭	708		-6	511	203
农垦总局	4200		2525	426	1249
绥芬河	286			72	214
抚　远					

4-C-39 各地区按资质等级划分的总承包企业应收工程款

单位：万元

地区	合计	特级	一级	二级	三级及以下
全 省	**3658199**	**246523**	**1671424**	**1283445**	**456807**
哈尔滨	2032607	246523	1089037	544762	152285
齐齐哈尔	170410		34506	81615	54289
鸡 西	104306		59874	25824	18608
鹤 岗	81753		5053	51303	25397
双鸭山	68666		19814	37354	11498
大 庆	460630		112432	293213	54985
伊 春	44823			21192	23631
佳木斯	171992		110939	15245	45808
七台河	40509		3084	32012	5413
牡丹江	134081		46827	64255	22999
黑 河	13892			11196	2696
绥 化	76438		42591	23965	9882
大兴安岭	40235		6496	15542	18197
农垦总局	213682		140772	62910	10000
绥芬河	4176			3057	1119
抚 远					

D.专业承包建筑业企业

4-D-1 各地区专业承包企业签订合同情况

单位：万元

地区	合同总额	上年结转合同额	本年新签合同额
全 省	**3719546**	**478713**	**3240832**
哈尔滨	2663618	421527	2242090
齐齐哈尔	179508	7024	172484
鸡 西	16649	435	16215
鹤 岗	1738		1738
双鸭山	24093	200	23893
大 庆	104630	4714	99917
伊 春	19954	75	19879
佳木斯	16516	1415	15101
七台河	5930	46	5884
牡丹江	569612	42785	526826
黑 河	95351	492	94859
绥 化	18452		18452
大兴安岭	3495		3495
农垦总局			
绥芬河			
抚 远			

4-D-2　各地区专业承包企业承包工程完成情况

单位：万元

地　　区	直接从建设单位承揽工程完成的产值	自行完成施工产值	分包出去工程的产值	从建设单位以外承揽工程完成的产值
全　　省	**4314946**	**4305924**	**9023**	**19036**
哈尔滨	3308989	3300281	8708	13042
齐齐哈尔	170813	170691	121	368
鸡　　西	16678	16498	180	180
鹤　　岗	1738	1738		
双鸭山	25495	25495		
大　　庆	95121	95121		5446
伊　　春	19954	19941	13	
佳木斯	15452	15452		
七台河	5924	5924		
牡丹江	547511	547511		
黑　　河	85324	85324		
绥　　化	18452	18452		
大兴安岭	3495	3495		
农垦总局				
绥芬河				
抚　　远				

4-D-3　各地区专业承包企业建筑业总产值和竣工产值

单位：万元

地　　区	建筑业总产值	#装饰装修产　值	#在外省完成的产值	按构成分组			竣工产值
				建筑工程产　值	安装工程产　值	其他产值	
全　　省	**4324960**	**469827**	**408250**	**2902620**	**1264346**	**157994**	**1467947**
哈尔滨	3313323	413603	148097	2333519	892244	87559	817226
齐齐哈尔	171060	523	27167	93298	75606	2156	54172
鸡　　西	16678	1473		1608	13746	1323	3293
鹤　　岗	1738	299		226	1439	74	1738
双鸭山	25495	1001		15088	8344	2063	21843
大　　庆	100566	17709	766	35860	48216	16491	79006
伊　　春	19941	1030		10624	286	9031	19656
佳木斯	15452	1904		3724	11707	21	12630
七台河	5924	1634		783	5142		4284
牡丹江	547511	22269	232221	395030	115486	36995	364071
黑　　河	85324	3905		5668	79656		68082
绥　　化	18452	2778		4023	12148	2281	18452
大兴安岭	3495	1700		3170	325		3495
农垦总局							
绥芬河							
抚　　远							

4-D-4 各地区专业承包企业房屋建筑面积

地 区	房屋建筑施工面积(平方米)	#本年新开工	#实行投标承包面积	#本年新开工	房屋建筑竣工面积(平方米)	房屋建筑面积竣工率(%)
全 省	**862243**	**535536**	**491853**	**212931**	**179724**	**20.8**
哈尔滨	584429	278922	278922		20000	3.4
齐齐哈尔	54000	32800	17000	17000	54000	100.0
鸡 西						
鹤 岗						
双鸭山						
大 庆	4098	4098			4098	100.0
伊 春	50275	50275	34275	34275	50275	100.0
佳木斯	7785	7785			7785	100.0
七台河						
牡丹江	142825	142825	142825	142825	24735	17.3
黑 河						
绥 化	18831	18831	18831	18831	18831	100.0
大兴安岭					0	
农垦总局						
绥芬河						
抚 远						

4-D-5 各地区按主要用途分的专业承包企业房屋建筑竣工面积

单位：平方米

地 区	合计	住宅房屋	商业及服务用房屋	商厦房屋(批发和零售用房)	宾馆用房屋(住宿用房)	餐饮用房屋(餐饮用房)	商务会展用 房 屋	其他商业及服务用房屋(居民服务业用房)	办公用房 屋
全 省	**179724**	**97682**	**1748**					**1748**	**41013**
哈尔滨	20000								
齐齐哈尔	54000	17000							37000
鸡 西									
鹤 岗									
双鸭山									
大 庆	4098		1748					1748	1900
伊 春	50275	50275							
佳木斯	7785	5672							2113
七台河									
牡丹江	24735	24735							
黑 河									
绥 化	18831								
大兴安岭									
农垦总局									
绥芬河									
抚 远									

4-D-5　续表

单位：平方米

地　区	科研、教育和医疗用房屋	科学研究用房屋	教育用房屋	医疗用房屋(卫生医疗用房)	文化、体育和娱乐用房屋	厂房及建筑物	#厂房	仓　库	其他未列明的房屋建筑物
全　省					**20000**	**18831**	**18831**		**450**
哈尔滨					20000				
齐齐哈尔									
鸡　西									
鹤　岗									
双鸭山									
大　庆									450
伊　春									
佳木斯									
七台河									
牡丹江									
黑　河									
绥　化						18831	18831		
大兴安岭									
农垦总局									
绥芬河									
抚　远									

4-D-6　各地区按主要用途分的专业承包企业房屋建筑竣工价值

单位：万元

地　区	合计	住宅房屋	商业及服务用房屋	商厦房屋(批发和零售用房)	宾馆用房屋(住宿用房)	餐饮用房屋(餐饮用房)	商务会展用房屋	其他商业及服务用房屋(居民服务业用房)	办公用房屋
全　省	**25872**	**12039**	**101**					**101**	**8542**
哈尔滨	3500								
齐齐哈尔	10192	2035							8157
鸡　西									
鹤　岗									
双鸭山									
大　庆	301		101					101	110
伊　春	6073	6073							
佳木斯	955	681							275
七台河									
牡丹江	3250	3250							
黑　河									
绥　化	1601								
大兴安岭									
农垦总局									
绥芬河									
抚　远									

4-D-6 续表

单位：万元

地区	科研、教育和医疗用房屋	科学研究用房屋	教育用房屋	医疗用房屋（卫生医疗用房）	文化、体育和娱乐用房屋	厂房及建筑物	#厂房	仓库	其他未列明的房屋建筑物
全省					**3500**	**1601**	**1601**		**90**
哈尔滨					3500				
齐齐哈尔									
鸡西									
鹤岗									
双鸭山									
大庆									90
伊春									
佳木斯									
七台河									
牡丹江									
黑河									
绥化						1601	1601		
大兴安岭									
农垦总局									
绥芬河									
抚远									

4-D-7 各地区专业承包企业机械设备情况

地区	年末自有施工机械设备总台数（台）	年末自有施工机械设备总功率（千瓦）	年末自有施工机械设备净值（万元）	技术装备率（元/人）	动力装备率（千瓦/人）
全省	**12128**	**166273**	**53080**	**6329**	**2.0**
哈尔滨	7491	115520	23719	7946	3.9
齐齐哈尔	484	2933	1232	5792	1.4
鸡西	321	3034	2467	23011	2.8
鹤岗					
双鸭山	49	512	191	3700	1.0
大庆	2259	15052	4547	11364	3.8
伊春	260	6761	969	7584	5.3
佳木斯	583	4064	4645	38136	3.3
七台河					
牡丹江	362	4676	13049	3202	0.1
黑河	43	3556	454	3776	3.0
绥化	237	6343	1289	14430	7.1
大兴安岭	39	3822	519	18408	13.6
农垦总局					
绥芬河					
抚远					

4-D-8　各地区专业承包企业主要生产效益指标

地　区	建筑业企业个数(个)	直接从事生产经营活动的平均人数(人)	按总产值计算的劳动生产率(元/人)	人均竣工产值(元/人)	人均施工面积(平方米/人)	人均竣工面积(平方米/人)
全　省	**699**	**170888**	**253087**	**85901**	**5.0**	**1.1**
哈尔滨	461	135414	244681	60350	4.3	0.1
齐齐哈尔	28	1706	1002695	317539	31.7	31.7
鸡　西	21	1039	160521	31692		
鹤　岗	5	285	60986	60986		
双鸭山	9	366	696577	596798		
大　庆	68	3941	255180	200471	1.0	1.0
伊　春	10	1612	123704	121936	31.2	31.2
佳木斯	14	1133	136383	111474	6.9	6.9
七台河	8	367	161428	116725		
牡丹江	42	19293	283787	188706	7.4	1.3
黑　河	12	4213	202526	161600		
绥　化	18	1280	144158	144158	14.7	14.7
大兴安岭	3	239	146230	146230		
农垦总局						
绥芬河						
抚　远						

4-D-9　各地区专业承包企业营业额

单位：万元

地　区	企业营业额	在境外完成的营业额	企业总产值	#建筑业总产值
全　省	**4494801**	**85335**	**4409466**	**4324960**
哈尔滨	3403771	6935	3396836	3313323
齐齐哈尔	171060		171060	171060
鸡　西	16678		16678	16678
鹤　岗	1738		1738	1738
双鸭山	25495		25495	25495
大　庆	101480		101480	100566
伊　春	19954		19954	19941
佳木斯	15452		15452	15452
七台河	5924		5924	5924
牡丹江	625978	78400	547578	547511
黑　河	85324		85324	85324
绥　化	18452		18452	18452
大兴安岭	3495		3495	3495
农垦总局				
绥芬河				
抚　远				

4-D-10 各地区专业承包企业资产构成

单位：万元

地 区	资产合计	#流动资产合计	#存货	#非流动资产合计	#固定资产合计
全 省	**2232698**	**1781755**	**395684**	**450943**	**252878**
哈尔滨	1556002	1285782	301722	270220	150219
齐齐哈尔	55979	44945	8175	11034	10357
鸡 西	12859	7807	470	5052	4985
鹤 岗	2439	1995	9	445	190
双鸭山	33498	22380	1319	11118	7639
大 庆	194752	165916	11915	28835	24062
伊 春	19060	15004	1930	4056	3032
佳木斯	25932	16164	4799	9768	9305
七台河	8983	6285	237	2698	848
牡丹江	240507	161364	54567	79144	19806
黑 河	29626	17856	1241	11771	11242
绥 化	47642	32552	7319	15090	10667
大兴安岭	5420	3707	1981	1713	527
农垦总局					
绥芬河					
抚 远					

4-D-11 各地区专业承包企业固定资产情况

单位：万元

地 区	固定资产合计	固定资产原价	固定资产折旧	#本年折旧	在建工程
全 省	**252878**	**346278**	**130345**	**16786**	**24603**
哈尔滨	150219	225387	88861	11288	10020
齐齐哈尔	10357	16957	7181	777	212
鸡 西	4985	5869	1486	121	603
鹤 岗	190	470	280	92	
双鸭山	7639	5284	2395	178	4750
大 庆	24062	31022	13491	2344	6285
伊 春	3032	3969	1246	265	72
佳木斯	9305	8785	1404	261	304
七台河	848	1272	470	33	
牡丹江	19806	24867	6915	968	55
黑 河	11242	9781	2044	101	
绥 化	10667	11958	4441	322	2303
大兴安岭	527	659	132	37	
农垦总局					
绥芬河					
抚 远					

4-D-12　各地区专业承包企业负债及所有者权益

单位：万元

地　区	负债合计	#流动负债	#应付账款	所有者权益	#实收资本
全　省	**1263942**	**1237779**	**318958**	**968756**	**600140**
哈尔滨	866166	856563	205399	689836	407292
齐齐哈尔	16325	15036	8785	39654	27583
鸡　西	6699	6681	1590	6160	6902
鹤　岗	645	552	115	1794	1441
双鸭山	25839	23039	5593	7659	5732
大　庆	98555	91183	41861	96197	56971
伊　春	9133	9035	5908	9927	7335
佳木斯	10356	10082	1811	15576	11088
七台河	4927	4927	90	4056	3238
牡丹江	175418	175223	36181	65089	44341
黑　河	19456	19064	167	10170	9585
绥　化	28800	25173	11459	18842	14824
大兴安岭	1625	1223		3795	3809
农垦总局					
绥芬河					
抚　远					

4-D-13　各地区专业承包企业实收资本

单位：万元

地　区	合计	国家资本	集体资本	法人资本	个人资本	港澳台资本	外商资本
全　省	**600140**	**58726**	**91235**	**185633**	**261464**	**1083**	**2000**
哈尔滨	407292	35820	76544	107352	184495	1083	2000
齐齐哈尔	27583	2546	1188	19066	4783		
鸡　西	6902	1950	593	50	4309		
鹤　岗	1441			746	695		
双鸭山	5732	1232	116	2500	1884		
大　庆	56971	10900	2694	12264	31113		
伊　春	7335	42	1343	1000	4950		
佳木斯	11088		121	1987	8980		
七台河	3238	33	156	2799	250		
牡丹江	44341	191	90	30085	13975		
黑　河	9585	5004	2483	1238	860		
绥　化	14824	449	5845	3361	5169		
大兴安岭	3809	559	64	3185			
农垦总局							
绥芬河							
抚　远							

4-D-14 各地区专业承包企业收入情况

单位：万元

地区	主营业务收入	#主营业务成本	#主营业务税金及附加	其他业务收入	#其他业务成本	#其他业务利润
全省	**2128881**	**1726565**	**70342**	**13792**	**44513**	**2044**
哈尔滨	1224088	985884	38837	9044	38605	1265
齐齐哈尔	86703	75677	2858	58	78	
鸡西	16867	15080	563	38	27	
鹤岗	1801	218	13		1115	
双鸭山	24028	21206	879	20	1336	20
大庆	111727	88063	4119	2220	314	413
伊春	20188	17339	641	17	1	
佳木斯	15834	12430	852		176	
七台河	5660	3454	222	299	1601	
牡丹江	512150	428734	16167	125	89	95
黑河	85590	58577	4453	1111	531	217
绥化	20752	16787	537	861	640	35
大兴安岭	3495	3116	202			
农垦总局						
绥芬河						
抚远						

4-D-15 各地区专业承包企业费用情况

单位：万元

地区	管理费用	#税金	销售费用	财务费用	#利息收入	#利息支出
全省	**152185**	**6725**	**14906**	**6264**	**2110**	**7379**
哈尔滨	94924	4442	10450	4057	1987	5897
齐齐哈尔	3438	187	529	245	20	201
鸡西	1226	21	175	4		2
鹤岗	321	4	1	1		1
双鸭山	750	112	58	434		
大庆	9410	371	1678	865	17	842
伊春	667	93	15	2	3	3
佳木斯	1265	89	584	207	1	84
七台河	311	5	1	2		1
牡丹江	20514	1257	369	310	41	185
黑河	18025	16	890	12	38	47
绥化	1155	122	157	124	3	114
大兴安岭	180	8		1		
农垦总局						
绥芬河						
抚远						

4-D-16　各地区专业承包企业利润及税金情况

单位：万元

地　区	利润总额	#应交所得税	税金总额	工程结算税金及附加	管理费用中的税金
全　省	**130580**	**23440**	**77067**	**70342**	**6725**
哈尔滨	61715	13593	43279	38837	4442
齐齐哈尔	3906	1289	3045	2858	187
鸡　西	-180	23	584	563	21
鹤　岗	69	36	17	13	4
双鸭山	700	388	991	879	112
大　庆	9354	2204	4490	4119	371
伊　春	1309	318	734	641	93
佳木斯	419	76	941	852	89
七台河	284	145	227	222	5
牡丹江	46240	4752	17424	16167	1257
黑　河	4712	371	4469	4453	16
绥　化	2057	228	659	537	122
大兴安岭	-3	17	210	202	8
农垦总局					
绥芬河					
抚　远					

4-D-17　各地区专业承包企业应收工程款及企业亏损情况

地　区	应收工程款（万元）	企业个数（个）	#亏损企业个数	亏损企业的比重（%）
全　省	**469663**	**699**	**198**	**28.3**
哈尔滨	282314	461	144	31.2
齐齐哈尔	26721	28	8	28.6
鸡　西	1193	21	8	38.1
鹤　岗	55	5	1	20.0
双鸭山	8741	9	1	11.1
大　庆	74454	68	11	16.2
伊　春	3599	10		
佳木斯	2075	14	6	42.9
七台河	1812	8	1	12.5
牡丹江	52610	42	11	26.2
黑　河	3364	12	2	16.7
绥　化	12726	18	4	22.2
大兴安岭		3	1	33.3
农垦总局				
绥芬河				
抚　远				

4-D-18　各地区专业承包企业主要经济效益指标

地　区	产值利润率(%)	产值利税率(%)	资本利润率(%)	资本利税率(%)	人均利润(元/人)	人均利税(元/人)	资产负债率(%)
全　省	**3.0**	**4.8**	**21.8**	**34.6**	**7641**	**12151**	**56.6**
哈尔滨	1.9	3.2	15.2	25.8	4558	7754	55.7
齐齐哈尔	2.3	4.1	14.2	25.2	22896	40743	29.2
鸡　西	-1.1	2.4	-2.6	5.8	-1735	3883	52.1
鹤　岗	3.9	4.9	4.8	6.0	2407	3014	26.4
双鸭山	2.7	6.6	12.2	29.5	19123	46183	77.1
大　庆	9.3	13.8	16.4	24.3	23735	35127	50.6
伊　春	6.6	10.2	17.8	27.9	8119	12676	47.9
佳木斯	2.7	8.8	3.8	12.3	3694	11994	39.9
七台河	4.8	8.6	8.8	15.8	7730	13918	54.8
牡丹江	8.4	11.6	104.3	143.6	23967	32998	72.9
黑　河	5.5	10.8	49.2	95.8	11184	21790	65.7
绥　化	11.1	14.7	13.9	18.3	16069	21217	60.5
大兴安岭	-0.1	5.9	-0.1	5.4	-109	8644	30.0
农垦总局							
绥芬河							
抚　远							

4-D-19　各地区按资质等级划分的专业承包企业单位数

单位：个

地　区	合计	一级	二级	三级及以下
全　省	**699**	**80**	**262**	**357**
哈尔滨	461	70	197	194
齐齐哈尔	28	1	7	20
鸡　西	21		1	20
鹤　岗	5		1	4
双鸭山	9	1		8
大　庆	68	7	21	40
伊　春	10		2	8
佳木斯	14		10	4
七台河	8		2	6
牡丹江	42	1	11	30
黑　河	12		5	7
绥　化	18		4	14
大兴安岭	3		1	2
农垦总局				
绥芬河				
抚　远				

4-D-20　各地区按资质等级划分的专业承包企业从业人员

单位：人

地　区	合计	一级	二级	三级及以下
全　省	**83867**	**9974**	**23403**	**50490**
哈尔滨	29850	9100	11399	9351
齐齐哈尔	2127	98	1018	1011
鸡　西	1072		599	473
鹤　岗	287		24	263
双鸭山	517	130		387
大　庆	4001	604	1719	1678
伊　春	1277		32	1245
佳木斯	1218		524	694
七台河	393		235	158
牡丹江	40747	42	7033	33672
黑　河	1203		533	670
绥　化	893		147	746
大兴安岭	282		140	142
农垦总局				
绥芬河				
抚　远				

4-D-21　各地区按资质等级划分的专业承包企业建筑业总产值

单位：万元

地　区	合计	一级	二级	三级及以下
全　省	**4324960**	**572229**	**1547225**	**2205506**
哈尔滨	3313322	547239	1231732	1534351
齐齐哈尔	171060	2123	36452	132485
鸡　西	16678		9500	7178
鹤　岗	1739		56	1683
双鸭山	25495	913		24582
大　庆	100566	18434	41379	40753
伊　春	19942		3264	16678
佳木斯	15452		5345	10107
七台河	5925		3050	2875
牡丹江	547511	3519	192674	351318
黑　河	85324		17711	67613
绥　化	18453		4363	14090
大兴安岭	3495		1700	1795
农垦总局				
绥芬河				
抚　远				

4−D−22 各地区按资质等级划分的专业承包企业签订合同额

单位：万元

地区	合计	一级	二级	三级及以下
全 省	**3719546**	**646060**	**1452833**	**1620653**
哈尔滨	2663618	620906	1092923	949789
齐齐哈尔	179508	2123	41837	135548
鸡 西	16649		9500	7149
鹤 岗	1739		56	1683
双鸭山	24093			24093
大 庆	104631	19512	43160	41959
伊 春	19955		3264	16691
佳木斯	16516		5888	10628
七台河	5930		3053	2877
牡丹江	569611	3519	219188	346904
黑 河	95351		27903	67448
绥 化	18453		4363	14090
大兴安岭	3495		1700	1795
农垦总局				
绥芬河				
抚 远				

4−D−23 各地区按资质等级划分的专业承包企业竣工产值

单位：万元

地区	合计	一级	二级	三级及以下
全 省	**1467947**	**233304**	**389921**	**844723**
哈尔滨	817226	211351	257214	348661
齐齐哈尔	54172		35123	19049
鸡 西	3293			3293
鹤 岗	1739		56	1683
双鸭山	21843			21843
大 庆	79006	18434	27514	33058
伊 春	19657		3264	16393
佳木斯	12630		2844	9786
七台河	4284		1453	2831
牡丹江	364070	3519	53719	306832
黑 河	68082		2672	65410
绥 化	18453		4363	14090
大兴安岭	3495		1700	1795
农垦总局				
绥芬河				
抚 远				

4-D-24　各地区按资质等级划分的专业承包企业房屋施工面积

单位：平方米

地　区	合计	一级	二级	三级及以下
全　省	**862243**	**23648**	**732039**	**106556**
哈尔滨	584429	20000	564429	
齐齐哈尔	54000		17000	37000
鸡　西				
鹤　岗				
双鸭山				
大　庆	4098	3648		450
伊　春	50275			50275
佳木斯	7785		7785	
七台河				
牡丹江	142825		142825	
黑　河				
绥　化	18831			18831
大兴安岭				
农垦总局				
绥芬河				
抚　远				

4-D-25　各地区按资质等级划分的专业承包企业房屋竣工面积

单位：平方米

地　区	合计	一级	二级	三级及以下
全　省	**179724**	**23648**	**49520**	**106556**
哈尔滨	20000	20000		
齐齐哈尔	54000		17000	37000
鸡　西				
鹤　岗				
双鸭山				
大　庆	4098	3648		450
伊　春	50275			50275
佳木斯	7785		7785	
七台河				
牡丹江	24735		24735	
黑　河				
绥　化	18831			18831
大兴安岭				
农垦总局				
绥芬河				
抚　远				

4-D-26 各地区按资质等级划分的专业承包企业自有施工机械设备台数

单位：台

地区	合计	一级	二级	三级及以下
全省	**12128**	**4512**	**5583**	**2033**
哈尔滨	7491	4123	2316	1052
齐齐哈尔	484	131	323	30
鸡西	321		260	61
鹤岗				
双鸭山	49	3		46
大庆	2259	252	1848	159
伊春	260		10	250
佳木斯	583		501	82
七台河				
牡丹江	362	3	134	225
黑河	43		43	
绥化	237		148	89
大兴安岭	39			39
农垦总局				
绥芬河				
抚远				

4-D-27 各地区按资质等级划分的专业承包企业自有施工机械设备总功率

单位：千瓦

地区	合计	一级	二级	三级及以下
全省	**166273**	**66610**	**58360**	**41303**
哈尔滨	115520	56926	38774	19820
齐齐哈尔	2933	1100	1510	323
鸡西	3034		2100	934
鹤岗				
双鸭山	512	202		310
大庆	15052	8376	2438	4238
伊春	6761		489	6272
佳木斯	4064		3914	150
七台河				
牡丹江	4676	6	2050	2620
黑河	3556		3556	
绥化	6343		3529	2814
大兴安岭	3822			3822
农垦总局				
绥芬河				
抚远				

4-D-28　各地区按资质等级划分的专业承包企业实收资本

单位：万元

地　区	合计	一级	二级	三级及以下
全　省	**600140**	**111684**	**264732**	**223725**
哈尔滨	407293	98629	162304	146360
齐齐哈尔	27583	1600	17259	8724
鸡　西	6902		350	6552
鹤　岗	1441		646	795
双鸭山	5732	1000		4732
大　庆	56971	9870	25383	21718
伊　春	7335		2500	4835
佳木斯	11088		10787	301
七台河	3238		1689	1549
牡丹江	44341	585	29342	14414
黑　河	9585		4541	5044
绥　化	14824		6745	8079
大兴安岭	3808		3185	623
农垦总局				
绥芬河				
抚　远				

4-D-29　各地区按资质等级划分的专业承包企业资产

单位：万元

地　区	合计	一级	二级	三级及以下
全　省	**2232698**	**314462**	**1113148**	**805089**
哈尔滨	1556002	287912	720586	547504
齐齐哈尔	55978	2219	35856	17903
鸡　西	12859		1545	11314
鹤　岗	2439		1016	1423
双鸭山	33498	1326		32172
大　庆	194752	22315	96084	76353
伊　春	19060		3262	15798
佳木斯	25932		19837	6095
七台河	8983		1997	6986
牡丹江	240508	690	192687	47131
黑　河	29627		22388	7239
绥　化	47642		14303	33339
大兴安岭	5420		3588	1832
农垦总局				
绥芬河				
抚　远				

4-D-30 各地区按资质等级划分的专业承包企业所有者权益

单位：万元

地　区	合计	一级	二级	三级及以下
全　省	**968756**	**144334**	**382374**	**442049**
哈 尔 滨	689837	123623	231726	334488
齐齐哈尔	39653	1600	25478	12575
鸡　西	6160		361	5799
鹤　岗	1794		790	1004
双 鸭 山	7659	1220		6439
大　庆	96197	17306	48466	30425
伊　春	9927		3060	6867
佳 木 斯	15576		10881	4695
七 台 河	4056		1764	2292
牡 丹 江	65089	585	42328	22176
黑　河	10170		4845	5325
绥　化	18843		9490	9353
大兴安岭	3795		3185	610
农垦总局				
绥 芬 河				
抚　远				

4-D-31 各地区按资质等级划分的专业承包企业负债

单位：万元

地　区	合计	一级	二级	三级及以下
全　省	**1263942**	**170128**	**730774**	**363040**
哈 尔 滨	866166	164289	488861	213016
齐齐哈尔	16325	619	10378	5328
鸡　西	6699		1184	5515
鹤　岗	645		226	419
双 鸭 山	25839	106		25733
大　庆	98555	5009	47618	45928
伊　春	9133		202	8931
佳 木 斯	10356		8956	1400
七 台 河	4927		233	4694
牡 丹 江	175419	105	150359	24955
黑　河	19457		17543	1914
绥　化	28799		4813	23986
大兴安岭	1625		402	1223
农垦总局				
绥 芬 河				
抚　远				

4-D-32　各地区按资质等级划分的专业承包企业营业收入

单位：万元

地区	合计			
		一级	二级	三级及以下
全　省	**2142673**	**362323**	**760089**	**1020260**
哈尔滨	1233132	337632	464309	431191
齐齐哈尔	86761	2123	36452	48186
鸡　西	16904		9500	7404
鹤　岗	1801		116	1685
双鸭山	24048	913		23135
大　庆	113947	18136	53957	41854
伊　春	20204		3437	16767
佳木斯	15834		5218	10616
七台河	5959		3053	2906
牡丹江	512276	3519	156703	352054
黑　河	86701		19010	67691
绥　化	21613		6637	14976
大兴安岭	3495		1700	1795
农垦总局				
绥芬河				
抚　远				

4-D-33　各地区按资质等级划分的专业承包企业利税总额

单位：万元

地区	合计			
		一级	二级	三级及以下
全　省	**207647**	**20715**	**69458**	**117474**
哈尔滨	104994	18641	38518	47835
齐齐哈尔	6950	115	3136	3699
鸡　西	404		311	93
鹤　岗	86		-9	95
双鸭山	1691	40		1651
大　庆	13844	1380	7145	5319
伊　春	2043		415	1628
佳木斯	1359		404	955
七台河	511		156	355
牡丹江	63664	539	15397	47728
黑　河	9180		1722	7458
绥　化	2716		2150	566
大兴安岭	207		114	93
农垦总局				
绥芬河				
抚　远				

4-D-34 各地区按资质等级划分的专业承包企业利润总额

单位：万元

地区	合计	一级	二级	三级及以下
全 省	**130580**	**8557**	**42942**	**79081**
哈尔滨	61714	7273	21833	32608
齐齐哈尔	3907	43	1885	1979
鸡 西	-181		-3	-178
鹤 岗	68		-16	84
双鸭山	700	9		691
大 庆	9354	876	4671	3807
伊 春	1309		276	1033
佳木斯	418		140	278
七台河	284		43	241
牡丹江	46240	356	11172	34712
黑 河	4712		1030	3682
绥 化	2057		1900	157
大兴安岭	-3		10	-13
农垦总局				
绥芬河				
抚 远				

4-D-35 各地区按资质等级划分的专业承包企业税金总额

单位：万元

地区	合计	一级	二级	三级及以下
全 省	**77067**	**12158**	**26516**	**38393**
哈尔滨	43280	11368	16685	15227
齐齐哈尔	3045	73	1252	1720
鸡 西	584		314	270
鹤 岗	17		7	10
双鸭山	991	30		961
大 庆	4490	504	2474	1512
伊 春	735		139	596
佳木斯	941		264	677
七台河	228		113	115
牡丹江	17424	183	4225	13016
黑 河	4469		692	3777
绥 化	659		250	409
大兴安岭	210		104	106
农垦总局				
绥芬河				
抚 远				

4-D-36　各地区按资质等级划分的专业承包企业主营业务收入

单位：万元

地　区	合计	一级	二级	三级及以下
全　省	**2128881**	**361957**	**754805**	**1012118**
哈尔滨	1224089	337274	460301	426514
齐齐哈尔	86703	2123	36452	48128
鸡　西	16867		9500	7367
鹤　岗	1801		116	1685
双鸭山	24028	913		23115
大　庆	111727	18129	53952	39646
伊　春	20188		3437	16751
佳木斯	15834		5218	10616
七台河	5660		3053	2607
牡丹江	512149	3519	156617	352013
黑　河	85590		18140	67450
绥　化	20751		6320	14431
大兴安岭	3495		1700	1795
农垦总局				
绥芬河				
抚　远				

4-D-37　各地区按资质等级划分的专业承包企业管理费用

单位：万元

地　区	合计	一级	二级	三级及以下
全　省	**152185**	**16479**	**52885**	**82822**
哈尔滨	94925	15703	40072	39150
齐齐哈尔	3438	44	1192	2202
鸡　西	1226		78	1148
鹤　岗	321		61	260
双鸭山	750	53		697
大　庆	9410	637	4993	3780
伊　春	667		215	452
佳木斯	1265		825	440
七台河	311		154	157
牡丹江	20515	42	3398	17075
黑　河	18025		1628	16397
绥　化	1155		166	989
大兴安岭	180		104	76
农垦总局				
绥芬河				
抚　远				

4-D-38 各地区按资质等级划分的专业承包企业财务费用

单位：万元

地区	合计	一级	二级	三级及以下
全省	**6264**	**1159**	**608**	**4498**
哈尔滨	4057	1094	153	2810
齐齐哈尔	244		-13	257
鸡西	4			4
鹤岗	1			1
双鸭山	434			434
大庆	865	30	308	527
伊春	2		2	
佳木斯	207		177	30
七台河	2		1	1
牡丹江	310	34	7	269
黑河	12		-29	41
绥化	124			124
大兴安岭	1		1	
农垦总局				
绥芬河				
抚远				

4-D-39 各地区按资质等级划分的专业承包企业应收工程款

单位：万元

地区	合计	一级	二级	三级及以下
全省	**469663**	**98199**	**227003**	**144461**
哈尔滨	282315	86224	107875	88216
齐齐哈尔	26721	28	21076	5617
鸡西	1193			1193
鹤岗	56		48	8
双鸭山	8741			8741
大庆	74454	11896	47906	14652
伊春	3599		700	2899
佳木斯	2075		2065	10
七台河	1812		760	1052
牡丹江	52610	51	42302	10257
黑河	3363		2721	642
绥化	12725		1549	11176
大兴安岭				
农垦总局				
绥芬河				
抚远				

E.劳务分包建筑业企业

4-E-1　各地区劳务分包企业生产经营情况

单位：万元

地　区	建筑业总产值	营业收入	主营业务税金及附加	利润总额	应付职工薪　酬
全　省	**37791**	**53931**	**908**	**1097**	**17131**
哈尔滨	22802	37813	313	477	14366
齐齐哈尔	6330	6368	219	-10	1103
鸡　西	33	33	1		3
鹤　岗					
双鸭山					
大　庆	5812	6903	277	586	607
伊　春	264	264	15	4	92
佳木斯	60	60	4		
七台河					
牡丹江	2491	2491	80	41	960
黑　河					
绥　化					
大兴安岭					
农垦总局					
绥芬河					
抚　远					

注：本表数据为所有具有资质等级的有工作量的劳务分包建筑业企业数据，后表同。

4-E-2　各地区劳务分包企业个数和人员情况

地　区	企业个数（个）	从事主营业务活动的从业人员平均人数（人）	从业人员期末人数（人）	#工程技术人员	#现场施工工人
全　省	**84**	**7973**	**3415**	**560**	**1927**
哈尔滨	42	6131	965	122	640
齐齐哈尔	11	697	945	290	678
鸡　西	2	10	9	2	6
鹤　岗					
双鸭山					
大　庆	18	543	1034	92	319
伊　春	1	22	104	2	22
佳木斯	1	20	28	7	13
七台河					
牡丹江	9	550	330	45	249
黑　河					
绥　化					
大兴安岭					
农垦总局					
绥芬河					
抚　远					

附　录

主要指标解释

主要指标解释

研究与试验发展（R&D） 指在科学技术领域，为增加知识总量、以及运用这些知识去创造新的应用而进行的系统的、创造性的活动，包括基础研究、应用研究、试验发展三类活动。

R&D 人员 指报告期企业内部从事 R&D 活动的人员。包括直接参加 R&D 项目活动的人员，R&D 项目管理人员，以及为 R&D 活动提供资料文献、材料供应、设备维护等直接服务的人员。

研究人员 指 R&D 人员中具备中级以上职称或博士学历（学位）的人员。

全时人员 指在报告期企业 R&D 人员中实际从事 R&D 活动的时间占制度工作时间 90%及以上的人员。

R&D 人员折合全时当量 指报告期企业 R&D 全时人员（全年从事 R&D 活动累积工作时间占全部工作时间的 90%及以上人员）工作量与非全时人员按实际工作时间折算的工作量之和。例如：有 2 个 R&D 全时人员(工作时间分别为 0.9 年和 1 年)和 3 个 R&D 非全时人员(工作时间分别为 0.2 年、0.3 年和 0.7 年)，则 R&D 人员折合全时当量 = 1+1+0.2+0.3+0.7=3.2(人年)。

R&D 经费内部支出 指企业在报告年度用于内部开展 R&D 活动的实际支出。包括用于 R&D 项目（课题）活动的直接支出，以及间接用于 R&D 活动的管理费、服务费、与 R&D 有关的基本建设支出以及外协加工费等。不包括生产性活动支出、归还贷款支出以及与外单位合作或委托外单位进行 R&D 活动而转拨给对方的经费支出。

日常性支出 指企业在报告年度为开展 R&D 活动而发生的人员劳务费，及其各项管理费用和购买非资产性的材料、物资费用等他日常支出。

资产性支出 指企业在报告年度为开展 R&D 活动而进行建造、购置、安装、改建、扩建固定资产，以及进行设备技术改造和大修理等实际支出的费用。

政府资金 指企业 R&D 经费内部支出中来自各级政府部门的各类资金。

企业资金 指企业 R&D 经费内部支出中来自本企业的自有资金和接受其他企业委托而获得的经费。

R&D 经费外部支出 指报告期企业委托外单位或与外单位合作进行 R&D 活动而拨给对方的经费。

R&D 项目 指报告期企业在当年立项并开展研究工作、以前年份立项仍继续进行研究的研究开发项目或课题，包括当年完成和年内研究工作已告失败的研发项目或课题。

企业办研发机构 指企业自办或与外单位合办，在管理上同生产系统相对独立（或者单独核算）的专门研究开发机构。

研发机构人员 指报告期末企业办研发活动机构中从业人员合计。

机构经费支出 指报告期企业办研发机构用于内部开展研发活动实际支出的总费用，包括机构人员劳务费（含工资）支出、机构业务费支出、管理费支出、固定资产购建支出以及其他维持机构正常工作的日常费用等的支出总和。

新产品 指采用新技术原理、新设计构思研制、生产的全新产品，或在结构、材质、工艺等某一方面比原有产品有明显改进，从而显著提高了产品性能或扩大了使用功能的产品。

专利申请数 指企业在报告期内向国内外知识产权行政部门提出专利申请并被受理的件数。

发明专利申请数 指企业在报告期内向国内外知识产权行政部门提出发明专利申请并被受理的件数。

有效发明专利数 指报告期末企业作为专利权人在报告期拥有的、经国内外知识产权行政部门授权且在有效期内的发明专利件数。

有效发明专利数中境外授权 指报告期末企业作为专利权人拥有的、经国外及港澳台知识产权行政部门授予且有效期内的发明专利件数。

拥有注册商标 指企业在报告期末拥有的注册商标件数。包括在境内和境外注册的商标件数，一件商标在境内外同时注册时只统计一件。

拥有注册商标中境外注册 指企业在报告期末拥有的在国外或港澳台注册的商标件数。

形成国家或行业标准 指报告期企业在自主研发或自主知识产权基础上形成的经有关部门批准的国家或行业标准项数。

研究开发费用加计扣除减免税 指企业在报告期按有关政策和税法规定税前加计扣除的研究开发活动费用所得税。

高新技术企业减免税 指新技术企业在报告期高按照国家有关政策依法享受的企业所得税减免额。

引进技术经费支出 指企业在报告期用于购买境外技术的费用支出，包括产品设计、工艺流程、图纸、配方、专利等技术资料的费用支出，以及购买关键设备、仪器、样机和样件等的费用支出。

消化吸收经费支出 引进技术的消化吸收指对引进技术的掌握、应用、复制而开展的工作，以及在此基础上的创新。引进技术的消化吸收经费支出包括：人员培训费、测绘费、参加消化吸收人员的工资、工装、工艺开发费、必备的配套设备费、翻版费等。

购买国内技术经费支出 指企业在报告期购买境内其

他单位科技成果的经费支出。包括购买产品设计、工艺流程、图纸、配方、专利、技术诀窍及关键设备的费用支出。

技术改造经费支出 指企业在报告期进行技术改造而发生的费用支出。技术改造指企业在坚持科技进步的前提下，将科技成果应用于生产的各个领域（产品、设备、工艺等），用先进工艺、设备代替落后工艺、设备，实现以内涵为主的扩大再生产，从而提高产品质量、促进产品更新换代、节约能源、降低消耗，全面提高综合经济效益。